中央民族大学"985"、"211"工程项目成果
中央民族大学"211工商管理特色教材"

主编◎王澂　刘珊珊

中央民族大学出版社
China Minzu University Press

图书在版编目（CIP）数据

边境贸易会计实务/王澂，刘璐琳编著．—北京：中央民族大学出版社，2012.6
ISBN 978－7－5660－0166－5

Ⅰ．①边… Ⅱ．①王…②刘… Ⅲ．①边境贸易—会计实务 Ⅳ．①F740.45

中国版本图书馆 CIP 数据核字（2012）第 037339 号

边境贸易会计实务

编　　著	王　澂　刘璐琳
责任编辑	杨爱新
封面设计	汤建军
出 版 者	中央民族大学出版社
	北京市海淀区中关村南大街 27 号　邮编：100081
	电话：68472815（发行部）　传真：68932751（发行部）
	68932218（总编室）　　　68932447（办公室）
发 行 者	全国各地新华书店
印 刷 厂	北京宏伟双华印刷有限公司
开　　本	787×1092（毫米）　1/16　印张：32.375
字　　数	671 千字
版　　次	2012 年 6 月第 1 版　2012 年 6 月第 1 次印刷
书　　号	ISBN 978－7－5660－0166－5
定　　价	79.00 元

版权所有　翻印必究

总　序

　　我国工商管理学科与其他一些学科一样已经经历了引进、吸收西方管理思想、方法以及案例的过程，接下来，我认为该学科的发展应该进入学习与原创相结合的阶段。工商管理教育自引进我国之日起，就被贴上了国际化的标签。这一旨在培养职业经理人的专业在30多年的发展进程中为我国现代化建设培养了大批优秀的工商管理人才。但我们也清晰地看到，一些课程的"洋味"太浓，其管理思想、方法以及案例从理论和实践上都不能很好地适应我国独具特色的、迅猛发展的企业管理实践对所需人才应该具备的知识结构的要求。而工商管理专业人才培养的基本目标是要做好人才培养与企业人力资源需求的对接，面对这些问题，我们应如何打造我国工商管理教育的自主品牌？如何提高我国工商管理教育的国际影响力？如何实现工商管理教育国际化与本土化的最佳结合？这是我们这些年来一直苦苦探索的问题。

　　我国地域广大，各地自然、历史状况、区域经济发展水平以及企业发展状况和特点各异，特别是边疆少数民族地区与内地之间以及不同少数民族地区之间的差异更为突出。工商管理专业对实践性的突出要求决定了该学科建设中需要发现并不断总结不同地域、特别是边疆少数民族地区企业生存环境、企业发展特点以及各生产要素等方面的特性，揭示不同地域、特别是边疆少数民族地区企业生存发展过程中的特点和规律，这正是工商管理专业在其"学习与原创相结合"阶段需要完成的一项使命。

　　在中央民族大学"211工程"项目的支持下，中央民族大学管理学院设立工商管理专业特色教材建设项目。项目组成员历时五年，在对我国边疆少数民族地区和企业深入调研以及对相关文献进行系统梳理的基础上，完成了《边境贸易物流》、《民族地区人力资源开发与管理》、《边境贸易会计》以及《宗教文化旅游学》四本教材的编写工作。在调研过程中得到了各少数民族地区政府、企业和各界人士的大力支持，在文稿修改和书籍出版过程中，中央民族大学出版社杨爱新女士付出了智慧与辛劳。我们在这里表示衷心的感谢！

　　工商管理特色教材的建设是一件全新的事物，限于我们调研的时间和空间有限、掌握的资料有限，教材中不免存在一些不足甚至错误。随着我们研究的进一步深入、实践中人们对客观现象认识的不断成熟，这些问题将在今后的工作中加以改善。

该系列教材可以作为工商管理专业和区域经济专业及相关专业研究生教材,也可以用于与上述专业有关的学术研究,还可以作为工商管理专业和区域经济专业本科生特色课程之教材。

民族的才是世界的。探索我国边疆少数民族地区产业发展环境、状况及其特点,揭示其生产要素的特性,为工商管理专业建设的进一步完善、推动工商管理专业人才培养国际化与本土化的最佳结合,我们将继续不懈地努力。

张秀萍
2012 年 1 月于中央民族大学

目 录

第一章 边境贸易会计概论 (1)
  第一节 边境贸易理论 (1)
    一、贸易与经济发展的关系 (1)
    二、边境贸易与边境地区的经济发展 (2)
  第二节 边境贸易会计 (4)
    一、会计的概念及特点 (4)
    二、财务会计的特点 (5)
    三、边境贸易的特点 (5)
    四、边境贸易会计的特点 (7)
  第三节 外汇与汇率 (9)
    一、外汇与汇率 (9)
    二、汇率变动对经济的影响 (13)
    三、外汇的核算方法 (15)
  第四节 国际贸易术语与商品价格 (15)
    一、国际贸易术语概述 (15)
    二、贸易术语的作用 (17)
    三、《2010年通则》中的贸易术语 (18)
    四、贸易术语的选用 (44)
    五、进出口商品的作价原则 (46)

第二章 货币资金及国内结算方式 (53)
  第一节 货币资金概述 (53)
    一、货币资金的性质与范围 (53)
    二、货币资金的内部控制 (54)
  第二节 现金 (55)
    一、现金概述 (55)
    二、现金的核算 (57)
    三、备用金的核算 (57)
  第三节 银行存款 (59)

一、银行存款概述 …………………………………… (59)
　　二、银行存款的核算 …………………………………… (60)
　第四节　非现金结算业务 …………………………………… (61)
　　一、票据结算 …………………………………… (61)
　　二、非票据结算 …………………………………… (71)
　第五节　其他货币资金 …………………………………… (79)
　　一、外埠存款 …………………………………… (79)
　　二、银行汇票存款 …………………………………… (79)
　　三、银行本票存款 …………………………………… (80)
　　四、信用证存款 …………………………………… (80)
　　五、信用卡存款 …………………………………… (81)
　　六、存出投资款 …………………………………… (81)
　　七、在途货币资金 …………………………………… (82)
　第六节　外币交易的核算 …………………………………… (82)
　　一、外币交易会计处理的两种观点 …………………………………… (82)
　　二、外币交易的账务处理 …………………………………… (83)

第三章　国际结算方式 …………………………………… (90)
　第一节　国际汇兑 …………………………………… (90)
　　一、汇兑的定义和当事人 …………………………………… (90)
　　二、汇兑的种类和业务流程 …………………………………… (91)
　　三、汇兑的账务处理 …………………………………… (92)
　　四、汇兑结算方式在国际贸易中的应用 …………………………………… (95)
　第二节　托　收 …………………………………… (97)
　　一、托收的定义和当事人 …………………………………… (97)
　　二、托收结算的种类和基本业务流程 …………………………………… (98)
　　三、托收的账务处理 …………………………………… (100)
　　四、托收结算方式在国际贸易中的应用 …………………………………… (102)
　第三节　信用证 …………………………………… (103)
　　一、信用证的定义和当事人 …………………………………… (104)
　　二、信用证的种类和业务流程 …………………………………… (104)
　　三、信用证业务的核算 …………………………………… (106)
　　四、信用证在国际贸易中的应用 …………………………………… (108)
　第四节　eUCP 和 DOCDEX 规则 …………………………………… (111)
　　一、eUCP600 …………………………………… (111)
　　二、DOCDEX 规则 …………………………………… (114)
　第五节　银行保函与备用信用证 …………………………………… (116)

一、银行保函概念和种类 …………………………………… (116)
　　二、银行保函的核算 ………………………………………… (118)
　　三、备用信用证的概念 ……………………………………… (118)
　　四、备用信用证、跟单信用证、银行保函的比较 ………… (120)
　　五、支付方式的选择 ………………………………………… (120)
　第六节　非贸易国际结算 ……………………………………… (121)
　　一、信用卡业务 ……………………………………………… (122)
　　二、旅行支票业务 …………………………………………… (124)

第四章　特殊贸易结算方式 ……………………………………… (128)
　第一节　对销贸易的核算 ……………………………………… (128)
　　一、对销贸易概述 …………………………………………… (128)
　　二、对销贸易的核算 ………………………………………… (131)
　第二节　补偿贸易核算 ………………………………………… (134)
　　一、补偿贸易概述 …………………………………………… (135)
　　二、补偿贸易的核算 ………………………………………… (137)
　第三节　加工贸易结算方式 …………………………………… (142)
　　一、加工贸易概述 …………………………………………… (142)
　　二、加工贸易的核算 ………………………………………… (145)
　第四节　记账贸易结算 ………………………………………… (152)
　　一、协定记账贸易概述 ……………………………………… (152)
　　二、记账贸易的核算 ………………………………………… (153)

第五章　国际贸易结算融资 ……………………………………… (156)
　第一节　国际贸易结算融资概述 ……………………………… (156)
　　一、国际贸易结算融资的特点 ……………………………… (156)
　　二、办理融资的企业须具备的基本条件 …………………… (157)
　第二节　出口贸易融资 ………………………………………… (157)
　　一、打包贷款 ………………………………………………… (157)
　　二、出口信用证押汇 ………………………………………… (160)
　　三、出口托收押汇 …………………………………………… (162)
　　四、贴现 ……………………………………………………… (163)
　　五、国际保理 ………………………………………………… (166)
　　六、包买票据 ………………………………………………… (168)
　　七、短期出口信用保险贸易融资 …………………………… (172)
　　八、出口信贷 ………………………………………………… (174)
　第三节　进口贸易融资 ………………………………………… (177)
　　一、授信开证 ………………………………………………… (177)

3

二、进口信用证押汇 …………………………………… (178)
　　三、进口托收押汇 ……………………………………… (179)
　　四、提货担保 …………………………………………… (180)
　　五、买方信贷 …………………………………………… (181)
  第四节　新型贸易融资 ……………………………………… (183)
　　结构性贸易融资 ………………………………………… (183)

第六章　国际贸易结算风险及防范 ……………………………… (189)
  第一节　国际贸易结算风险 ………………………………… (189)
　　一、国家风险 …………………………………………… (190)
　　二、信用风险 …………………………………………… (190)
　　三、外汇风险 …………………………………………… (195)
　　四、欺诈风险 …………………………………………… (196)
  第二节　国际贸易结算风险的防范 ………………………… (199)
　　一、国家风险的防范 …………………………………… (199)
　　二、信用风险的防范 …………………………………… (200)
　　三、外汇风险的防范 …………………………………… (205)
　　四、欺诈风险的防范 …………………………………… (207)

第七章　资产和负债业务的核算 ………………………………… (213)
  第一节　应收及预付款项 …………………………………… (213)
　　一、应收票据 …………………………………………… (213)
　　二、应收账款 …………………………………………… (218)
　　三、预付账款和其他应收款 …………………………… (226)
  第二节　存　货 ……………………………………………… (230)
　　一、存货概述 …………………………………………… (230)
　　二、存货的初始确认与计量 …………………………… (231)
　　三、发出存货的计量 …………………………………… (238)
　　四、存货的简化计价方法 ……………………………… (242)
　　五、存货的期末计价 …………………………………… (247)
　　六、存货的清查 ………………………………………… (251)
　　七、存货的披露 ………………………………………… (252)
  第三节　金融资产投资 ……………………………………… (253)
　　一、交易性金融资产 …………………………………… (253)
　　二、持有至到期投资 …………………………………… (257)
　　三、可供出售金融资产 ………………………………… (264)
　　四、长期股权投资 ……………………………………… (267)
  第四节　固定资产 …………………………………………… (277)

一、固定资产概述 ………………………………………………… (277)
　　二、固定资产的初始计量 ………………………………………… (279)
　　三、固定资产折旧 ………………………………………………… (287)
　　四、固定资产的后续支出 ………………………………………… (293)
　　五、固定资产的处置 ……………………………………………… (295)
　　六、固定资产的期末计价 ………………………………………… (298)
　第五节　无形资产、商誉及长期待摊费用 ……………………………… (300)
　　一、无形资产的特点及构成 ……………………………………… (300)
　　二、无形资产的初始计量 ………………………………………… (302)
　　三、无形资产的后续计量 ………………………………………… (304)
　　四、商　誉 ………………………………………………………… (306)
　　五、长期待摊费用 ………………………………………………… (307)
　第六节　流动负债 ………………………………………………………… (308)
　　一、流动负债的分类与计价 ……………………………………… (308)
　　二、短期借款 ……………………………………………………… (309)
　　三、应付票据与应付账款 ………………………………………… (311)
　　四、应付职工薪酬 ………………………………………………… (313)
　　五、应交税费 ……………………………………………………… (317)
　　六、其他应付和预收款项 ………………………………………… (331)
　　七、或有事项 ……………………………………………………… (332)
　第七节　非流动负债 ……………………………………………………… (334)
　　一、非流动负债利息的计算 ……………………………………… (334)
　　二、长期借款 ……………………………………………………… (337)
　　三、应付债券 ……………………………………………………… (339)
　　四、可转换债券 …………………………………………………… (346)
　　五、长期应付款 …………………………………………………… (349)
第八章　所有者权益 …………………………………………………………… (362)
　第一节　所有者权益概述 ………………………………………………… (362)
　　一、所有者权益概述 ……………………………………………… (362)
　　二、企业组织形式与核算特点 …………………………………… (363)
　第二节　有限责任公司所有者权益的核算 ……………………………… (364)
　　一、投入资本 ……………………………………………………… (364)
　　二、资本公积 ……………………………………………………… (366)
　　三、留存收益 ……………………………………………………… (367)
　第三节　股份有限公司的所有者权益 …………………………………… (368)
　　一、股份有限公司的特点 ………………………………………… (368)

5

二、股票类别	(368)
三、股票发行	(369)
四、认股权证	(370)
五、库存股	(372)
六、股份支付	(373)
七、股利分派	(375)
八、股票分割	(376)

第九章　收入、费用和利润 (379)

第一节　收入、费用和利润概述 (379)
一、收　入 (379)
二、费　用 (380)
三、利　润 (380)

第二节　利润总额的形成 (381)
一、营业收入与营业费用的确认 (381)
二、营业收入与营业成本的核算 (382)
三、营业税金及附加 (384)
四、销售费用 (384)
五、管理费用 (384)
六、财务费用 (385)
七、资产减值损失 (386)
八、公允价值变动损益 (387)
九、投资损益 (387)
十、营业外收支净额 (387)
十一、利　润 (388)

第三节　所得税费用 (389)
一、资产、负债的计税基础 (390)
二、暂时性差异 (394)
三、递延所得税资产和递延所得税负债 (395)
四、所得税费用的确认和计量 (402)

第四节　净利润及其分配 (404)
一、净利润 (404)
二、利润分配 (405)

第十章　财务报告 (412)

第一节　财务报告概述 (412)
一、财务报告的内容 (412)
二、财务报告的作用 (412)

三、财务报告的分类 ……………………………………………… (413)
　　四、财务报表的列报要求 ………………………………………… (414)
第二节　资产负债表 ………………………………………………… (416)
　　一、资产负债表的内容 …………………………………………… (416)
　　二、资产负债表的格式 …………………………………………… (417)
　　三、资产负债表的编制 …………………………………………… (417)
第三节　利润表 ……………………………………………………… (418)
　　一、利润表概述 …………………………………………………… (418)
　　二、利润表的格式 ………………………………………………… (418)
　　三、利润表的编制 ………………………………………………… (419)
　　四、利润分配表的编制 …………………………………………… (419)
第四节　资产负债表与利润表编制举例 …………………………… (420)
第五节　现金流量表 ………………………………………………… (428)
　　一、现金流量表的概念与作用 …………………………………… (428)
　　二、现金流量表的编制基础 ……………………………………… (429)
　　三、现金流量的分类 ……………………………………………… (429)
　　四、现金流量表的编制方法 ……………………………………… (429)
　　五、现金流量表的编制(直接法) ………………………………… (431)
　　六、现金流量表附注(间接法) …………………………………… (437)
第六节　所有者权益变动表与附注 ………………………………… (440)
　　一、所有者权益表概述 …………………………………………… (440)
　　二、所有者权益变动表的格式与编制 …………………………… (441)
第七节　外币报表折算 ……………………………………………… (443)
　　一、外币报表折算 ………………………………………………… (443)
　　二、外币报表的折算方法 ………………………………………… (443)
　　三、外币报表折算举例 …………………………………………… (446)
　　四、我国会计准则关于外币报表折算的规定 …………………… (452)
第八节　附　注 ……………………………………………………… (453)
　　一、附注概述 ……………………………………………………… (453)
　　二、附注披露的主要内容 ………………………………………… (453)
第九节　财务报表分析 ……………………………………………… (455)
　　一、财务报表分析概述 …………………………………………… (455)
　　二、财务报表分析的方法 ………………………………………… (456)
　　三、偿债能力分析 ………………………………………………… (457)
　　四、获利能力分析 ………………………………………………… (462)
附录一　复利终值系数表(FVIF表) ………………………………… (469)

附录二　复利现值系数表(PVIF 表) ………………………………… (470)
附录三　年金终值系数表(FVIFA 表) ………………………………… (471)
附录四　年金现值系数表(PVIFA 表) ………………………………… (472)
附录五　练习题参考答案 ………………………………………………… (473)

第一章　边境贸易会计概论

【本章学习要求】
1. 了解贸易与经济发展的关系。
2. 了解边境贸易的特点。
3. 了解汇率变化对经济的影响。
4. 掌握基本贸易术语。
5. 了解进出口商品的作价方法。

【关键术语】
边境贸易（Border Trade）
边境贸易会计（Border Trade Accounting）
贸易术语（Trade Terms）

第一节　边境贸易理论

一、贸易与经济发展的关系

经济发展与经济增长是两个不同的概念。经济增长主要是指在一个较长的时间跨度上，一个国家人均产出（或人均收入）水平的持续增加。经济发展则是指一个国家摆脱贫困落后状态，走向经济和社会生活现代化的过程。经济发展不仅意味着国民经济规模的扩大，更意味着经济和社会生活素质的提高。所以，经济发展所涵盖的内容超过了单纯的经济增长，比经济增长的含义更为广泛。

不言而喻，一国参与国际贸易的程度与其经济发展水平有密切关系。贸易对经济发展的促进作用主要体现在以下几个方面：

（一）优化一国的经济结构

经济结构优化是现代经济发展的主题，是推动现代经济持续增长的最重要推动力。现代经济发展不仅包括经济总量的增长,更重要的在于产业结构的优化。在激烈的国际竞争中,一国只有优化资源配置,淘汰落后产业,扩大对外经贸合作领域,积极参与国际分工,才能立足世界舞台。国际贸易对经济发展的促进作用在很大程度上体现为对经济产业结构的优化。

(二) 有助于新市场的开拓与发展

在经济学中,规模经济是扩大生产、提高利润、降低成本的有效方式之一。在国际贸易的环境中,出口企业面对世界市场来组织生产,市场容量大,容易获得规模经济效应。另外,出口企业在产业链中处于不同的地位,将对上游和下游企业产业起不同的辐射带动作用。尤其是出口企业如果是主导企业,联系效应大,更能够产生关联效应,带动一系列其他相关部门的发展,对经济发展起很大的促进作用。面对金融危机的新形势,中国企业更需要"两条腿走路",借助国内和国外两个市场的开拓,发展本国的经济,这在经济危机的实践中已经得到很好的体现。

(三) 激发国家创新机制的发展和技术进步

美国经济学家熊彼特曾经说过,只有创新才是一个国家发展的主要原动力;美国经济学家杰弗里·萨克斯(J. Sachs)和安德鲁·沃纳(A. Warner)在 1995 年的一项实证研究中发现,在决定经济增长的诸多要素中,开放是最重要的因素之一。在与别国的贸易交往中,一国只有不断创新、提高技术水平,才能在国际分工中占据主导地位,获取持续的国际竞争能力。而企业作为微观的行为个体,国家宏观层面的改变会对其产生导向作用,企业追求技术进步和创新的动力明显增强。

(四) 促进一国的社会政治文化进步和国民思想开放

在开放的经济环境中,人们接触新思想的几率明显增强,国际贸易在带来一国生产和消费增长的同时,更带来了人们的思想进步、思维方式改变和观念更新。尤其是社会化大生产和现代商品经济孕育出来的精神文明成果,诸如开拓进取精神、效率观念、服务观念等等。这种效果在某种意义上说比物质交换带来的利益还要大,尤其是对于经济发展落后的国家。

二、边境贸易与边境地区的经济发展

边境贸易是毗邻国家边境地区之间经济、贸易活动的特殊形式,包括边民互市、边境民间贸易(或称边境小额易货贸易)和边境地方政府之间贸易以及其他边境地方经济技术合作和科学技术交流活动,是国家对外经贸活动的重要组成部分。中国地域辽阔,沿边境线分布着辽宁、内蒙古、新疆、云南等 9 省区,与朝鲜、越南等 14 个国家接壤,具有开展边境贸易的先天优势。加入世界贸易组织以来,我国将逐步以规则经济替代优惠政策，这为我国边境贸易的发展带来新的挑战。具体来说，边境贸易与边境地区经济社会发展的关系如下：

（一）边境贸易为沿边地区增加资本积累，扩大经济规模创造了条件

"贸易是经济增长的发动机"，边境贸易的繁荣亦是资本积累的过程，而且这种积累又是非常必要的。从宏观上分析，边境贸易规模的扩大，特别是出口的增加将以乘数效应有效增加全地区的国民收入；从微观上分析，开放条件下边境贸易的发展给企业带来的规模报酬递增，使企业具有强烈的积聚资金、扩大规模的愿望。同时，开放所带来的持续增加的居民收入为企业充实了融资的源泉。在边境贸易活动中，我国沿边地区借助自身的地缘优势、资源优势和经济结构互补优势，致力于创造条件增加出口，发展本地区经济，取得了不同程度的发展绩效。

（二）边境贸易的发展适应了我国边境地区经济社会发展的内在需要

长期以来，边疆民族地区经济发展滞后，与东部沿海地区存在较大的差距，很重要的原因在于边境地区人们的市场意识淡薄，思想观念保守。相关研究均表明，边境贸易与经济发展之间存在长期的均衡关系，与经济发展长期呈正相关关系。尽管边境贸易占我国国际贸易总量的比重较低，近年来呈下滑的趋势，但是其在我国经济发展中的战略地位不可忽视。尤其是受到历史、地理、气候等多种因素的影响，边境地区贫困问题依然突出，特别是在新疆、西藏、云南、广西等边境地区，存在集中连片的贫困带。发展边境贸易，对于我国"兴边富民"活动的深入开展，解决边民就业、缓解贫困，改善边境地区人口较少民族群众的生产生活条件能够发挥积极的作用。

（三）发展边境贸易有助于开辟新的外贸市场和外贸通道，推动内陆沿边口岸地区的开发

中国自东北鸭绿江江口至北部湾北仑河河口分别与朝鲜、俄罗斯、蒙古等14个国家接壤。周边国家实施对外开放政策，有效地促进了我国沿边境地区边境口岸体系的形成。长期以来，国家对于边贸的发展一直高度重视，陆续出台了一系列政策对其进行支持，建立统一的一类口岸设施和管理体制，对各口岸资源进行整合和优化。经过多年的建设，边境地区对外口岸已经由最初的主要从事边民互市贸易的边境隘、渡口和集镇向有计划的口岸体系方向发展，乃至出现与邻国共建区域经济一体化的形式。这些新的外贸市场和外贸通道的建设对周边城市产生了较好的辐射带动作用，促进了内陆口岸城市和周边城市的协调发展。

（四）发展边境贸易促进了产业联动，增加了就业机会

边贸属于流通产业，与工、农业具有很大的关联效应。一方面，边贸能够为沿

3

边地区的生产部门打开外部市场。经过多年的发展，边贸不断向周边国家腹地延伸，已经超出了传统意义上的地理界线，加强了经济联系和交往，拓展了市场空间。另一方面，由边贸引起的人员往来对沿边地区的第三产业如旅游、餐饮服务和交通运输等产生较大的关联作用，促进沿边地区民族经济的发展。直接推动了边境地区的商业、交通业、房地产业、通讯业、金融业的发展，促进了该地区国民经济的发展。

总的来说，边境经济贸易的发展，有力地促进了沿边地区经济的发展，一方面，使"老、少、边、穷"地区的经济发展进入快速增长的轨道；另一方面，亦带动了内陆边疆省区经济和社会的发展。发展边境贸易，对于我国和周边国家的睦邻友好关系以及边境地区的社会稳定意义重大。

第二节 边境贸易会计

一、会计的概念及特点

会计是以货币为主要计量单位，运用专门方法对企业或单位的各项经济业务进行确认、计量、记录和报告的信息系统。人类的经济活动是多种多样的，人们运用会计的基本方法，适应不同的应用对象显示出一些不同的特点。

财务会计是企业会计的一个重要分支，它是以企业的生产经营活动和经营成果为研究对象，运用会计的专门方法为企业的内部管理者和企业外部与企业有利害关系的集团与个人提供以会计报表为主要内容的会计信息。

对会计信息的需求，包括企业内部和企业外部两方面。

（一）企业内部对会计信息的需求

企业内部管理者和职工要通过会计信息了解企业的经营状况；企业在对经营过程中遇到的重大问题进行决策时，需要以客观的、有用的数据和资料为依据，会计信息在企业决策中起着极其重要的作用。

本企业的职工与工会要通过会计信息了解企业是否按正确的方向从事经营，为职工提供持久的工作职位、职工的福利待遇有何变动、企业的盈利情况如何，能否为职工支付较高的工资与奖金等。

（二）企业外部对会计信息的需求

企业外部需要利用会计信息进行决策的需求者主要包括：

1. 企业的所有者和潜在所有者。他们利用会计信息决定是否应投入资金或追加资金；是否应停止投入或转让投资；企业的经营成果怎么样，管理当局是否完成了企业的目标；企业的盈利分配政策如何等。

2. 企业的债权人和潜在的债权人。他们主要关心企业是否能够按时还本付息即是否具有偿债能力，以便决定是否借款给企业或为其提供赊销服务。

3. 政府部门。要通过会计信息了解企业是否能按时足额缴纳税款；企业向各级政府提供的各种报告是否正确等。

4. 企业的顾客。他们主要关心企业的财力是否充足，是否能成为一个长期的供应商；企业的经营行为与顾客的需求是否一致，能否不断改进产品的质量等。

除上述需求者外，还有咨询人员、经纪人、证券分析师、研究人员、教师等等。总之，会计信息的使用者众多，需求又各不相同，会计人员如何满足不同需求，实属一大难题。到目前为止会计对外提供的仅仅是通用信息。

二、财务会计的特点

会计所能提供的信息按时间划分，可以分为反映过去、现在和未来三类。这些信息对于企业内部管理都有重要的作用。会计管理是企业管理的一个重要组成部分，凡是企业管理者在决策时需要的信息，会计都应该予以提供，所以对企业内部，会计能提供的信息与实际提供的信息应该是一致的。

而对于企业外部，信息的使用者站在不同的角度，需要各种各样的信息，企业对于这些信息需求，不能全部满足。企业对外提供信息，或者是自愿的，或者是按照有关规定必须提供的。在很多情况下，企业对外提供会计信息在满足外界需要的同时也带来了企业自身的经济利益，如吸引了潜在的投资者和债权人等。在多数情况下，企业对外提供信息对自身没有明显的、直接的影响，仅仅是履行法律、制度等规定的义务。财务会计的特点主要有：

1. 以货币为主要计量单位，主要提供企业过去和现在的经济活动情况及其结果的会计信息。

2. 以企业作为一个整体，提供这个整体的财务状况、经营成果和现金流量的情况。

3. 以会计准则或统一的会计制度为依据，对外提供统一规范的会计报告。

4. 以复式簿记为基础，遵循一套比较科学的、统一的、定型的会计处理程序与方法，使对外提供的信息规范化。

三、边境贸易的特点

20世纪80年代初中国实行了对外开放政策，创办了沿海经济特区，取得了伟大的成就。20世纪90年代中国进一步扩大对外开放的力度，把沿海地区的开放政策进一步扩大到沿江和沿边内陆省区，逐步形成了全方位、多层次、宽领域的对外开放格局。原来边疆地区远离经济发展中心，现在边疆地区特别是经国家批准的开放口岸，成为对外开放的窗口，经济发展的地缘优势地区。很多边境城镇获得了发展的机遇，昔日沉寂的边境地区呈现出蓬勃生机。

中国的边境贸易进出口额呈现逐年增长的趋势，在贸易额增长的同时，边境地区的交通运输体系逐步完善，公路、铁路、水路和航空运输都有了长足的发展。城镇的基础设施不断改善，经济实力不断增强，人文社会环境水平也不断提高。加上充裕的人力资源和优惠的贸易政策，为边境贸易的进一步发展奠定了坚实的基础。

（一）边境贸易与国内贸易比较

边境贸易的商品交换，不是一个国家内部的商品交换而是超越国境的商品交换。由于交换范围的扩大，与国内贸易相比，边境贸易有如下特点：

1. 国际性

由于贸易的双方分处国境两边，所以边境贸易是国际分工的产物，而不是国内资源的交换。

2. 复杂性

由于边境贸易涉及不同的国家、不同的民族、不同的文化环境和不同的政策、法律、法规等，因而在交易的洽谈、市场调研、履行合同及争端解决等方面比国内贸易更复杂。

3. 风险大

边境贸易的复杂性使其在经营过程中风险更大，不仅会遇到与国内贸易相同的信用风险、运输风险、商业风险等，还可能遭遇汇兑风险和政治风险等。

（二）边境贸易与国际贸易比较

边境贸易是国际贸易的一种特殊形式，它具有一般国际贸易的共性，又具有与一般国际贸易不同的特性，主要表现在：

1. 区域性

边境贸易是在毗邻国家的边境地区开展的两国贸易活动，如果两国不毗邻接壤，那么两国之间进行的贸易就超出了"边境"贸易的范畴。边境贸易的产生和发展必须是在两国的边境地区，因而具有区域性；边境地区处于对外开放的前沿地带，成为联系内地市场与国际市场的桥梁。

2. 双向性

内陆边境贸易口岸具有对内贸易和对外贸易的双重功能，可以同时利用国内和国外两个市场。一方面对外开放，把国内市场的商品吸引到边境市场并推到国外去；另一方面向内地开放，把从国外引进的商品、资金、技术等向内地辐射、扩散。边境贸易同时面向两个市场，具有很大的优势；但同时也会受到两个市场的影响和制约。

3. 民族性

我国的边境地区大部分为少数民族分布地区，很多少数民族生活在边境线两侧的国家中，同族同源的民族有利于加强贸易双方的认知和了解，有利于双边国家贸易的发展。

4. 政策性

边境贸易与国际贸易相比，享有更为优惠的政策，以弥补边境贸易区域限制多、贸易额度小等缺陷。各种优惠政策为边境贸易发展提供了保证。

5. 多样性

边境贸易的规模、贸易方式多种多样，主要表现为：

（1）边民互市贸易。是指两国边民从生产和生活需要出发，在相邻国家政府准许的接壤地区，经政府指定的地域进行的规定商品限额内的商品交换形式。这是一种原始形态的边境贸易，也是目前边境贸易的基本形式之一。其特点：一是纯属民间交往。交易受互市地点、品种、数额和对象的限制；二是距离近。边民互市贸易商品一般是当地生产当地交换，随行就市随产随销，手续简便易于成交，不需要长途运输。

（2）边境民间贸易。是指边境地区具有法人资格的进出口商和代理商与毗邻国家进行的贸易。主要特征：一是便于监督管理。因为进行贸易的主体是具有法人资格的进出口商或代理商，进出口的商品需要经过商检和海关等环节，便于实施有效监督和管理；二是双方多以易货贸易为主，不动用外汇，结算方式虽然原始，但进出口贸易基本平衡。

（3）边境地方贸易。是指边境地方政府参与的边境贸易。其主要特征：一是以两国年度协议、易货贸易、记账结算为主要方式；二是由地方外贸企业自主经营、自负盈亏、进出口自行平衡；三是在本地区内通盘考虑经济效益，充分发挥地方优势；四是与国际贸易相比业务周转环节少，经营方式灵活。

6. 风险性

边境贸易更容易受到政治影响：双方国家关系好，边境贸易蓬勃发展；双方国家关系紧张，边境贸易会受到很大影响。此外，汇率、利率、双方货币能否自由兑换等，都会构成边境贸易的风险。

四、边境贸易会计的特点

边境贸易会计按学科性质应该属于财务会计，而现在财务会计的教科书中一般只涉及人民币结算和国内业务的处理，基本上不涉及外币结算和国际业务的处理。这本《边境贸易会计实务》实际上是在财务会计的基础上，增加了外币结算和国际业务的处理。自从 2006 年财政部颁布了会计的基本准则和具体准则以后，各行业的会计制度基本取消了，还有个别的行业会计保留下来了，如银行会计、涉外会计、建设单位会计等。边境贸易会计应属涉外会计，但与涉外会计又有不同之处。

国家规定，在我国境内人民币是唯一可以流通的货币。其他货币在我国境内不能流通。按照现行规定，国家对进出口贸易收取外汇和支付外汇采用的是结汇和售汇制度，只有少数企业可以在银行开立外汇存款账户。

结汇，是指境内企业出口产品后，收到国外银行转来的外币货款，境内银行将收到的外币按汇买价买入，将相应的人民币记在企业的账户里，由企业支用。

售汇，是指企业进口原材料或商品，需要对外支付外币，境内银行按照汇卖价收取境内企业的人民币，卖出相应的外币，支付给外商。简单地说，就是企业没有外汇，企业需用外汇时，银行将所需外汇卖给企业并直接对外支付货款。

边境贸易会计的特点如下：

1. 采用复币记账

按照我国的规定，境内企业的记账本位币是人民币。企业在与边境对方进行贸易往来时，如果采用的计价货币和结算货币是外币，企业在记录与外币有关的业务时，应将外币和人民币同时计入账本。因为发生债权债务与收回债权、偿付债务是以外币为标准的，所以必须将债权债务的人民币金额与外币金额同时登记入账。

2. 核算汇兑损益

企业在外币债权债务发生时，应将两种货币同时记在账上，记在账上的人民币金额是按业务发生当日汇率折算的人民币数额。企业在收回债权和清偿债务时，是以外币收回债权或清偿债务的，因汇率的变化可能导致收回的外币虽然与债权相等，但折算的人民币可能多于或少于账上的人民币数额，这个差额就是汇兑损益。汇兑损益作为财务费用登记入账。

3. 外币的处理

边境贸易有时可能会保留一些边境对方的货币现钞，方便过境后的临时支用。这种情况可在现金总账科目下设两个明细科目，一个是人民币，另一个是外币。同样，如果在边境对方存有采购款，在其他货币资金项下也可增设一个外币科目。

第三节　外汇与汇率

一、外汇与汇率

（一）外汇的概念

外汇的概念是不断发展的，可以从动态和静态两个方面理解。

从动态方面理解，外汇又称国际汇兑，是指通过特定的金融机构，把一种货币兑换成另一种货币，对国际间的债权债务进行清偿结算的活动或行为。外汇包含了汇和兑两个过程，汇是指资金通过银行等金融机构实现国与国之间的转移，以结算国际间的债权债务；兑是指资金在汇出国之前或汇出国之后，把一国货币兑换成另一国货币的行为。

从静态方面理解，外汇是指一切以外国货币表示的、可以用作国际清偿的支付手段。在各国的外汇管理法规中使用的基本是这一概念。我国《外汇管理条例》中称：外汇是指下列以外币表示的可以用做国际清偿的支付手段和资产。

· 外国货币，包括纸币、铸币。
· 外币支付凭证，包括票据、银行存款凭证、邮政储蓄凭证等。
· 外币有价证券，包括政府债券、公司债券、股票等。
· 特别提款权。
· 其他外汇资产。

这种广义的静态外汇主要是供政府统计、宏观决策使用的。我们通常说的外汇是狭义的静态外汇，是指以外国货币表示的、可直接用于国际结算的支付手段。

外汇有三个特征：一是以本国货币以外的外国货币表示；二是可以自由兑换；三是具有普遍可接受性。

（二）外汇的分类

外汇可以按照不同的标准进行分类：

1. 外汇按能否自由兑换，分为自由外汇和记账外汇

自由外汇也称现汇，是指可以在国际金融市场上自由买卖、在国际支付中可以无限制地兑换成其他国家货币的、被广泛使用的外汇，如美元、欧元等。

记账外汇也称双边外汇或协定外汇，是指用于贸易协定或支付协议项下的双边清算外汇。记账外汇是依双方签订的协议在双方各指定一个银行作为清算银行，以

协议规定的货币作为记账货币，将两国之间的外汇收支以记账货币为单位记入相应的清算账户，最后以相互抵消的方式清算两国之间的债权债务，不能抵消的差额依协议的规定进行处理。记账外汇使用的货币，可以是协定国任何一方的货币，也可以是第三国货币。但记账货币不能自由兑换成其他国家货币，也不能对第三国支付，只能在协定国之间使用。

2. 外汇按外币形态，分为外币现钞和外币现汇

外币现钞是指外国的纸币和铸币。现钞的来源主要是从国外携入。

外币现汇是指在货币发行国本土银行的存款账户中属境外银行或客户的自由外汇存款。现汇的来源主要是由境外携入或寄入的外汇票据，经本国银行托收后存入，用于国际汇兑等以非现金方式清偿国际间债权债务的外汇。

3. 外汇按买卖的交割期，分为即期外汇和远期外汇

即期外汇是指在国际贸易或外汇买卖成交后两个营业日内办理交割的外汇（交割是指买卖双方履行交易合约，款货授受、进行实际收付的行为）。

远期外汇是指买卖双方按商定的汇率订立合约，在约定的日期办理交割的外汇。一般期限为3~6个月。

4. 外汇按来源和用途，分为贸易外汇和非贸易外汇

贸易外汇是指商品进出口，即有形贸易收支使用的外汇。

非贸易外汇是指劳务进出口，即无形贸易收支及单方面转移收支使用的外汇。

除以上外汇分类外，还有很多种分类，如官方外汇、私人外汇、黑市外汇、劳务外汇、旅游外汇等。

（三）汇率

外汇作为一种资产可以和其他商品一样进行买卖，商品买卖是用货币购买商品，而货币买卖是用一种货币购买另一种货币。

汇率又称汇价，是指不同货币之间兑换的比率或比价，也可以说是以一种货币表示的另一种货币的价格。

1. 汇率的标价方法

汇率在确定两种货币的交换比率时，首先要确定是以哪一个国家的货币作为标准，选择的标准不同汇率的标价方法也不同。

（1）直接标价法

直接标价法也称应付标价法，是指以一定单位的外国货币（1个或100、1 000个单位）为标准，计算应付出多少单位的本国货币。也就是说，直接标价法是以本国货币表示外国货币的价格。其特点是外国货币固定本国货币浮动。外汇汇率上升说明外国货币币值上涨，表示单位外币能兑换的本币增多，本国货币的币值下降；外汇汇率下降说明外币币值下降，单位外国货币能兑换的本币减少，本币币值上升。

目前世界上除英国、美国外多数国家都采用直接标价法，我国采用的也是直接标价法。

（2）间接标价法

间接标价法也称应收标价法，是指以一定单位的本国货币（1个或100、1 000个单位）为标准，计算应收进多少外国货币。间接标价法是以外国货币表示的本国货币的价格。其特点是本国货币固定，外国货币浮动。如果一定数额的本国货币能兑换的外国货币比原来减少，说明外国货币升值；若一定数额的本国货币能兑换的外国货币比原来增多，则说明外国货币的币值下跌，本国货币的币值上升。

目前只有英国和美国等少数国家使用间接标价法。

2. 汇率的种类

（1）汇率按银行买卖外汇的实务，分为买入价和卖出价。还可以细分为现汇买入汇率、现汇卖出汇率、中间汇率、现钞买入汇率和现钞卖出汇率。

①买入汇率也称买入价，是指银行向同业或客户买入外汇时使用的汇率。采用直接标价法时，外币折合本币数较少的汇率是买入价，采用间接标价法则相反。

②卖出汇率也称卖出价，是指银行向同业或客户卖出外汇时使用的汇率。采用直接标价法时，外币折合本币数较多的汇率是卖出价，采用间接标价法则相反。

买入价与卖出价的差是银行买卖外汇的正常收益，一般为1‰~5‰，交易频繁的货币买卖差价相对较小，交易清淡的货币差价就比较大。外汇市场发生重大事件时，外汇汇率波动剧烈，银行为防范风险，会将外汇买卖价差加大。

了解银行的买入价和卖出价应注意以下几点：

● 买入价和卖出价都是站在银行的角度讲的，进出口企业是银行的客户，站在客户的角度，客户卖出外汇使用的是银行买入价；客户买入外汇使用的是银行卖出价。本书下面在举例时都会给出两种价格，由使用者进行选择。因为银行在办理业务时是站在自己的角度选择买入价或卖出价。一般银行在使用买入价或卖出价时会精确到小数点后4位，银行给企业的兑换单通常称为水单，是企业入账的原始凭证。我们为了简便起见买卖价只列到小数点后1位。

● 如果无法判断是直接标价法还是间接标价法，区分买入价和卖出价的标准是看买卖的是基准货币还是标价货币。如果买卖的是基准货币，可视为直接标价法，放在前面的小的汇率是买入汇率；如果买卖的是标价货币，则视为间接标价法，后面的大的汇率是买入汇率。如中国使用的是直接标价法，美元与人民币的标价为：买入价1∶6.1，卖出价1∶6.3。某企业出口商品一批总价10 000美元，接银行通知已收到对方支付的货款，银行给的水单注明汇率为1∶6.1，企业人民币存款账户增加了61 000元。假定某企业的纽约分部出口一批商品到日本总值为500 000日元，该企业在纽约只有美元账户。收到货款时汇率为：1∶84和1∶86。因为在美国是采用间接标价法，所以买入价应该是后面的较大的汇率。则500 000÷86 = 5 814（美元）。这里基准货币是美元，标价货币是日元。

11

③中间汇率又称中间价,是指外汇买入价与外汇卖出价的平均价。中间汇率主要用于企业年终报表折算。中国人民银行一般是根据国际汇率的变化公布一个中间汇率,各商业银行自行计算本行的汇买价、汇卖价和钞买价、钞卖价。

④汇买价和汇卖价是指银行买卖现汇的价格。因为现汇随时可以使用,所以价格相应较低。

⑤现钞买卖价是指银行买卖外币现钞的价格。现钞买入价是指银行买入外币现钞时使用的汇率。外币现钞因为不能在国内流通,银行持有的外币现钞只能运到境外或者是货币的发行国,才能使用或变成现汇,银行要将现钞变成现汇需要花费保管费、运费等,所以在汇率上现钞买入价最低。现钞卖出价是指银行卖出外币现钞时使用的汇率。在直接标价法下现钞卖出价最高。汇率由低到高排列为:现钞买入价、现汇买入价、中间价、现汇卖出价、现钞卖出价。有的时候也会出现现汇与现钞同价的情况。如钞买价美元比人民币1∶6.0;汇买价1∶6.1;卖出价1∶6.3,说明汇卖价与钞卖价相同。

(2) 汇率按交割期限,分为即期汇率和远期汇率

即期汇率也称现汇汇率,是指外汇买卖成交后在两个营业日内进行交割时使用的汇率。即期的外汇交易一般是通过计算机、电话、电传方式进行的。即期汇率就是电汇汇率(因为现在没有信汇,票汇因取款时间长汇率比电汇汇率低一些),同时也是外汇市场上的基本汇率。

远期汇率也称期汇汇率,是指外汇买卖成交后,按照约定在将来某一到期日进行交割时所使用的汇率。远期外汇买卖是一种预约性交易,是由于外汇购买者对外汇资金需要的时间不同,或为了避免外汇汇率变动风险而进行的。远期外汇汇率与即期汇率相比会有差额,其差额称为远期差价,分为升水、贴水、平价三种,升水表示远期汇率比即期汇率贵,贴水表示远期汇率比即期汇率便宜,平价表示两者相等。

(3) 汇率按其制定方法,分为基本汇率和套算汇率

基本汇率是指一国货币同关键货币的比价。一般美元在国际支付中使用较多,很多国家把对美元的汇率作为基本汇率。

套算汇率是指各国按照对美元的基本汇率套算出的直接反映其他货币之间价值比率的汇率。

(4) 汇率按外汇管理的宽严,分为官方汇率和市场汇率

官方汇率是指国家机构(财政部、中央银行或外汇管理当局)公布的汇率。官方汇率还可分为单一汇率和多重汇率。多重汇率是一国政府对本国货币规定了一种以上的对外汇率,属外汇管制的一种特殊形式。其目的在于鼓励出口限制进口,限制资本的流入或流出,以便改善国际收支状况。

市场汇率是指在自由外汇市场上买卖外汇的实际汇率。在外汇管理较松的国家,官方宣布的汇率往往只起中心汇率作用,实际外汇交易则按市场汇率进行。

(5) 汇率按银行营业时间，分为开盘汇率和收盘汇率

开盘汇率是银行一个营业日开始进行外汇买卖时第一笔外汇买卖使用的汇率。收盘汇率是银行一个营业日终了前，最后一笔外汇买卖使用的汇率。

二、汇率变动对经济的影响

汇率的变动受到多种因素的影响，同时，汇率的变化对一国经济也会产生广泛的影响。

（一）对进出口贸易的影响

汇率的变动会影响一个国家进出口商品价格，使之发生相应变化，进而会抑制或促进国内居民对进出口商品的需求，影响进出口商品规模和国际收支。

1. 本国货币升值

出口方面，在其他条件不变的情况下，如果本国的货币对外国货币升值，出口商以外币折合的本国货币减少，导致出口换汇成本增加利润降低，出口商品在国外市场价格上升，导致国外购买需求下降，不利于本国商品的出口。

进口方面，在其他条件不变的情况下，如果本国的货币对外国货币升值，进口商可用较少的本币兑换外币支付进口费用，使进口成本下降，进口商品价格下降，增强国内购买力，有利于外国商品的进口。

2. 本国货币贬值

出口方面，在其他条件不变的情况下，如果本国的货币对外国货币贬值，出口商以外币折合的本国货币增加，导致出口换汇成本降低利润增加，出口商品在国外市场价格下降，导致国外购买需求增加，有利于本国商品的出口。

进口方面，在其他条件不变的情况下，如果本国货币对外国货币贬值，进口商要用较多的本币兑换外币支付进口费用，使进口成本上升，进口商品价格上升，降低国内购买力，不利于外国商品的进口。

无论货币是升值还是贬值都会影响国际贸易收支。

（二）对资本流动的影响

1. 汇率变化对长期投资的影响

本国货币对外国货币贬值，有利于本国长期投资的输入。因为国外投资者可用更少的钱投资建厂、投资入股；相反国内投资者到国外投资时，要支付更多的本币，不利于本国投资者对国外的投资。本国货币对外国货币升值，有利于本国投资者到国外去投资，不利于国外投资者对本国的投资。

2. 汇率变化对短期投资的影响

外汇市场汇率的变动对短期资本流动会产生很大的影响：一是货币升值、贬值

的影响。如果本币对外币升值，单位外币兑换的本币减少，外国资本流入减少，国内资本流出增加；如果本币对外币贬值，单位外币兑换的本币增加，外国资本流入增加，国内资本流出减少。二是当一国外汇市场出现本国货币贬值预期时，就会出现大量抛售本币、抢购外币的现象，形成资本外逃；如果出现本国货币升值预期时，就会出现抛售外币抢购本币的现象，增加资本流入。

（三）对国内物价的影响

汇率变动对进口商品的影响如下：

本国货币贬值，则以本国货币表示的进口商品价格提高，带动国内同类商品价格上升；如果进口商品作为生产资料投入生产，会引起国内生产成本提高，促使其他商品价格普遍上涨并可能推动物价总指数上涨；如果本国货币升值，则进口商品价格下降，会带动国内同类商品价格下降。本国货币贬值对出口商品的影响是外国货币购买力提高、出口商品数量会增加，如果出口商品供应数量不够充足，会引起出口价格的上涨，特别是初级产品的出口贸易，价格对汇率的变化特别敏感。

物价的变化会受很多因素的影响，汇率的变化对国内物价的影响仅仅是一个方面。

汇率的变化还可能影响国内的利率水平、国内的就业、国民收入等，汇率对它们的影响与汇率对物价的影响一样仅仅是一个方面。

（四）对国际经济的影响

1. 引起外国的不满

从本国的角度讲，货币贬值会增加出口，推动经济增长；从国际角度来看，汇率的变动是双向的，本国货币贬值意味着外国货币升值，影响外国的经济增长，导致外国的不满或报复，甚至导致国际经济关系的恶化。所以，一国的货币在决定贬值之前一定要权衡贬值后带来的方方面面的影响。

2. 促进国际储备货币多元化

有些国家的货币被用来作为国际储备货币或称硬通货，如英镑、美元、欧元等，如果这些货币贬值，会影响它们作为储备货币的地位和作用，会促使国际储备货币向多元化的方向发展。

3. 加速金融业务创新

汇率不稳定促进了外汇投机的发展，投机的发展加剧了国际金融市场的动荡和混乱。与此同时，为了回避汇率风险，促进了期权、货币互换等金融业务形式与市场机制的创新。

三、外汇的核算方法

外汇业务的记账方法主要有两种，即外汇分账制和外汇统账制。

（一）外汇分账制

外汇分账制又称原币记账法或多种货币制，是指经营外汇业务的单位采用原币（各种实际收付的外币）为记账单位，对每种货币的收付各设置一套账，分别填制凭证、登记账簿、编制报表的一种记账方法。外汇分账制主要用于经营多种外币业务的各商业银行和金融机构。

（二）外汇统账制

外汇统账制又称本币记账法，是指以本国货币为记账单位，各种外国货币的收支均按适用的汇率折合成记账本位币记账，并分别注明每笔业务的原币金额和使用的折合率，而不单独设外币账簿的一种记账方法。

外汇统账制根据使用的折算汇率不同，可分为"时价法"和"定价法"两种。时价法是指按外汇业务发生时的汇率折合成人民币记账的一种方法；定价法是指按事先规定的固定汇率折合成人民币记账的一种方法。时价法一般使用即期汇率，因为汇率变化较大，所以现在绝大多数单位都使用时价法。定价法一般使用期初汇率，可以是月初汇率或年初汇率，使用定价法的单位较少。

外汇统账制适用于除商业银行以外的企事业单位。

第四节 国际贸易术语与商品价格

一、国际贸易术语概述

国际贸易术语也叫贸易条件或贸易价格，它用一个简短的词句或三个英文字母缩写说明商品的价格构成、买卖双方各自承担的费用、风险、责任的划分等问题。

国际贸易因交易双方分属不同国家，语言不同、使用的货币不同，为了简化贸易谈判，减少误会和因双方意思表达不清造成的损失，国际商会对相关的国际贸易术语、惯例进行了规范。主要有《1932年华沙—牛津规则》、《1941年美国对外贸易定义修订本》和《国际贸易术语解释通则》（以下简称《通则》）。该《通则》是国际商会为避免和解决贸易中对最普遍使用的贸易术语所发生的纠纷而提供的一套对贸易术语进行解释的国际性规则。1936年国际商会首次公布了《通则》,随着经济的发展于1953年、1967年、1976年、1980年、1990年、2000年和2010年分别作了补充和修订。《2010年通则》于2010年9月27日公布,2011年1月1日正式生效。《2010年通则》主要对销售合同中买卖双方关系进行规定,主要涉及与交货有关的事项,如货物进出口清关、货物包装、卖方交付货物、买方受领货物、提供证明等各项义务。

《2010年国际贸易术语解释通则》主要包括两组:

第一组:适用于任何运输方式的术语七种:EXW、FCA、CPT、CIP、DAT、DAP、DDP。

  EXW (ex works) 工厂交货
  FCA (free carrier) 货交承运人
  CPT (carriage paid to) 运费付至目的地
  CIP (carriage and insurance paid to) 运费/保险费付至目的地
  DAT (delivered at terminal) 目的地或目的港的集散站交货
  DAP (delivered at place) 目的地交货
  DDP (delivered duty paid) 完税后交货

第二组:适用于水上运输方式的术语四种:FAS、FOB、CFR、CIF。

  FAS (free alongside ship) 装运港船边交货
  FOB (free on board) 装运港船上交货
  CFR (cost and freight) 成本加运费
  CIF (cost insurance and freight) 成本、保险费加运费

《2010通则》中的各贸易术语特点

术语代码	风险划分界限	保险合同办理	适用运输方式	运输合同办理	出口清关责任及费用	进口清关责任及费用	交货性质	合同性质
EXW	出口国工厂所在地货交买方	买方	任何方式	买方	买方	买方	实际交货	启运合同
FCA	出口国指定地点货交承运人	买方	任何方式	买方	卖方	买方	实际交货	装运合同
FAS	出口国指定装运港货交船边	买方	水运	买方	卖方	买方	实际交货	装运合同
FOB	出口国指定装运港货装船上	买方	水运	买方	卖方	买方	实际交货	装运合同
CPT	出口国指定地点货交承运人	买方	任何方式	卖方	卖方	买方	象征性交货	装运合同
CIP	出口国指定地点货交承运人	卖方	任何方式	卖方	卖方	买方	象征性交货	装运合同

续表

术语代码	风险划分界限	保险合同办理	适用运输方式	运输合同办理	出口清关责任及费用	进口清关责任及费用	交货性质	合同性质
CFR	出口国指定装运港货装船上	买方	水运	卖方	卖方	买方	象征性交货	装运合同
CIF	出口国指定装运港货装船上	卖方	水运	卖方	卖方	买方	象征性交货	装运合同
DAT	进口国运输终端货交买方	卖方	任何方式	卖方	卖方	买方	实际交货	到达合同
DAP	进口国指定地点货交买方	卖方	任何方式	卖方	卖方	买方	实际交货	到达合同
DDP	进口国指定目的地货交买方	卖方	任何方式	卖方	卖方	卖方	实际交货	到达合同

注：《2010通则》中的术语是指货物灭失或损坏的风险从卖方转移到买方。

保险合同办理一栏只有 CIP 和 CIF 应由卖方办理，其余术语买卖双方都无订立保险合同的义务，但为了自己的利益可以办理保险合同或要求对方协助办理。

二、贸易术语的作用

（一）表明价格构成

不同的贸易术语代表了不同的价格构成，国际贸易中商品的价格包括国内价格（如商品购进价格、流通费用、税金等）和国外费用（如出口地至进口地所需支付的运费、保险费、其他相关费用等）。如 EXW 工厂交货，卖方的责任、风险比较小，出口商品的价格就低；DDP 目的地完税后交货，卖方承担的责任、风险很大，出口商品的价格就高。

（二）表明交易条件

不同的贸易术语代表了买卖双方交易的条件不同，承担的风险、责任不同。如 FOB 装运港船上交货，卖方负责按时将货物装上买方指定的船，风险划分以装运港货装上船为界，卖方承担货物装上船以前的一切风险和费用；买方负责货物装船以后的一切费用和风险。

三、《2010 年通则》中的贸易术语

（一）EXW 贸易术语

卖方义务	买方义务
A1 卖方一般义务 卖方必须提供符合买卖合同约定的货物和商业发票，以及合同可能要求的其他与合同相符的证据。A1–A10 中指所有凭证在双方约定或符合惯例的情况下，可以是同等作用的电子记录或程序。	**B1 买方一般义务** 买方必须按照买卖合同约定支付价款。B1–B10 指所有单证在双方约定或符合惯例的情况下，可以是同等作用的电子记录或程序。
A2 许可证、授权、安检通关和其他手续 如适用时，经买方要求，并承担风险和费用，卖方必须协助买方取得出口许可证或出口相关货物所需的其他官方授权；经买方要求，并由其承担风险和费用，卖方必须提供其所掌握的该项货物安检通关所需的任何信息。	**B2 许可证、授权、安检通关和其他手续** 如适用时，应由买方自负风险和费用，取得进出口许可证或其他官方授权；办理相关货物出口的海关手续。
A3 运输合同与保险合同 a) 运输合同 卖方对买方无订立运输合同的义务。 b) 保险合同 卖方对买方无订立保险合同的义务，但应买方要求并由其承担风险和费用（如果有的话），卖方必须向买方提供后者取得保险所需的信息。	**B3 运输合同与保险合同** a) 运输合同 买方对卖方无订立运输合同的义务。 b) 保险合同 买方对卖方无订立保险合同的义务。 注：为了自己的利益，买方可以自付费用，订立运输合同和保险合同。
A4 交货 卖方必须在指定的交付地点或该地点内的约定地点（如有的话），以将未置于任何运输车辆上的货物交给买方处置的方式交货。若在指定交货地没有约定特定地点，且有几个点可供使用时，卖方可选择最适合其目的的点。卖方必须在约定日期或期限内向买方交货。	**B4 收取货物** 当卖方行为与 A4 和 A7 相符时，买方必须收取货物。
A5 风险转移 除按照 B5 的灭火或损坏情况外，卖方承担按照 A4 完成交货前货物灭失或损坏的一切风险。	**B5 风险转移** 买方承担按照 A4 交货时起货物灭失或损坏的一切风险。如果买方未能按 B7 给予卖方通知，则买方必须自约定的交货日期或交货期限届满之日起，承担货物灭失或损坏的一切风险。但以该货物已清楚地确定为合同项下之货物者为限。

续表

卖方义务	买方义务
A6 费用划分 卖方必须支付按照 A4 完成交货前与货物相关的一切费用，但按照 B6 应由买方负担的费用除外。	**B6 费用划分** 买方必须支付 a) 自按照 A4 交货时起与货物相关的一切费用；b) 由于其未收取已处于可由其处置状态的货物或未按照 B7 发出相关通知而产生的额外费用，但以该货物已清楚地确定为合同项下之货物者为限；c) 如适用时，货物出口应缴纳的一切关税、税款和其他费用及办理海关手续的费用；及 d) 卖方按照 A2 提供协助时所产生的一切成本和费用
A7 通知买方 卖方必须给予买方其收取货物所需的任何通知	**B7 通知卖方** 当有权决定在约定期限内的时间或在指定地点内的接收点时，买方必须向卖方发出充分的通知。
A8 交货凭证 卖方对买方无义务。	**B8 交货证据** 买方必须向卖方提供其已收取货物的相关凭证。
A9 查对、包装、标记 卖方必须支付为了按照 A4 进行交货，所需要进行的查对费用（如查对质量、丈量、过磅、点数的费用）。卖方必须自付费用包装货物，除非某类货物的销售不需要包装。包装应作适当标记。	**B9 货物检验** 买方必须支付任何装运前必须的检验费用，包括出口国有关机关强制进行的检验费用。
A10 协助提供信息及相关费用 卖方应买方的要求并由其承担风险和费用，卖方必须及时向买方提供或协助其取得相关货物出口或进口或将货物运输到最终目的地所需要的任何单证和信息，包括安全相关信息。	**B10 协助提供信息及相关费用** 买方必须及时告知卖方任何安全信息要求，以便卖方遵守 A10 的规定。买方必须偿付卖方按照 A10 向买方提供信息或协助其取得单证和信息时发生的所有花销和费用。

（二）FCA 贸易术语

卖方义务	买方义务
A1 卖方一般义务 卖方必须提供符合买卖合同约定的货物和商业发票，以及合同可能要求的其他与合同相符的证据。A10－A10 中指所有凭证在双方约定或符合惯例的情况下，可以是同等作用的电子记录或程序。	**B1 买方一般义务** 买方必须按照买卖合同约定支付价款。B1－B10 指所有单证在双方约定或符合惯例的情况下，可以是同等作用的电子记录或程序。

续表

卖方义务	买方义务
A2 许可证、授权、安检通关和其他手续 如适用时，卖方必须自负风险和费用，取得所需的出口许可和其他官方授权，办理货物出口和交货前从他国过境运输所需的一起海关手续。	**B2 许可证、授权、安检通关和其他手续** 如适用时，应由买方自负风险和费用，取得所有进口许可或其他官方授权；办理货物进口和从其他国过境运输所需的一切海关手续。
A3 运输合同与保险合同 a）运输合同 卖方对买方无订立运输合同的义务，但若买方要求或按商业实践，而买方为适时做出相反指示，卖方可以按照通常条件签订运输合同，由买方承担风险和费用。无论哪种情况，卖方都可以拒绝签订运输合同，如予拒绝，卖方应立即通知买方。b）卖方对买方无订立保险合同的义务，但应买方要求并由其承担风险和费用（如果有的话），卖方必须向买方提供后者取得保险所需的信息。	**B3 运输合同与保险合同** a）运输合同 除了卖方按照A3 a）签订运输合同的情形外，买方必须自付费用签订自指定的交货地点起运货物的运输合同。 b）保险合同 买方对卖方无订立保险合同的义务。 注：为了自己的利益，买方可以自付费用，订立运输合同和保险合同。
A4 交货 卖方必须在约定日期或期限内，在A3 a）指定的港口或目的地运输终端，从抵达的运输工具上将货物交给买方处置的方式交货。以下情况交货完成：a）若指定地点是卖方所在地，则当货物被装上买方提供的运输工具上时；b）在任何其他情况下，则当货物在卖方的运输工具上可供卸载，并可由持有人或买方指定的其他人处置时。如果买方未按照B7 d）明确指定交货地点内特定的交付地点，且有数个交付地点可供使用时，卖方则有权选择最适合其目的的交货点。除非买方另行通知，卖方可采取符合货物数量和性质需要的方式将货物交付运输。	**B4 收取货物** 当货物按照A4交付时，买方必须收取货物。
A5 风险转移 除按照B5的灭失或损坏情况外，卖方承担按照A4完成交货前货物灭失或损坏的一切风险。	**B5 风险转移** 买方承担自按照A4交货时起货物灭失或损坏的一切风险。 如果a）买方未能按B7依A4规定通告其所指定的承运人或其他人，或发出通知；b）按照A4指定的承运人或其他人未在约定的时间截关货物，则买方承担货物灭失或损坏的一切风险；若无约定日期的，自卖方在约定期限内按照A7通知的日期起，若无通知日期的，自任何约定交货期限届满之日起。但以该货物已清楚地确定为合同项下之货物者为限。

续表

卖方义务	买方义务
A6 费用划分 卖方必须支付： a) 按照A4完成交货前与货物相关的一切费用，但按照B6应由买方负担的费用除外。 b) 如适用时，货物出口所需海关手续费用，出口应缴纳的一切关税、税款和其他费用。	**B6 费用划分** 买方必须支付： a) 按照A4交货时起与货物相关的一切费用，A6 b中为出口所需的海关手续费用及出口应缴纳的关税、税款和其他费用除外；b) 由于以下原因之一发生的任何额外费用：(i) 买方未能按照A4指定的承运人或其他人，(ii) 买方按照A4指定的承运人或其他人未接管货物，(iii) 买方未能按照B7给予卖方相应的通知，但以该货物已清楚地确定为合同项下之货物者为限；c) 如适用时，货物进口应交纳的一切关税、税款和其他费用，及办理进口海关手续的费用和从他国过境运输的费用。
A7 通知买方 由买方承担的风险和费用，卖方必须就其已经按照A4交货或买方指定的承运人或其他人未在约定时间内收取货物的情况给予买方充分的通知。	**B7 通知卖方** 买方必须通知卖方以下内容：a) 按照A4所指定的承运人或其他人的姓名，以便卖方有足够的时间按照该条款交货；b) 如适用时，在约定的交货期限内所选择的由指定的承运人或其他人收取货物的时间；c) 指定人使用的运输方式；d) 指定地点内的交货点。
A8 交货凭证 卖方必须自付费用向买方提供已按A4交货的通常证据。应买方要求并由其承担风险和费用，卖方必须协助买方取得运输凭证。	**B8 交货证据** 买方必须接受按照A8提供的交货凭证。
A9 查对、包装、标记 卖方必须支付为了按照A4进行交货，所需要进行的查对费用（如查对质量、丈量、过磅、点数的费用），以及出口国有关机构强制进行的装运前检验所发生的费用。卖方必须自付费用包装货物，除非某类货物的销售不需要包装。包装应作适当标记。	**B9 货物检验** 买方必须支付任何装运前必须的检验费用，但出口国有关机构强制进行的检验费用除外。

续表

卖方义务	买方义务
A10 协助提供信息及相关费用 如适用时，卖方应买方的要求并由其承担风险和费用，卖方必须及时向买方提供或协助其取得相关货物进口或将货物运输到最终目的地所需要的任何单证和信息，包括安全相关信息。 卖方必须偿付按照 B10 提供或协助取得单证和信息时所发生的所有花销和费用。	**B10 协助提供信息及相关费用** 买方必须及时告知卖方任何安全信息要求，以便卖方遵守 A10 的规定。 买方必须偿付卖方按照 A10 向买方提供或协助其取得单证和信息时发生的所有花销和费用。 如适用时，应卖方的要求并由其承担风险和费用，买方必须及时向卖方提供或协助其取得货物运输所需要的任何单证和信息，包括安全相关信息。

（三）CPT 贸易术语

卖方义务	买方义务
A1 卖方一般义务 卖方必须提供符合买卖合同约定的货物和商业发票，以及合同可能要求的其他与合同相符的证据。A1－A10 中指所有凭证在双方约定或符合惯例的情况下，可以是同等作用的电子记录或程序。	**B1 买方一般义务** 买方必须按照买卖合同约定支付价款。B1－B10 指所有单证在双方约定或符合惯例的情况下，可以是同等作用的电子记录或程序。
A2 许可证、授权、安检通关和其他手续 如适用时，卖方必须自负风险和费用，取得所需的出口许可和其他官方授权，办理货物出口和交货前从他国过境运输所需的一起海关手续。	**B2 许可证、授权、安检通关和其他手续** 如适用时，应由买方自负风险和费用，取得所有进口许可或其他官方授权；办理货物进口和从其他国过境运输所需的一切海关手续。
A3 运输合同与保险合同 a）运输合同 卖方必须签订或取得运输合同，将货物自交货地点（如有的话）运送至指定目的地的交付点（如有约定）。必须按照通常条件订立合同，由卖方支付费用，经由通常航线和习惯方式运送货物。如果双方未约定特别的点或该点不能由实务确定，卖方则可根据合同需要选择最适合其目的地的交货点和指定目的地内的交货点。 b）保险合同 卖方对买方无订立保险合同的义务，但应买方要求并由其承担风险和费用（如果有的话），卖方必须向买方提供后者取得保险所需的信息。	**B3 运输合同与保险合同** a）运输合同 买方对卖方无订立运输合同的义务。 b）保险合同 买方对卖方无订立保险合同的义务。但应卖方要求，买方必须向卖方提供取得保险所需信息。

续表

卖方义务	买方义务
A4 交货 卖方必须在约定日期或期限内，将货物交至按照A3签订合同的承运人。	**B4 收取货物** 当货物按照A4交付时，买方必须收取，并在指定目的地自承运人收取货物。
A5 风险转移 除按照B5的灭失或损坏情况外，卖方承担按照A4完成交货前货物灭失或损坏的一切风险。	**B5 风险转移** 买方承担按照A4交货时起货物灭失或损坏的一切风险。 如果买方未按照B7通知卖方，则买方必须自约定的交货日期或交货期限届满之日起，承担货物灭失或损坏的一切风险。但以该货物已清楚地确定为合同项下之货物者为限。
A6 费用划分 卖方必须支付：a) 按照A4完成交货前与货物相关的一切费用，但按照B6应由买方负担的费用除外；b) 按照A3 a所发生的运费和其他一切费用，包括根据运输合同规定由卖方支付的装货费和在目的地的卸货费用；c) 在适用时，货物出口所需海关手续费用，出口应缴纳的一切关税、税款和其他费用，以及按照运输合同规定，由卖方支付的货物从他国过境运输的费用。	**B6 费用划分** 除A6 c外，买方必须支付：a) 自按照A4交货时起，与货物相关的一切费用，如适用时，按照A6 c为出口所需的海关手续费用及出口应缴纳的一切关税、税款和其他费用除外；b) 货物在运输途中直至达到约定目的地止的一切费用，按照运输合同该费用应由卖方支付的除外；c) 卸货费，除非根据运输合同该项费用应由卖方支付；d) 如果买方未按照B7发出通知，则自约定装运之日或约定装运期限届满之日起，所发生的一切额外费用，但以该货物已清楚地确定为合同项下之货物者为限；e) 如适用时，货物进口应缴纳的一切关税、税款和其他费用及办理海关手续的费用和从他国过境运输费用，除非该费用已包括在运输合同中。
A7 通知买方 卖方必须向买方发出已按照A4交货的通知。 卖方必须向买方发出任何所需通知，以便买方采取收取货物通常所需的措施。	**B7 通知卖方** 当有权决定发货时间或在指定目的地内的收取货物的地点时，买方必须向卖方发出充分的通知。

续表

卖方义务	买方义务
A8 交货凭证 依惯例或应买方要求，卖方必须承担费用，向买方提供其按照 A3 订立的运输合同通常的运输凭证。 此项运输凭证必须载明合同中的货物，且其签发日期应在约定运输期限内。如已约定或依惯例，此项凭证也必须能使买方在指定目的地向承运人索取货物，并能使买方在货物运输途中以向下家买方转让或通知承运人的方式出售货物。 当此类运输凭证以可转让形式签发、且有数份正本时，则必须将整套正本凭证提交给买方。	**B8 交货证据** 如果凭证与合同相符的话，买方必须接受按照 A8 提供的交货凭证。
A9 查对、包装、标记 卖方必须支付为了按照 A4 进行交货，所需要进行的查对费用（如查对质量、丈量、过磅、点数的费用），以及出口国有关机构强制进行的装运前检验所发生的费用。除非在特定贸易中，某类货物的销售通常不需包装，卖方必须自付费用包装货物。 除非买方在签订合同前已通知卖方特殊包装要求，卖方可以适合该运输的方式对货物进行包装。包装应作适当标记。	**B9 货物检验** 买方必须支付任何装运前必须的检验费用，但出口国有关机构强制进行的检验除外。
A10 协助提供信息及相关费用 如适用时，卖方应买方的要求并由其承担风险和费用，卖方必须及时向买方提供或协助其取得相关货物进口或将货物运输到最终目的地所需要的任何单证和信息，包括安全相关信息。 卖方必须偿付买方按照 B10 提供或协助取得单证和信息时所发生的所有花销和费用。	**B10 协助提供信息及相关费用** 买方必须及时告知卖方任何安全信息要求，以便卖方遵守 A10 的规定。买方必须偿付卖方按照 A10 向买方提供或协助其取得单证和信息时发生的所有花销和费用。 如适用时，应卖方要求并由卖方承担风险和费用，买方必须及时向卖方提供或协助其取得货物运输和出口及从他国过境运输所需要的任何整合信息，包括安全相关信息。

（四）CIP 贸易术语

卖方义务	买方义务
A1 卖方一般义务 卖方必须提供符合买卖合同约定的货物和商业发票，以及合同可能要求的其他与合同相符的证据。A1－A10 中指所有凭证在双方约定或符合惯例的情况下，可以是同等作用的电子记录或程序。	**B1 买方一般义务** 买方必须按照买卖合同约定支付价款。B1－B10 指所有单证在双方约定或符合惯例的情况下，可以是同等作用的电子记录或程序。

续表

卖方义务	买方义务
A2 许可证、授权、安检通关和其他手续 如适用时,卖方必须自负风险和费用,取得所需的出口许可和其他官方授权,办理货物出口和交货前从他国过境运输所需的一起海关手续。	**B2 许可证、授权、安检通关和其他手续** 如适用时,应由买方自负风险和费用,取得所有进口许可或其他官方授权;办理货物进口和从他其他国过境运输所需的一切海关手续。
A3 运输合同与保险合同 a) 运输合同 卖方必须签订和取得运输合同,将货物自交货点(如有的话)运送至指定目的地或该目的地的交付点(如有约定)。必须按照通常条件订立合同,由卖方支付费用,经由通常航线和习惯运送货物。如果双方没有约定特别的点或该店不能由实物确定,卖方则可根据合同需要选择最适合其目的的交货点和指定目的地内交货点。 b) 保险合同 卖方必须自付费用取得货物保险。该保险需至少符合《协会货物保险条款》(Institute Cargo Clauses, LMA / IUA)"条款C"(Clauses C) 或类似条款的最低险别。保险应与信誉良好的承保人或者保险公司订立。应使买方或其他对货物有可保利益者有权直接向保险人索赔。 当买方要求且能够提供卖方所需的信息时,卖方应办理任何附加险别,由买方承担费用,如果能够办理,诸如办理《协会货物保险条款》(Institute Cargo Clauses, LMA / IUA)" 条款(A) 或(B) (Clauses A or B) 或类似条款的险别,也可同时或单独办理《协会战争险条款》(Institute War Clauses) 和/或《协会罢工险条款》(Institute Strikes Clauses) 或其他类似条款的险别。 保险最低金额是合同规定价格另加10% (即110%),并采用合同货币。 保险期间为货物自A4和A5规定的交货点起,至少到指定地点目的地止。 卖方应向买方提供保单或者其他保险证据。此外,应买方要求并由买方承担风险和费用(如有的话),卖方必须向买方提供后者取得的附加险所需信息	**B3 运输合同与保险合同** a) 运输合同 买方对卖方无订立运输合同的义务。 b) 保险合同 买方对卖方无订立保险合同的义务。但应卖方要求,买方必须向卖方提供投保附加险所需信息,该附加险是买方按照A3 b向卖方要求的。

续表

卖方义务	买方义务
A4 交货 卖方必须在约定日期或期限内，将货物交至按照A3签订合同的承运人	**B4 收取货物** 当货物按照A4交付时，买方必须收取，并在指定目的地自承运人收取货物
A5 风险转移 除按照B5的灭火或损坏情况外，卖方承担按照A4完成交货前货物灭失或损坏的一切风险。	**B5 风险转移** 买方承担按照A4交货时起货物灭失或损坏的一切风险。如果买方未能按B7给予卖方通知，则自约定的交货日期或交货期限届满之日起，买方承担货物灭失或损坏的一切风险。但以该货物已清楚地确定为合同项下之货物者为限。
A6 费用划分 卖方必须支付： a）按照A4完成交货前与货物相关的一切费用，但按照B6应由买方负担的费用除外。 b）按照A3 a所发生的运费和其他一切费用，包括根据运输合同规定由卖方支付的装货费和在目的地的卸货费用； c）根据A3 b发生的保险费用； d）如适用时，货物出口所需海关手续费用，出口应交纳的一切关税、税款和其他费用，以及按照运输合同规定，由卖方支付的货物从他国运输过境的费用	**B6 费用划分** 除A3 a外，买方必须支付： A）按照A4交货时起与货物相关的一切费用，如适用时，按照A6 d为出口所需的海关手续费用，及出口应交纳的一切关税、税款和其他费用除外； b）货物在运输中直至到达约定目的地为止的一切费用，按照运输合同该费用应由卖方支付的除外； c）卸货费，除非根据运输合同该项费用应由卖方支付 d）如买方未按照B7发出通知，则自约定装运之日或约定期限届满之日起，所发生的一切额外费用，及办理进口海关手续的费
A7 通知买方 卖方必须给予买方其收取货物所需的任何通知	**B7 通知卖方** 当有权决定在约定期限内的时间或在指定地点内的接收点时，买方必须向卖方发出充分的通知。
A8 交货凭证 卖方对买方无义务。	**B8 交货证据** 买方必须向卖方提供其已收取货物的相关凭证。
A9 查对、包装、标记 卖方必须支付为了按照A4进行交货，所需要进行的查对费用（如查对质量、丈量、过磅、点数的费用）。卖方必须自付费用包装货物，除非某类货物的销售不需要包装。包装应作适当标记。	**B9 货物检验** 买方必须支付任何装运前必须的检验费用，包括出口国有关机关强制进行的检验费用。

续表

卖方义务	买方义务
A10 协助提供信息及相关费用 卖方应买方的要求并由其承担风险和费用，卖方必须及时向买方提供或协助其取得相关货物出口或进口或将货物运输到最终目的地所需要的任何单证和信息，包括安全相关信息。	**B10 协助提供信息及相关费用** 买方必须及时告知卖方任何安全信息要求，以便卖方遵守A10的规定。买方必须偿付卖方按照A10向买方提供信息或协助其取得单证和信息时发生的所有花销和费用。

（五）DAT 贸易术语

卖方义务	买方义务
A1 卖方一般义务 卖方必须提供符合买卖合同约定的货物和商业发票，以及合同可能要求的其他与合同相符的证据。A1–A10 中指所有凭证在双方约定或符合惯例的情况下，可以是同等作用的电子记录或程序。	**B1 买方一般义务** 买方必须按照买卖合同约定支付价款。B1–B10 指所有单证在双方约定或符合惯例的情况下，可以是同等作用的电子记录或程序。
A2 许可证、授权、安检通关和其他手续 如适用时，卖方必须自负风险和费用，取得所需的出口许可和其他官方授权，办理货物出口和交货前从他国过境运输所需的一切海关手续。	**B2 许可证、授权、安检通关和其他手续** 如适用时，应由买方自负风险和费用，取得所有进口许可或其他官方授权；办理货物进口和从其他国过境运输所需的一切海关手续。
A3 运输合同与保险合同 a) 运输合同 卖方必须自付费用签订运输合同，将货物运至约定港口或目的地的指定运输终端。如未约定特定的运输终端或不能由实务确定，卖方则可选择最适合其目的地的港口或其他运输终端 b) 保险合同 卖方对买方无订立保险合同的义务，但应买方要求并由其承担风险和费用（如有的话），卖方必须向买方提供后者取得保险所需的信息。	**B3 运输合同与保险合同** a) 运输合同 买方对卖方无订立运输合同的义务。 b) 保险合同 买方对卖方无订立保险合同的义务。但应卖方要求，买方必须向卖方提供取得保险所需信息。
A4 交货 卖方必须在约定日期或期限内，在A3 a 指定的港口或目的地运输终端从抵达的运输工具上将货物交给买方处置的方式交货。	**B4 收取货物** 当货物按照A4 交付时，买方必须收取货物。

续表

卖方义务	买方义务
A5 风险转移 除按照B5的灭失或损坏情况外，卖方承担按照A4完成交货前货物灭失或损坏的一切风险。	**B5 风险转移** 买方承担按照A4交货时起货物灭失或损坏的一切风险。如果a）买方未按照B2履行义务，则承担因此造成的货物灭失或损坏的一切风险；b）买方未按照B7通知对方，则自约定的交货日期或交货期限届满之日起，买方承担货物灭失或损坏的一切风险。但以该货物已清楚地确定为合同项下之货物者为限。
A6 费用划分 卖方必须支付： a）因A3 a发生的费用及按照A4交货前与货物相关的一切费用，但按照B6应由买方负担的费用除外；b）运输合同中规定的应由卖方支付的在目的地卸货的任何费用；c）如适用时，按照A4交货前发生的货物出口所需海关手续费用，出口应缴纳的一切关税、税款和其他费用，以及货物从他国过境运输的费用。	**B6 费用划分** 买方必须支付： a）自按照A4交货时起与货物相关的一切费用；b）在指定目的地从到达的运输工具上卸货必须收取货物的一切费用，但运输合同规定该费用由卖方承担者除外；c）买方未按照并B2履行其义务或未按照B7发出相关通知而产生的额外费用，但以该货物已清楚地确定为合同项下之货物者为限；d）如适用时，办理进口海关手续的费用，以及货物进口应交纳的一切关税、税款和其他费用及办理海关手续的费用。
A7 通知买方 卖方必须向买方发出所需通知，以便买方采取收取货物通常所需要的措施。	**B7 通知卖方** 当有权决定在约定期限内的具体时间或在指定目的地内的收货物的点时，买方必须向卖方发出充分的通知。
A8 交货凭证 卖方必须自付费用，向买方提供凭证，以确保买方能够按照A4或B4收取货物。	**B8 交货证据** 买方必须接受按照A8提供的交货凭证。
A9 查对、包装、标记 卖方必须支付为了按照A4进行交货，所需要进行的查对费用（如查对质量、丈量、过磅、点数的费用）及出口有关机构强制进行的装运前检验所发生的费用。卖方必须自付费用包装货物，除非某类货物的销售不需要包装。除非买方在签订合同前已通知卖方特殊包装要求，买方可以合适该货物运输的方式对货物进行包装。包装应作适当标记。	**B9 货物检验** 买方对卖方不承担义务支付任何进出口国有关机构装运前强制进行的检验费用。

续表

卖方义务	买方义务
A10 协助提供信息及相关费用 如适用时，卖方应买方的要求并由其承担风险和费用，卖方必须及时向买方提供或协助其取得相关货物进口或将货物运输到最终目的地所需要的任何单证和信息，包括安全相关信息。 卖方必须偿付买方按照 B10 提供或协助取得单证和信息时所发生的所有花销和费用。	**B10 协助提供信息及相关费用** 买方必须及时告知卖方任何安全信息要求，以便卖方遵守 A10 的规定。买方必须偿付卖方按照 A10 向买方提供信息或协助其取得单证和信息时发生的所有花销和费用。 如适用时，应卖方要求并由其承担风险和费用，卖方必须及时

（六）DAP 贸易术语

卖方义务	买方义务
A1 卖方一般义务 卖方必须提供符合买卖合同约定的货物和商业发票，以及合同可能要求的其他与合同相符的证据。A1－A10 中指所有凭证在双方约定或符合惯例的情况下，可以是同等作用的电子记录或程序。	**B1 买方一般义务** 买方必须按照买卖合同约定支付价款。B1－B10 指所有单证在双方约定或符合惯例的情况下，可以是同等作用的电子记录或程序。
A2 许可证、授权、安检通关和其他手续 如适用时，卖方必须自负风险和费用，取得所需的出口许可和其他官方授权，办理货物出口和交货前从他国过境运输所需的一切海关手续。	**B2 许可证、授权、安检通关和其他手续** 如适用时，应由买方自负风险和费用，取得所有进口许可或其他官方授权；办理货物进口和从其他国过境运输所需的一切海关手续。
A3 运输合同与保险合同 a）运输合同 卖方必须自付费用签订运输合同，将货物运至指定目的地或指定目的地内的约定点（如有约定）。如未约定特定的点或该点不能由实务确定，卖方则可在指定目的地内选择最适合其目的的交货点。 b）保险合同 卖方对买方无订立保险合同的义务，但应买方要求并由其承担风险和费用（如果有的话），卖方必须向买方提供后者取得保险所需的信息。	**B3 运输合同与保险合同** a）运输合同 买方对卖方无订立运输合同的义务。 b）保险合同 买方对卖方无订立保险合同的义务。但应卖方要求，买方必须向卖方提供取得保险所需信息。
A4 交货 卖方必须在约定日期或期限内，将货物放在已抵达的运输工具上，准备好在指定的目的地（如有的话）的约定地点卸载，听由买方处置。	**B4 收取货物** 当货物按照 A4 交付时，买方必须收取货物。

续表

卖方义务	买方义务
A5 风险转移 除按照 B5 的灭火或损坏情况外，卖方承担按照 A4 完成交货前货物灭失或损坏的一切风险。	**B5 风险转移** 买方承担按照 A4 交货时起货物灭失或损坏的一切风险。如果 a) 买方未按照 B2 履行义务，则承担因此造成的货物灭失或损坏的一切风险；b) 买方未能按照 B7 通知卖方，则自约定的交货日期或交货期限届满之日起，买方承担货物灭失或损坏的一切风险。但以该货物已清楚地确定为合同项下之货物者为限。
A6 费用划分 卖方必须支付： a) 因 A3 a 发生的费用，以及按照 A4 完成交货前与货物相关的一切费用，但按照 B6 应由买方负担的费用除外；b) 运输合同中规定的应由卖方支付的在目的地卸货的任何费用；c) 如适用时，在按照 A4 交货前发生的货物出口所需海关手续费用，出口应缴纳的一切关税、税款和其他费用，以及货物从他国过境运输的费用。	**B6 费用划分** 买方必须支付： a) 自按照 A4 交货时起与货物相关的一切费用；b) 但规定该费用由卖方承担者除外；c) 买方未按照 B2 履行其义务或未按照 B7 发出通知导致卖方发生的任何额外费用，但以该货物已清楚的确认为合同项下之货物者为限；d) 如适用时，办理进口海关手续的费用，以及进口需要交纳的所有关税、税款和其他费用。
A7 通知买方 卖方必须向买方发出所需通知，以便买方采取收取货物通常所需要的措施。	**B7 通知卖方** 当有权决定在约定期限内的具体时间或在指定地点内的接收点时，买方必须向卖方发出充分的通知。
A8 交货凭证 卖方必须自付费用，向买方提供凭证，以确保买方能够按照 A4 或 B4 收取货物。	**B8 交货证据** 买方必须接受按照 A8 提供的交货凭证。
A9 查对、包装、标记 卖方必须支付为了按照 A4 进行交货，所需要进行的查对费用（如查对质量、丈量、过磅、点数的费用），以及出口国有关机构强制进行的装运前检验所发生的费用。除非在特定贸易中，某类货物的销售通常不需要包装，卖方必须自付费用包装货物。 除非买方在签订合同前已通知卖方特殊包装要求，卖方可以适合该货物运输的方式对货物进行包装。包装应作适当标记。	**B9 货物检验** 买方对卖方不承担义务支付任何进出口国有关机构装运前强制进行的检验费用。

续表

卖方义务	买方义务
A10 协助提供信息及相关费用 如适用时，卖方应买方的要求并由其承担风险和费用，卖方必须及时向买方提供或协助其取得相关货物进口或将货物运输到最终目的地所需要的任何单证和信息，包括安全相关信息。 卖方必须偿付买方按照B10提供或协助取得单证和信息时所发生的所有花销和费用。	**B10 协助提供信息及相关费用** 买方必须及时告知卖方任何安全信息要求，以便卖方遵守A10的规定。买方必须偿付卖方按照A10向买方提供信息或协助其取得单证和信息时产生的所有花销和费用。 如适用时，应卖方要求并由其承担风险和费用，买方必须及时向卖方提供或协助其取得货物运输和出口及从他国过境运输所需的任何单证和信息，包括安全相关信息。

（七）DDP贸易术语

卖方义务	买方义务
A1 卖方一般义务 卖方必须提供符合买卖合同约定的货物和商业发票，以及合同可能要求的其他与合同相符的证据。A1－A10中指所有凭证在双方约定或符合惯例的情况下，可以是同等作用的电子记录或程序。	**B1 买方一般义务** 买方必须按照买卖合同约定支付价款。B1－B10指所有单证在双方约定或符合惯例的情况下，可以是同等作用的电子记录或程序。
A2 许可证、授权、安检通关和其他手续 如适用时，卖方必须自负风险和费用，取得所需的出口许可和其他官方授权，办理货物出口和交货前从他国过境运输所需的一切海关手续。	**B2 许可证、授权、安检通关和其他手续** 如适用时，应卖方要求并由其承担风险和费用，买方必须协助卖方取得货物进口所需的任何进口许可或其他官方授权
A3 运输合同与保险合同 a) 运输合同 卖方必须自付费用签订运输合同，将货物运至指定目的地或指定目的地内的约定点（如有约定）。如未约定特定的点或该点不能由实务确定，卖方则可在指定目的地内选择最适合的约定点 b) 保险合同 卖方对买方无订立保险合同的义务，但应买方要求并由其承担风险和费用（如果有的话），卖方必须向买方提供后者取得保险所需的信息。	**B3 运输合同与保险合同** a) 运输合同 买方对卖方无订立运输合同的义务。 b) 保险合同 买方对卖方无订立保险合同的义务。但应卖方要求，买方必须向卖方提供取得保险所需信息。
A4 交货 卖方必须在约定日期或期限内，在指定目的地或目的地约定地点（如有的话），将可供卸载的货物交由买方处置完成交货。	**B4 收取货物** 当货物按照A4交付时，买方必须收取。

续表

卖方义务	买方义务
A5 风险转移 除按照 B5 的灭失或损坏情况外，卖方承担按照 A4 完成交货前货物灭失或损坏的一切风险。	**B5 风险转移** 买方承担按照 A4 交货时起货物灭失或损坏的一切风险。如果 a) 买方未按照 B2 履行义务，则承担因此造成的货物灭失或损坏的一切风险；或 b) 买方未按照 B7 通知卖方，则自约定的交货日期或交货期限届满之日起，买方承担货物灭失或损坏的一切风险。但以该货物已清楚地确定为合同项下之货物者为限。
A6 费用划分 卖方必须支付：a) 除 A3 a 发生的费用，连同按照 A4 交货前与货物相关的一切费用，按照 B6 应由买方支付的费用除外；b) 运输合同中规定的应由卖方支付的在目的地卸货的任何费用；c) 如适用时，在按照 A4 交货前发生的，货物进出口所需海关手续费用，出口和进口应缴纳的一切关税、税款和其他费用，以及货物从他国过境运输的费用。	**B6 费用划分** 买方必须支付：a) 按照 A4 交货时起与货物相关的一切费用；b) 在指定目的地从到达的运输工具上卸货以便收取货物的一切费用，但运输合同规定该费用由卖方承担者除外；c) 买方为按照 B2 发出通知导致卖方发生的任何额外费用，但以该货物已清楚地确定为合同项下之货物者为限。
A7 通知买方 卖方必须向买方发出所需通知，以便买方采取收取货物通常所需要的措施。	**B7 通知卖方** 当有权决定在约定期限内的具体时间或指定目的地内的收取货物的点时，买方必须向卖方发出充分的通知。
A8 交货凭证 卖方必须自付费用，向买方提供凭证，以确保买方能够按照 A4/B4 收取货物。	**B8 交货证据** 买方必须接受按照 A8 提供的交货凭证。
A9 查对、包装、标记 卖方必须支付为了按照 A4 进行交货，所需要进行的查对费用（如查对质量、丈量、过磅、点数的费用），以及出口国有关机构强制进行的装运前检验所发生的费用。除非在特定贸易中，某类货物的销售通常不需包装，卖方必须自付费用包装货物。除非买方在签订合同前已通知卖方特殊包装要求，卖方可以选择适合该货物运输的方式对货物进行包装。包装应作适当标记。	**B9 货物检验** 买方对卖方不承担义务支付任何进出口国有关机构装运前强制进行的检验费用。

续表

卖方义务	买方义务
A10 协助提供信息及相关费用 如适用时，应买方要求并由其承担风险和费用，卖方必须及时向买方提供或协助其取得相关货物进口或将货物运输到最终目的地所需要的任何单证和信息，包括安全相关信息。卖方必须偿付买方按照B10提供或协助取得单证和信息时所发生的所有花销和费用。	**B10 协助提供信息及相关费用** 买方必须及时告知卖方任何安全信息要求，以便卖方遵守A10的规定。买方必须偿付卖方按照A10向买方提供或协助其取得单证和信息时发生的所有花销和费用。如适用时，应卖方要求并由其承担风险和费用，买方必须及时向卖方提供或协助其取得货物运输、进出口以及从他国过境运输所需要的任何单证和信息，包括安全相关信息。

（八）FAS 贸易术语

卖方义务	买方义务
A1 卖方一般义务 卖方必须提供符合买卖合同约定的货物和商业发票，以及合同可能要求的其他与合同相符的证据。A1－A10中所指的任何单证在双方约定或符合惯例的情况下，可以是同等作用的电子记录或程序。	**B1 买方一般义务** 买方必须按照买卖合同约定支付价款。B1－B10指所有单证在双方约定或符合惯例的情况下，可以是同等作用的电子记录或程序。
A2 许可证、授权、安检通关和其他手续 如适用时，卖方必须自负风险和费用，取得所需的出口许可和其他官方授权，办理货物出口所需的一切海关手续。	**B2 许可证、授权、安检通关和其他手续** 如适用时，应由买方自负风险和费用，取得所有进口许可或其他官方授权；办理货物进口和从其他国过境运输所需的一切海关手续。
A3 运输合同与保险合同 a）运输合同 卖方对买方无订立运输合同的义务，但应买方要求，或是按商业实践，而买方未适时做出相反指示，卖方可以按照通常条件签订运输合同，由买方承担风险和费用。无论哪种情况，卖方都可以拒绝签订运输合同，如予拒绝，卖方应立即通知买方 b）保险合同 卖方对买方无订立保险合同的义务，但应买方要求并由其承担风险和费用（如果有的话），卖方必须向买方提供后者取得保险所需的信息。	**B3 运输合同与保险合同** a）运输合同 除了卖方按照A3 a 签订运输合同的情形外，买方必须自负费用签订自指定的交货地点起运货物的运输合同。 b）保险合同 买方对卖方无订立保险合同的义务。

续表

卖方义务	买方义务
A4 交货 卖方必须按照以下方式交货： a）在买方指定的装运港内的装船点（如有的话），将货物置于买方指定的船舶旁边，或以取得已经在船边交付的货物的方式交货。无论哪种情况，卖方都必须在约定日期或期限内，按照该港的习惯方式交货。 b）如果买方没有指定特定的装货地点，卖方则可以在指定装运港选择最适合其目的的装货点。如果双方已同意交货应当在一段时间内进行，买方则有权在该期限内选择日期。	**B4 收取货物** 当货物按照A4交付时，买方必须收取。
A5 风险转移 除按照B5的灭失或损坏情况外，卖方承担按照A4完成交货前货物灭失或损坏的一切风险。	**B5 风险转移** 买方承担按照A4交货时起货物灭失或损坏的一切风险。如果a）买方未按B7发出通知；b）买方指定的船舶未准时到达，或未收取货物，或早于B7通知的时间停止装货；则买方必须自约定交货日期或约定期限届满之日起，承担货物灭失或损坏的一切风险。但以该项货物已清楚地确定为合同项下之货物者为限。
A6 费用划分 卖方必须支付 a）按照A4交货前与货物相关的一切费用，但按照B6应由买方负担的费用除外。 b）如适用时，货物出口所需海关手续费用，以及出口应交纳的一切关税、税款和其他费用。	**B6 费用划分** 买方必须支付 a）按照A4交货时起与货物相关的一切费用，如适用时，A6 b中为出口所需的海关手续费用，及出口应交纳的一切关税、税款和其他费用除外； b）由于以下原因之一发生的任何额外费用： i）买方未能按照B7发出相应的通知； ii）买方指定的船舶未准时达到，或未收取货物，或早于B7通知的时间停止装货，但以该项货物已清楚地确定为合同项下之货物者为限； c）如适用时，货物进口应缴纳的一切关税、税款和其他费用，及办理进口海关手续的费用和从他国过境运输的费用。
A7 通知买方 由买方承担风险和费用，卖方必须就其已经按照A4交货或船舶未在约定时间内收取货物给予买方充分的通知。	**B7 通知卖方** 买方必须就船舶名称、装船点和在需要时其在约定期间内选择的交货时间向卖方发出充分的通知。

续表

卖方义务	买方义务
A8 交货凭证 卖方必须自付费用向买方提供已按照A4交货的通常证据。除非上述证据是运输凭证，否则，应买方要求并由其承担风险和费用，卖方必须协助买方取得运输凭证。	**B8 交货证据** 如果凭证与合同相符的话，买方必须接受按照A8提供的交货凭证。
A9 查对、包装、标记 卖方必须支付为了按照A4进行交货，所需要进行的查对费用（如查对质量、丈量、过磅、点数的费用），以及出口国有关机构强制进行的装运前检验所发生的费用。除非在特定贸易中，某类货物的销售通常不需包装，卖方必须自付费用包装货物。 除非买方在签订合同前已通知卖方特殊包装要求，卖方可以适合该货物运输的方式对货物进行包装。包装应作适当标记。	**B9 货物检验** 买方必须支付任何装运前必须的检验费用，但出口国有关机构强制进行的检验除外。
A10 协助提供信息及相关费用 在适用时，应买方要求并由其承担风险和费用，卖方必须及时向买方提供或协助其取得相关货物进口或将货物运输到最终目的地所需要的任何单证和信息，包括安全相关信息。 卖方必须偿付买方按照B10提供或协助取得单证和信息时所发生的所有花销和费用。	**B10 协助提供信息及相关费用** 买方必须及时告知卖方任何安全信息要求，以便卖方遵守A10的规定。 买方必须偿付卖方按照A10向买方提供或协助其取得单证和信息时发生的所有花销和费用。 如适用时，应卖方要求并由其承担风险和费用，买方必须及时向卖方提供或协助其取得货物运输和出口及从其他国过境运输所需要的任何单证和信息，包括安全相关信息。

（九）FOB贸易术语

卖方义务	买方义务
A1 卖方一般义务 卖方必须提供符合买卖合同约定的货物和商业发票，以及合同可能要求的其他与合同相符的证据。A1-A10中所指的任何凭证在双方约定或符合惯例的情况下，可以是同等作用的电子记录或程序。	**B1 买方一般义务** 买方必须按照买卖合同约定支付价款。B1-B10指所有单证在双方约定或符合惯例的情况下，可以是同等作用的电子记录或程序。

续表

卖方义务	买方义务
A2 许可证、授权、安检通关和其他手续 如适用时，卖方必须自负风险和费用，取得所需的出口许可和其他官方授权；办理货物出口所需的一切海关手续。	**B2 许可证、授权、安检通关和其他手续** 如适用时，应由买方自负风险和费用，取得所有进口许可或其他官方授权；办理货物进口和从其他国过境运输所需的一切海关手续。
A3 运输合同与保险合同 a）运输合同 卖方对买方无订立运输合同的义务，但应买方要求，或是按商业实践，而买方未适时做出相反指示，卖方可以按照通常条件签订运输合同，由买方承担风险和费用。无论哪种情况，卖方都可以拒绝签订运输合同，如予拒绝，卖方应立即通知买方 b）保险合同 卖方对买方无订立保险合同的义务，但应买方要求并由其承担风险和费用（如果有的话），卖方必须向买方提供后者取得保险所需的信息。	**B3 运输合同与保险合同** a）运输合同 除了卖方按照A3 a 签订运输合同的情形外，买方必须自负费用签订自指定的装运港起运货物的运输合同。 b）保险合同 买方对卖方无订立保险合同的义务。
A4 交货 卖方必须按照以下方式交货： 在买方指定的装运港内的装船点（如有的话），将货物置于买方指定的船上，或以取得已装船货物的方式交货。无论哪种情况，卖方都必须在约定日期或期限内，按照该港的习惯方式交货。 如果买方没有指定特定的装货地点，卖方则可以在指定装运港选择最适合其目的的装货点。如果双方已同意交货应当在一段时间内进行，买方则有权在该期限内选择日期。	**B4 收取货物** 当货物按照A4 交付时，买方必须收取。

续表

卖方义务	买方义务
A5 风险转移 除按照 B5 的灭失或损坏情况外，卖方承担按照 A4 完成交货前货物灭失或损坏的一切风险。	**B5 风险转移** 买方承担按照 A4 交货时起货物灭失或损坏的一切风险。 如果：a）买方未按照 B7 通知指定的船舶名称；b）买方指定的船舶未准时到达，买方未能按 A4 装载货物，或早于 B7 通知的时间停止装货； 买方则按照下列情况承担货物灭失或损坏的一切风险： （ⅰ）自约定日期起； （ⅱ）如没有约定日期的，则自卖方在约定期限内按照 A7 通知的日期起； （ⅲ）若没有通知日期的，则自任何约定交货期限届满之日起。 但以该货物已清楚地确定为合同项下之货物者为限。
A6 费用划分 卖方必须支付： a）按照 A4 交货前与货物相关的一切费用，但按照 B6 应由买方负担的费用除外。 b）如适用时，货物出口所需海关手续费用，以及出口应交纳的一切关税、税款和其他费用。	**B6 费用划分** 买方必须支付： a）自按照 A4 交货时起与货物相关的一切费用，如适用时，A6 b 中为出口所需的海关手续费用，及出口应交纳的一切关税、税款和其他费用除外； b）由于以下原因之一发生的任何额外费用： （ⅰ）买方未能按照 B7 给予卖方相应的通知； （ⅱ）买方指定的船舶未准时到达，或不能装载货物或早于 B7 通知的时间停止装货，但以该货物已清楚地确定为合同项下之货物者为限； c）如适用时，货物进口应交纳的一切关税、税款和其他费用，及办理海关手续的费用和从他国过境运输的费用。
A7 通知买方 由卖方承担风险和费用，卖方必须就其已经按照 A4 交货或船舶未在约定时间内收取货物给予买方充分的通知	**B7 通知卖方** 买方必须就船舶名称、装船点和在需要时其在约定期间内选择的交货时间向卖方发出充分的通知。
A8 交货凭证 卖方必须自付费用向买方提供按照 A4 交货的通常证据。除非上述证据是运输凭证，否则，应买方要求并由其承担风险和费用，卖方必须协助买方取得运输凭证。	**B8 交货证据** 如果凭证与合同相符的话，买方必须接受按照 A8 提供的交货凭证。

续表

卖方义务	买方义务
A9 查对、包装、标记 卖方必须支付为了按照 A4 进行交货，所需要进行的查对费用（如查对质量、丈量、过磅、点数的费用）以及出口国有关机构强制进行的装运前检验所发生的费用。 除非在特定贸易中，某类货物的销售通常不需要包装，卖方必须自付费用包装货物。 除非买方在签订合同前已通知卖方特殊包装要求，卖方可以适合该货物运输的方式对货物进行包装。包装应作适当标记。	**B9 货物检验** 买方必须支付任何装运前必须的检验费用，但出口国有关机构强制进行的检验除外。
A10 协助提供信息及相关费用 如适用时，应买方要求并由其承担风险和费用，卖方必须及时向买方提供或协助其取得相关货物进口或将货物运输到最终目的地所需要的任何单证和信息，包括安全相关信息。 卖方必须偿付买方按照 B10 提供或协助取得单证和信息时所发生的所有花销和费用。	**B10 协助提供信息及相关费用** 买方必须及时告知卖方任何安全信息要求，以便卖方遵守 A10 的规定。 买方必须偿付卖方按照 A10 向买方提供或协助其取得单证和信息时发生的所有花销和费用。 如适用时，应卖方要求并由其承担风险和费用，买方必须及时向卖方提供或协助取得货物运输和出口及从他国过境运输所需的任何单证和信息，包括安全相关信息。

（十）CFR 贸易术语

卖方义务	买方义务
A1 卖方一般义务 卖方必须提供符合买卖合同约定的货物和商业发票，以及合同可能要求的其他与合同相符的证据。A1－A10 中指所有凭证在双方约定或符合惯例的情况下，可以是同等作用的电子记录或程序。	**B1 买方一般义务** 买方必须按照买卖合同约定支付价款。B1－B10 指所有单证在双方约定或符合惯例的情况下，可以是同等作用的电子记录或程序。

续表

卖方义务	买方义务
A2 许可证、授权、安检通关和其他手续 如适用时，卖方必须自负风险和费用，取得所需的出口许可和其他官方授权，办理货物出口所需的一切海关手续。	**B2 许可证、授权、安检通关和其他手续** 如适用时，应由买方自负风险和费用，取得所有进口许可或其他官方授权；办理货物进口和从其他国过境运输所需的一切海关手续。
A3 运输合同与保险合同 a）运输合同 卖方必须签订或取得运输合同。将货物自交货地内的约定地点（如有的话）运送至指定目的港或该目的港的交付点（如有约定）必须按照通常条件签订立合同，由卖方支付费用，经由通常航线和习惯方式运送货物。 b）保险合同 卖方对买方无订立保险合同的义务。但应买方要求并由其承担风险和费用（如有的话），卖方必须向买方提供后者取得保险所需的信息。	**B3 运输合同与保险合同** a）运输合同 除了卖方按照A3 a 签订运输合同的情形外，买方必须自负费用签订自指定的交货地点起运货物的运输合同。 b）保险合同 买方对卖方无订立保险合同的义务。但应买方要求，买方必须向卖方提供投保附加险所需信息。
A4 交货 卖方必须以将货物装上船，或以取得已装船货物的方式交货，无论哪种情况，卖方都必须在约定日期或期限内，按照该港的习惯方式交货。	**B4 收取货物** 当货物按照A4 交付时，买方必须收取，并在指定目的地自承运人收取货物。
A5 风险转移 除按照B5 的灭失或损坏情况外，卖方承担按照A4 完成交货前货物灭失或损坏的一切风险。	**B5 风险转移** 买方承担按照A4 交货时起货物灭失或损坏的一切风险。 如买方未能按照B7 通知卖方，则买方自约定的交货日期或交货期限届满之日起，承担货物灭失或损坏的一切风险。但以该货物已清楚地确定为合同项下之货物者为限。

续表

卖方义务	买方义务
A6 费用划分 卖方必须支付： a）按照A4完成交货前与货物相关的一切费用，但按照B6应由买方负担的费用除外； b）按照A3 a所发生的运费和其他一切费用，包括将货物装上船的装货费和根据运输合同规定由卖方支付的在约定卸货港的卸货费； c）如适用时，货物出口所需海关手续费用，出口应交纳的一切关税、税款和其他费用，以及按照运输合同规定，由卖方支付的货物从他国过境运输的费用。	**B6 费用划分** 除 A3a）外，买方必须支付： a）自按照A4交货时起，与货物相关的一切费用，如适用时，按照A6 c为出口所需的海关手续费用，及出口应交纳的一切关税、税款和其他费用除外； b）货物在运输途中直至到达约定目的地为止的一切费用，按照运输合同该费用应由卖方支付的除外； c）包括驳运费和码头费在内的卸货费，除非根据运输合同该费用应由卖方支付者外； d）如买方未按照B7发出通知，则自约定装运之日或约定装运期限届满之日起，所发生的一切额外费用，但以该货物已清楚地确定为合同项下之货物者为限； e）如适用时，货物进口应交纳的一切关税、税款和其他费用，及办理海关手续的费用和从他国过境运输费用，除非该费用已包括在运输合同中。
A7 通知买方 卖方必须向买方发出所需通知，以便买方采取收取货物通常所需的措施。	**B7 通知卖方** 当有权决定货物运输时间或指定目的港内的收货物的点时，买方必须向卖方发出充分的通知。
A8 交货凭证 卖方必须自付费用，不得延迟地向买方提供到约定目的港的通常的运输凭证。此运输凭证必须载明合同中的货物，且其签发日期应在约定运输期限内，并使买方能在指定目的港向承运人索取货物。同时，除非另有规定，该项凭证应能是买方在货物运输途中以向下家买方转让或以通知承运人方式出售货物。 当此类运输凭证以可转让形式签发且有数份正本时，则必须将整套正本凭证提交给买方。	**B8 交货证据** 如果凭证与合同相符的话，买方必须接受按照A8提供的交货凭证。

续表

卖方义务	买方义务
A9 查对、包装、标记 卖方必须支付为了按照 A4 进行交货，所需要进行的查对费用（如查对质量、丈量、过磅、点数的费用）以及出口国有关机构强行进行的装运前检验所发生的费用。除非在特定贸易中，某类货物的销售通常不需要包装，卖方必须自付费用包装货物。 除非买方在签订合同前已通知卖方特殊包装要求，卖方可以适合该货物运输的方式对货物进行包装。包装应作适当标记。	**B9 货物检验** 买方必须支付任何装运前必须的检验费用，但出口国有关机构强制进行的检验除外。
A10 协助提供信息及相关费用 在适用时，应买方的要求并由其承担风险和费用，卖方必须及时向买方提供或协助其取得相关货物进口或将货物运输到最终目的地所需要的任何单证和信息，包括安全相关信息。 卖方必须偿付买方按照 B10 提供或协助取得单证和信息时所发生的所有花销和费用。	**B10 协助提供信息及相关费用** 买方必须及时告知卖方任何安全信息要求，以便卖方遵守 A10 的规定。 买方必须偿付卖方按照 A10 向买方提供信息或协助其取得单证和信息时产生的所有花销和费用。 如适用时，应卖方要求并由其承担风险和费用，买方必须及时向卖方提供或协助其取得货物运输和出口及从他国过境运输所需要的任何单证和信息，包括安全相关信息。

（十一）CIF 贸易术语

卖方义务	买方义务
A1 卖方一般义务 卖方必须提供符合买卖合同约定的货物和商业发票，以及合同可能要求的其他与合同相符的证据。A1－A10 中所指的凭证在双方约定或符合惯例的情况下，可以是同等作用的电子记录或程序。	**B1 买方一般义务** 买方必须按照买卖合同约定支付价款。B1－B10 指所有单证在双方约定或符合惯例的情况下，可以是同等作用的电子记录或程序。
A2 许可证、授权、安检通关和其他手续 如适用时，卖方必须自负风险和费用，取得所需的出口许可和其他官方授权，办理货物出口所需的一起海关手续。	**B2 许可证、授权、安检通关和其他手续** 如适用时，应由买方自负风险和费用，取得所有进口许可或其他官方授权；办理货物进口和从其他国过境运输所需的一切海关手续。

续表

卖方义务	买方义务
A3 运输合同与保险合同 a）运输合同 卖方必须签订或取得运输合同。将货物自交货地内的约定地点（如有的话）运送至指定目的港或该目的港的交付点（如有约定）必须按照通常条件签订立合同，由卖方支付费用，经由通常航线，由通常用来运输该类商品的船舶运输。 b）保险合同 卖方必须自付费用取得货物保险。该保险需至少符合《协会货物保险条款》C 类或类似条款的最低险别。保险应与信誉良好的承保人或保险公司订立。应使买方或其他对货物有可保利益者有权直接向保险赔。 当买方要求且能够提供卖方所需的信息时，卖方应办理任何附加险别，由买方承担费用，如办理《协会货物保险条款》中条款（A）或（B），也可以同时办理或单独办理《协会战争险条款》或《协会罢工险条款》或其他类似的先别。保险最低金额是合同规定价格另加 10% 并采用合同货币。 保险期间为货物自 A4 和 A5 规定的交货点起，至少到指定地点目的地止。 买方应向买方提供保单或其他保险证据。此外应买方要求并由买方承担风险和费用（如有的话）卖方必须向买方提供后者取得附加险所需信息。	**B3 运输合同与保险合同** a）运输合同 除了卖方按照 A3 a 签订运输合同的情形外，买方必须自负费用签订自指定的交货地点起运货物的运输合同。 b）保险合同 买方对卖方无订立保险合同的义务。但应买方要求，买方必须向卖方提供投保附加险所需信息，该附加险是买方按照 A3 b 向卖方要求的。
A4 交货 卖方必须以将货物装上船，或以取得已装船货物的方式交货，无论哪种情况，卖方都必须在约定日期或期限内，按照该港的习惯方式交货。	**B4 收取货物** 当货物按照 A4 交付时，买方必须收取，并在指定目的地自承运人收取货物。
A5 风险转移 除按照 B5 的灭失或损坏情况外，卖方承担按照 A4 完成交货前货物灭失或损坏的一切风险。	**B5 风险转移** 买方承担按照 A4 交货时起货物灭失或损坏的一切风险。 如买方未能按照 B7 通知卖方，则买方自约定的交货日期或交货期限届满之日起，承担货物灭失或损坏的一切风险。但以该货物已清楚地确定为合同项下之货物者为限。

续表

卖方义务	买方义务
A6 费用划分 卖方必须支付 a) 按照A4 完成交货前与货物相关的一切费用，但按照B6 应由买方负担的费用除外。 b) 按照A3 a 所发生的运费和一切费用，包括根据运输合同规定由卖方支付的装货费和在目的港的卸货费用； c) 根据A3 b 发生的保险费用； d) 如适用时，货物出口所需海关手续费用，出口应缴纳的一切关税、税款和其他费用，以及按照运输合同规定，由卖方支付的货物从他国过境运输的费用。	**B6 费用划分** 除A3 a，买方必须支付 a) 自按照A4 交货时起，与货物相关的一切费用，如适用时，按照A6 d 为出口所需的海关手续费用，及出口应交纳的一切关税、税款和其他费用除外； b) 货物在运输途中直至到达约定目的地为止的一切费用，按照运输合同该费用应由卖方支付的除外； c) 包括驳运费和码头费在内的卸货费，除非根据运输合同该支付者外项费用应由卖方支付者外； d) 如买方未按照B7 发出通知，则自约定装运之日或约定装运期限届满之日起，所发生的一切额外费用，但以该货物已清楚地确定为合同项下之货物者为限； e) 如适用时，货物进口应交纳的一切关税、税款和其他费用，及办理进口海关手续的费用和从他国过境运输费用，除非该费用已包括在运输合同中； f) 按照A3 b 和B3 b，应买方要求办理附加险别发生的费用。提供协助时所产生的一切成本和费用
A7 通知买方 卖方必须向买方发出所需通知，以便买方采取收取货物通常所需的措施。	**B7 通知卖方** 当有权决定货物运输时间或指定目的港内的收取货物的点时，买方必须向卖方发出充分的通知。
A8 交货凭证 卖方必须自付费用，不得延迟地向买方提供到约定目的港的通常的运输凭证。此运输凭证必须载明合同中的货物，且其签发日期应在约定运输期限内，并使买方能在指定目的港向承运人索取货物。同时，除非另有规定，该项凭证应能是买方在货物运输途中以向下家买方转让或以通知承运人方式出售货物。 当此类运输凭证以可转让形式签发且有数份正本时，则必须将整套正本凭证提交给买方。	**B8 交货证据** 如果凭证与合同相符的话，买方必须接受按照A8 提供的交货凭证。

续表

卖方义务	买方义务
A9 查对、包装、标记 卖方必须支付为了按照 A4 进行交货，所需要进行的查对费用（如查对质量、丈量、过磅、点数的费用）以及出口国有关机构强行进行的装运前检验所发生的费用。除非在特定贸易中，某类货物的销售通常不需要包装，卖方必须自付费用包装货物。 除非买方在签订合同前已通知卖方特殊包装要求，卖方可以适合该货物运输的方式对货物进行包装。包装应作适当标记。	**B9 货物检验** 买方必须支付任何装运前必须的检验费用，但出口国有关机构强制进行的检验除外。
A10 协助提供信息及相关费用 在适用时，应买方的要求并由其承担风险和费用，卖方必须及时向买方提供或协助其取得相关货物进口或将货物运输到最终目的地所需要的任何单证和信息，包括安全相关信息。 卖方必须偿付买方按照 B10 提供或协助取得单证和信息时所发生的所有花销和费用。	**B10 协助提供信息及相关费用** 买方必须及时告知卖方任何安全信息要求，以便卖方遵守 A10 的规定。 买方必须偿付卖方按照 A10 向买方提供信息或协助其取得单证和信息时产生的所有花销和费用。 如适用时，应卖方要求并由其承担风险和费用，买方必须及时向卖方提供或协助其取得货物运输和出口及从他国过境运输所需要的任何单证和信息，包括安全相关信息。

注：该条款录自缪东玲主编：《国际贸易理论与实务》，北京大学出版社。

四、贸易术语的选用

在国际货物交易中，贸易术语是价格条款的重要组成部分，贸易术语不同，风险、责任、费用的划分也不同。在选用贸易术语时应注意下列事项。

（一）合同条款是交易的准则

贸易术语是一种国际惯例，贸易术语不是法律，对买卖双方不具备法律效力。贸易术语是由国际商会制定的。国际商会是一个国际性的民间组织，成立于1919年，总部设在巴黎，下设商业管理委员会、银行委员会、仲裁员等机构，有140多个会员国。国际商会是联合国的一个高级咨询机构，设立的目的是在经济和法律领域促进国际贸易和投资的发展。中国于1994年成为其会员国。

在国际贸易中买卖双方签订的合同，可以符合国际惯例，也可以不符合国际惯例。当合同规定与国际惯例发生冲突时，因为合同是受合同法保护具有法律效力的，所以本着法律优于惯例的原则，以合同条款为准。如某一贸易合同约定以CPT术语成交，合同又规定卖方必须将货物按时运到买方指定目的港，买方才接受货物，支付货款。也就是要由卖方承担运输途中货物损坏、灭失和延误的风险，由卖方支付运输途中的保险费,这与国际惯例对 CPT 的解释显然不符。

(二) 货物的特定化

特定化是指在货物上加上标志或以装运单据或以向买方发出通知和其他方式,将货物清楚地确定于某一合同之下。货物在特定化之前,不能将风险转移给买方。为减少货物买卖中的风险承担,卖方应采取适当措施对非特定货物进行特定化,以确定哪些货物的风险应由买方承担。

如 EXW 工厂交货,风险的转移是以卖方履行交货义务为前提的,在实际中,买卖双方实际交货时间可能晚于双方约定的交货时间。假定买方未能在约定的时间去卖方工厂提货,致使货物在卖方仓库待运期间发生风险并受到损失,卖方如果能提供充分的证据证明货物受损之前,已经能够清楚地分开,并划拨在买方的名下(如这些货物已经特定化),则卖方有权要求买方付款,买方不能以未实际收到货而拒付货款。

(三) 考虑综合因素

在国际贸易中,选择使用贸易术语应考虑下列因素:

1. 互利原则

我国企业在进出口业务中,多自己办理运输和保险手续并支付费用。这样做一方面可以减少企业的风险,如进口货物以 FOB 或 FCA 术语成交,可防止卖方与运输方合谋进行欺诈,在出口贸易中尽量使用 CIF 或 CIP 成交;第二有利于我国远洋运输业和保险业的发展,并能增收减支。在国际贸易中,有些国家规定进口货物必须在本国投保,我们也应尊重对方,选用双方认可的贸易方式,达到双赢或多赢的目的。

2. 可行原则

选择贸易术语时,不仅要考虑双方的利益,还要考虑是否可行。如海关通关的问题,EXW 术语要求进口商办理出口货物的出口通关手续;DDP 术语要求出口商办理进口国的进口通关手续。由外国人办理应由本国人办理的手续,可能会有一些麻烦,所以通关问题最好是由进出口方各自办理本国的海关事宜。

3. 外汇收支

在国际贸易中承担责任、费用较大的一方处于比较有利的地位。如出口交易按 CIF 成交,可安排我国的运输公司承担运输任务,在我国保险公司投保,卖方可用人民币支付运费和保险费。同时 CIF 成交价高,卖方收回的外汇较多,起到了节约外汇支出、增加外汇收入的作用。反之,进口采用 FOB 术语成交,由我方安排运输和保险,只需用人民币支付运费和保险费,则节省了外汇支出。

4. 货物数量与期限

进口数量大,交货期限长,买方愿意使用 FOB 术语,因为数量大容易与船方洽商运价；交货期长，运价的波动会造成支付运价一方的利益风险，此时买方更愿意卖方报 FOB 价。如果货物量小，买方不会太介意卖方报 CIF 或 CFR 价。

5. 时效性

鲜活商品，一般是由卖方租船或订舱，以 CIF 或 CFR 贸易术语成交。因为商品的鲜活特性，要求的时效性强，由卖方安排运输容易控制装运时间，保证商品的鲜活。

6. 交易中的地位

在选择贸易术语时，会受交易双方所处地位的影响。如某种商品处于买方市场，则买方在交易中处于较为有利的地位，买方可选择对自己较为有利的术语；反之，卖方可选择对自己较为有利的术语。总之要根据实际情况，权衡利弊，选择最合适的术语。

（四）选用贸易术语应注意的事项

1. 明确选用《2010 年通则》

有关贸易术语的国际惯例有三个版本，其中《2010 年通则》是最近的版本，适合当前国际贸易实践活动。为明确责任，防止不必要的纠纷和争议，应在合同中明确受《2010 年通则》的约束，按此规定划分责任、费用和风险。但在实务中，《2000 年通则》和《2010 年通则》在一段时间内会通用。

2. 正确选用贸易术语

国际贸易中，买卖双方应按不同的运输方式，选择适当的贸易术语。如有些术语只适用于水运，水运至法国的货物不能使用 CIF 巴黎，因为巴黎不是港口是内陆城市。

3. 规范使用贸易术语

为便于电子信息处理，《2010 年通则》明确电子记录和程序与单证具有同等作用，因此国际贸易从业人员要熟悉业务，使用规范的贸易术语。

五、进出口商品的作价原则

（一）进出口商品的价格构成

进出口商品的价格一般由制造成本、国内费用、进出口税金和其他费用构成。

1. 出口商品的价格构成一般包括：（1）成本费（或出厂价格）；（2）国内运费；（3）商品包装费；（4）仓储费用（包括保险费、挑选整理费等）；（5）商品检验费；（6）出口税金；（7）报关手续费等；（8）货运保险费；（9）办理托运、结汇及签发所需单证手续费及其他各种杂费（装卸费、业务通信费等）；（10）运费；（11）毛利润；（12）中间商佣金；（13）其他。

2. 进口商品的价格构成一般包括：（1）成本价（出口国 FOB 价）；（2）海、陆、空运费；（3）保险费；（4）进口关税及其他税收；（5）装卸费、理货费；（6）进口商品检验费；（7）仓储费（包括改装等加工费）；（8）国内运费；（9）杂费；（10）毛利润；（11）中间商佣金；（12）其他。

（二）进出口商品的作价方法

国际贸易中可以根据不同情况采用不同的作价方法。

1. 固定价格是指在合同条款中明确规定的价格

按照各国法律的规定，合同价一经确定，买卖双方必须按照该价格结算货款。除非合同另有约定，或经双方当事人一致同意，任何一方不得随意变更。

固定价格的一般做法是交易双方通过协商就计量单位（如公吨）、计价货币（美元、欧元等）单位价格金额和使用的贸易术语（如 FOB、CIF 纽约）达成一致，在合同中以单价条款的形式规定下来（如美元 12.50 par Dozen CIF London 每打 12.50 美元 CIF 伦敦）。

固定价格是国际货物买卖中的常规作价方法，优点是明确、具体、肯定并且便于核算。缺点是当事人要承担从签约到交货乃至转卖时价格波动的风险，如果市场价格变动剧烈，固定价格可能会影响合同的执行。这种价格适用于交货期短的贸易。

2. 非固定价格又称"活价"，是基于国际商品市场行情多变的情况，在合同价格规定方面的一种变通做法。主要有以下做法：

（1）具体价格待定是指在合同中对价格不作具体规定，仅规定作价的方法和期限。如按交货时的国际市场行情确定价格；以××年×月某地的有关商品交易的收盘价格为基准加（或减）×美元。优点是买卖双方都不承担市场价格变动的风险，缺点是因为合同未定明价格造成履约困难，适用于国际市场价格变动频繁、变动幅度大或交货期长，买卖双方对市场难以预测等情况。使用这种定价方法的主要是长期交往的贸易伙伴。

（2）暂定价格是指买卖双方在签订合同时规定一个价格，在交货前一定时间再由双方按照当时的市价商定最后价格的定价方法。优点是双方不必承担价格突变的风险，其表述如"单价暂定每吨 100 美元 CFR 纽约。备注：该价格以装船月的 3 个月期平均价加 8 美元计算，买方按此暂定价开立信用证"；缺点是缺乏明确的定价依据，双方商定最后价格时可能因各持己见不能取得一致，导致无法履行合同，所以最好不要签订这样的合同。只有信用可靠、业务关系密切的客商在洽谈大宗货物的远期交易时，会使用暂定价格方法。

（3）滑动价格是指买卖双方在签合同时确定一个基础价格，交货时或交货前按工资、原材料价格变动指数做一定调整，以确定最后价格的方法。优点是合同价格接近市场价格；缺点是对进口商来讲可能要承担出口商转嫁国内通货膨胀的风险。

目前这一做法已被纳入某些"标准合同"之中,应用范围已由机械设备扩展到一些初级产品的贸易中。

(4)部分固定价格部分非固定价格是指为了解决买卖双方在采用固定价格或非固定价格方面的分歧,采用的照顾双方利益的一种做法。如交货期近的采用固定价格,其余在交货前一定期限内作价。

(三)佣金和折扣的运用

在国际贸易中正确使用佣金和折扣,有利于灵活掌握价格,调动买方的积极性提高卖方的竞争力。

1. 佣金是指代理人或经纪人为委托人进行交易而收取的报酬

佣金的多少直接影响到商品的价格。佣金分为明佣和暗佣,明佣是指在签订的贸易合同中明确规定的佣金比例,是含在价格之内的一项费用;暗佣是由买卖双方另行规定,并按协议支付的中间商为介绍交易提供服务的报酬。佣金的比例一般在商品价格的1%至5%之间。佣金的计算还可以依商品的数量,即按每一单位数量收取若干佣金计算。

按商品金额计算佣金的公式如下:

单位货物佣金额 = 含佣价 × 佣金率

净价 = 含佣价 × (1 - 佣金率)

含佣价 = 净价 ÷ (1 - 佣金率)

佣金的支付有两种做法:一种是中间代理商直接从商品货价中扣除佣金;另一种是在委托人收清货款后,再按约定的比例支付给中间代理人。

2. 折扣是指卖方按货物原价给予买方一定比例的价格减让,或称价格优惠

折扣一般是在价格条款中明确规定折扣率或称"明扣"。如"每吨100美元CIF伦敦,折扣2%";"每吨折扣5美元"等。

折扣通常以成交额或发票金额为基础计算,等于原价乘折扣率。在"暗扣"的情况下,折扣金额不直接从货价中扣除,而是按暗中达成的协议另行支付给买方。如果没有折扣,往往在货价后加注"净价"字样。

(四)价格的换算

不同的贸易术语其价格构成因素不同,在实务中常常涉及不同贸易术语之间的价格换算的问题。这是所有从事国际贸易的人员必须掌握的基本技能。

1. 不同价格的换算

(1) FOB价格换算为其他价

CFR价 = FOB价 + 运费

CIF价 = (FOB + 运费) ÷ (1 - 投保加成 × 保险费率)

(2) CIF价换算为其他价

FOB 价 = CIF 价 × （1 - 投保加成 × 保险费率） - 运费
   = CIF 价 - 保险费 - 运费
CFR 价 = CIF 价 × （1 - 投保加成 × 保险费率）
   = CIF 价 - 保险费

例如 A 企业出口一批货物，对外报价每公吨 2 000 美元 CIF 纽约，假定该货物每公吨运费 150 美元，投保一切险费率为 1%，则该货物 FOB 价应为：

FOB 价 = CIF 价 × （1 - 投保加成 × 保险费率） - 运费
   = 2000 × （1 - 1% × 110%） - 150
   = 1828 美元

2. 不同货币价格的换算

国际贸易中买卖双方在选择计价货币时，一般会考虑两个问题：一是汇率风险的问题，二是货币价值高低的问题。一般来讲，出口贸易采用硬币比较有利；进口贸易采用软币比较合适。实际业务中还需要考虑买卖双方的交易习惯、经营意图、价格因素等。

（1）底价为人民币改报外币

外币价格 = 人民币底价 ÷ 人民币兑换外币的买入价

（2）底价为外币改报人民币

人民币价格 = 外币底价 × 人民币兑换外币的卖出价

（3）底价为某种外币改报另一种外币

另一种外币价格 = 某一种外币底价 × 两种外币中间价

（五）影响成交价格的因素

在国际贸易中除了成交商品价格构成因素不同外，影响价格变化的因素还有很多，在具体定价时还需要考虑以下因素：

1. 商品的质量和档次

国际市场的价格是按质论价的，品质的优劣、档次的高低、包装的好坏、式样的新旧、商标及牌号的知名度都会影响商品的价格。

2. 运输的距离

国际货物的买卖一般通过长途运输。运输距离的远近直接影响运费和保险费开支，因此确定商品价格时，必须核算运输成本，做好比价工作以体现地区差价。

3. 交货地点与交货条件

国际贸易中因交货地点和交货条件的不同，买卖双方承担的风险、责任和费用是有差别的，在商定进出口商品价格时，必须考虑这一因素。

4. 季节性需求

在国际市场上有些节令性商品，赶上节前应市就能卖上好价钱，过了节令往往售价很低，于低于成本。所以要充分利用季节性商品需求的变化，掌握季节性差价，以有利的价格成交。

5. 成交数量

按照国际贸易的惯例，成交量的大小要影响价格，成交量大价格要适当优惠，反之成交量过小，低于起订量时，可适当加价。

6. 支付条件和汇率的变动

在国际贸易中支付条件是否有利和汇率变动风险的大小，都会影响商品的价格。如同一商品在其他交易条件相同的情况下，采取预付货款和以托收方式付款，其价格应有所区别。同样，在确定商品价格时，一般应争取使用对自己有利的货币成交，如果使用对自己不利的货币成交，应把汇率变动的风险也考虑到货价中去。一般来说，出口商愿意使用汇价呈上升趋势的硬币，进口商愿意使用汇价呈下降趋势的软币。

除此之外，交货期的远近、市场销售习惯、消费者的爱好、付款期的长短等因素对价格都有影响，定价时要全盘考虑并正确把握。

（六）外贸成本与价格

定价问题除了上述要考虑的因素外，成本也是一个很主要的因素，价格要高于成本，否则企业无法生存。外贸企业要考虑的成本核算指标主要有：

1. 出口商品盈亏率

出口商品盈亏率是出口商品盈亏额与出口总成本的比率。出口商品盈亏额是指出口人民币净收入与出口总成本的差额，其中出口销售人民币净收入是由该出口商品的 FOB 价格按当时外汇牌价折成人民币，出口总成本是指该商品的进货成本加上出口前的一切费用和税金。公式为：

出口商品盈亏额 = 出口销售人民币净收入 − 出口总成本

出口商品盈亏率 =（出口商品盈亏额 ÷ 出口总成本）×100%

如果计算结果为正数，表示有盈利；如果为负数，表示发生了亏损。

2. 出口商品换汇成本

出口商品换汇成本是指某商品的出口总成本（人民币）与出口销售该商品的外汇净收入（美元）之比。通过计算得到该商品出口收入一美元需要多少人民币的总成本。公式为：

出口商品换汇成本 = 出口总成本（人民币）÷ 出口销售外汇净收入（外币）

如果出口换汇成本高于银行当时的外汇牌价则出口为亏损，反之为盈利。

3. 出口创汇率

出口创汇率又称外汇增值率，最初是考核进料加工经济效益的一个指标，现在用它来分析出口创汇情况以确定出口是否有利。该指标是以成品出口收取的外汇净收入减去进口原料（CIF 价）所支出的外汇，计算成品出口取得的外汇增加值，也称创汇额，再将创汇额与原料外汇成本相比计算出创汇率。公式为：

出口创汇率＝（成品出口外汇净收入－原料外汇成本）÷原料外汇成本×100%

这一指标主要用来分析出口创汇情况，以确定出口是否有利。

【讨论案例】
中越边境贸易发展迅猛与边境贸易会计
中国是世界上陆地边境线最长、周边邻国最多的国家，与15个国家睦邻而居，有众多少数民族跨境而居，呈现"大杂居，小聚居"的特点，与邻国有相同文化背景和风俗习惯的民族有较多交往。京族作为中国22个人口特少的民族之一，世代以捕鱼为生，主要聚居在广西防城港市境内北部湾畔的三个岛屿上，这三个小岛也因此被称为"京族三岛"。京族人口只有2万多人，生活在京族三岛及其附近渔村的只有1万多人。伴随着东盟自由贸易区在近年来的迅猛发展，中国与越南的经济交往不断增强，中越贸易如火如荼。利用这种战略发展机遇，京族这个人口较少的民族发挥自身的文化优势、传统捕鱼优势、对市场行情熟悉的多种优势，全民经商，产业化经营，很快摆脱了原来的贫困落后面貌，全民族都实现了富裕。

假设A股份有限公司经营规模为年收入1 000万元，公司注册地址为广西北部湾，主要从事海水养殖，生产的商品主要是海水珍珠，主要销售地区为越南，公司董事长为京族，世代为渔民。作为股份有限公司，公司首先要遵循《公司法》的章程，规范财务制度与流程。2010年3月，公司与越南B公司签订了一份出口合同，出口金额为139 750万越南盾，按照间接标价法，1元人民币相当于2795越南盾，折合人民币约为50万元。B公司承诺在收到A公司货后即刻支付货款139 750万越南盾。因为两个公司有长期合作的背景，签订合同后，A公司即刻备货发货，B公司收到货后即将货款汇到A公司的开户银行，A公司收到越南盾后在开户行完成了换汇工作，交易完成。

通过这个简单的案例我们不难发现几个问题：一是边境地区经济的发展与相邻国家之间的交往和国家对边境地区的支持密切相关；二是不同国家边境少数民族之间文化背景相似有利于相互之间的交往。京族与越南地理位置上相近，京族人民熟悉越南语言，能够及时知晓越南市场变动。因此，当政策发生有利边境贸易的变动的时候，当地居民具有从商的优势；三是企业作为微观的个体，必须遵守国家有关法规；四是边境地区之间除了政府之间的往来，民间的往来非常密切，汇率对彼此之间的经济贸易影响重大。

分析要求：
1. 政策对边境贸易发展的影响。
2. 相通的语言、风俗、文化对贸易的作用。

【思考题与练习题】

一、思考题

1. 试述边境贸易与边境地区经济发展的关系。
2. 试述边境贸易与国内、国际贸易的异同。
3. 《中华人民共和国外汇管理条例》对外汇是如何解释的？
4. 分析人民币升值对我国经济的影响。
5. 如何选择有利的计价结算货币？
6. 试述 FOB、CFR 和 CIF 术语的异同。
7. 在确定进出口价格时应考虑哪些因素？
8. 如何计算出口商品盈亏率、换汇成本和出口创汇率？

二、练习题

1. 张某出国旅游前到银行兑换美元，假定当日现钞汇率为：买入价 1∶6.2；卖出价 1∶6.5。张某要换 5 000 美元，应付多少人民币？张某回国后剩余 200 美元，退回银行，银行应给张某多少人民币？

2. 某企业出口一批商品 FOB 价 10 000 美元。货物运出后结算货款，假定对方汇来 10 000 美元，收到货款时当日电汇汇率为：买入价 1∶6.3；卖出价 1∶6.5。该企业应收回多少人民币货款？

3. 某企业进口一批钢材 CIF 价 50 000 美元。对方发出货物后将全套单据转到进口企业开户银行，银行通知企业审单付款，企业未发现不符点，同意付款。当日现汇汇率为：买入价 1∶6.1；卖出价 1∶6.3。企业应支付多少人民币？

4. 李某给在美国读书的女儿寄学习费用，学费为 20 000 美元，生活费为 18 000 美元。假定当日现钞汇率为：买入价 1∶6.1；卖出价 1∶6.5，现汇汇率为：买入价 1∶6.2；卖出价 1∶6.4。邮费为汇款金额的 1%，李某应付多少人民币？

5. 如果你打电话向中国银行询问欧元/美元的汇价。中国银行答道："1.214 2/1.214 5"。请问：

(1) 中国银行以什么汇价向你买进美元？
(2) 你以什么价从中国银行买进欧元？

【互联网学习】

访问以下相关网站，了解相关知识：

中国政府门户网站 http://www.gov.cn/
海关统计咨询网 http://www.chinacustomsstat.com/
中国网 http://www.china.com.cn/
东北网 http://www.dbw.cn/
广西省人民政府网 http://www.gxzf.gov.cn/

第二章　货币资金及国内结算方式

【本章学习要求】
1. 掌握现金的核算与管理。
2. 掌握银行存款的核算和各种结算方式的特点。
3. 了解其他货币资金的核算。
4. 掌握外币业务的核算。

【关键术语】
货币资金（Pecuniary Resources；Currency Fund）
结算方式（Balance Mode）
外币交易（Foreign Exchange）

第一节　货币资金概述

一、货币资金的性质与范围

（一）货币资金的性质

货币资金是以货币形态存在的资产，其流动性最强，可随时用以购买商品、劳务或偿还债务，是企业流动资产的重要组成部分。

企业持有一定量的货币资金是其进行生产经营活动的基本条件，如购买材料、发放工资、缴纳税金、支付股息或进行投资等，但货币资金过多又会造成闲置浪费，所以对货币资金的管理要求是保经营、省资金。又因为货币代表了社会一般财富，能随时转化为其他任何类型的资产，极易被盗窃、挪用或发生其他舞弊行为，所以在组织货币资金的核算过程中，加强管理和控制是工作的重点之一。

（二）货币资金的范围

货币资金一般包括现金（硬币、纸币）、存在银行和其他金融机构的活期存款、本票和汇票等可立即支付的交换媒介。凡不能立即支付使用的（如银行冻结存款等），一般不视为货币资金。

货币资金的核算主要包括库存现金、银行存款和其他货币资金。

二、货币资金的内部控制

（一）控制原则

1. 严格职责分工。将与货币资金管理不相容的职责分由不同的人员担任，如资金的审批、资金的使用、资金的稽查等，以便从制度上减少舞弊的可能性。

2. 实施内部稽核。建立内部稽核制度，设置内部稽核单位，配备稽核人员，以便及时发现货币资金管理中的问题，及时加以解决，并不断完善货币资金管理制度。

（二）控制制度

控制制度包括外部控制制度和内部控制制度。货币资金的内部控制制度是企业最重要的内部管理制度之一，主要指在处理各种业务时，依照分工负责的原则，在有关人员之间建立的相互联系、相互制约的管理体系。

货币资金是企业流动性最强同时也是控制风险最高的资产。大多数违法乱纪的行为都与货币资金有关。因此，必须加强对货币资金的管理和控制，建立健全货币资金内部控制制度，确保经营管理活动合法而有效地进行。

货币资金内部控制制度的具体内容因企业规模大小和货币资金收支数量的多少而有所不同，其主要内容包括：

1. 建立货币资金业务岗位责任制度。确保不相容岗位相互分离，不得由一人办理货币资金业务的全过程。

2. 配备合格的人员办理货币资金业务，并加强职业道德教育。

3. 建立严格的授权批准制度。明确审批人员的授权批准方式、权限、程序、责任和相关控制程序；明确经办人员的职责范围和工作要求。审批人员如超越职权范围审批货币资金，经办人员有权拒绝办理，并及时向审批人员的上级部门报告。严禁未经授权的机构和人员办理货币资金业务或直接接触货币资金。

4. 强化货币资金业务相关票据的管理。明确各种票据的购买、保管、领用、背书转让、注销等环节的职责权限，专设登记簿予以记录，防止空白凭证的遗失和被盗用。

5. 强化预留银行印鉴的管理。一般财务专用章由专人保管,个人名章由授权人保管,严禁一人保管支付款项所需全部印鉴。

6. 建立对货币资金业务的监督检查制度。对监督检查工作中发现的问题和薄弱环节,要及时处理,并不断健全货币资金的内部控制制度。

第二节 现 金

一、现金概述

(一) 库存现金的概念

现金一般指现钞,包括纸币和铸币,库存现金是指存放在企业里,用于日常零星开支的人民币现钞。有些企业可能会有少量外币现钞。从事边境贸易的企业,一般还有少量边境对方使用的货币现钞和少量的国际通用货币现钞。

(二) 库存现金的使用范围

根据国家现金管理制度,国内人民币现钞的使用范围主要包括:
1. 支付给职工个人的工资、津贴;
2. 支付给城乡居民个人的劳务报酬;
3. 根据国家规定颁发给个人的科学技术、文化艺术、体育等各种奖金;
4. 各种劳保、福利费用以及国家规定的对个人的其他支出等;
5. 向个人收购农副产品和其他物资的价款;
6. 出差人员必须随身携带的差旅费;
7. 结算起点(现行规定为1 000元)以下的零星支出;
8. 中国人民银行确定需要支付现金的其他支出。

凡是不属于现金结算范围的收入和支出,都应通过银行进行转账结算。
企业存有的外币现钞一般用于出境后的临时需要。

(三) 库存现金的管理

1. 库存现金的限额

库存现金的限额是指为保证企业日常零星支出的需要,按规定允许留存的人民币现钞的最高数额。这个限额的确定,一般是由开户银行根据企业的实际需要和距离银行远近等情况核定。限额一经核定,应严格遵守。超过限额的现金应及时存入银行,限额不足时可以开具现金支票从银行提取现金补足余额。

2. 现金收支的有关规定

(1) 企业经营活动中取得的现金收入,应及时送存开户银行,不得直接用于支付自己的支出,即不得坐支现金。

(2) 企业支付现金,可以从库存现金中支付,不足时,可从银行提取,但不得坐支现金。因特殊情况需要坐支现金的,要事先报经开户银行审查批准,由开户银行核定坐支范围和限额。企业应定期向开户银行报送坐支金额和使用情况。

(3) 为加强监督,企业向银行送存现金时,应在送款簿上注明款项的来源。企业提取现金时,应在支票上写明用途,不得编造用途套取现金。

(4) 企业不准用不符合条件的凭证顶替库存现金,即不准"白条抵库";不准将单位收入的现金以个人的名义存储;不准保留账外公款;不得设置"小金库"等。

3. 会计科目的设置与账簿登记

(1) 设置会计科目

为核算库存现金的收支结存情况,应设置"库存现金"科目。本科目属资产类,借方登记企业现金的增加,如出售产品收到的现金、收回的其他应收款、收回的备用金等。贷方登记现金的减少,如购买材料支付的现金、支付的其他应收款、支付的小额费用等。余额在借方,反映库存现金的实有额。

设置"待处理财产损益"账户,核算库存现金清查过程中,现金的长短款。所谓长款是库存的人民币现钞多于"库存现金"科目的余额,短款是人民币现钞少于"库存现金"科目的余额。

(2) 登记会计账簿

为加强对现金的管理,随时掌握现金的收支和结余,应设置"现金日记账"和"库存现金"总账。现金的记账工作一般是根据审核后的记账凭证录入计算机,由计算机自动完成记账工作。每日终了将计算输出的结余数,同库存现金的实存数进行核对,做到账实相符。

(3) 现金清查的处理

现金的清查是指对保险柜里的现钞进行清点,其结果与现金日记账的余额进行比较的工作。实施现金清查的人员,可以是出纳人员自己,也可以是清查小组或其他有关人员;时间可以是定期的,也可以是不定期的;清查的主要方法是实地盘点。发现长短款应及时转入"待处理财产损益"账户,经过有关人员的批准后,作相应的处理。

二、现金的核算

【例2-2-1】A企业本月发生下列涉及现金的业务：
1. 企业向个人出售十箱水果，收到现金585元，并于当日将款项存入银行。
借：现金　　　　　　　　　　　585
　　贷：主营业务收入　　　　　　　500
　　　　应交税金——应交增值税——销项税额　85
借：银行存款　　　　　　　　　585
　　贷：现金　　　　　　　　　　　585
2. 企业用现金购买文具58元，用于厂部办公。
借：管理费用　　　　　　　　　58
　　贷：现金　　　　　　　　　　　58
3. 企业开出现金支票，从银行提取现金2 000元，补足现金定额。
借：现金　　　　　　　　　　　2 000
　　贷：银行存款　　　　　　　　　2 000
4. 经盘点发现库存现金余额为2852元，现金日记账的余额为2850元，原因待查。
借：现金　　　　　　　　　　　2
　　贷：待处理财产损益　　　　　　2
5. 职工张某称，前天报销购买文具费时少给了2元钱。经反复核对，将长款交付张某。
借：待处理财产损益　　　　　2
　　贷：现金　　　　　　　　　　　2

三、备用金的核算

备用金一般是指企业内部的部门或个人在为企业办事需用现金时，事先向企业借的一笔资金，多为现金。备用金的核算是在"其他应收款"科目下设备用金二级科目。

备用金可以分为一次性备用金和定额备用金。一次性备用金主要用于临时需要，业务完成时即结清备用金。定额备用金是因业务需要某部门或某个人长期持有的一定量的现金，备用金使用后持有关单据到出纳处报销，由出纳给予现金补足备用金。当该项业务不再需要现金时由原借款部门或个人归还备用金。

【例2-2-2】A企业张林接替陈永做采购员，因100元以下不能使用支票，所以每名采购员持有100元现金的定额备用金。陈永调离采购员岗位交回现金100

元。张林新任采购员借定额备用金100元。

1. 出纳员收到陈永归还的100元，作：

借：现金　　　　　　　　　　　　　100
　　贷：其他应收款——定额备用金——陈永　　100

2. 张林借定额备用金100元，作：

借：其他应收款——定额备用金——张林　　100
　　贷：现金　　　　　　　　　　　　　100

3. 张林购入抢修水泵铜垫圈一个，单价58元增值税9.86元，付现金67.86元。持发票及入库单报销。作：

借：原材料　　　　　　　　　　　　58.00
　　应交税费——增值税——进项税额　9.86
　　贷：现金　　　　　　　　　　　　67.86

在边境贸易和边境旅游企业中，业务人员或导游经常过境办事，需要一些对方的货币，以备急需。如果对方可以使用信用卡，就可以少带一些现金，这样会更安全。

【例2-2-3】金马旅行社导游王萌带一个30人的旅游团到越南旅游。临行前向旅行社借1 000 000越南盾，500美元。旅行团在越南期间一名中国游客中暑，送越南医院就诊，支付越南盾1 000 000，另付美元300。该费用属垫付，回国后应向旅客收取。

1. 借入备用金时，假定越南盾与人民币兑换率为越南盾卖出价1 000:0.36；美元卖出价1:6.83。作：

借：其他应收款——王萌——越南盾1 000 000　　360
　　贷：现金——越南盾　　　　　1 000 000　　360
借：其他应收款——王萌——美元500　　3415
　　贷：现金——美元　　　　　　500　　3415

2. 王萌回国后从游客处收回款项报账时，将越南盾1 000 000和美元500元交财务销账。作：

借：现金——美元　　　　　　　500　　3415
　　贷：其他应收款——王萌——美元500　　3415
借：现金——越南盾　　　　　1 000 000　　360
　　贷：其他应收款——王萌——越南盾1 000 000　　360

第三节 银行存款

一、银行存款概述

（一）银行存款的概念

银行存款是企业存放在银行或其他金融机构的货币资金。根据国家有关规定，凡独立核算的企业都应在当地银行开设账户，办理存款、取款和转账等结算。

（二）银行存款管理制度

根据《支付结算办法》的规定，企业开立的银行存款账户分为：基本存款账户、一般存款账户、临时存款账户和专用存款账户。

1. 基本存款账户是企业办理日常结算和现金收付的账户，企业工资、奖金等现金的支取，只能通过基本账户办理。

2. 一般存款账户是企业在基本存款账户以外的银行借款转存、与基本存款账户不在同一地点的附属非独立核算单位的账户，该账户可以办理转账结算和缴存现金，但不能办理现金的支取。

3. 临时存款账户是企业因临时经营活动需要开立的账户。该账户可以办理转账结算，也可以根据国家的规定办理现金收付。

4. 专用存款账户是企业为特定用途开立的专款专用账户。

一个企业只能在一家银行的一个营业机构开立一个基本账户。不得在多家银行开立多个基本账户，也不得在同一家银行的几个分支机构开立基本账户。

企业除了按规定留存的库存现金外，所有货币资金都必须存入银行。企业与其他单位的一切收付款项，除制度规定可以使用现金支付的部分以外，都必须通过银行办理转账结算。所以企业在银行开立的账户内必须要有可供支付的存款。

（三）银行结算纪律

企业通过银行办理结算时，应当遵守国家各项管理办法和结算制度。主要包括：

1. 单位和个人办理支付结算，不准签发没有资金保证的票据或远期支票，套取银行信用；

2. 不准签发、取得和转让没有真实交易和债权债务的票据，套取银行和他人资金；

  3. 不准无理拒绝付款，任意占用他人资金；

  4. 不准违反规定开立和使用账户。

 （四）会计科目的设置与账簿登记

 1. 设置会计科目

  为核算银行存款的收支结存情况，应设置"银行存款"科目。本科目属资产类，借方登记企业银行存款的增加，如出售产品从银行收回的货款、收回的应收账款、收到的投资等。贷方登记银行存款的减少，如购买材料支付的款项、支付的应付款项、支付的税费等。余额在借方，反映企业存在银行或各金融机构的各种款项。

  在银行存款总账科目下，可按不同银行、不同账号、不同币种设立明细分类账。如某企业在中国工商银行开有一个基本存款账户和一个美元存款账户，则可设两个明细分类账户，即银行存款——基本账户——人民币；银行存款——一般存款账户——美元。

 2. 账簿登记

  为加强对银行存款的核算与管理，应设置"银行存款日记账"和"银行存款总账"。银行存款的记账工作一般是根据审核无误的记账凭证录入计算机，由计算机自动完成记账工作。每月终了将计算输出的收入、支出合计数和结余数，与银行对账单进行核对，编制银行存款余额调节表，做到账实相符，并及时掌握银行存款的可用余额。

  银行存款余额调节表的编制，可由计算机完成，也可用手工编制（方法参见会计学原理书）。

二、银行存款的核算

【例2-3-1】A企业本月发生下列经济业务：

1. 收到银行入账通知，新增投资者投入企业资本金500 000元到账。

 借：银行存款   500 000
  贷：实收资本   500 000

2. 企业购入一台不需安装的生产用设备，价款100 000元，增值税17 000元，款项已由银行支付，设备已投入使用。

 借：固定资产   100 000
  应交税费——增值税——进项税额 17 000
  贷：银行存款   117 000

3. 企业购买原材料一批，买价80 000元，增值税13 600元，款项已由银行支付，材料已验收入库。
  借：原材料   80 000
      应交税费——增值税——进项税额   13 600
      贷：银行存款   93 600
4. 企业出售产品一批，售价50 000元，增值税8 500元，款已收到并存入银行。
  借：银行存款   58 500
      贷：主营业务收入   50 000
          应交税费——增值税——销项税额   8 500
5. 企业用银行存款支付税款5 680元。
  借：应交税费——应交增值税   5 680
      贷：银行存款   5 680

第四节　非现金结算业务

银行转账结算又称非现金结算，是指企业或单位的开户银行根据其要求，将款项从付款单位的结算存款户划到收款单位的结算存款户的货币收付行为。

银行转账结算的方式主要有：银行汇票、商业汇票、银行本票、支票、汇兑、委托收款、托收承付、信用证、信用卡等。因为银行汇票、商业汇票、银行本票和支票都是通过票据在不同银行机构之间传递完成的结算任务，所以也称为票据结算。其他转账结算方式就称为非票据结算方式。

一、票据结算

根据《中华人民共和国票据法》，票据是指汇票、本票和支票。票据的作用有结算、融资、调节货币供应量等。这里主要讲票据的结算作用。

汇票是出票人签发的，委托付款人在见票时或者在指定日期无条件支付确定的金额给收款人或者持票人的票据。

汇票因签发人不同而分为银行汇票和商业汇票。

本票是出票人签发的，承诺自己在见票时无条件支付确定的金额给收款人或者持票人的票据。目前我国只允许银行签发本票。

支票是出票人签发的，委托办理支票存款业务的银行或者其他金融机构在见票时无条件支付确定的金额给收款人或者持票人的票据。在银行存款的企事业单位根据具体情况分为支票户和存折户，支票户有权签发支票。

（一）银行汇票

银行汇票是汇款人将款项交存银行，由银行签发一张汇票交与汇款人，并承诺签发银行见到此汇票时，无条件将票面额或低于票面额的实际结算金额支付给收款人或持票人的票据。银行汇票一般分为即期银行汇票和远期银行汇票，目前我国的银行汇票都是即期汇票。

银行汇票结算方式具有票随人到、使用灵活、凭票购货、余款自动退回等特点，适用于异地货款两清或先收款后发货的商品交易。

银行汇票结算方式有如下特点：

1. 银行汇票一律记名，可以背书转让。

2. 银行汇票的付款期为1个月（不分大月、小月，统一按照次月的对应日计算，到期日遇到节假日可顺延）。逾期的汇票，兑付银行不予受理，签发银行可以退款。

3. 汇款人申请办理银行汇票，应向签发银行填写"银行汇票委托书"，详细填明兑付地点、收款单位名称、用途和金额等项内容。

4. 签发银行受理银行汇票委托书时，应收妥款项后再据以签发银行汇票。对需要支取现金的，在汇票"汇款金额"栏先填写"现金"字样，然后填写汇款金额，并加盖所规定的印章，将汇票和解讫通知交给汇款人。汇款人持银行汇票可以向填明的收款单位办理结算。

5. 收款单位在收到银行汇票以后，必须进行审查。确认审查无误可根据实际需要，在汇款金额以内办理款项结算。收款单位应将实际结算金额和多余金额准确、清晰地填入银行汇票和解讫通知的有关栏内，汇票上的多余金额则由签发银行退回汇款企业。

6. 银行汇票和解讫通知必须由收款人或被背书人同时提交兑付银行，两者缺一不可。收款人在汇票背面加盖预留银行印章后，连同解讫通知、进账单送交开户银行，即可办理转账。

7. 汇款人因银行汇票超过付款期或其他原因要求退款时，可持银行汇票和解讫通知到签发银行办理。

8. 持票人必须妥善保管银行汇票，严防遗失。如果不慎遗失了填明"现金"字样的银行汇票，持票人应当立即向兑付银行或签发银行请求挂失。在银行受理挂失之前，其中也包括对方银行在收到挂失通知之前如果已被冒领的情况，银行概不负责。如果遗失了填明收款单位或者个体经济户名称的汇票，银行不予挂失，但是可以通知收款单位或者个体经济户、兑付银行、签发银行，请其协助防范冒领。遗失的银行汇票在其付款期满1个月后，确认未被冒领，可以办理退款手续。银行汇票结算程序如图2-1所示：

第二章　货币资金及国内结算方式

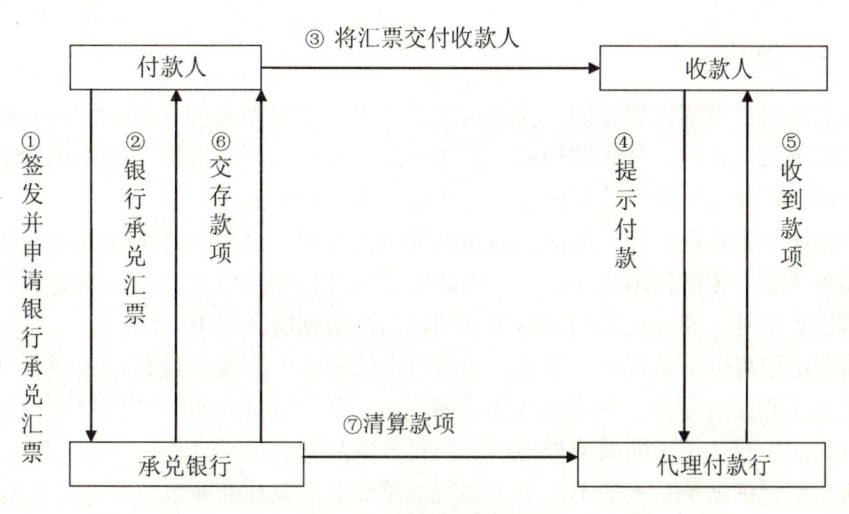

图 2-1　银行汇票流程图

【例 2-4-1】A 企业发生下列与银行汇票有关的经济业务：

1. A 企业填写"银行汇票申请书"要求签发一张 80 000 元的银行汇票，准备到上海采购钢材。因该笔资金划到银行的专用账户，企业不能再使用此笔钱，所以应将其转入"其他货币资金"账户。

借：其他货币资金——银行汇票存款　　80 000
　　贷：银行存款　　　　　　　　　　　　　80 000

A 企业使用银行汇票支付钢材的价款 60 000 元，增值税 10 200 元，可根据采购人员交来的发票等凭证入账。

借：物资采购　　　　　　　　　　　　60 000
　　应交税费——增值税——进项税额　10 200
　　贷：其他货币资金——银行汇票存款　　70 200

A 企业收到开户银行转来的银行汇票"多余款收账通知"后，作：

借：银行存款　　　　　　　　　　　　9 800
　　贷：其他货币资金——银行汇票存款　9 800

2. A 企业出售产品增值税专用发票上标明的价款为 950 000 元，增值税 161 500 元。收到一张银行汇票，将汇票和送款单一起交存银行，根据银行盖章后的送款单和发货票等原始凭证，作：

借：银行存款　　　　　　　　　　　　1 111 500
　　贷：主营业务收入　　　　　　　　　　　950 000
　　　　应交税费——增值税——销项税额　161 500

（二）商业汇票

商业汇票是出票人签发的，委托付款人在指定日期无条件支付确定的金额给收款人或持票人的票据，分为即期商业汇票和远期商业汇票。我国一般不用即期商业汇票，远期商业汇票是目前我国唯一合法的远期支付方式。

票据法规定在银行开户的法人以及其他组织之间，必须具有真实的交易关系或债权债务关系，才能使用商业汇票。商业汇票的付款期限由交易双方确定，但最长不得超过6个月。商业汇票的提示付款期限为汇票到期日起10日内。

商业汇票可以由销货单位签发，也可以由购货单位签发，经付款人或承兑人承兑（承兑不得附有条件，否则视为拒绝承兑），并于到期日向销货单位支付款项的结算方式。主要适用于同城或异地的延期付款商品交易。

商业汇票依据承兑人的不同分为银行承兑商业汇票和商业承兑商业汇票两种。

1. 使用商业汇票应注意下列事项：

（1）商业汇票应标明有"商业汇票"的字样，使用商业汇票的单位，必须是在商业银行开立账户的法人。否则不能签发或接受商业汇票。

（2）商业汇票一律记名，允许背书转让。"记名"指签发汇票时，必须写明收款单位的名称。"背书"指汇票的持票人，将汇票转让给其他单位时，在汇票背面做文字记载及签字。汇票转让必须经过背书手续。商业汇票作为一种信用支付工具，在付款期限内可以多次转让。

（3）付款人应当自收到提示承兑的汇票之日起3日内承兑或拒绝承兑。付款人拒绝承兑的必须出具拒绝承兑的书面材料。

（4）商业汇票可以办理贴现。"贴现"是商业汇票的持有人在需要资金时，将未到期的商业汇票通过背书后转让给商业银行，并向商业银行贴付一定的利息取得现款。

2. 银行承兑商业汇票，是指由收款单位或付款单位签发商业汇票，由付款单位向其开户银行申请，由付款单位的开户银行承兑该汇票，并向申请人收取票面金额一定比例的手续费。汇票到期前，付款单位应将票款足额交存其开户银行，以备承兑银行支付票款。收款单位应在汇票到期时，将汇票和委托收款书交自己的开户银行，委托其向付款单位开户银行收款。承兑银行（即付款单位开户银行）见到汇票后，无条件将票款转给收款单位（收款人）或贴现银行（持票人）。如果付款单位于汇票到期日未能足额交存票款，承兑银行除了无条件地凭票向持票人付款外，对出票人尚未支付的汇票金额按照每日规定的比例计收罚息，或者算作付款人的逾期贷款。银行承兑商业汇票的结算程序，如图2-2所示：

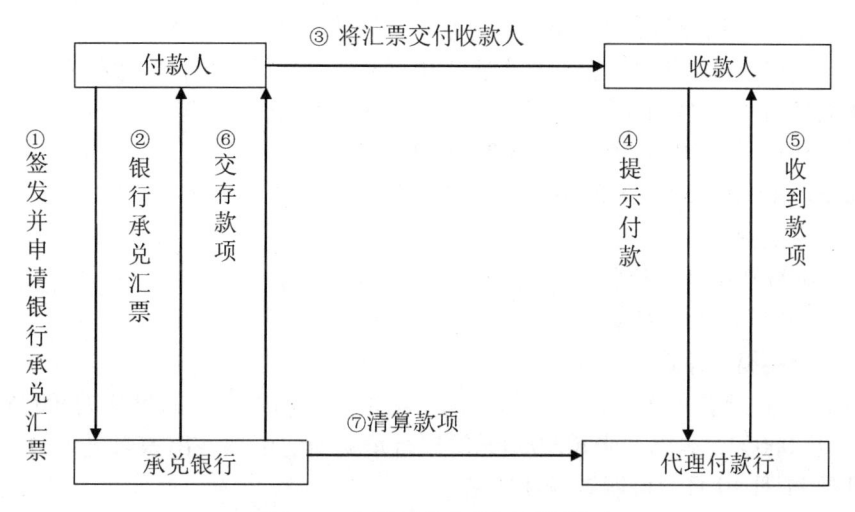

```
                    ③将汇票交付收款人
        付款人 ──────────────────→ 收款人
      ① ② ⑥                        ④    ⑤
      签 银 交                       提    收
      发 行 存                       示    到
      并 承 款                       付    款
      申 兑 项                       款    项
      请 汇
      银 票
      行
      承
      兑
      汇
      票
                    ⑦清算款项
       承兑银行 ──────────────────→ 代理付款行
```

图 2-2　银行承兑商业汇票流程图

【例 2-4-2】A 企业本月发生下列与银行承兑商业汇票有关的业务：

(1) A 企业向 B 企业购买原材料，货款和增值税共计 234 000 元。A 企业于 3 月 1 日签发一张商业汇票，收款人是 B 企业，金额为 234 000 元，付款期为 6 个月。A 企业持汇票到自己的开户银行，与银行签订协议后，支付万分之五的手续费即 117 元 (234 000×0.0005)。其开户银行在汇票上签字盖章后，交给 A 企业。A 企业将银行承兑的商业汇票交给 B 企业。

A 企业申请银行承兑汇票时作：

借：财务费用　　　　　　　　　　　117
　　贷：银行存款　　　　　　　　　　　117

A 企业将银行承兑汇票交给 B 企业，作：

借：物资采购　　　　　　　　　　　200 000
　　应交税费——增值税——进项税额　34 000
　　贷：应付票据——B 企业　　　　　　234 000

汇票到期日银行支付票款 234 000 元，A 企业根据从银行取回的支付凭证，作：

借：应付票据——B 企业　　　　　　234 000
　　贷：银行存款　　　　　　　　　　　234 000

(2) 如果 A 企业在汇票到期日账户余额不足，假定只有 150 000 元，则不足款项由银行垫付（因为银行是汇票承兑人，承担第一付款责任）并将垫付的款项算作 A 企业的逾期贷款。作：

借：应付票据——B 企业　　　　　　234 000
　　贷：银行存款　　　　　　　　　　　150 000
　　　　短期贷款——逾期贷款　　　　　84 000

(3) 假定短期贷款利率为6%，逾期贷款每日加收0.03%的罚息。A企业签发的商业汇票出票日是3月1日，到期日为9月1日，逾期贷款的起息日是9月1日，假定还款日为9月26日。

应交利息 = 84 000 × 6% ÷ 360 × 25 = 350
应交罚息 = 84 000 × 0.0003 × 25 = 630

借：短期贷款　　　　　　　　　84 000
　　财务费用——利息　　　　　　　350
　　　　　　——罚息　　　　　　　630
　　贷：银行存款　　　　　　　　　84 980

【例2-4-3】A企业出售一批产品，增值税专用发票上的价款为600 000元，增值税102 000元，收到一张702 000元的银行承兑商业汇票，出票日是5月10日，到期日是11月10日。可能有两种情况：

其一，A企业持有汇票至到期，将汇票交开户银行，委托开户银行代收票款，收到开户银行的入账通知后，作：

借：银行存款　　　　　　　　　702 000
　　贷：应收票据　　　　　　　　702 000

其二，A企业持有期间因需用资金而向自己的开户银行贴现。如果贴现息为年息3.6%，贴现日6月10日，A企业应支付的贴现息为10 530元〔(702 000 × 3.6%) / (12 × 5)〕。因该贴现属于无追索权贴现，作：

借：银行存款　　　　　　　　　691 470
　　财务费用　　　　　　　　　　10 530
　　贷：应收票据　　　　　　　　702 000

3. 商业承兑商业汇票，是指由付款方或收款方签发，由付款方承兑的汇票。汇票到期时如果付款企业有足够的存款，付款企业的开户银行将款项转给收款企业的开户银行，收款企业就可以收到货款；如果付款企业没有足够的存款，付款企业的开户银行不负责付款，由购销双方自行处理。

【例2-4-4】A企业向N企业出售钢材，价款和增值税共计351 000元。A企业收到一张商业汇票，承兑人是N企业，签发日是3月5日，金额为351 000元，付款期为6个月。

借：应收票据　　　　　　　　　351 000
　　贷：主营业务收入　　　　　　300 000
　　　　应交税费——增值税——销项税额　　51 000

A企业收到N企业承兑的商业汇票后，有两种处理方法：其一，持有汇票至到期。在汇票到期时，将汇票连同委托收款书交自己的开户银行，委托其代为收款。如果N企业支付票款，A企业的开户银行收妥款项后，将单据转给A企业，A企业作：

借：银行存款　　　　　　　　　351 000
　　　　贷：应收票据　　　　　　　　　　351 000
　　如果N企业在开户银行的存款不足，或N企业告知银行不支付票款，则N企业的开户银行将商业汇票及转来的委托收款书退还给A企业的开户银行，A企业的开户银行将收到的单据全数退还A企业，A企业一方面派人与N企业的相关人员进行协商，另一方面根据退还的单据将应收票据转为应收账款，作：
　　借：应收账款　　　　　　　　　351 000
　　　　贷：应收票据　　　　　　　　　　351 000
　　其二，A企业持有票据期间因急需资金而向开户银行贴现。如果贴现息为年息3.6%，假定贴现日为5月15日，A企业应支付的贴现息为3 931.20元〔（351 000×3.6%）/（360×112）〕。A企业应作：
　　借：银行存款　　　　　　　　　347 068.80
　　　　财务费用　　　　　　　　　3 931.20
　　　　贷：应收票据——贴现　　　　　　351 000
　　A企业的开户银行作为商业承兑商业汇票的持有人，在汇票到期时，将汇票转给N企业的开户银行。如果N企业支付票款，A企业的开户银行收到款项后，贴现业务最终完成。A企业作：
　　借：应收票据——贴现　　　　　351 000
　　　　贷：应收票据　　　　　　　　　　351 000
　　如果N企业在开户银行的存款不足，或N企业告知银行不支付票款，则N企业的开户银行将商业汇票及转来的委托收款书退还给A企业的开户银行，A企业的开户银行将收到的单据全数退还A企业，并向A企业行使追索权，收回已贴现的商业汇票的票款，这时A企业收到相关单据后作：
　　借：应收票据——贴现　　　　　351 000
　　　　贷：银行存款　　　　　　　　　　351 000
　　借：应收账款　　　　　　　　　351 000
　　　　贷：应收票据　　　　　　　　　　351 000
　　如果A企业在开户银行的存款也不足，则A企业的开户银行将票款作为A企业的逾期贷款，A企业根据相关票据作：
　　借：应收票据——贴现　　　　　351 000
　　　　贷：短期借款——逾期贷款　　　　351 000
　　借：应收账款　　　　　　　　　351 000
　　　　贷：应收票据　　　　　　　　　　351 000
　　A企业还款时要支付利息及罚息，参见例2-4-2最后一笔分录。

（三）银行本票

本票是出票人签发的，承诺自己在见票时无条件支付确定的金额给收款人或者持票人的票据。目前在我国只有银行可以签发本票。

银行本票是由银行签发的，承诺自己在见票时无条件支付确定的金额给收款人或者持票人的一种票据。

银行本票结算是申请人将款项交存银行，由银行签发本票给申请人，凭以办理转账结算或支取现金的一种结算方式。银行本票分为定额和不定额两种。这种结算方式适用于单位和个人，在同一票据交换区支付各种款项。

使用银行本票结算应注意如下事项：

1. 银行本票一律记名，可以背书转让；
2. 定额银行本票面值分别为：1 000元、5 000元、10 000元、50 000元四种；
3. 银行本票的提示付款期限自出票日起最长不超过两个月；
4. 填明"现金"字样的银行本票遗失，可以挂失止付；未填明"现金"字样的银行本票遗失，不得挂失止付；
5. 企业因银行本票超过付款期或其他原因请求退款时，可持银行本票和单位证明到签发银行办理。银行本票结算程序如图2-3所示：

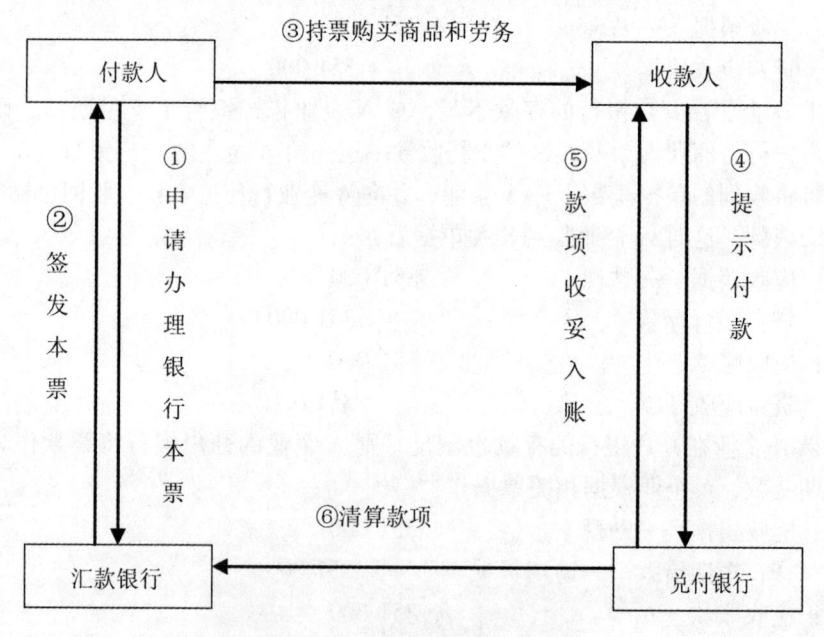

图2-3　银行本票结算程序图

【例2-4-5】A企业召开供货会租展馆，A企业向银行申请开立一张50 000元的定额银行本票。

A 企业的开户银行审核了 A 企业填写的"银行本票申请书",并将 50 000 元从 A 企业的结算账户转入银行的账户后,签发本票交给 A 企业。作:

借:其他货币资金——银行本票存款　　50 000
　　贷:银行存款　　　　　　　　　　　　50 000

A 企业将 50 000 元定额银行本票交给展馆结账。作:

借:预付账款　　　　　　　　　　　　　50 000
　　贷:其他货币资金——银行本票存款　　50 000

会议结束展馆结算的费用为 45 000 元,退还一张银行本票 5 000 元。A 企业将收到的银行本票及进账单交给自己的开户银行后,作:

借:银行存款　　　　　　　　　　　　　5 000
　　销售费用　　　　　　　　　　　　　45 000
　　贷:预付账款　　　　　　　　　　　　50 000

(四)支票

支票是出票人签发的,委托办理支票存款业务的银行或者其他金融机构在见票时无条件支付确定的金额给收款人或者持票人的票据。

支票结算是银行存款人签发支票给收款人办理结算或委托开户银行凭支票将款项支付给收款人的结算方式。

支票是在同一票据交换区域使用的结算工具,具有方便、灵活的特点。支票由银行统一印制,支票上印有"现金"字样的支票为现金支票;支票上印有"转账"字样的支票为转账支票。未印有"现金"或"转账"字样的支票是普通支票,普通支票既可以转账也可以支取现金。在普通支票的左上角画两条平行线,称为划线支票,划线支票只能用于转账,不能提取现金。我国一般不使用普通支票,使用现金支票和转账支票。

支票必须记载下列事项:

1. 表明支票的字样;
2. 无条件支付的委托;
3. 确定的金额;
4. 付款人名称;
5. 出票日期;
6. 出票人签章。

欠缺记载上列事项之一的,支票无效。支票的付款人为支票上记载的出票人的开户银行。

使用支票结算方式应注意下列问题:

1. 支票一律记名,可背书转让;
2. 支票的提示付款期限是自出票日起 10 日内;

3. 签发支票应使用碳素墨水或用打印机打印，不得涂抹更改。作废的支票不得撕毁，应与存根一并保存；

4. 出票人签发的支票，应加盖预留银行的全部印鉴；

5. 支票的出票人签发支票的金额不得超过付款时其在银行的存款金额。禁止签发空头支票。对出票人签发的空头支票、印章与预留印鉴不符或者支付密码错误的支票，银行予以退票，并按票面金额处以5%但不低于1000元的罚款；持票人有权要求出票人赔偿支票金额2%的赔偿金。对屡次签发空头支票的，银行应停止其签发支票的权力；

6. 不准出租、出借支票；

7. 支票遗失时，应及时到银行办理挂失；如挂失前已被冒领，银行概不负责。丢失的空白支票，银行不予挂失。支票结算程序如图2-4所示：

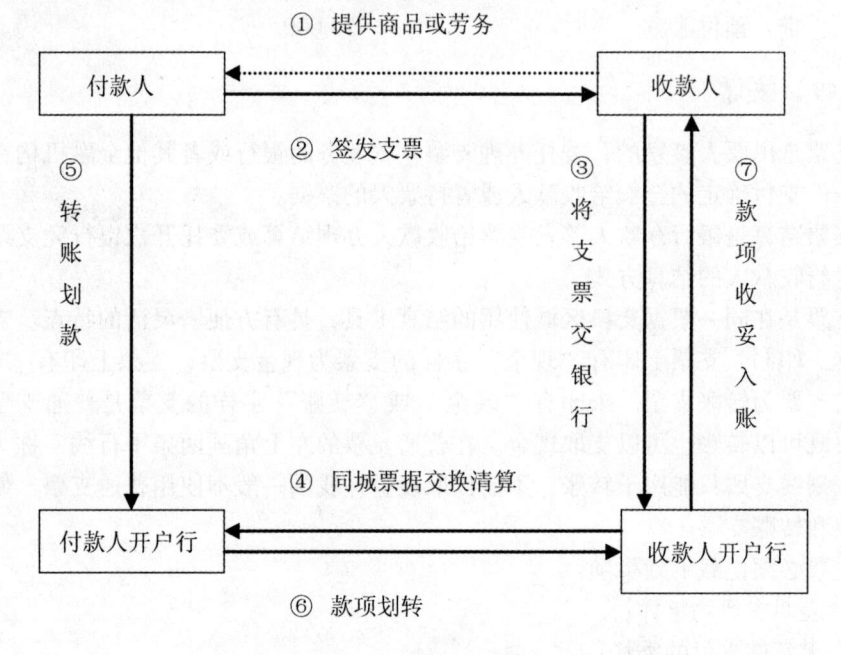

图2-4 支票结算程序图

【例2-4-6】A企业发生下列与支票有关的业务：

（1）A企业购买一批材料，价款和税款共计117 000元，当即开出支票进行结算。

A企业根据购货发票、入库单、支票根等凭证，作：

借：原材料　　　　　　　　　　　　　100 000
　　应交税费——增值税——进项税额　 17 000
　　贷：银行存款　　　　　　　　　　　117 000

（2）A企业出售一批产品，售价80 000元，增值税13 600元，计93 600元，收到一张支票。将支票和"送款单"送交银行，凭银行退回的一联"送款单"作：

借：银行存款　　　　　　　　　93 600
　　贷：主营业务收入　　　　　　　　80 000
　　　　应交税费——增值税——销项税额　　13 600

二、非票据结算

非票据结算方式主要指汇兑、委托收款、托收承付、信用证、信用卡等。

（一）汇兑

汇兑是汇款人委托银行将其款项支付给收款人的结算方式。汇兑原来分为信汇和电汇两种，由于通信手段的改进，现在使用最多的是计算机实时汇款，款项两小时到账。汇款结算方式适用于同城和异地，各单位、个体工商户和个人之间的各种款项结算。

签发汇兑凭证必须记载下列事项：
1. 表明信汇、电汇等的字样；
2. 无条件支付的委托；
3. 确定的金额；
4. 收款人名称；
5. 汇款人名称；
6. 汇入地点、汇入行名称；
7. 汇出地点、汇出行名称；
8. 委托日期；
9. 汇款人签章。

汇兑凭证上欠缺上列记载事项之一的，银行不予受理。汇兑凭证记载的汇款人名称、收款人名称，其在银行开立存款账户的，必须记载其账号。欠缺记载的，银行不予受理。委托日期是指汇款人向汇出银行提交汇兑凭证的当日。

汇兑结算程序如图2-5所示：

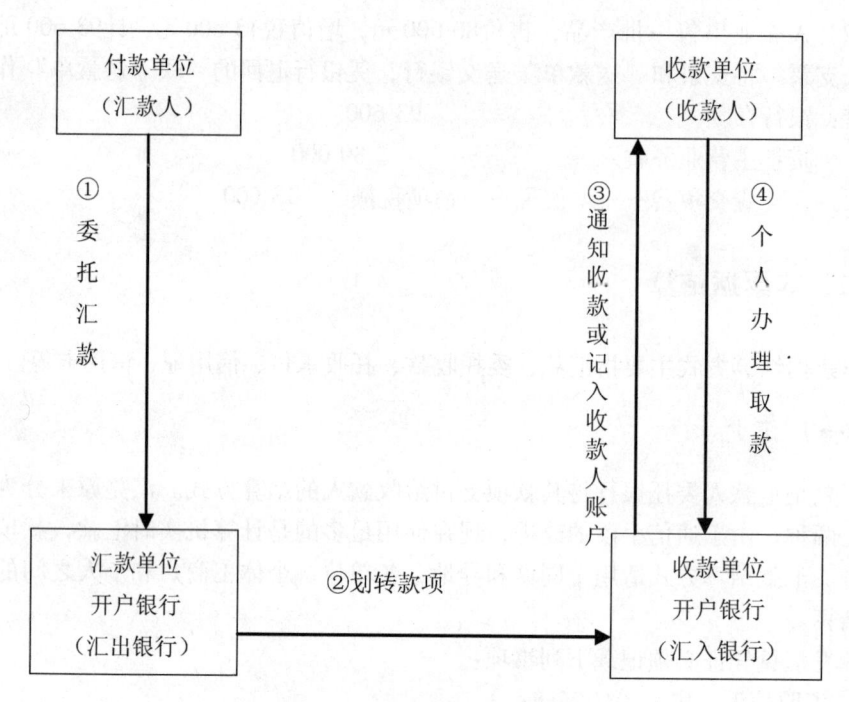

```
    付款单位                              收款单位
    （汇款人）                            （收款人）
        │                            ↑            ↑
       ①│                           ③│           ④│
       委│                          通│           个│
       托│                          知│           人│
       汇│                          收│           办│
       款│                          款│           理│
        │                          或│           取│
        │                          记│           款│
        │                          入│
        │                          收│
        │                          款│
        │                          人│
        │                          账│
        ↓                          户│
    汇款单位          ②划转款项          收款单位
    开户银行    ─────────────────→    开户银行
    （汇出银行）                        （汇入银行）
```

图 2-5 汇兑结算程序如图

【例 2-4-7】A 企业发生下列与汇兑有关的业务：
（1）A 企业采用汇兑方式预付给 D 企业 120 000 元用于购买钢板。作：
借：预付账款   120 000
  贷：银行存款   120 000
A 企业收到材料，凭购货发票和入库单，作：
借：原材料   100 000
  应交税费——增值税——进项税额   17 000
  贷：预付账款   117 000
A 企业收到 D 企业退回的余款时，作：
借：银行存款   3 000
  贷：预付账款   3 000
（2）A 企业与 M 公司签订销售合同金额为 500 000 元，合同规定预收 30% 押金。A 企业收到 M 公司的汇款时，作：
借：银行存款   150 000
  贷：预收账款   150 000
A 企业给 M 公司发货后根据发票等单据，结算货款 400 000 元，增值税 68 000 元，作：

借：预收账款　　　　　　　　　　468 000
　　贷：主营业务收入　　　　　　　　400 000
　　　　应交税费——增值税——销项税额　68 000
A企业收到货款时，作：
借：银行存款　　　　　　　　　　318 000
　　贷：预收账款　　　　　　　　　　318 000

（二）委托收款

委托收款是收款人向银行提供收款依据，委托银行向付款人收取款项的结算方式。单位和个人凭已承兑商业汇票、债券、存单等付款人债务证明办理款项的结算时，均可使用委托收款结算方式。委托收款还适用于收取电话费、电费等公用事业费。委托收款在同城、异地均可以使用。使用委托收款方式结算不受金额起点限制。

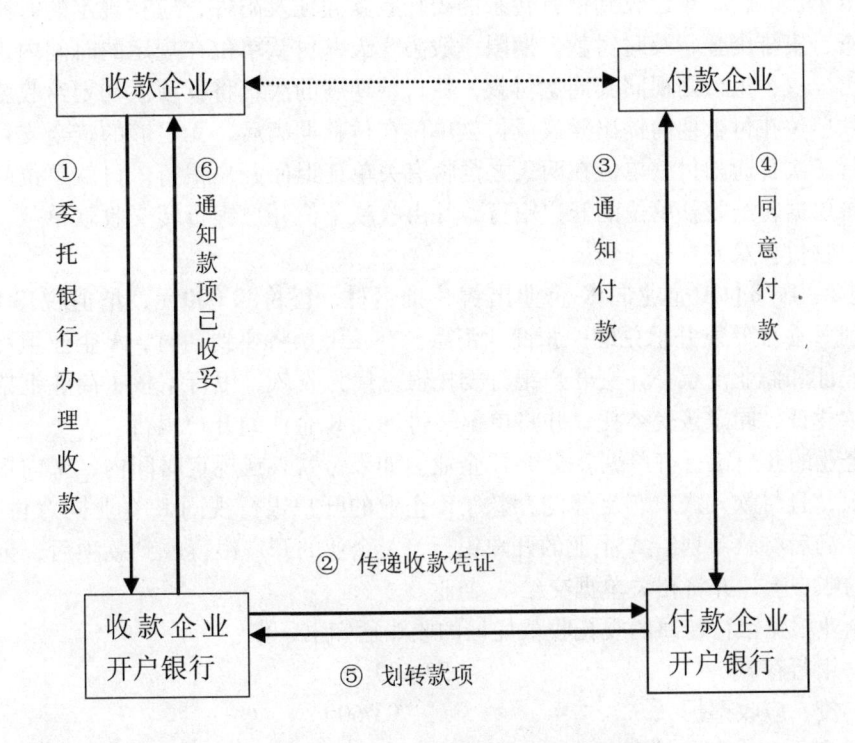

图2-6　委托收款结算的基本流程图

签发委托收款凭证必须记载下列事项：
1. 表明委托收款的字样；
2. 确定的金额；

3. 付款人名称;

4. 收款人名称;

5. 委托收款凭据名称及附寄单证张数;

6. 委托日期;

7. 收款人签章。

欠缺记载上列事项之一的,银行不予受理。

委托收款结算程序如图2—6所示:

委托收款结算程序实际上分为委托和收款两个过程。

第一,委托。收款单位委托银行代收款项时,要填写委托收款凭证,连同相关的债权证明一并交开户银行办理委托收款。收款单位开户银行将凭证传递给付款单位开户银行,由付款单位开户银行将凭证传递给付款单位,通知其付款。

第二,收款。收款单位的开户银行委托付款单位的开户银行,将相关的凭证转交给付款单位。付款单位收到银行转来的委托收款凭证及附件,应在规定的时间内进行审查、安排资金,及时付款。期限一般为3天,付款单位在规定的时间内未向银行提出异议,银行则视同其同意付款,在付款期满的次日将款项主动划给收款单位。付款单位在付款期内提出异议或付款单位在付款期满后,无足够的资金支付全款,银行于次日通知付款单位在两天之内将有关单证退回开户银行。付款单位的开户银行将单据转给收款单位的开户银行,并由收款单位开户银行转交收款单位。其余事项由收付款双方自行处理。

【例2-4-8】A企业向K企业出售一批钢材,售价80 000元,增值税13 600元,收到K企业签发并承兑的一张商业汇票。在该汇票将要到期时,A企业填写委托收款凭证和商业汇票一并交开户银行委托银行代为收款。银行审核了商业汇票和委托收款凭证,同意接受委托,并将单据转付款人K企业的开户银行。

K企业的开户银行将单据转交给K企业。如果付款人在规定时间内,未向银行提出异议,且付款人账户有足够的存款,K企业的开户银行视同K企业同意付款,在付款期满后将款项划给A企业的开户银行。A企业的开户银行收到款项后,记在A企业的账户上,并将相关单据交给A企业。

A企业根据银行转回的委托收款凭证的收账通知书,作:

借:银行存款　　　　　　　93 600
　　贷:应收票据　　　　　　93 600

如果K企业在开户银行的存款不足,或K企业在规定的时间内要求银行不付款,则K企业的开户银行将要求K企业退还商业汇票和委托收款凭证,并将上述凭证退还A企业的开户银行,由A企业的开户银行将单据退还给A企业。作:

借:应收账款　　　　　　　93 600
　　贷:应收票据　　　　　　93 600

其余事项由A企业和K企业自行处理。

（三）托收承付

托收承付是根据购销合同由收款人发货后委托银行向异地付款人收取款项，由付款人向银行承认付款的结算方式。使用托收承付结算方式的收款单位和付款单位，必须是国有企业、供销合作社以及经营管理较好，并经开户银行审查同意的城乡集体所有制工业企业。办理托收承付结算的款项，必须是商品交易以及因商品交易而产生的劳务供应的款项。代销、寄销、赊销商品的款项，不得办理托收承付结算。收付双方使用托收承付结算必须签有符合《经济合同法》的购销合同，并在合同上定明使用托收承付结算方式。收款人办理托收，必须具有商品确已发运的证件（包括铁路、航运、公路等运输部门签发的运单、运单副本或邮局包裹回执）。

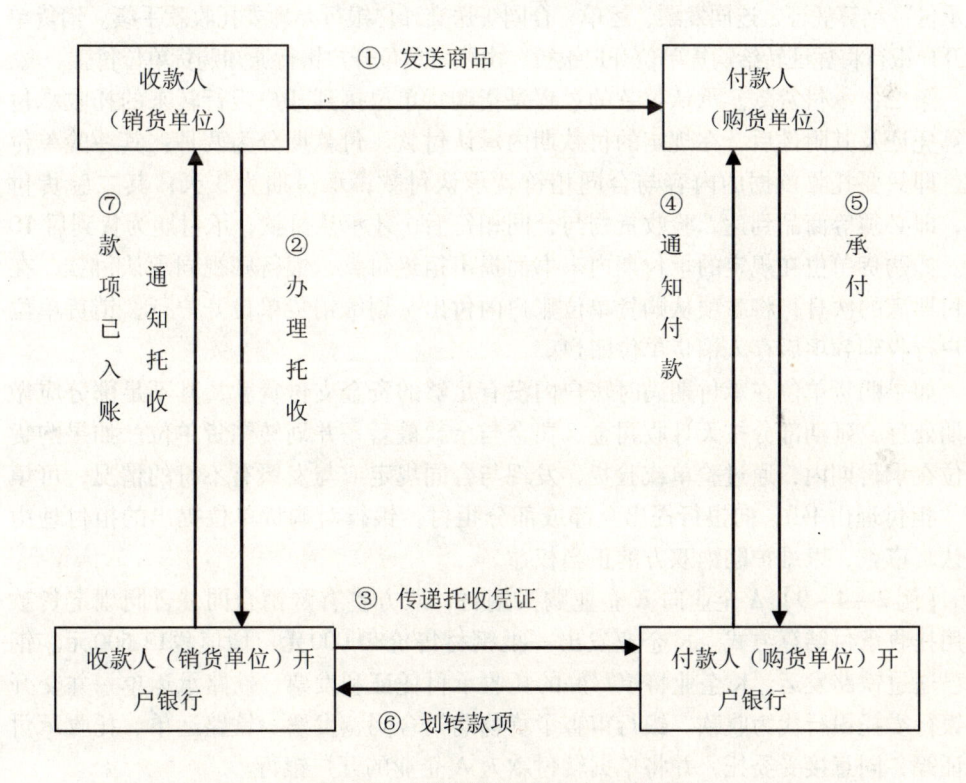

图 2-7　托收承付结算方式的流程图

签发托收承付凭证必须记载下列事项：
1. 表明托收承付的字样；
2. 确定的金额；
3. 付款人名称及账号；
4. 收款人名称及账号；

5. 付款人开户银行名称；

6. 收款人开户银行名称；

7. 托收附寄单证张数或册数；

8. 合同名称、号码；

9. 委托日期；

10. 收款人签章。

托收承付凭证上欠缺记载上列事项之一的，银行不予受理。

托收承付结算方式程序如图2-7所示。

这种结算方式的结算程序，可分为委托收款和承付货款两个过程：

第一，委托收款。委托收款过程是指销货单位根据经济合同发货后，填写一份"托收承付"结算凭证，连同发票、运单、合同等送交开户银行办理委托收款手续。销货单位开户银行将凭证转给购货单位开户银行，由购货单位开户银行通知购货单位付款。

第二，承付货款。承认付款的过程是指购货单位接到开户银行转来的托收承付结算凭证及其附件后，在规定的付款期内承认付款。付款期分为两种：其一验单付款，即只要托收单据的内容与合同相符就承认付款，承付期为3天；其二验货付款，即必须等商品到达，验收货物与合同相符后，才承认付款，承付期为货到后10天。如购货单位在规定的承付期内未书面提出拒绝付款，银行则视同承认付款，在承付期满的次日，将款项从购货单位账户内付出，划给销货单位开户行，销货单位开户行收到款项后存入销货单位账户。

如果购货单位在承付期满时账户内没有足够的资金支付货款，其不足部分应做延期处理，延期部分按天计收罚金，罚金与余款最后一并划转销货单位。如果购货单位在承付期内，通过验单或验货，发现与合同规定或与发票有不符的情况，可填写"拒付理由书"，向银行提出全部或部分拒付，银行对购货单位提出的拒付理由应认真审查，以维护购销双方的正当权益。

【例2-4-9】A企业向K企业购买钢材，双方签有购销合同，合同规定货款采用托收承付结算方式。K企业发出一批钢材售价80 000元，增值税13 600元。钢材已通过铁路发运。K企业将填写好的托收承付凭证和发票、铁路承运单一并交开户银行委托银行代为收款。银行审查了货物购销合同、发票、铁路运单、托收承付凭证等，同意接受委托，并将单据转付款人A企业的开户银行。

A企业的开户银行将单据转交给A企业。A企业同意付款并根据发票、运单、托收承付结算凭证付款联等凭证，作：

借：原材料　　　　　　　　　　　　　80 000
　　应交税费——增值税——进项税额　13 600
　　贷：银行存款　　　　　　　　　　　　93 600

如果A企业验单付款，合同规定每月发货一次，每次发货的金额为60 000元，则A企业要求部分拒付，只承付60 000元货款和相应的增值税。A企业填写部分拒付理由书，经银行审核后，同意部分拒付。A 企业根据托收承付结算凭证付款联、发票、部分拒付理由书等单据作：

借：原材料　　　　　　　　　　　　　　60 000
　　应交税费——增值税——进项税额　　10 200
　　贷：银行存款　　　　　　　　　　　　70 200

如果 A 企业发现货运单据上列明的钢材型号与所购买的钢材型号不符，则可据以填制"全部拒付理由书"拒付全部货款。经银行审核同意后，将单据退还开户银行，并由 A 企业的开户银行转 K 企业的开户银行，退还 K 企业。A 企业和 K 企业都不需要做账。

（四）信用卡

信用卡是指商业银行向个人和单位发行的，凭以向特约单位购物、消费和向银行存取现金，且具有消费信用的特制载体卡片。

信用卡按使用对象分为单位卡和个人卡；按信誉等级分为金卡和普通卡。

凡在中国境内金融机构开立基本存款账户的单位可申领单位卡。单位卡可申领若干张，持卡人资格由申领单位法人代表或其委托的代理人书面指定和注销。持卡人不得出租或转借信用卡。单位卡账户的资金一律从其基本存款账户转账存入，不得交存现金，不得将销货收入的款项存入其账户。单位卡不得用于 10 万元以上的商品交易、劳务供应款项的结算，不得支取现金。单位申领信用卡，需按银行要求交存一定金额的备用金。

信用卡在规定的限额和期限内允许善意透支，透支额及透支期间的利率以双方签订的合同为准。持卡人使用信用卡不得发生恶意透支。恶意透支是指持卡人超过规定限额或规定期限，并且经发卡银行催收无效的透支行为。

透支和前面讲的支票不允许空头，其基本含义是一样的，都是存的钱少，花的钱多，透支和空头的最大区别是透支是合法的，空头是不允许的。透支是用款人与银行事先有协议，银行允许用款人在一定额度内，一定期限内透支，相当于银行给用款人提供了一笔短期贷款，用款人要按规定的利率支付透支期间的利息。在国外，企业的支票也是可以透支的，企业与银行要事先签订一个协议，规定利率、额度、期限等。

信用卡结算程序如图 2-8 所示：

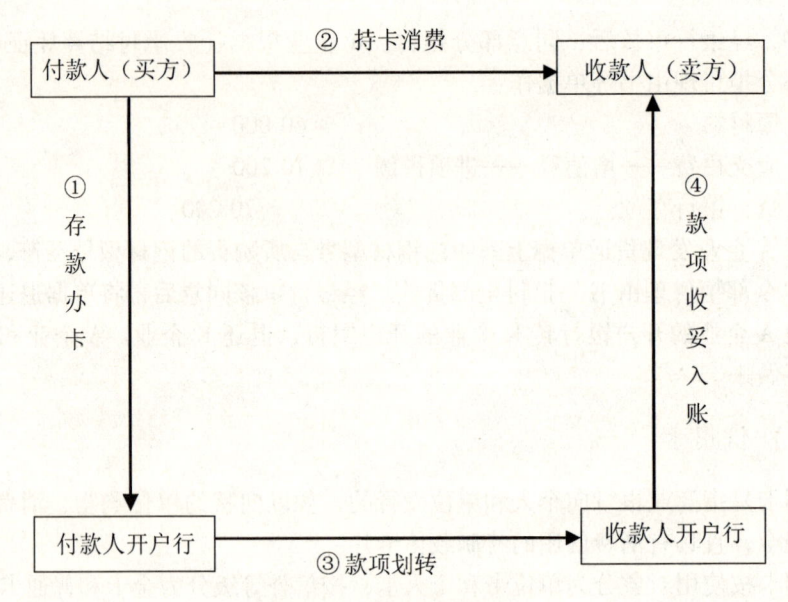

```
         ② 持卡消费
付款人（买方）─────────────→ 收款人（卖方）
    │                              ↑
  ① │                            ④ │
  存 │                            款 │
  款 │                            项 │
  办 │                            收 │
  卡 │                            妥 │
    │                            入 │
    ↓                            账 │
付款人开户行 ─────────────→ 收款人开户行
              ③ 款项划转
```

图2-8 信用卡结算程序

【例2-4-10】A企业按银行要求填写申请表，交存20 000元备用金，另存入80 000元开立4张信用卡。分别交行政部门、办公室和两名采购人员。领卡时作：

借：其他货币资金——备用金　　　20 000
　　　　　　　　　——信用卡　　　80 000
　贷：银行存款　　　　　　　　　100 000

A企业接到银行通知，行政部门修电脑划卡消费1 200元；办公室划卡购买复印纸2 300元；采购员购入零星材料划卡850元。作：

借：管理费用　　　　　　　　　　3 500
　　原材料　　　　　　　　　　　　850
　贷：其他货币资金——信用卡　　4 350

A企业为四张信用卡各充值10 000元。作：

借：其他货币资金　　　　　　　40 000
　贷：银行存款　　　　　　　　40 000

（五）信用证

信用证结算方式主要用于国际结算，我国的《支付结算办法》不包括信用证，这里不作介绍，留待下一章再作介绍。

第五节 其他货币资金

在企业的经营过程中，有些资金虽然暂时没有支付，但却有了固定的用途，这部分资金不可能或不应该挪作他用，所以这部分资金与一般的银行存款是有区别的，在核算时，将其单独列为一个科目，叫做其他货币资金。

设置"其他货币资金"账户，核算企业的银行汇票存款、银行本票存款、信用证存款、信用证保证金存款、信用卡存款、存出投资存款、外埠存款等。"其他货币资金"科目属资产类，借方登记增加数，贷方登记减少数，余额在借方，反映企业持有的各类其他货币资金总额。该账户可按银行汇票存款、银行本票存款等分别设置明细分类账。

一、外埠存款

外埠存款是企业到外地临时经营时，在当地开设的临时存款账户。其核算程序主要是三个环节：汇款开户、经营收付款和结算销户。

例如 A 企业经常在邯郸采购钢材开立一个临时存款账户，开户时汇去 1 000 000 元。作：

借：其他货币资金　　　　　　1 000 000
　　贷：银行存款　　　　　　　　　　1 000 000

A 企业在邯钢购入钢材，买价加增值税共 585 000 元。作：

借：物资采购　　　　　　　　　500 000
　　应交税费——增值税——进项税额　85 000
　　贷：其他货币资金　　　　　　　　585 000

A 企业在邯郸为客户维修机器收取劳务费 5 000 元，存入银行，作：

借：其他货币资金　　　　　　　5 000
　　贷：其他业务收入　　　　　　　　5 000

A 企业结束在邯郸的经营活动撤销临时存款账户，作：

借：银行存款　　　　　　　　　420 000
　　贷：其他货币资金　　　　　　　　420 000

二、银行汇票存款

银行汇票存款是企业在取得银行汇票时，按规定存入银行的款项。其步骤可归纳为三步：存款取票、采购付款和结清余款。

例如 A 企业为到宝钢购买钢板，到银行申请开立一张900 000元的银行汇票。银行审查了"银行汇票申请书"并收取了票款，开出了一式四联的银行汇票，将其中的"银行汇票"联和"解讫通知"联交给 A 企业。A 企业作：

借：其他货币资金　　　　　　　　900 000
　　贷：银行存款　　　　　　　　　　　　900 000

A 企业在宝钢购钢板，买价700 000元，增值税119 000元，将银行汇票和解讫通知交宝钢，结算钢材款。A 企业根据发票作：

借：物资采购　　　　　　　　　　700 000
　　应交税费——增值税——进项税额　119 000
　　贷：其他货币资金　　　　　　　　　　819 000

A 企业接银行通知银行汇票余款已收妥入账，根据多余款收账通知，作：

借：银行存款　　　　　　　　　　81 000
　　贷：其他货币资金　　　　　　　　　　81 000

三、银行本票存款

银行本票存款是企业为取得银行本票按规定存入银行的款项。银行本票与银行汇票不同，一是银行汇票用于异地，银行本票用于同一交换区域；二是银行汇票可以自动退还余款，银行本票只能按票面额结算，多余或不足部分要用其他结算方式结清。

A 企业要购买一批材料，经与对方联系价税总额为70 200元。A 企业填写"银行本票申请书"，并将款项转入银行后，取得不定额银行本票。作：

借：其他货币资金　　　　　　　　70 200
　　贷：银行存款　　　　　　　　　　　　70 200

A 企业将本票用于购买材料，根据发票等凭证，作：

借：物资采购　　　　　　　　　　60 000
　　应交税费——增值税——进项税额　10 200
　　贷：其他货币资金　　　　　　　　　　70 200

四、信用证存款

信用证存款是企业为要求银行开立信用证，按规定存入银行的保证金存款。国内使用信用证结算的不多，信用证存款主要是开立国际信用证的保证金。

例如 A 企业准备从越南 S 公司购买一批木材，合同写明以人民币结算。对方要求开立一张100 000元的信用证。A 企业填写好"信用证开证申请书"，并按银行的要求交存信用证金额30%的保证金和手续费300元，共计人民币30 300元。根据相关凭证作：

借：其他货币资金　　　　　　　　30 000
　　财务费用　　　　　　　　　　　　300
　　贷：银行存款　　　　　　　　　30 300

S公司收到信用证后，给A企业发货总金额800 000元。相关凭证由A企业开户银行转交A企业，A企业补足货款，取回木材。作：

借：物资采购　　　　　　　　　800 000
　　贷：其他货币资金　　　　　　30 000
　　　　银行存款　　　　　　　770 000

五、信用卡存款

信用卡存款是企业为取得信用卡而存入银行的款项。其核算主要包括：信用卡存款的增加和信用卡存款的使用。

例如A企业向银行申请办理两张信用卡，一张给行政部门使用，一张给采购员使用。依据银行的规定要交纳20 000元的备用金，另存入100 000元，每卡50 000元。申领时，作：

借：其他货币资金——备用金　　　20 000
　　　　　　　　——信用卡　　　100 000
　　贷：银行存款　　　　　　　　120 000

A企业行政部门刷卡购入一批文具9 800元，作：

借：管理费用　　　　　　　　　　9 800
　　贷：其他货币资金——信用卡　　9 800

A企业采购员刷卡购入零星材料买价500元，增值税85元，根据发票和入库单，作：

借：原材料　　　　　　　　　　　　500
　　应交税费——增值税——进项税额　85
　　贷：其他货币资金——信用卡　　　585

A企业为两张卡各注入30 000元。作：

借：其他货币资金——信用卡　　　60 000
　　贷：银行存款　　　　　　　　60 000

六、存出投资款

企业在证券公司买卖证券时，需要在证券公司存入适量款项，并可随时增减。

企业存在证券公司用于买卖证券的款项，称为存出投资款。

例如 A 企业有一些暂时不用的资金，准备到证券市场去投资。根据规定首先要开立一个资金清算账户。A 企业存入 500 000 元。作：

  借：其他货币资金——存出投资款 500 000
    贷：银行存款   500 000

A 企业买入某银行的股票一万股，每股 5 元，共 50 000 元，作：

  借：可供出售金融资产   50 000
    贷：其他货币资金——存出投资款 50 000

A 企业将购入的某银行股票全部售出，每股售价 7 元，收入 70 000 元。作：

  借：其他货币资金——存出投资款 70 000
    贷：可供出售金融资产   50 000
      投资收益   20 000

A 企业需用资金，将存入股市的资金取回 300 000 元。作：

  借：银行存款   300 000
    贷：其他货币资金——存出投资款 300 000

七、在途货币资金

在途货币资金，是指企业和所属单位之间或上下级之间汇、解款项在期末尚未收到的汇入款项。

例如 A 企业接到市科协的通知，市科协拨入科研经费 50 000 元。年末该资金仍未到账，作：

  借：其他货币资金——在途资金 50 000
    贷：其他应付款——专项拨款 50 000

下一年 A 企业收到拨款时，作：

  借：银行存款   50 000
    贷：其他货币资金——在途资金 50 000

第六节 外币交易的核算

一、外币交易会计处理的两种观点

对外币购销业务的会计处理有两种观点，其一单一交易观。这种观点认为，外币结算的购销业务只有在外币结算日才能完成,这时做账只需做一笔账就行了,不存在汇兑损益的问题。这种方法实际上与会计核算基础中的收付实现制相吻合,即在实际收付款项时按银行当日使用的汇率折算即可。除了外币报表折算,基本不会出现汇兑损益。

其二两项交易观。这种观点认为,购销及账款的结算是两项独立的业务,购销业务应在商品的收益和风险发生转移的时候完成,依据当日汇率计算的本国货币是购销业务的经营成果。如果款项的收付与购销业务不能同时完成,实际货款收付时与购销业务完成时汇率不一致,由此造成的汇兑损益,计入利润表由当期损益负担。这种处理方法实际上与会计核算基础中的权责发生制相吻合,即在购销业务符合确认条件时,会计上确认为一笔业务;如果款项收付与购销业务未能同时完成,应收应付款的收回与支付也应确认为一笔业务,两笔业务如果汇率不一致,确认为汇兑损益,计入利润表由当期损益负担。

我国企业会计的记账基础是权责发生制,对外币业务的处理自然应使用两项交易观。

二、外币交易的账务处理

因为我国企业多数使用的是外汇统账制,所以下面介绍的会计账务处理方法都是外汇统账制的方法。

(一)外汇兑换业务

外币兑换业务是指企业从银行购入外币或向银行出售外币的业务。我国公布的外汇价格,是指银行买入或卖出外汇的价格。企业购入外币时,是银行出售外币,使用银行的卖出价;企业出售外币时,是银行购入外币,使用银行的买入价。如果有差额计入"财务费用"的二级科目"汇兑损益"。

【例2-6-1】A企业组织工程技术人员出国考察,到银行兑换美元差旅费共50 000美元(旅行支票),当日汇率为买入价1:5.6;卖出价1:5.8。作:

折合人民币 = 5.8 × 50 000 = 290 000

借:其他货币资金——旅行支票美元 50 000　　290 000
　　贷:银行存款　　　　　　　　　　　　　　　　290 000

工程技术人员回国,交回美元现金150元,旅行支票一张200美元,其余部分为差旅费。会计人员交回银行,假定当日汇率为钞买价1:5;汇买价1:5.1;钞卖价1:5.3;汇卖价1:5.4。作:

现金折合人民币 = 5 × 150 = 750

旅行支票折合人民币 = 5.1 × 200 = 1 020

汇兑损益 = 750 + 1 020 − 5.8 × 350 = 260

借：银行存款　　　　　　　　　　　　　1 770
　　汇兑损益　　　　　　　　　　　　　　260
　　贷：其他货币资金——旅行支票美元 350　2 030
差旅费 = 5.8 ×（50 000 – 350）= 5.8 × 49 650 = 287 970
借：管理费用　　　　　　　　　　　　287 970
　　贷：其他货币资金——旅行支票美元49 650　287 970

（二）外币购销业务

【例 2 – 6 – 2】A 企业出口一批产品，FOB 价10 000美元，采用信用证结算方式结算。A 企业收到对方开来的信用证后发货，取得相关凭证后，交开户银行审单，审单无误后做账，当日汇率买入价1∶6.2；卖出价1∶6.4。
应收账款 = 6.2 × 10 000 = 62 000
借：应收账款——美元 10 000　　62 000
　　贷：主营业务收入　　　　　　　　62 000
上述货款 13 日后收到，当日汇率为买入价1∶6.1；卖出价1∶6.3。作：
借：银行存款　　　　　　　　　　　61 000
　　财务费用　　　　　　　　　　　 1 000
　　贷：应收账款——美元 10 000　　62 000

【例 2 – 6 – 3】A 企业进口一批钢材，CIF 价300 000美元。合同要求开立一张300 000美元的信用证。开户银行要求交纳 30%保证金，0.1%手续费。当日汇率为买入价1∶6；卖出价1∶6.2。
保证金 = 6.2 × 300 000 × 30% = 558 000
手续费 = 6.2 × 300 000 × 0.1% = 1 860
借：其他货币资金——保证金美元 90 000　558 000
　　财务费用　　　　　　　　　　　　 1 860
　　贷：银行存款　　　　　　　　　　559 860
接银行通知，进口钢材的全套单据已到，经审核无误，同意付款，实际价款为289 000美元。当日汇率买入价1∶6.2；卖出价1∶6.4。
应补付货款 = 6.4 ×（289 000 – 90 000）= 1 273 600
物资采购 = 6.4 × 289 000 = 1 849 600
汇兑损益 = 1 849 600 – 1 273 600 – 558 000 = 18 000
借：物资采购　　　　　　　　　　　1 849 600
　　贷：银行存款　　　　　　　　　1 273 600
　　　　其他货币资金——保证金美元 90 000　558 000
　　　　财务费用　　　　　　　　　　18 000
如果开出的信用证是远期承兑（半年）交单信用证，该业务应作：

借：物资采购   1 849 600
  贷：应付账款——美元 289 000 1 849 600

半年后，归还欠款，当日汇率为买入价1∶6.3；卖出价1∶6.5。作：

应从银行付款 = 6.5 × (289 000 - 90 000) = 1 293 500

借：应付账款——美元 289 000 1 849 600
   财务费用   1 900
  贷：其他货币资金   558 000
    银行存款   1 293 500

（三）外币借款业务

【例 2 - 6 - 4】 A 企业准备更新生产线，向中国银行借入 100 万美元进口设备。借款期限 1 年，年利率 8%，到期一次还本付息。假定借款协议签订后，在设备到货后支付货款时为借款日。支付日汇率为买入价 1∶6.1；卖出价 1∶6.3。该设备总价为 128 万美元，除借款外其余部分用银行存款支付。

设备总价 = 6.3 × 1 280 000 = 8 064 000

借款额 = 6.3 × 1 000 000 = 6 300 000

应由银行支付 = 6.3 × (1 280 000 - 1 000 000) = 1 764 000

借：工程物资   8 064 000
  贷：银行存款   1 764 000
    短期借款——美元1 000 000 6 300 000

一年后归还借款时汇率为买入价1∶6；卖出价1∶6.2，作：

借款本金 = 6.2 × 1 000 000 = 6 200 000

借款利息 = 6.2 × 1 000 000 × 8% = 496 000

借：短期借款——美元1 000 000 6 300 000
   财务费用——利息   496 000
  贷：银行存款   6 696 000
    财务费用——汇兑损益   100 000

（四）外币投入资本

外币投入资本属于非货币性项目，企业收到投资者以外币投入的资本，应采用交易日即期汇率折算，不应采用合同约定汇率或即期汇率的近似汇率折算，外币投入资本在期末按历史汇率折算，不存在折算差额。

（五）期末会计处理

如果每一笔交易在会计期末都能完成，就不会存在期末问题了。但企业的交易是随时发生的，不可能在会计期末全部完成，而会计报表特别是资产负债表是一张时点数报表,要反映外币债权债务的真实情况,就应该用编表日的汇率重新进行折算,这就有可能出现汇兑损益,一般的做法是将汇兑损益计入当期损益。

一般是将会计报表的项目分为:货币项目和非货币项目,分别进行处理。

1. 货币性项目是指企业持有的货币资金和将以固定或可确定的金额收取的资产或者偿付的债务。货币性项目包括:货币性资产如货币资金、应收账款、长期应收款等;货币性负债如应付账款、短期借款、长期应付款等。这些货币性项目采用资产负债表日汇率折算后,可能产生的汇兑差额作为财务费用,计入当期损益。

【例2-6-5】A企业12月31日有关外币账户的余额为:

应收账款	美元 56 000	人民币 358 400
短期借款	美元 200 000	人民币 1 200 000
应付账款	美元 120 000	人民币 732 000

假定12月31日基准汇率中间价为1:6.05,则有关外币账户余额为:

应收账款	美元 56 000	人民币 338 800
短期借款	美元 200 000	人民币 1 210 000
应付账款	美元 120 000	人民币 726 000

假定分别做分录:
借:财务费用　　　　　　　　　19 600
　　贷:应收账款——美元户　　　　　　19 600
借:短期借款——美元户　　　　10 000
　　贷:财务费用　　　　　　　　　　　10 000
借:财务费用　　　　　　　　　6 000
　　贷:应付账款——美元户　　　　　　6 000
如果将上述三笔分录和在一起,作:
借:短期借款——美元户　　　　10 000
　　财务费用　　　　　　　　　15 600
　　贷:应收账款——美元户　　　　　　19 600
　　　　应付账款——美元户　　　　　　6 000

2. 非货币性项目是货币性项目以外的其他项目。包括存货、长期股权投资、固定资产、无形资产、实收资本、资本公积等。非货币性项目以历史成本计量,在资产负债表日不改变其记账本位币金额,不产生汇兑差额。

如果有外币交易性金融资产等以公允价值计价的项目,公允价值变动和汇率变动的影响都要计入当期损益。

【例2-6-6】A企业5月8日用80 000港币购入H股10 000股作为短期投资，款项已由银行支付，当日汇率为买入价1:0.84；卖出价1:0.86，作：

支付的人民币 = 0.86 × 80 000 = 68 800

借：交易性金融资产——港股10 000　　68 800
　　贷：银行存款　　　　　　　　　　　　　68 800

上述股票在12月31日的公允价值为每股8.2港币，港币与人民币的基准汇率中间价为1:0.82。作：

股价变动的影响 = 8.2 × 10 000 - 80 000 = 2 000

汇率变动的影响 = 0.82 × 80 000 - 68 800 = -3 200

综合影响 = 2 000 + (-3 200) = -1 200

借：公允价值变动损益　　　　　　　1 200
　　贷：交易性金融资产——港股10 000　　1 200

【讨论案例】
关于商业汇票处理的分歧

张某与李某同在一个P公司做会计工作，两人为一项业务发生了争执。原来P公司销售产品收到A公司的一张商业承兑商业汇票，金额为5万元，期限为6个月。P公司购买原料时将该汇票背书转让给B公司。汇票到期时B公司通过银行向A公司提示付款，A公司无力支付。B公司将汇票退给P公司要求收回货款。张会计认为本公司应该收回汇票同时支付给B公司5万元货款；李会计认为汇票已经转给B公司，该汇票与P公司已经没有关系了，A公司不给钱，B公司可以起诉A公司。

分析要求：
结合本章的学习，你认为谁的观点正确，为什么？

【思考题与练习题】
一、思考题
1. 我国货币资金内部控制制度一般应包括哪些内容？
2. 简述各种非现金结算方法的程序和适用范围。
3. 试述外币业务发生时和期末汇兑差异的计算和会计处理。

二、练习题
1. M公司8月发生下列经济业务：
（1）8月1日，采购部新任采购员李新领取定额备用现金100元，以备零星开支。
（2）8月5日，接银行通知，银行已在8月1日从本公司结算账户存款中划付5 689元给供电局交电费。

(3) 8月9日，接银行通知8月2日公司委托银行向光华厂收取的货款及增值税35 100元及代垫的运杂费1 500元，共计36 600元已收妥。

(4) 8月15日，开出现金支票2 000元，从银行提取现金，用于财务部门零星报销开支。

(5) 8月18日，向银行申请开立25 000元银行汇票，准备到南方钢铁厂购料，银行同意签发银行汇票，款已从结算户存款中划出。

(6) 8月19日，因采购材料签发的商业承兑汇票到期，票面金额15 000元，由银行划转付讫。

(7) 8月21日，采购员李新报销材料采购费现金58.50元，其中8.50元为增值税。

(8) 8月22日，采购员李新赴山东采购，预借差旅费1 500元，财务部付现金。同日，企业委托银行汇出20 000元，在济南某银行开立采购专户，以备当地采购之用。

(9) 8月25日，向M公司出售A产品30台，价款共计36 000元，增值税6 120元，货已发出，M公司签发并承兑商业汇票一份，面值42 120元，期限6个月。

(10) 8月26日，因采购材料签发的商业承兑汇票到期，票面金额56 000元，由银行划转付讫。

(11) 8月28日，采购员李新从济南发运材料并寄回发票，金额18 720元，其中货款16 000元，增值税2 720元，材料已验收入库。

(12) 8月29日，该月18日签发的银行汇票，已收到银行转来的汇票结算凭证，划回多余的1 600元，购材料20 000元，增值税3 400元，材料已验收入库。

(13) 8月31日，李新返回，报销差旅费1 285元，交回现金242元。济南某银行已将该公司的采购专户结清，余款划回本公司结算账户。

要求：根据以上材料编制会计分录。

2. L公司以人民币为记账本位币。各有关外币账户12月初余额如下：

项目	外币	汇率	人民币
银行存款美元户	12 000美元	6.3	75 600元
银行存款港元户	8 000港元	0.82	6 560元
应收账款美元（D公司）	5 000美元	6.4	32 000元
应付账款美元（S公司）	3 000美元	6.2	18 600元

12月发生的与外币有关的经济业务有：

(1) 1日，向P公司出口产品一批，售价12 000美元，货款已收，当日汇率为买入价1:6.1；卖出价1:6.3。

(2) 5日，从M公司进口一批材料，价款10 000美元，货款尚未支付，材料验收入库，当日汇率为买入价1:6.2；卖出价1:6.4。

(3) 12日，支付上月所欠S公司货款3 000美元，当日汇率为买入价1:6.3；卖出价1:6.5。

(4) 18日，借入短期借款65 000港币存入银行，当日汇率为买入价1:0.84；卖出价1:0.86。

(5) 23日，购入全新设备一台，价值12 000美元，已验收入库，当日汇率为买入价1:6.1；卖出价1:6.3，货款已由银行支付。

(6) 28日，将45 000港元兑换成美元，当日港币对人民币的汇率为买入价1:0.81；卖出价1:0.83，美元当日汇率为买入价1:6.0，卖出价1:6.2。

(7) 31日，美元对人民币的基准汇率为中间价1:6.3，港币基准汇率中间价为1:0.82。

要求：

(1) 根据以上材料，编制会计分录。

(2) 按月末汇率调整账面人民币余额，确认汇兑损益。

【互联网学习】

访问以下相关网站，了解相关知识：

中华会计网校 http://www.chinaacc.com/

财考网 http://www.ck100.com/

第一会计网 http://www.firstacc.cn/

中国会计人 http://www.ccppaa.com/

第三章 国际结算方式

【本章学习要求】
1. 了解电汇和票汇的程序。
2. 掌握汇兑的核算。
3. 了解托收的程序及特点。
4. 掌握托收的核算。
5. 了解信用证的特点及在国际贸易中的应用。
6. 掌握信用证的核算。
7. 了解银行保函和备用信用证的核算。
8. 了解信用卡在国际间的使用情况。

【关键术语】
国际汇兑（International Exchange）
托收（Collection）
信用证（Letter of Credit）
银行保函（Bank Guarantee）

第一节 国际汇兑

一、汇兑的定义和当事人

（一）汇兑的定义

汇兑又称汇付或汇款，是付款人委托付款方银行将款项通过一定方式转给收款方银行，再由收款方银行解付给收款人，用以结算两国间企业或个人债权债务或款项授受的一种方式。这种结算方式因为单据传递的方向与资金流动的方向相同，故称为顺汇。

（二）汇兑的当事人

1. 汇款人是指委托银行汇出款项的人。一般为国际贸易中的进口商或债务人。
2. 收款人是指接受汇款方所汇款项的人。一般为国际贸易中的出口商或债权人。
3. 汇出行是指接受汇款人的委托，办理汇出款项的银行。
4. 汇入行也称解付行，是指受汇出行的委托解付汇款给收款人的银行。

以上是汇兑业务的主要当事人，需要时还有转汇行等其他当事人。

二、汇兑的种类和业务流程

汇兑过去一般分为信汇、电汇、票汇三种，划分的依据是银行支付授权书的不同投递方式，如信汇是将银行支付授权书邮寄给汇入行；电汇是以拍发电报的方式将银行授权书用电报发给汇入行；票汇是由汇出行发函给汇入行，取款凭证由汇款人自己交给收款人。

现在汇兑一般都是通过计算机使用国际上的 SWIFT 等清算中心进行实时结算，这种方式也叫电汇。现在银行基本上不提供信汇服务。

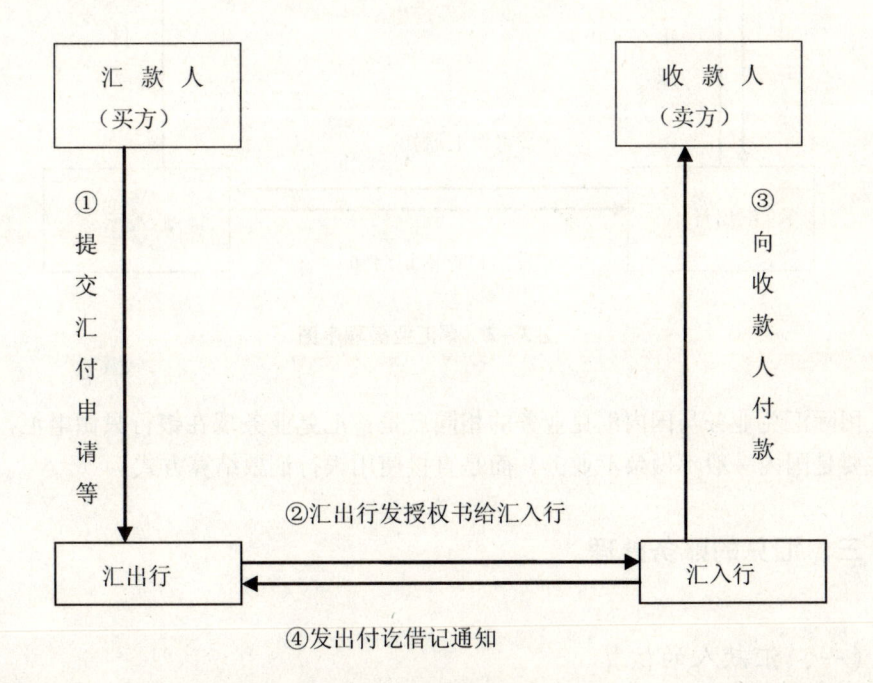

图 3-1 电汇业务程序图

①提交汇付申请等　②汇出行发授权书给汇入行　③向收款人付款　④发出付讫借记通知

电汇是汇出行应汇款人委托通过计算机指示汇入行将一定金额的款项转给国外

收款人的一种资金支付方式。电汇安全可靠，收款迅速，费用较高。电汇是目前汇兑业务的主要方式。电汇的业务流程如图3-1所示。

票汇是汇出行应汇款人申请，代其开立以汇入行为付款人的银行即期汇票，并将汇票交给汇款人，由汇款人自寄或自带给国外收款人，由收款人到汇入行凭票取款的一种资金支付方式。票汇取款灵活，可以在任何一家汇出行的代理行取款；汇票可以代替现金流通；汇入银行无须通知收款人取款。票汇业务流程如图3-2所示：

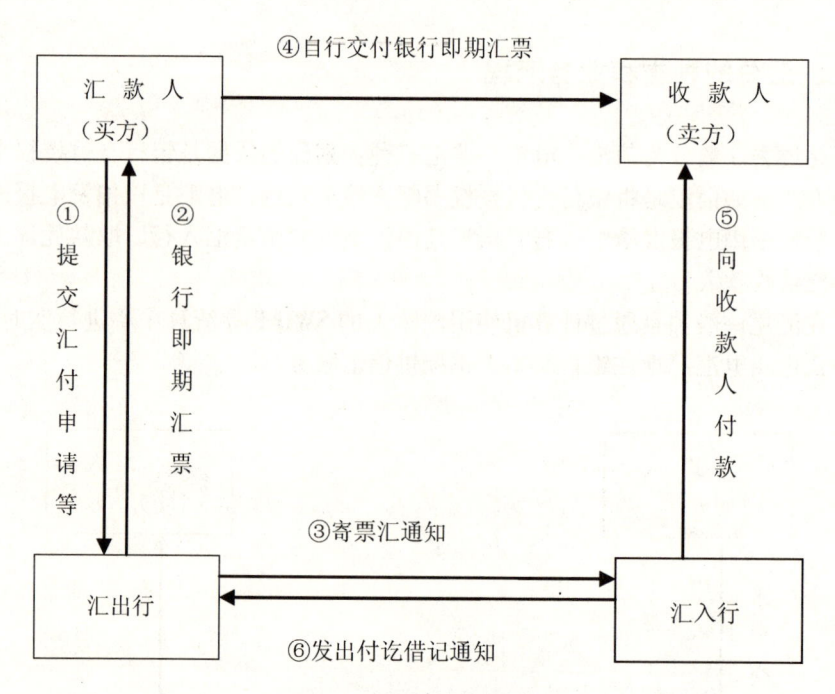

```
                    ④自行交付银行即期汇票
    ┌─────────┐ ──────────────────→ ┌─────────┐
    │ 汇 款 人 │                        │ 收 款 人 │
    │ （买方）│                        │ （卖方）│
    └─────────┘                        └─────────┘
      │    ↑                                ↑
      │①   │②                              │⑤
     提   银                              向
     交   行                              收
     汇   即                              款
     付   期                              人
     申   汇                              付
     请   票                              款
     等
      ↓    │                                │
    ┌─────────┐      ③寄票汇通知       ┌─────────┐
    │ 汇出行  │ ←────────────────────  │ 汇入行  │
    └─────────┘                        └─────────┘
              ⑥发出付讫借记通知
```

图3-2 票汇业务程序图

国际汇兑业务与国内汇兑业务的相同点是：汇兑业务现在银行只做电汇，不同点主要是国内一般不做票汇业务，而是直接使用银行汇票结算方式。

三、汇兑的账务处理

（一）汇款人的核算

汇款人一般为买方，在国际贸易中使用汇兑结算方式，主要有两种：一种是买方先付款后收货；另一种是买方先收货后付款。

【例3-1-1】云南B贸易公司从越南M贸易公司进口一批大米，总价人民币

200 000元，双方约定采用汇兑结算方式。由云南贸易公司先付款，越南贸易公司见款发货。银行收取汇款费用200元，云南贸易公司根据银行盖章后的汇款回单，作：

  借：预付账款   200 000
    财务费用   200
     贷：银行存款   200 200

货到后验收合格入库作：

  借：库存商品   200 000
     贷：预付账款   200 000

该业务如果是越南贸易公司先发货，云南贸易公司收到货后付款，则：

  借：库存商品   200 000
    财务费用   200
     贷：银行存款   200 200

【例3-1-2】A企业从新加坡进口一批药材，合同规定以美元结算，由买方先汇付30%货款，卖方发货后买方汇付剩余货款。合同总价为10 000美元。A企业汇款时当日汇率为买入价1:5.6；卖出价1:5.8，作：

  应付人民币 = 5.8 × 10 000 × 30% = 17 400
  借：预付账款——美元 3 000 17 400
     贷：银行存款   17 400

接到卖方发货的凭证后，A企业汇付剩余款项，当日汇率买入价1:5.4；卖出价1:5.6。

  应付人民币 = 5.6 × 10 000 × 70% = 39 200
  借：预付账款——美元 7 000 39 200
     贷：银行存款   39 200

货到验收入库后作：

  借：库存商品——药材   56 600
     贷：预付账款——美元 10 000 56 600

（二）收款人的核算

  收款人如在银行开户，收款行将汇款直接计入收款人的账户。收款人从银行取回汇款单的收款联时，应和售货发票一起入账。收款人如为个人，应在接到银行的取款通知后，携带有效证件到银行取款。

【例3-1-3】广西某贸易公司向越南某贸易公司出口一批钢材，总价人民币100 000万元，合同约定采用汇兑结算方式，先由越南贸易公司汇付货款，广西贸易公司见款发货，广西贸易公司从银行取回汇款单的收款联时，作：

  借：银行存款   100 000

贷：主营业务收入　　　　　　　100 000

发货后结转成本，假定成本为 65 000 元，作：

　　借：主营业务成本　　　　　　　65 000
　　　　贷：库存商品　　　　　　　65 000

如果合同规定，卖方先发货，货到后买方付款，则卖方发货时作：

　　借：发出商品　　　　　　　　　65 000
　　　　贷：库存商品　　　　　　　65 000

收到货款时，作：

　　借：银行存款　　　　　　　　　100 000
　　　　贷：主营业务收入　　　　　100 000

同时结转成本，作：

　　借：主营业务成本　　　　　　　65 000
　　　　贷：发出商品　　　　　　　65 000

【例 3-1-4】A 企业出口一批服装到土库曼斯坦，合同规定以美元结算，总金额为 20 000 美元，采用汇兑结算方式，买方先付 20% 的货款，其余部分发货后支付。A 企业收到 20% 预付货款时，假定当日汇率为买入价 1∶5.3；卖出价 1∶5.5。作：

收到人民币 = 5.3 × 20 000 × 20% = 21 200

　　借：银行存款　　　　　　　　　21 200
　　　　贷：预收账款　　　　　　　21 200

假定该批服装的成本为 71 000 元，发货时作：

　　借：发出商品　　　　　　　　　71 000
　　　　贷：库存商品　　　　　　　71 000

发货后，收到其余货款时，假定汇率为买入价 1∶5.1；卖出价 1∶5.3。作：

收到人民币 = 5.1 × 20 000 × 80% = 81 600

　　借：银行存款　　　　　　　　　81 600
　　　　贷：预收账款　　　　　　　81 600
　　借：预收账款　　　　　　　　　102 800
　　　　贷：主营业务收入　　　　　102 800

同时作：

　　借：主营业务成本　　　　　　　71 000
　　　　贷：发出商品　　　　　　　71 000

四、汇兑结算方式在国际贸易中的应用

(一) 汇兑在国际贸易中应用的种类

1. 预付货款

预付货款是买方（进口方）先将货款全部通过银行汇给卖方（出口方），卖方收到货款后按合同规定发货的一种贸易方式。

预付货款是对买方最不利的一种贸易条件，买方不仅垫付了全部资金，而且能否收到货，收到什么样的货是个未知数。如果卖方不按合同发货，少发货或发次货，买方只能通过调解或法律途径来解决上述问题了。如果卖方不发货，则买方落得货款两空。由此可见预付货款是由买方承担了全部风险。

2. 货到付款

货到付款是卖方（出口方）根据合同先发货，买方（进口方）收到货物后通过银行汇付货款的一种贸易支付方式。

货到付款是对买方最有利的贸易条件，主动权掌握在买方手中，如果收到的货物合格，买方在合同规定的时间内付款，如果货物不合格或不完全合格则可以不付款或压价，甚至市场行情发生了不利的变化，还可以寻找各种理由拒绝付款。货到付款除用于买方对卖方资信有怀疑外，还可用于：

售定。售定是指货价已定，卖方先出货，货到后买方通过银行汇兑方式付款。又称为"先出后结"，适用于鲜活商品和一般日用品贸易。

寄售。寄售是卖方先将货物运至买方，委托买方代为销售，货物售出后买方将货款扣除佣金通过银行以汇兑方式付给卖方。

3. 凭单付汇

凭单付汇是指买方通过银行将货款汇入卖方银行，款项暂由银行保存，待卖方将货物发运的单据交给银行时，才可以从银行获得款项的一种支付方式。这种方法相比一般的汇兑方法而言，对买卖双方都有较好的保证作用，易于为买卖双方接受。凭单付汇方式，买方银行通常是在汇款通知书中规定卖方应提供的单据的种类、内容等，作为卖方收取货款的依据，但是银行不承担审核单据的义务，也就是说，银行见单即付款，至于单据是否合格银行不承担责任。

4. 双汇付

双汇付是指买方在合同签订后的若干天内预付×%（一般为20%~30%）作为定金，若卖方不能按时将货物装船，应将定金双倍退还给买方；卖方在货物装船后1~2天内将正本海运提单传真给买方，买方收到后在×天内电汇其余货款给卖方，并将电汇收据传真给卖方。卖方收到后就将正本提单给买方。这种方式要求买方识别运单的真伪；卖方识别电汇收据的真伪。

（二）汇兑的特点及风险的防范

1. 汇兑的特点

（1）商业信用

在汇兑结算方式中，买卖双方依据买卖合同提供货物、支付货款，银行仅凭汇款人的指示转移款项，不承担任何付款或担保责任。买方和卖方能否按时收款和按时收货全凭双方各自的信用，所以汇兑结算方式是一种商业信用。

（2）风险大

因为汇兑结算方式完全依赖买卖双方的信用，所以双方之间的了解和信任是非常重要的，稍有疏忽可能酿成大错，造成货款两空。

（3）资金负担不平衡

预付货款的方式下，买方先付款，卖方可利用买方的资金备货、装货、运货；货到付款的方式下，卖方要用自己的资金备货、交货，买方可在收到货物后甚至在将货物售出后才支付货款，得到了大部分的资金融通。双方的资金负担极不平衡。

（4）手续简便、费用低廉

汇兑结算方式的优点是手续简便、费用低廉。与其他结算方式如托收和信用证相比，汇兑的费用要低得多。

2. 汇兑的适用范围

适用于非货物贸易结算，如旅游、留学、汇款给亲属等；适用于跨国公司内部母子公司或子公司之间的交易结算；适用于相互信任的买卖双方；适用于支付小额贸易货款、定金及贸易从属费用，如大宗货物尾款、佣金、运费、保险费、样品费等。在边境贸易中，由于货物的运输路途短，买卖双方可以见货议价，待买方将货款汇入卖方账户，办好相关手续后，卖方再将货物交付买方。

3. 风险的防范

（1）做好对方的资信调查工作

贸易是双方的事，国际商会的专家再三强调，了解对方比了解怎样做更重要。特别是预付货款中的买方（进口方）对卖方（出口方）的资信、货到付款中卖方（出口方）对买方（进口方）的资信必须进行周密的调查，在确信对方能按时发货或按时付款时，才能选择汇兑结算方式。

在买方预付货款时，卖方也应提防买方以"预付货款"为幌子进行诈骗。在实践中多次发生，收款人收到银行电汇取款通知书后，便急于发货、制单并向买方交单，然后才凭取款通知书到银行取款，此时发现汇款早已被汇款人撤销。在预付货款的情况下，卖方（出口方）最终还是落得货款两空。为避免发生损失，卖方必须先取得货款然后再交出货物，对于资信不可靠或资信不甚了解的客户，千万不要急于求成，给自己留下后患。

在买方货到付款时，卖方要对买方的资金实力、经营作风、业务状况等有充分的了解；对买方在买卖合同规定的时间内付款的能力有把握；对买方国家的政治、经济、国家信用、外汇管制情况有一定的了解，确认在贸易期间内不会出现外币兑换、汇率、资金转移等风险，否则卖方不应同意使用汇兑结算方式。

（2）给汇兑结算方式加保

所谓加保，即使用其他银行和非银行担保的形式避免汇兑风险。买方采用预付货款方式时，为避免风险可与卖方达成解付款项的条件协议，也称为"解付条件"。如采用预付货款时，卖方在收取货款时要出具个人书面担保或银行保函，担保收到货款后如期交货，否则退还已收到的货款加利息；或保证提供合格货物和全套货运单据。除此外，买方（进口方）还可以向卖方提出，在商品价格上给予一定的优惠或折扣，以冲抵预付货款造成的资金利息损失。

在货到付款时，卖方（出口方）为保证收款安全，可要求买方（进口方）通过银行开立一张"付款保函"或采用国际保付代理业务。

第二节 托　收

一、托收的定义和当事人

（一）托收的定义

托收是收款人（卖方、出口方、债权人）签发汇票或提供收款凭证，委托银行向国外付款人（买方、进口方、债务人）代为收款或要求承兑，或者在取得付款或承兑时交付单据的一种结算方式。托收业务是由收款人开始办理的，一般是收款人根据买卖合同先向付款人发货，取得相关凭证后，委托当地银行通过付款人所在地银行，向付款人收款的一种结算方式。这种结算方式因为单据传递的方向与资金流动的方向相反，故称为逆汇。

（二）托收业务的当事人

1. 委托人是指签发汇票并委托银行向国外付款人收款的出票人。一般是债权人（出口方）。

2. 托收银行是指接受委托人的委托，通过国外联行或代理行完成收款业务的银行。托收银行一般是债权人（出口方）所在地的银行。

3. 代收银行是指受托收银行的委托代其向债务人收款的国外联行或代理行。代收银行一般是债务人（进口方）所在地银行。

4. 付款人是指汇票中的受票人，是银行向其提示汇票或单据的债务人。

除上述当事人外，还可能有提示行和需要时代理等当事人。

5. 提示行是指向付款人作出提示汇票或单据的银行。提示行可以是代收行也可以不是代收行。

6. 需要时代理是指在托收业务中如果发生付款人拒付的情况，委托人可以指定付款地的代理人代其料理货物的仓储、转售、运回等事项。

二、托收结算的种类和基本业务流程

（一）托收的种类

1. 根据是否附带商业单据，托收分为光票托收和跟单托收。
（1）光票托收

光票托收是指收款人仅凭金融单据而不附带商业单据，委托银行代为收款的结算方式。光票托收一般用于收取货款尾数、代垫运费、佣金、样品费或其他贸易从属费等。

（2）跟单托收

跟单托收是指收款人在金融单据后还附有商业单据或不附有金融单据的商业单据的托收。一般托收使用汇票作为金融单据，因欧洲大陆一些国家为了避免印花税的负担，在即期付款时不使用汇票。

2. 在跟单托收结算方式下，按照向付款人交付单据的条件不同，可分为付款交单和承兑交单两种。

（1）付款交单

付款交单，是指卖方要求银行在买方付款以后才能将代表物权的单据交付给买方的托收结算方式。付款交单根据汇票的付款期限不同，又可分为即期付款交单和远期付款交单。

即期付款交单，是指卖方发出货物后开具即期汇票，连同商业单据，委托当地银行转交到进口地代收行，代收行在买方付款后，向买方交出单据的方式。

远期付款交单，是指卖方发出货物后开具远期汇票，连同商业单据通过银行向买方提示，买方在汇票到期付款后由代收行交付单据的方式。

（2）承兑交单

承兑交单，是指代收银行的交单以买方承兑汇票为条件。卖方发运货物后开具远期汇票连同商业票据，通过银行向买方提示，买方承兑汇票后，代收行将商业单据交给买方，汇票到期时，买方再履行付款义务。这种交单方式对买方很有利，相当于卖方给买方提供了资金的融通，买方可不用自己的资金，只要答应付款，就可把货物取出来，卖掉货物后再付款。这种方式对卖方很不利，风险极大，因为承兑交单只得到买方的承诺，就交出物权的单据，收款的保证只能取决于买方的信用，如果买方的信用出了问题，卖方就可能遭受货款两空的损失。如果发生这种情况，就只能依据买卖合同向法院起诉。

(二) 托收的基本业务流程

1. 买卖双方签订贸易合同，在合同中规定以托收方式支付货款，并规定交单的方式，如付款交单、承兑交单等。

2. 卖方按合同的规定备货、装运，取得货运凭证，并制作相关单据。

3. 卖方填写托收申请书，连同汇票和货运单据一起交当地一家银行（一般是自己的开户银行），委托银行向买方收款，托收申请书的内容应与买卖合同一致。托收申请书交银行后，银行进行审查，通过后银行将第一联退还卖方，表示接受委托承办此事，卖方同时应交付手续费。

4. 托收行将单据寄给国外的联行或代理行，请其做代收行。

5. 代收行接到托收委托书及跟单汇票后，立即向进口商提示跟单票据。如果托收委托书是付款交单（D/P），代收行在进口商付款后交出单据；如果是承兑交单代收行应在进口商承兑后，将单据交给进口商，并在票据到期时提示进口商付款。

6. 托收行收到代收行的收款通知后应立即办理对出口商的结汇。若付款人拒绝付款，代收行要尽快通知托收银行，尽量告知拒付的理由。托收程序如图3-3所示：

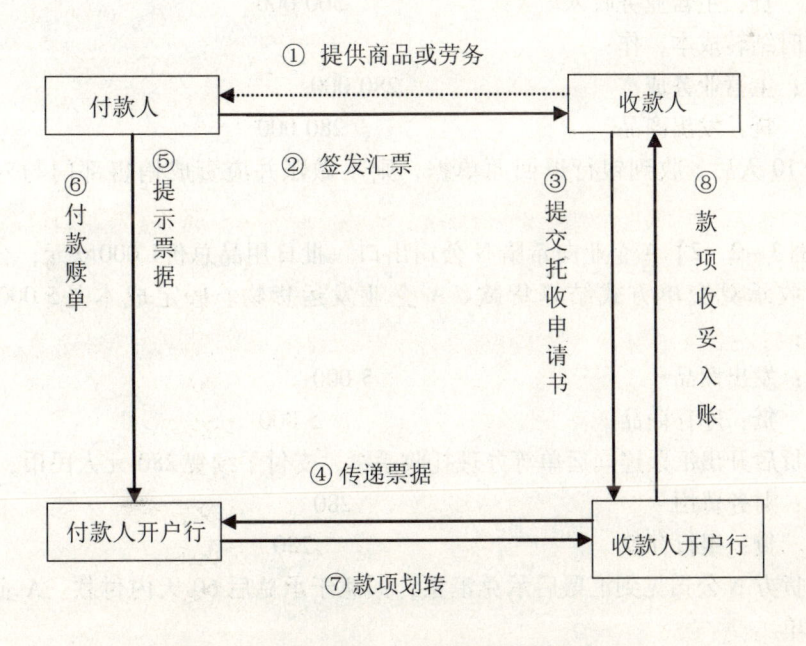

图3-3 托收程序图（以即期付款交单为例）

三、托收的账务处理

(一) 收款方（出口方）的核算

买卖双方签订贸易合同后，由销售部门负责备货、发运，并将发票、运单和其他相关单据交到会计部门，由会计部门填写托收申请书，并交到银行，经银行审查无误后，交付手续费，收回一联盖章的凭证。此时表明银行已接受了委托。

【例3-2-1】黑龙江某贸易公司向俄罗斯出口水果一批，总价人民币500000元，水果已经装车运出，取得相关单据，根据买卖合同，结算方式为托收即期付款交单方式。

发货时假定水果的成本为280 000元人民币，作：
借：发出商品　　　　　　　280 000
　　贷：库存商品　　　　　　　　280 000

公司会计人员已办妥相关手续并支付手续费350元。作：
借：财务费用　　　　　　　350
　　贷：银行存款　　　　　　　　350

若10天后，收到银行交付的托收款项收妥入账通知书，作：
借：银行存款　　　　　　　500 000
　　贷：主营业务收入　　　　　　500 000

同时结转成本，作：
借：主营业务成本　　　　　280 000
　　贷：发出商品　　　　　　　　280 000

若10天后，收到银行退回原单据，则不做账并应责成销售部门与对方联系处理。

【例3-2-2】A企业向希腊N公司出口一批日用品总价1 000欧元，合同规定采用托收承兑交单方式结算货款。A企业发运货物。假定成本是5 000元人民币。作：
借：发出商品　　　　　　　5 000
　　贷：库存商品　　　　　　　　5 000

发货后开出汇票连同运单等办理托收手续，支付手续费280元人民币，作：
借：财务费用　　　　　　　280
　　贷：银行存款　　　　　　　　280

购货方N公司见到汇票后承兑汇票，同意于承兑后60天内付款。A企业授权银行放单。

60天后N公司支付货款，A企业的开户银行通知A企业货款已收到。假定当日汇率为买入价 1∶9.1；卖出价 1∶9.3。作：
  收到人民币 = 9.1 × 1 000 = 9 100
  借：银行存款   9 100
    贷：主营业务收入   9 100
  同时结转成本，作：
  借：主营业务成本   5 000
    贷：发出商品   5 000
  如果 N 公司拒付货款并要求降价，最终双方达成降价协议，降价 30%，假定当日汇率为买入价 1∶9.0；卖出价 1∶9.2。则：
  收到人民币 = 9.0 × 1 000 × (1 − 30%) = 6 300
  借：银行存款   6 300
    贷：主营业务收入   6 300
  借：主营业务成本   5 000
    贷：发出商品   5 000

（二）付款方（进口方）的核算

【例 3-2-3】内蒙古某贸易公司从蒙古国进口一批牛皮，总价人民币 700 000 元，买卖合同规定使用托收方式结算，货到承兑交单，承兑日后 90 天付款。内蒙古贸易公司于 3 月 5 日收到开户行转来的单据，经核对与合同相符，办理承兑手续，取得相关单据，办理提货等手续，提取货物。作：
  借：商品采购   700 000
    贷：应付账款   700 000
  若货物无任何问题，90 天后即 6 月 3 日内蒙古贸易公司的开户银行将其账户上的 700 000 元人民币汇给蒙古国出口方（卖方）。内蒙古贸易公司收到银行的相关单据后，作：
  借：应付账款   700 000
    贷：银行存款   700 000
  若货物有问题，买方应通知银行拒绝付款，退还相关单据，并请银行通知受托保管人接管货物。

【例 3-2-4】A 企业与 Q 公司签订一项进口木材的合同，总价为 30 000 加拿大元，结算方式采用托收远期付款交单。A 企业接到银行通知承兑了 Q 公司的汇票，答应承兑后 120 天付款。A 企业开出信托收据向银行借单取货，这实际上是银行向进口企业提供的融资服务。假定当日汇率为买入价 1∶5.8；卖出价 1∶6.0。
  应付人民币 = 6 × 30 000 = 180 000
  借：物资采购   180 000
    贷：应付票据——加元 30 000 180 000

120 天后 A 企业付款当日汇率为买入价 1∶6.1；卖出价 1∶6.3。作：

支出人民币 = 6.3 × 30 000 = 189 000

借：应付票据——加元 30 000　　　180 000
　　财务费用　　　　　　　　　　　9 000
　　贷：银行存款　　　　　　　　　　　　189 000

四、托收结算方式在国际贸易中的应用

（一）托收结算方式的特点

1. 商业信用

托收结算方式属于商业信用。卖方发货后买方是否付款主要靠买方的信用，虽然在付款交单方式中物权掌握在代收行（买方所在地银行）手中，但这种物权一般只有海运提单属物权证明，若采用铁路、公路、航空、邮政等运输方式其提货凭证都是由运输部门直接交付给收货人的，所以卖方很难掌握货物的所有权，除非以银行为收货人，但银行一般不会同意做收货人，银行在这种结算方式中仅仅是一个受托中介人。

2. 风险大

银行在托收业务中仅提供服务，不提供信用和担保。既不保证付款人一定付款，也不负责审查单据，更不负责照管货物。托收对出口人有较大风险，对进口人也有一定风险。

出口人的风险主要有：进口人破产、倒闭或丧失偿付能力；进口地货价下跌，进口人找借口拒不付款或要求降价；如借口出口人所交货物不符买卖合同的规定，拒绝履行付款义务或要求降低价格；进口人事先未得到进口许可证或未申请到外汇或其他原因，使出口人的资金长期滞留在进口国不能使用；更有甚者，进口人在承兑交单下将货提走，到期拒付，出口人虽可凭进口人承兑的汇票追究其法律责任，但此时进口人往往已经破产、倒闭、人去楼空，出口人费时、费力、费财，最终可能会"货款两空"。

进口人的风险主要有：在按合同规定对银行提示的合格单据付款或承兑后，凭单据取回的货物与合同不符或是伪劣产品。

3. 进出口双方的资金负担不平衡

托收业务中，卖方（出口人）在签订了贸易合同后，需要自己垫付资金备货、装运，然后通过银行向买方（进口人）收款。而买方只需付款就可以得到单据提取货物；在承兑交单情况下买方更可以借卖方的资金做生意，承兑交单后可提取货物，待货物卖出后用销货款支付进货款，相当于卖方给予了买方全额资金融通。

（二）托收在国际贸易中的应用

托收结算方式虽然属于商业信用，风险高，资金负担不平衡，手续费也比汇兑方式高，手续也相对汇兑要烦琐一些，但在实务中这种结算方式普遍受到买方（进口人）的欢迎，能够调动买方的经营积极性，提高卖方（出口人）的竞争能力，所以托收结算方式经常被看做卖方的一种非价格竞争手段。

（三）风险的防范

卖方在使用托收结算方式时，应采取各种方法降低风险，主要有：

1. 调查买方的资信和经营作风

卖方（出口人）需要认真、细致，经常调查买方（进口人）情况和经营作风并根据买方的具体情况确定不同的授信额度，妥善掌握成交和发货的总金额，以减少风险。特别是在经济不稳定时期，一定要做到事前调查、主动调查甚至每次发货前都要做调查，以防止买方随时可能发生的倒闭风险。

2. 了解商品在买方（进口方）国家的市场动态

针对商品在不同国家、不同市场的动态，可采用区别对待的方法。对紧俏商品不宜采用托收方式，可采用款到付货的汇兑方式结算；对滞销商品或急于进入市场的商品，只要买方资信和经营作风良好就可使用即期付款交单甚至承兑交单的方式；对于价格波动频繁、波动幅度较大的初级产品和原料性商品，一般不宜采用托收方式结算。

3. 了解买方（进口方）所在国的贸易管制和外汇管制情况。

4. 在结算方式上出口方也可要求进口方预付一部分货款，作为采用跟单托收的前提条件；或者部分采用托收、部分采用信用证结算方式等。

第三节　信用证

在国际贸易结算中，汇兑和托收都属于商业信用，无论是预付货款还是货到付款都有很大风险。19世纪开始使用的信用证针对买方不愿意先付款卖方也不愿意先交货的情况，银行充当了买卖双方的中间人和保证人，一面收款，一面交单，并可以融通资金。银行在信用证结算方式中，承担了主要的付款责任，使这种结算方式表现为一种银行信用。

一、信用证的定义和当事人

（一）信用证的定义

信用证是开证银行依据开证申请人的要求和指示，向受益人开立的，具有一定金额，在一定期限内凭符合信用证条款的单据付款的书面承诺。

《跟单信用证统一惯例》（《UCP600》）第二条定义中规定：信用证是一项不可撤销的安排，无论其名称或描述如何，该项安排构成开证行对相符交单予以承付的确定承诺。

信用证的定义中有三层意思：一是信用证是由银行开立的，属于银行信用；二是卖方要向银行出示单据；三是卖方出示的单据必须符合信用证条款，才能收取货款。

（二）信用证的当事人

信用证涉及的当事人较多，基本当事人有：

1. 申请人，是指向银行申请开立信用证的人。一般为进口方或实际买主。
2. 开证行，是指接受委托开立信用证并承担第一付款责任的银行。一般为进口方银行。
3. 受益人，是指信用证上指定的有权使用信用证的人，如出口方或实际供货人。
4. 通知行，是指受开证行委托，将信用证转交给受益人的银行。一般为开证行的往来银行或出口方指定的银行。
5. 议付行，是指根据受益人的要求和提供的单据，在核实相符后向受益人垫款，然后向付款行或偿付行索回垫款的银行。一般为出口方银行或开证行指定的银行。
6. 保兑行，是指应开证行的要求在信用证上加具保兑的银行。

信用证还有一些当事人，如代付行、偿付行等。信用证的主要当事人是申请人、开证行和受益人。

二、信用证的种类和业务流程

（一）信用证的种类

信用证按付款依据分为跟单信用证和光票信用证；

信用证按保证性质分为可撤销信用证和不可撤销信用证；

信用证按是否有保兑行参加分为保兑信用证和未保兑信用证；

信用证按付款方式分为即期付款信用证、延期付款信用证、承兑信用证和议付信用证；

信用证按付款时间分为预支信用证、即期信用证和远期信用证；

信用证按附加条款分为可转让信用证、不可转让信用证、循环信用证、对开信用证、对背信用证和当地信用证等。

（二）信用证的基本业务流程

1. 签订贸易合同

买卖双方经多次磋商签订贸易合同，约定以信用证为该笔交易的结算方式，并且应约定信用证的种类、开证银行的名称、开证金额、到期日等。开证申请人以贸易合同为基础填写开证申请书，申请开证。

2. 开证申请人申请开证

买方根据贸易合同规定的时间和条款填制开证申请书，向当地银行申请开立信用证。信用证一经开出，开证申请书就成为开证申请人与开证银行之间的法律文件。开证申请书的内容不得与贸易合同相矛盾，也不依赖于贸易合同，是一个独立于贸易合同的法律文件。

3. 买方所在地银行开立信用证

开立信用证的银行在接受开证申请人的申请后，就承担了第一性付款责任，因此在接受申请之前，要对开证申请人的资信进行审查，对开证申请书、担保文件、证件等的真伪进行鉴定，并对贸易合同的合规性进行审查。在收妥保证金后开出信用证。

目前采用全电开（Full Cable）中的 SWIFT 电信方式传送，SWIFT 信用证从 2007 年 7 月 1 日开始受《UCP600》约束，其省略了开证行保证条款，加注了密押（Test Key），系统自动核对密押后，SWIFT 信用证自动生效。

4. 卖方所在地银行向卖方通知信用证

信用证一般是由开证银行委托卖方所在地的银行作为通知行，将收到的信用证通知或转递给卖方（受益人）。充当通知行的银行一般是卖方所在地的开证银行的代理行。

通知行一般负有验明信用证真实性的责任，还负有审核信用证表面真实性的责任，包括开证银行的资信、偿付状况及信用证文句是否存在疏漏错误等。

5. 审证、交单、议付

（1）卖方（出口商）审证

卖方（出口商）在接到信用证后，一定要严格按照贸易合同和《UCP600》认真审核，包括：信用证的真实性、有效性；信用证条款是否与贸易合同相符，信用证的种类、开证申请人、受益人、开证行等当事人的信息是否准确；信用证所附金额、币种、到期地点、付款期限、运输条款、单据条款、货物描述等条款是否与贸易合同一致，如有不一致或难以做到的地方，应及时提出修改信用证。否则卖方就要承担极大的风险。

（2）卖方交单

卖方收到信用证审核无误后，或收到修改通知书认可后，就可以依信用证要求发运货物、签发跟单汇票、备齐信用证要求的全部单据，连同信用证正本送交议付行或开证行或信用证指定的银行以获得付款。

（3）卖方所在地银行议付

议付是由议付银行向卖方（受益人）买入由其开具的汇票及所附单据，买入的前提是卖方提交了与信用证条款相符的单据，议付行扣除了利息及相关手续费后将余款支付给卖方，其实质是对卖方汇票的一种贴现行为，也叫做出口押汇。

议付行议付以后成为善意持票人，在提供相符单证的前提下，如遇开证行拒付，议付行有向前手（卖方）行使追索的权利。一般议付行会将议付事项记录在信用证正本背面，以防止超额或重复议付，俗称"背批"。

6. 议付行索偿

议付行办理议付后，根据信用证规定，凭单向开证行或其指定的银行请求偿付的行为称为索偿，程序如下：

如果开证行未指定付款行，则议付行应将单据寄给开证行；如开证行指定了一家付款行，则议付行应将单据寄交付款行。收到单据的开证行或付款行审单无误后，向议付行付款，该付款行为属于无追索权付款。

如果开证行（开证行可与付款人共同审单）或付款行认为单据与信用证不符，应在不迟于收到单据的次日起 5 个银行工作日内通知议付行，明确表示拒付并说明原因。如果未能在规定期限内表示拒绝，则开证行必须履行付款责任。

7. 开证申请人付款赎单

开证行履行偿付义务后，应立即向买方（开证申请人）提示单据，通知其付款赎单。买方接到付款通知单后，首先审核单据，确定无误后向开证行付款取回全套单据。若单据不符，买方应向开证行说明拒付理由，因为开证行付款后无追索权，买方拒付，开证行将自行承担责任。如果单据与信用证相符，而与货物不符，买方不得以此为理由提出拒付。应先付款，再依买卖合同与卖方交涉。

三、信用证业务的核算

（一）买方的核算

买方首先与卖方签订贸易合同，在合同规定的时间到开证银行申请开立信用证。填好开证申请书，经银行审核无误后，缴纳开证押金和手续费。

【例3-3-1】甲机械进出口公司准备进口一批轿车,与美国福特汽车公司签订了贸易合同,合同规定使用信用证结算方式,卖方要求在发货前收到不可撤销的信用证,金额为100万美元。甲公司将开证申请书交给中国银行某支行,经审核无误后,银行从其账户收取30%的开证押金和0.1%的手续费。当日汇率为买入价1:6.1;卖出价1:6.3。甲公司作:

支付押金人民币 = 6.3 × 1 000 000 × 30% = 1 890 000
支付手续费人民币 = 6.3 × 1 000 000 × 0.1% = 6 300
借:其他货币资金——信用证押金   1 890 000
    财务费用   6 300
  贷:银行存款   1 896 300

50天后,甲公司接到中国银行某支行的通知:卖方已将全套单据转到银行,请速来审单;经审核单据无误,当即付款赎单。假定当日汇率为买入价1:5.8;卖出价1:6。作:

支付剩余款人民币 = 6 × 1 000 000 × (1 - 30%) = 4 200 000
借:商品采购   6 090 000
  贷:银行存款   4 200 000
    其他货币资金——信用证押金 1 890 000

(二) 卖方的核算

依据贸易合同,卖方在发货前收到当地通知银行转来的信用证正本后,首先审核信用证条款,特别是信用证的期限,有没有所谓"软条款"即卖方无法左右或无法做到的条件,如果有一定要提出修改信用证,否则会造成严重的后果。如果信用证经审核没问题,应依据贸易合同备货、订船、发货,制作单据,并将信用证及全套单据交通知银行转开证银行。开证行付款后,通知行将收妥款项的单据交卖方入账。

【例3-3-2】乙服装公司与日本某服装株式会社签订贸易合同,出口服装一批,总价700 000日元。合同规定以信用证方式结算。在合同规定的发货日前,中国银行某支行通知乙公司:收到买方开来的信用证,请来审核;经核对无误,取回信用证正本备货、发货。假定这批服装的成本为30 000元。作:

借:发出商品   30 000
  贷:库存商品   30 000

发货后制作单据,并将全部单据和信用证正本交中国银行转开证银行索偿。当日汇率买入价1:0.071,卖出价1:0.073。乙公司作:

应收人民币 = 0.071 × 700 000 = 49 700
借:应收账款——日元700 000   49 700
  贷:主营业务收入   49 700

10天后收到中国银行转来的开证银行偿付单据，假定汇率为买入价1：0.069，卖出价1：0.071。乙公司作：

收到人民币 = 0.069 × 700 000 = 48 300

借：银行存款　　　　　　　　　　48 300
　　财务费用　　　　　　　　　　 1 400
　　贷：应收账款——日元700 000　　49 700

四、信用证在国际贸易中的应用

（一）信用证的特点

根据《UCP600》的规定，信用证主要有以下三个特点。

1. 开证银行负首要付款责任

信用证支付方式是将进口商的风险转移到开证行身上，开证行用自己的信用保证付款，只要提交相符单证，开证行必须承付。

开出信用证的银行在接受了开证申请人的要求和指示，向受益人开出信用证后，就承担了第一性的付款责任，而且这一责任是独立的、终局的，即使进口商在申请开证后失去偿付能力，只要受益人提交符合信用证条款的相符单据，开证行即负首要付款责任，且付款后无追索权。

2. 信用证是自足文件

信用证的内容以贸易合同为基础，但信用证是凭开证申请人的开证申请书和担保协议开立的，是独立于贸易合同之外的一个自足文件。信用证各方当事人的权利、责任和义务是以信用证所列条款为依据的，不受贸易合同的约束，即使受益人提交的单据符合贸易合同，但不符合信用证规定，银行肯定会拒付。

3. 信用证处理的是纯单据业务

《UCP600》"信用证的免责"中规定：银行对任何单据的形式、充分性、准确性、内容真实性、虚假性或法律效力，或对单据中规定或添加的一般或特殊条件，概不负责；银行对任何单据所代表的货物、服务或其他履约行为的描述、数量、重量、品质、状况、包装、交付、价值或其存在与否，或对发货人、承运人、货物代理人、收货人、货物的保险人或其他任何人的诚信与否、作为或不作为、清偿能力、履约或资信状况，也概不负责。

《UCP600》"单据审核标准"中规定：指定银行、保兑行（如果有的话）及开证行须审核交单，并仅基于单据本身确定其是否在表面上构成相符交单。银行对这种表面相符按"严格符合的原则"处理，不仅要求单、证一致，而且要求单、单一致，否则银行将拒付。

信用证业务是纯单据买卖，银行只审核受益人提交的单据是否与信用证条款相符，不问货物是否与单证相符，以此决定银行是否履行付款义务。

（二）信用证的作用

信用证是由开证银行承担第一付款人的责任，使商业信用转变为银行信用，为买卖双方提供了很多便利，有利于促成和推动国际贸易的发展。信用证的作用主要有以下两点：

1. 保证作用

信用证属银行信用，开证行负首要付款责任，缓解了进出口双方互不信任的矛盾；出口商在履约交货后只要按信用证条款提交相符单据，就可以保证凭单收款；进口商通过信用证可以控制出口商按质、按量、按期交货，同时保证进口商在付款或承兑之后可获得代表物权的单据以便及时提货。

2. 资金融通作用

在信用证结算方式中，银行还可以提供资金融通的便利。

对出口商，在收到境外银行开来的有效信用证正本后，以有效信用证正本为还款凭证和抵押品，可向银行申请打包贷款，用来购买出口货物；出口商发运货物后即向银行交单，交单后可以叙作出口信用证押汇。出口信用证押汇是出口商贴付一定利息后提前取得的货款。

对进口商，开立信用证时只需交纳押金，单据到达后才付款赎单，解决了进口商资金占用问题；如果是远期信用证，进口商可凭信托收据借单提货，到期后再付款；银行还可以通过进口押汇的方式向进口商融通资金。

（三）信用证在国际贸易中的应用

信用证结算方式属于银行信用，在国际贸易中能较好地保护买卖双方的利益。买卖双方初次接触或双方不够了解或出于谨慎等原因可选用信用证结算方式。信用证结算方式与汇兑和托收相比手续烦琐、费用高，而且在每一个环节——申请开证、审证、审单技术性都很强，稍有不慎，就会产生疏漏或差错，造成损失。

1. 信用证结算方式的风险

出口商面临拒付风险。主要表现为进口方不按时或不按贸易合同开证，或故意设陷阱使出口方无法履行合同，或故意使出口方在交货、交单后因无法符合信用证条款遭拒付而受损失。

进口方面临货物与单据不符的风险。如出口方伪造表面上与信用证条款相符的单据，甚至制造假单据，只要单据与信用证要求相符，就可以获得货款；由于货物与单据不符，最终使进口方成为欺诈行为的受害者。

银行的经营风险。开证行的风险是进口方倒闭或无理拒付单据，因开证行对受益人的付款是一种独立的付款责任；出口方银行可能遭受开证行倒闭或无理拒付的风险。

2. 风险的防范

（1）慎重选择贸易对象

选择贸易对象是跨境交易的第一步，对有贸易意向的对方，应通过多种途径进行了解，经过认真调查，确信其资信较好时才可与之交易。

（2）订好贸易合同中的支付条款

贸易合同是开立信用证的基础合同，条款订得是否明确、完善，直接影响到交易能否顺利进行。贸易合同的支付条款首先应确定支付结算的方式，在采用信用证结算方式时，支付条款应包括以下内容：

①开证时间。按时开立信用证是买方履行贸易合同的首要义务。按时指按照合同规定的时间或期限开证，以使卖方有充足的时间备货、装运、制单。如果买方不按时开证并送达卖方，属违反合同，卖方有权撤销合同并要求损害赔偿。

由于各国的法律不同，有的国家法律认为买方逾期开证，卖方只能提出索赔而不能同时撤销合同。在这种情况下，卖方如果要保留撤销合同的权力，则应在条款中加注："否则，因此不能按规定装运，卖方不负责任，而且有权撤销合同并向买方提出索赔。"

②开证行。为了保证收汇安全，在出口合同中，还应对开证行的资信作出规定。如规定"信用证应通过卖方可接受的银行开立"。

③信用证的类别。信用证的种类很多，不同的交易对结算的要求也不相同，贸易合同应明确信用证的种类。我国出口合同中全部采用不可撤销信用证，银行不接受可撤销信用证；在进口业务中，我国银行也不开立可撤销信用证。

④支付时间。支付时间在贸易合同中应作出具体规定，如"不可撤销信用证，见票后××天付款"。

⑤信用证金额。信用证金额一般为发票金额的100%。如有额外费用（港口拥挤费、超支运保费、包装费等）应在合同中明确要求，开证行才能凭正本收据支付给受益人。有些贸易合同对装运数量订有"约"字或溢短装条款，应在合同中对金额作相应的增加或在金额前加注"约"字以利于卖方足额收款。

⑥到期日和到期地点。信用证有一个有效期和一个到期地点。到期日指卖方在装运货物后向银行交单的日期。为使卖方能有足够的时间准备单据，一般规定议付有效期至装运日后15天。

信用证的到期地点有三种：议付到期地点一般应在出口地，承兑和付款到期地点一般在开证行或付款行所在地。在出口业务中，在我国或我国某地到期对我方更有利。

⑦货物装运期。装运期虽然是信用证的重要内容，但习惯上很少在贸易合同的支付条款中提出具体要求，信用证也允许不规定装运期。卖方应在信用证到期日前装运这种表示方法称为"双到期"。

贸易合同中常用的支付条款实例："买方应通过卖方可接受的银行于装运日

前××天开立并送达卖方全部发票金额的不可撤销即期信用证,有效期至装运日后15天在中国议付。"

3. 做好审查信用证的工作

因为信用证处理的是单据,所以卖方必须提供表面上与信用证相符的单据,才能收回货款。卖方在收到通知银行转来的信用证后,必须及时认真地对其进行审查,如果发现与贸易合同不一致并不能接受的规定,一定要及时通知开证申请人,以便修改信用证,否则卖方有可能收不回货款。

4. 做好单据的制作和审核工作

信用证处理的是单据,银行只凭表面相符的单据付款,所以卖方必须保证提交的单据完全符合信用证的规定,要保证"单单一致"和"单证一致"。

在进口业务中,买方对国外寄来的单据要及时认真进行审核,如有问题要一次指出全部不符点以据理拒付。

5. 要及时向银行交单

信用证是一个有时间期限的承诺,按规定,单据必须在到期日之前或当天提交。如果单据中包含一份或多份正本运输单据,则应于装运日之后的21个日历日内交单。故卖方必须在信用证规定的交单时间和信用证到期日以前向银行交单。否则,银行将以信用证已经失效而拒绝付款。

第四节　eUCP 和 DOCDEX 规则

一、eUCP600

近年来电子商务迅速兴起,国际贸易出现了许多新的变化,国际商会以往颁布实施的部分惯例和规则,有些已不适应形势发展变化的要求,为此国际商会对已颁布的部分惯例与规则进行了补充,使之适应国际贸易发展的客观需要。随着网络的发展,电子商务的普及,信用证结算方式中,普遍使用网络传递信用证、提示单据和电子签章等。为适应新形势,国际商会对电子信用证交易制定了补充规则,《Supplement to the Uniform Customs and Practice for Documentary Credits for Electronic Presentation (Version 1.1)》,即《跟单信用证统一惯例电子提示补充规则》。国际商会将新实施的补充规则 eUCP 与 2007 年颁布的《跟单信用证统一惯例》两个文件同时使用。但因为电子运作与书面运作有不同之处,如果某一信用证适用 eUCP,则它也适用 UCP;如果使用 UCP 与使用 eUCP 产生不同结果时,eUCP 将优先适用。在信用证交易中,如果当事人愿意使用 eUCP,应在信用证中明确表示该信用证适用 eUCP；同时无须明确表示，该信用证也将自动适用 UCP。

eUCP 条款简介如下：

1. eUCP 的适用范围

《跟单信用证统一惯例关于电子交单的附则》（"eUCP"）是对《跟单信用证统一惯例》（2007 年修订本，国际商会出版物 NO.600）（UCP）的补充，以适应单独提交或与纸单据混合提交电子记录的情形。当信用证表明受 eUCP 约束时，eUCP 作为 UCP 的附则适用，即信用证同时受 UCP 约束。信用证必须表明适用的 eUCP 版本，否则即受开证日的有效版本约束；或如果信用证因受益人接受的修改而受 eUCP 约束，则受该修改日期有效版本的约束。

2. eUCP 和 UCP 的关系

受 eUCP 约束的信用证（eUCP 信用证）也适用 UCP，而无须将 UCP 明确纳入信用证。如其与适用 UCP 产生不同结果，应以 eUCP 规定为准。如果 eUCP 信用证允许受益人在提交纸单据和提交电子记录两者之间进行选择，而其选择了只提交纸单据，则该笔交单仅适用 UCP。如果 eUCP 信用证只允许提交纸单据，则仅适用 UCP。

3. 有关定义

UCP 使用的下列词语，为了将 UCP 适用于 eUCP 信用证项下提交的电子记录的目的，解释为：

"表面看似"以及类似用语适用于审核电子记录的数据内容。

"单据"应包括电子记录。

电子记录的"交单地点"意指一电子地址。

"签署"及类似用语应包括电子签名。

"添加的"、"批注"或"盖印戳的"意指在电子记录中其增补特征明显的数据内容。

在 eUCP 中使用的下列用语应具有以下含义：

"电子记录"是指以电子方法创建的、产生的、发送的、传送的、收到的或储存的数据，其发送人的表面身份、其包含的数据的表面来源及其是否保持完整未被更改可以被证实；并且能够根据 eUCP 信用证条款审核其相符性。

"电子签名"指附加于或与一份电子记录有逻辑关联的数据过程，被签字人完成或用以表明签字人身份及其对电子记录的证实。

"格式"指表达电子记录的数据组织形式或电子记录提到的数据组织形式。

"收到"指电子记录以系统可接受的形式进入相关收件人信息系统的时间。任何对收到的确认并不意味着在 eUCP 信用证下对该电子记录的接受或拒绝。

4. 格式

eUCP 信用证必须指定应提交的电子记录的格式。发送与接收必须以同一格式表示，如未指定格式，则可以任何格式提交。

5. 交单

eUCP 信用证允许提交电子记录者，必须注明提交电子记录的地点。允许提交电子记录的纸单据者，还必须注明提交纸单据的地点。电子记录可以分别提交，并且不需要在同一时间提交。如果 eUCP 信用证允许提交一份或多份电子记录，受益人有责任向接受交单的银行提供表明交单结束的通知。该结束通知可以电子记录或纸单据方式做出，必须注明其所关联的 eUCP 信用证。如果未收到受益人的通知，将被认为未曾交单。在 eUCP 信用证下提交的每份记录以及提交的纸单据，必须注明据以交单的 eUCP 信用证。未如此注明的交单可被视为未曾收到。

如果将接受交单的银行在营业中，但在规定的截止日及/或发运日后的最迟交单日（视何种情形适用），其系统不能接受传来的电子记录，则视其为歇业，最迟交单日及/或截止日应延展至银行能够接收电子记录的下一个银行工作日。如果尚待提交的电子记录只剩下结束通知，则可以用电讯方式或纸单据提交，并被视为及时，只要其在该银行能够接收电子记录之前发出即可。

不能被证实的电子记录将被视为未曾提交。

6. 审核

如果电子记录包含一个与外部系统的超级链接，或指明电子记录可参与一个外部系统审核，则超级链接中的或参照的外部系统中的电子记录应被视为是需要审核的电子记录。在审核时，如指明的系统不能提供所需电子记录的读取条件，则构成不符点。指定银行按指令传递电子记录的行为表明其确信电子记录的表面真实性。

开证行或保兑行（如有的话）无法审核 eUCP 信用证所要求格式的电子记录，或当未要求格式时，无法审核提交的电子记录，这一情形不构成拒付的依据。

7. 拒付通知

审单时限自收到受益人的结束通知至银行工作日的下个银行工作日起算。如果提交单据或结束通知的时间被延展，审单时限自接收交单的银行能够接收结束通知的第一个银行工作日起算。如果开证行、保兑行（如有的话）或按其指令行事的指定银行对包含电子记录的交单发出了拒付通知，在发出拒付通知后 30 天内未收到被通知方关于电子记录的处理指示，银行应退还交单人以前尚未退还的任何纸单据，但可以其认为合适的任何方式处理电子记录而不承担任何责任。

8. 正本与副本

UCP 或 eUCP 信用证要求提供一份或多份电子记录正本或副本时，提交一份电子记录即满足此要求。

9. 签发日期

关于日期，除非电子记录载有具体的出具日期，否则出单人发出的电子记录的日期即被视为出具日期。如果没有显示其他日期，则电子记录的收到日期将被视为发出日期。

10. 货物运输

关于装运或发运日期，如果证明运输的电子记录没有表明货物发运或发送日期，电子记录的发出日期将被视为货物发运或发送日期。但如果电子记录载有证明发运或发送日期的批注时，该批注日期将被视为发运或发送日期。显示附加数据内容的批注无须另行签名或以其他方式证实。

11. 电子记录提示后毁损

如果开证行、保兑行或其他指定银行收到的电子记录看似已经变损，银行可通知交单人，也可要求再次提交电子记录，如果银行要求再次提交电子记录则审单时限中止，等到交单人再次提交电子记录时恢复。如果指定银行不是保兑行，则必须将其关于再次交单的要求通知开证行和任何保兑行，并告知时限中止；但是如果该电子记录在 30 天内未被再次提交，该银行可以将该电子记录视为未提交过，并且不得延展任何期限。

12. 责任豁免

除通过使用商业上可接受的用于接收、证实和识别电子记录的数据过程即可发现者外，银行审核电子记录的表面真实性的行为并不使其对发送人身份、信息来源、完整性或未被更改性承担更多责任。

二、DOCDEX 规则

（一）DOCDEX 规则

在信用证结算方式中，常常会因为受益人提供的单据与信用证的要求不符而遭到拒付。解决的办法有几种，如当事人自行协商解决；申请仲裁；提出诉讼由法院判决等。这几种方法费时费力，效果不太理想。为此，国际商会于 1996 年制定了《跟单信用证争议解决专家意见规则》（ICC Rules for Documentary Credit Dispute Resolution Expertise, ICC DOCDEX RULES，577 号出版物），用以解决使用 UCP 和 URR 引发的争议。2002 年国际商会针对有关结算单据纠纷大量增加的情况，对 DOCDEX 规则进行了修订，扩大了适用范围，包括《托收统一规则》（URC522）、《见索即付保函统一规则》（URDG458），DOCDEX 规则的名称也改为《跟单票据争议解决专家意见规则》（简称 DOCDEX 规则）

依 DOCDEX 规则，信用证交易中任何一方当事人与其他当事人就信用证发生争议，可以向国际商会设在巴黎的国际专业技术中心（International Center for Expertise，简称"中心"）提出书面申请，由该中心在银行委员会提名的一份专家名单中指定 3 名专家，根据当事人提交的书面材料，经与银行委员会的技术顾问协商后，作出如何解决争议的决议，然后以该中心的名义对外发布决议的结果。

(二) DOCDEX 规则的主要内容

DOCDEX 规则有 11 项条款和 1 个附录。

1. 适用范围

凡因国际商会的规则引起的争议均可使用 DOCDEX 规则来解决,包括 UCP、URR、URC 及 URDG。

2. 申请程序

根据 DOCDEX 规则第二条,向"中心"提交申请可以是争议的一方当事人,单独提交申请,也可以是争议双方或多方当事人共同提交一份申请。该申请包括所有文件及其附件一式四份,提交设在巴黎的国际商会"中心",除申请人名称、地址、交费凭证外,还应包括申请人依 DOCDEX 规则正式请求做成 DOCDEX 决议的声明书;申请人已将一份申请资料发送给争议当事人的声明书;申请人的诉求与争议的摘要,说明申请人和被申请人在争议中所充任的角色等。

3. 被申请人答辩

被申请人可以是申请书中指明的争议的另一方或多方当事人,针对申请人的提案被申请人可以提出答辩。答辩书及所附所有文件一式四份提交给国际商会设在巴黎的"中心"。依 DOCDEX 规则第 3 条,答辩书应简明表达所有必需的资料,包括被申请人名称、地址;被申请人正式请求做成 DOCDEX 决议的声明书;被申请人已将一份答辩书及附件寄给申请人的声明;被申请人提交一份诉求(申述主张)摘要,该诉求的论点应明确叙述所有与信用证、托收或保函有关的事项和所适用的国际商会规则等。

4. "中心"受理或拒绝申请

"中心"受理争议案件必须满足三个条件:第一,必须在合理期限内提交有关材料;第二,争议案件必须与国际商会规则有关;第三,必须及时交付费用。否则"中心"将拒绝受理该争议案件。

5. 指定专家

"中心"决定受理争议案件后,即从专家名单中指定 3 名立场超然的专家组成专家小组,并指定其中之一为主席。每一位受任专家必须声明其与争议案无利害关系,并且对任何与争议案有关的资料及文件承担全程严格保密责任。国际商会保留了在不泄露当事人身份的前提下,对外公布 DOCDEX 决议的权利。

6. 受任专家作业程序

DOCDEX 规则规定,"中心"将在确认收到标准费用后,将收到的申请书、答辩书及补充资料提交受任专家。受任专家将公正、独立地依据收到的资料提出决议。争议案件的受任专家在收到相关材料后 30 天内,由主席将决议交"中心"。

7. DOCDEX 决议

DOCDEX 规则指出,"中心"收到专家决议后与银行委员会技术顾问或其指定的代表协商，以确定该决议与国际商会规则及银行委员会历年来的见解相符。随后"中心"公布 DOCDEX 决议结果并通知申请人和被申请人。决议由"中心"用英文发出，主要内容包括申请人与被申请人的名称、争议案的说明摘要、决议结果、作出决议结果理由的简述，发布日期和"中心"有权人员的签章。

8. 收费标准

DOCDEX 规则和附件规定，每一 DOCDEX 案件的标准费用，包括管理费用和专家费用共计 5 000 美元，该费用在申请人提交申请时一并支付。若涉案金额超过50万美元且案情复杂，"中心"可向申请人收取最高不超过标准收费100%的附加费。该费用由申请人支付，并且不予返还。

DOCDEX 规则为解决信用证中不符点是否成立、银行拒付是否有理及对国际商会有关规则的理解分歧等方面的争议提供了一种简便、快捷、省费用的方法，这是它最大的优点。但是 DOCDEX 决议只是专家意见，不具有强制约束力，如果当事人不服 DOCDEX 决议，仍需通过其他法律途径加以解决。

第五节 银行保函与备用信用证

一、银行保函概念和种类

（一）银行保函的概念

银行保函是银行根据申请人的请求，向受益人开立的，担保履行某项义务、承担经济赔偿责任的书面承诺文件。银行在经办外汇担保业务时，主要的形式就是出具银行保证书，即上述银行保函（Bank Letter of Guarantee，L/G）。

银行保函使用银行信用代替商业信用或补充商业信用，扩大了可接受性，被广泛应用于商品买卖，在国际结算中占有重要地位。保函的广泛运用，使担保成为商业银行的一项重要业务。

银行保函最初是从属性保函（accessory L/G），也称有条件保函（conditional L/G）。从属性保函的最大特点是：银行信用是备用性的，只有当保函的申请人没有履行某项合同中所规定的责任和义务时，银行才履行作为担保人的责任，向受益人提供经济赔偿；如果保函的申请人正常履行了合同，则银行不需做任何赔偿即完成了担保责任。在银行保函中，银行承担的责任是第二性的、附属的赔偿责任。

在国际业务中，从属性银行保函显示出一些缺点。如对银行来说，保函收费不多，但容易被卷入买卖双方的贸易纠纷，使银行左右为难；对受益人来说，由于银行保函是从属性的，要想获得保函所规定的款项或权益，必须先对境外的申请人（债务人）索偿并取得其不履行义务的书面证明，或对其起诉，这样不仅耗时、费力，而且容易受到损失。所以从属性保函越来越难以被接受，随着时间的推移，银行保函的付款条件逐渐变为独立性的，使担保银行自己能够判断付款条件是否成立，即仅凭单据付款而不受契约的影响。有人将这样的保函称为担保信用证（guaranty L/G）、独立性保函（independent L/G）或无条件保函（unconditional L/G）。现在国际结算中使用较多的是这类保函，只要银行保函规定的偿付条件（一般规定为提交某种单据或声明）已具备，担保银行便应偿付受益人的索偿；至于申请人是否履行合同项下的责任义务，是否已被合法地解除了该项责任义务，担保银行概不负责。

（二）保函的当事人

1. 申请人，也称委托人，是指向银行申请开立保函的人。申请人应按照合同规定履行起应尽的责任义务。
2. 受益人，是指接受保函并有权按保函规定的条款向担保银行索偿的人。
3. 担保行，是指受申请人的委托向受益人开立保函的商业银行。
4. 通知行，也称转递行，是指受担保行的委托将保函通知给受益人的银行。
5. 转开行，是指应担保行的请求，向受益人开出保函的银行。通常为受益人所在地银行。
6. 保兑行，是指应担保人的请求在保函上加具保兑的银行，也称第二担保人。一般为受益人所在地的一家大银行。
7. 反担保人，是指应申请人的要求向担保行开出书面反担保的人。反担保通常是银行出具保函必不可少的前提条件。

（三）银行保函的种类

根据《中华人民共和国担保法》，担保有五种形式，即保证、抵押、质押、留置和定金。其中保证属于人的担保，其余四种属于物的担保。担保合同依担保人是否可以放弃先诉抗辩权和是否承担第一性的付款责任划分为从属性担保合同和独立性担保合同。目前在国际贸易中通行的是独立性担保。

保函的种类很多，银行保函按性质分为两大类，即付款类保函和信用类保函。

付款类保函包括：借款保函、透支保函、进口付款保函、租赁保函、关税保函、保释保函等。

信用类保函包括：投标保函、履约保函、预付款保函、维修保函、质量保函等合约保函和补偿贸易保函、易货保函、对销保函、回购保函等履约保函。

二、银行保函的核算

【例3-5-1】A企业与国外B公司签署了一项出口蔬菜种子的合同,总金额为20 000美元。对方要求开立一张质量保函,保证出苗率达到98%,否则赔款110%,保函期限为3个月。买卖合同要求使用信用证结算方式,同时应买方要求,A企业向银行申请开立一份赔款保函。A企业填写开立保函的申请书,并按银行的要求将办公楼作为财产抵押,将与B公司签署的合同副本等相关文件一并交与银行,向银行交付5%的手续费。假定当日汇率为买入价1∶5.6,卖出价1∶5.8。作:

应支付人民币 = 5.8 × 20 000 × 110% × 5% = 6 380
借:财务费用　　　　　　　　　　6 380
　　贷:银行存款　　　　　　　　　　6 380

假定A企业收到对方开来的信用证后发货,成本为68 000元人民币。作:
借:发出商品　　　　　　　　　　68 000
　　贷:库存商品　　　　　　　　　　68 000

A企业接到银行通知信用证结算货款已到账,当日汇率为买入价1∶5.4,卖出价1∶5.6。作:

收到人民币 = 5.4 × 20 000 = 108 000
借:银行存款　　　　　　　　　　108 000
　　贷:主营业务收入　　　　　　　　108 000
借:主营业务成本　　　　　　　　68 000
　　贷:发出商品　　　　　　　　　　68 000

如果在3个月内种子质量没有问题,到期后保函自动作废。

如果交易完成后,B公司在3个月后提出种子的发芽率只有20%,B公司提供了相关单据要求赔偿全部损失,并且B公司已经依据赔款保函从银行得到赔偿。A企业的开户银行在对外付款后,从A企业的账户将该款项扣回。假定当日汇率为买入价1∶5.3,卖出价1∶5.5。作:

付出人民币 = 5.5 × 20 000 × 110% = 121 000
借:主营业务收入——销售退回　　121 000
　　贷:银行存款　　　　　　　　　　121 000

三、备用信用证的概念

备用信用证是指银行应客户申请为打消受益人的顾虑而开立的一种书面保证,也可以将其看做信用证的一种特殊形式。备用信用证的功能与银行保函相同。备用信用证是因某些国家不允许银行为客户提供担保而开发出来的一种金融工具。

备用信用证的种类包括：履约备用证、预付款备用证、投标备用证、反担保备用证、融资备用证、直接付款备用证、保险备用证、商业备用证等。

备用信用证具有不可撤销性、独立性、跟单性、约束性等性质。

【例3-5-2】A企业到国外去投标，购买标书支付200美元。经过测算决定去投标，交纳投标费3 000美元和投标备用证一份金额1万美元。中标后开立一份履约备用信用证，金额为工程价款的20%，工程总造价500万美元。假定购买标书时汇率为买入价1：5.7；卖出价1：5.9；交纳投标费和投标备用证时汇率为买入价1：5.4；卖出价1：5.6；开立履约备用证时汇率为买入价1：5.8；卖出价1：6.0。分别作：

买标书人民币 = 5.9 × 200 = 1 180
 借：销售费用   1 180
  贷：银行存款   1 180
交投标费人民币 = 5.6 × 3 000 = 16 800
开立投标备用证人民币 = 5.6 × 10 000 = 56 000
 借：销售费用   16 800
  贷：银行存款   16 800
 借：其他货币资金   56 000
  贷：银行存款   56 000

招标企业开标后，无论A企业是否中标，投标备用证的任务均已完成，相应的款项应予以转回。

 借：银行存款   56 000
  贷：其他货币资金   56 000
开履约备用证人民币 = 6 × 5 000 000 × 20% = 6 000 000
 借：其他货币资金   6 000 000
  贷：银行存款   6 000 000

开备用信用证挤占了企业600万元人民币，影响了企业资金的正常运作，A企业可以提供部分抵押或是用自己的信用额度。

备用信用证有效期过后如果没有使用，费用和抵押品会退回，信用额度会恢复，退回时作：

 借：银行存款   6 000 000
  贷：其他货币资金   6 000 000

四、备用信用证、跟单信用证、银行保函的比较

（一）备用信用证与跟单信用证的比较

1. 相同点有三：其一，备用信用证与跟单信用证一样，具有独立性，它们都是不依附于交易合同而独立存在的保证付款凭证；其二，备用信用证和跟单信用证处理的都是单据而不是货物，开证行作为中介没有义务证实和担保单据的真实性和有效性；其三，备用信用证和跟单信用证同是银行信用，同属信用证范畴，都有符合惯例的基本格式和内容的要求。

2. 不同点有三：其一，在跟单信用证中银行承担的是第一性付款责任，在备用信用证中银行承担的是第二性付款责任，处于次债务人地位；其二，备用信用证的适用范围比跟单信用证广，跟单信用证一般只用于贸易支付，备用信用证可用于投标、履约、赊销、赊购、借款的支付等业务；其三，备用信用证和跟单信用证要求的单据不一样：跟单信用证要求受益人提交符合信用证条款规定的商业票据、运输票据等，备用信用证要求受益人提供汇票或证明开证申请人违约的证明书。

（二）备用信用证与银行保函的比较

1. 相同点有四：其一，备用信用证和银行保函都是应申请人的请求，以银行的信誉对受益人作出的付款担保。一旦债务人未按合同履约，受益人可凭规定的单据得到开证人的赔付；其二，两者开立的目的相同，都是为了担保申请人的履约能力和资信，给受益人提供银行信用；其三，两者对单据的处理相同，都只对单据的表面真实性负责，而对单据的伪造、遗失、延误概不负责；其四，两者都因为没有货物保证基础，所以不能作为融资的抵押品，一般也不能由第三家银行议付。

2. 不同点有二：其一两者适用的规则不同，备用信用证是信用证的一种，遵循统一的国际惯例，保函一般适用各国的担保法律及国际商会针对保函制定的规则；其二两者要求的单据不一样，备用信用证要求受益人提供即期汇票和申请人未能履约的书面证明，保函不要求受益人提交汇票，仅凭受益人提交的书面索偿及证明申请人违约的声明付款。

五、支付方式的选择

在国际贸易实务中，要根据不同的情况选择不同的支付方式。特别是近年来国际市场由卖方市场转为买方市场，产品的更新换代速度加快，进口商的选择余地更多，信用证结算方式的缺点越来越明显。由于交易条件的日趋复杂，交易双方经常会将各种结算方式结合在一起，取长补短。使用较多的综合支付方式主要有：

（一）汇付与托收相结合

这种方式是以汇款方式支付定金，用付款交单方式支付大部分货款，目的是确保卖方的收汇安全。如果托收货款被拒付，卖方可以用定金将货物运回，抵偿运费、利息、手续费等损失。至于定金的多少，一般视商品的特点和进口商的资信而定。

（二）汇付与信用证相结合

这种方式是以信用证支付大部分货款，待货到目的地后经进口商检验计算出准确数量及确切货款总额，或者经安装调试，证明货物品质完全合格后，用汇付方式支付货款的余款。这种方式主要用于粮食、矿砂或成套设备等交易。

（三）托收与信用证相结合

这种方式是部分货款以信用证方式收取，部分货款以托收方式收取。一般信用证必须是不可撤销信用证，托收采用即期付款交单或远期付款交单。出口方将全套单据附在跟单托收后面的汇票下，信用证是凭出口方开出的光票付款，并在信用证中增加一个条款——"在发票金额全部付清后才可交单"。这样既可以减少进口商的开证金额，可以使其少付开证押金，又能保证卖方取得货款。

（四）托收与银行保函相结合

这种方式主要采用托收方式，结合使用银行保函。当卖方遭到买方拒付时，可利用银行保函追回货款。

第六节　非贸易国际结算

国际结算业务是由贸易结算和非贸易结算组成的，贸易结算主要是指商品的进出口等有形贸易的结算；非贸易结算主要是指运输、保险、金融、文化体育交流等服务贸易和单方面转移收支。

非贸易收支项目主要包括：海外私人汇款、铁路收支、海运收支、航空运输收支、邮电结算收支、保险收支、银行收支、图书影片邮票收支、外轮代理与服务收入、旅游外汇收入、外币收兑等。

一、信用卡业务

(一) 信用卡概述

信用卡是发卡银行为向消费者提供短期消费信贷而发放的一种信用凭证,信用卡是消费信用的一种形式。

1. 信用卡的种类

(1) 根据发卡机构的不同,信用卡分为银行卡和非银行卡。

(2) 根据清偿方式的不同,信用卡分为贷记卡和借记卡。贷记卡的持卡人无须事先在发卡机构存款,就可以享有一定信贷额度的使用权,境外发行的信用卡多属此种;借记卡的持卡人必须在发卡机构有一定的存款,用卡需以存款余额为限,一般不允许透支。

(3) 根据发卡对象的不同,信用卡分为公司卡和个人卡,公司卡和个人卡又分为主卡和附属卡。

(4) 根据流通范围的不同,信用卡分为国际卡和国内卡。

2. 信用卡的当事人

(1) 发卡人,是指发行信用卡的银行或机构。

(2) 持卡人,是指持有信用卡的客户。

(3) 特约商户,也称特约单位,是指与发卡人或代理人签订了协议,受理持卡人使用指定的信用卡进行购物或支付费用的具有服务性质的单位。

(4) 代办行,是指受发卡人委托负责某一地区内特约商户结算工作的银行。

3. 信用卡的特点

信用卡作为一种金融工具,具有以下特点:

(1) 通用性。我国各商业银行发售的各类信用卡,其持卡人都可以在全国范围内的各个银行分支机构存取款。

(2) 安全性。信用卡本身被设计了多处防伪标志,每张卡配有相应的密码,另外,持卡人要求取款时必须出示身份证件。信用卡遗失后可向发卡银行申请挂失。

(3) 便利性。信用卡除了可以提取现金外,还可以进行储蓄,可以持信用卡到特约商户直接消费,消费后办理转账结算等。

(4) 快捷性。是指与传统的票据结算方式相比,使用信用卡手续简便,清算及时;与现金相比,除具有安全性外,还免去了清点,节约了大量时间。

(二) 信用卡的核算

1. 贷记卡的核算

贷记卡因为无须在卡内存款,使用银行的授信额度直接消费,实际上是银行对消费者的小额消费信贷，所以发卡时银行会严格审查申领人的资信情况，根据资信情况决定是否发卡、发何种卡、有效期限和授信额度等。

【例3-6-1】张某于10月3日在B银行开立了一张贷记卡，授信额度为10 000元，规定的还款日期为每月10日前。张某10月5日在超市购物结账金额为658.94元；10月6日在加油站加油刷卡325元；10月6日刷卡交高速路费用30元；10月7日刷卡给汽车加太阳膜796元；10月8日刷卡购入中国大剧院音乐会票两张680元；10月11日超市结账981元；10月14日刷卡购入两张飞机票5 600元；11月5日张某用工资卡还款9 070.94元。

2. 借记卡的核算

借记卡在发卡时要求客户在银行预存资金，持卡人刷卡消费时一般不得超过卡内的存款余额；与银行定有透支协议的，在协议金额内允许透支，并按协议规定的利率支付透支利息。

【例3-6-2】A企业缴存银行20 000元，申领两张借记卡，每张10 000元，并与银行签署协议，允许每张借记卡透支10 000元。这两张卡一张给行政部门，用于小额零星报销，一张给采购人员，用于零星采购。领卡时作：

借：其他货币资金——信用卡　　20 000
　　贷：银行存款　　　　　　　　　　20 000

行政部门刷卡购买复印纸及文具2 870元，作：

借：管理费用　　　　　　　　　2 870
　　贷：其他货币资金——信用卡　　　2 870

采购员刷卡采购临时需用的水泵配件89.70元，已入库。作：

借：原材料　　　　　　　　　　89.70
　　贷：其他货币资金——信用卡　　　89.70

采购员在越南刷卡购买了一件硬木笔筒样品，标价1 300万越南盾，折合人民币4 160元（1越南盾=0.000 32人民币），另收手续费每笔50元人民币，共4 210元，作：

借：物资采购　　　　　　　　　4 210
　　贷：其他货币资金——信用卡　　　4 210

采购员在越南另一城市购买一个硬木茶壶，标价3 000万越南盾，折合人民币9 300元（1越南盾=0.000 31人民币），另收手续费每笔50元人民币，共9 350元，作：

借：物资采购　　　　　　　　　9 350
　　贷：其他货币资金——信用卡　　　9 350

A企业出纳为信用卡充值，行政部门的卡充值2 870元，采购员卡充值13 649.70元，另支付透支利息，假定为5.30元，作：

借：其他货币资金——信用卡　　16 519.70

　　　　财务费用　　　　　　　　　　　5.30
　　　　贷：银行存款　　　　　　　　　16 525

二、旅行支票业务

（一）旅行支票概述

旅行支票是指没有固定付款人和付款地点、由大银行和大旅行社发行的固定金额、专供旅游者或其他目的出国者使用的一种支付工具。

1. 旅行支票的性质

（1）具有本票的性质

旅行支票的发行机构与付款机构是同一个当事人，旅行支票是根据本票的操作原理设计的一种票据。

（2）类似于票汇的凭证

旅行支票的购买人（汇款人）和收款人（使用人）一般是同一个人。这一点类似于汇兑业务中的票汇。

（3）见票即付

旅行支票的持票人可以在发行银行的国外分支机构或代理机构凭票立即取款，发行机构见票即付款。

2. 旅行支票的特点

（1）面额固定类似现钞

旅行支票一般有固定的面额，如50美元、100美元、500美元、1 000美元等，便于旅行者随时零星支取。

（2）兑取方便

发行银行在国外大城市和旅游地特约许多代兑机构，方便持票人在旅行社、旅馆、机场、车站等处随时兑付。

（3）携带安全

旅行支票在兑付时需要持票人当着兑付银行柜员的面复签，复签与初签核对相符才能兑付，兑付时还必须出示持票人的护照以验证来人的身份。所以旅行支票在复签之前遗失或被盗，不容易被冒领，比携带现金安全。

（4）可以挂失补发

发行旅行支票的银行规定，旅行支票不慎遗失或被盗，可以提出"挂失退款申请"，只要符合发行银行的有关规定，挂失人可以得到退款或补发新的旅行支票。

（5）流通期限长

旅行支票有些不规定流通期限，可以长期使用，有些规定流通期限为1年。过期的旅行支票可以到原发行机构注销，退回原款。

（二）旅行支票的核算

【例3-6-3】A企业派两名工程技术人员出国考察，准备去美国、加拿大、英国和法国。出国前用转账支票购入两张机票15 600元。作：

借：其他应收款——预借旅费　　15 600
　　贷：银行存款　　　　　　　　　　15 600

另购入美元旅行支票8 000美元，假定当日汇率为买入价1∶6.0，卖出价1∶6.2。作：

应付人民币 = 6.2 × 8 000 = 49 600

借：其他应收款——预借旅费　　49 600
　　贷：银行存款　　　　　　　　　　49 600

两名技术人员在美国兑付旅行支票2 000美元；在其他三国各兑付2 000美元。回国后交回可报销的单据共计美元7 600，交回现金400美元，使用原汇率。作：

收回现金 = 6.2 × 400 = 2 480
报销旅费 = 6.2 × 7 600 = 47 120
机票款 = 15 600

借：现金——美元400　　　　　2 480
　　管理费用　　　　　　　　 62 720
　　贷：其他应收款——预借旅费　　65 200

A企业将美元现金交回银行时，假定汇率为买入价1∶5.8，卖出价1∶6.0。作：

收到人民币 = 5.8 × 400 = 2 320

借：银行存款　　　　　　　　　2 320
　　财务费用　　　　　　　　　　160
　　贷：现金——美元400　　　　　2 480

【讨论案例】
选择贸易结算方式

小刘大学毕业后来到M贸易公司做会计。该贸易公司有5个业务组分别负责对五大洲的贸易。人力资源部经理带小刘参观了公司各部门，并向小刘交代了他的工作主要是负责对外结算，要求他有问题主动向结算组的老李请教。小刘收到了下列结算单据：1组交来一份进口铁矿石的贸易合同，要求开立一张10万澳元的信用证；2组交来一份付款合同，要求电汇5万美元，用于从新加坡P公司进口一批水果，合同规定收款后发货；3组收到美国A公司汇来用于购买服装的50%货款，银行的汇款水单注明的汇率是1∶5.6，汇率的中间价为1∶5.7，卖出价为1∶5.8，金额为3万美元。收到银行通知，4组议付的信用证，开证行美国花旗银行认为单据不符拒绝付款，提出的不符点：一是货物名称不符，信用证名称为 a drinks trolley，发票上的名称为 a drink trolley。二是货运单据上标注的名称为 luggage trolley；5 组业务员持一份购货合同，要求查看汇款日期，该合同规定买方先汇货款，款到后 10 天内发货。小刘查看了银行汇款记录，该款项是三个月前 1 日汇出的，到现在已经 110 天了，几次催促对方总是推说忙，最近联系经常是无人接电话；接银行通知，上月 1 组发出的托收委托书，对方借口产品质量有问题不付货款。

分析要求：

1. 汇兑、托收、信用证结算方式各有什么特点？
2. 使用汇率时如何选择买入价和卖出价？
3. 汇款结算有风险吗？
4. 信用证结算为什么要求如此严格？
5. 托收结算也是通过银行办理的，为什么不是银行信用？
6. 你能帮小刘完成相关业务的会计分录吗？

【思考题与练习题】

一、思考题

1. 国际汇兑与国内汇款有何异同？
2. 托收有何风险，如何防范？
3. 跟单信用证的性质和作用是什么？
4. 备用信用证与保函和信用证的区别。
5. DOCDEX 规则的适用范围。

二、练习题

1. 某贸易公司与国外签订一项出口小家电的合同，合同规定使用即期托收付款赎单方式结算货款，货物总金额 CIF50 000 美元。发生下列经济业务：

（1）根据出库单小家电成本为 136 000 元。

（2）支付运输保险费 2 600 元。

（3）支付外轮运费 5 000 美元。当日汇率买入价 1：5.6，卖出价为 1：5.8。

（4）收到运单、发票等单据，到银行办理托收手续，银行审核无误收取手续费 1 200 元。

（5）接到银行通知，收到外方货款 50 000 美元，当日汇率买入价 1：5.4，卖出价 1：5.6。

（6）结转销售成本。

2. M 贸易公司与泰国 S 公司签署一份进口大米的合同，总价 200 000 泰铢。采用汇兑结算方式款到发货。发生下列业务：

（1）根据合同，M 公司汇款 200 000 泰铢给泰国公司，假定当日泰铢对人民币汇率买入价 1：0.20，卖出价 1：0.22。

（2）收到泰方发来的大米，经验收合格入库。

3. K 贸易公司与新加坡签署一份合同，从新加坡进口一批饲料，FOB 价 8 000 新加坡元，采用即期信用证结算货款。发生下列经纪业务：

（1）根据合同开立一张 8 000 新元的信用证，银行要求缴纳 30% 保证金，1% 手续费。当日汇率新加坡元兑人民币买入价 1∶5.2，卖出价 1∶5.4。

（2）支付境外运费 2 000 美元，当日汇率美元对人民币买入价 1∶5.6，卖出价 1∶5.8。

（3）支付卸货费及从港口到仓库的运费，共人民币 3 600 元。

（4）接银行通知，结算凭证已到，支付货款 7 980 新加坡元，当日汇率买入价 1∶5.1；卖出价 1∶5.3。

（5）将饲料入库。

请分别完成上述业务往来的会计分录。

【互联网学习】

访问以下相关网站，了解相关知识：

商务部网站 http：//www.mofcom.gov.cn/

智库百科 http：//wiki.mbalib.com/wiki

百度文库 http：//wenku.baidu.com/

第四章 特殊贸易结算方式

【本章学习要求】
1. 掌握广义对销贸易结算方法。
2. 掌握补偿贸易核算方法。
3. 掌握自营加工贸易的核算方法。
4. 了解记账贸易结算方法。

【关键术语】
对销贸易（Counter Trade）
补偿贸易（Compensation Trade）
加工贸易（Processing Trade）
记账贸易（Clearing Account Trade）

特殊贸易是国际贸易发展过程中出现的一种灵活、新型的贸易方式。它主要包括对销贸易、补偿贸易、加工贸易、记账贸易等。这些贸易形式的出现和发展为国际间的经济合作增添了新内容，对发达国家向发展中国家的资本输出、技术转移及调整发展中国家内部产业结构有重大影响。

第一节 对销贸易的核算

一、对销贸易概述

对销贸易，是从原始的以货易货贸易发展而来的一种现代贸易方式。现代对销贸易继承了以货易货交换方式的一个重要贸易思想，即在交易中保持贸易的对等和平衡，交易的双方既是买方又是卖方，进出口的数额是等值的。现代对销贸易又增添了新的内涵，如将商品交换与资本流动融为一体的交易方式。在20世纪80年代初，全球爆发了国际债务危机，发展中国家对外支付能力下降；发达国家为鼓励出口，采用了出口信贷、出口保险等措施。随着物质的丰富，国际贸易出现了买方市场，使对销贸易获得新的发展机遇。

对销贸易可以分成两大类：直接对销和广义对销。

（一）直接对销

直接对销，是一种比较原始的易货贸易方式，这种对销贸易一般不涉及现汇结算和第三者，表现为买卖双方各以等值的货物直接进行交换，多见于一次性易货贸易和小额边境贸易。为了实现等值贸易，双方通常商定以两国中一国的货币或第三国货币作为价格尺度和账面结算的符号，但货币并不真正流通。这种方式为缺少外汇或两国货币没有直接的比价或比价不合理的地区带来极大的方便。

直接对销还可以采用信用证结算方式进行。双方先签订换货合同，各方出口的商品按约定的货币计价，先进口的一方开出的信用证以对方等值的信用证作为生效条件，以保护双方的权益。也可以规定，第一张信用证项下的货款（记账货币表示的数额）只能用于开立第二张信用证。

直接对销的贸易方式也有局限性：一是交易双方交换货物的品种、规格和数量要符合双方的需要；二是价格要大体相等。这种要求给大规模的易货贸易带来了困难，会影响贸易的扩大和发展。因此直接对销在边境贸易中使用较多。

（二）广义对销

广义对销仍旧是出口商品与进口商品的交换相结合，双方都承担购买对方商品的义务，不同的是方式更加灵活多样，可以用一种商品交换对方的多种商品，也可以用多种商品交换多种商品，货款也可以逐步平衡或是规定在一定时间内综合平衡。广义对销的优点是避免了一次性限制，具有更大的灵活性。

广义对销的种类包括互购、转手贸易、抵消、产品回购、记账贸易等。

互购，是指先出口的一方在售货合同中承诺，用所得外汇（全部或部分）购买对方国家的产品。至于购买什么，价格如何，可以在同一个合同中事先约定，也可以另外签约；先出口的一方承诺的购货义务，可以在对方同意的条件下转让给第三方执行，但先出口的一方必须对第三方是否履约承担责任。

互购是对销贸易的主要方式，约占对销贸易总量的一半以上。现代对销贸易已发展为现汇贸易，且先出口的一方先收到外汇，在资金周转和进口谈判中都占据主动和优势。后出口的一方最好在同一合同中将出口商品的种类和价格一并约定。

转手贸易一般是在记账贸易条件下，采用转手贸易方式以取得现汇或硬通货。转手贸易通常有两种做法：一种是将以记账贸易方式买下的货物运到国际市场上出售以取得现汇或硬通货；二是在记账贸易中有顺差的一方，将该顺差转让给第三方，由第三方在有逆差的国家购买商品，再将商品运往其他市场销售，收回现汇或硬通货。在实务中，因为第三方购买的货物一般不是国际市场的畅销货，不能轻易换来自由外汇，所以第三方往往还需要把所购买的商品再与其他国家的商品交换，甚至于要交换多次才能得到硬通货。这种贸易的环节多、手续复杂，需要有众多的关系网络，通常由专门的"转手商"来组织经营。在整个对销贸易中，这种有一定难度的转手贸易所占比例不大。

抵消贸易方式多用于大型设备或军火等，如飞机、轮船、成套设备。抵消与互购没有太大的区别，都是先出口的一方承诺购买进口方一定的出口商品，多为零部件。随着资本的输出，出口方的承诺也可以是用出口的货款作为资本，投资于进口国，在进口国建立相应的零部件生产企业，以向出口国家提供零部件。本章主要讨论直接对销贸易。

（三）对销贸易的结算

现代对销贸易，特别是广义对销贸易中的不等值交换多动用现汇，与一般贸易结算方式并无区别。只是直接对销的贸易方式需要开设单独的账户，并规定必要的结算方式。

1. 开立易货特别账户

易货账户是我国银行与国外银行间设立的专用账户，该账户仅限于在我国境内开户的外贸公司对国外易货业务的货款及其从属费用的结算，其他款项不得通过该账户办理。开户依据的文件包括：有关部门批准从事易货贸易的文件、银行间易货贸易清算手续议定书、该公司的易货合同或易货贸易协定及开户申请。银行对这些文件审核无误后，致电国外银行，在国外银行回电确认开户后，我方银行才能通过此账户进行结算。易货贸易终止时，账户最终余额的清算将根据易货双方协商的结果办理，最终余额经双方银行核对一致后，才能转账，关闭该易货特别账户。

2. 易货贸易的结算方式

对销贸易特别是直接对销贸易，一般需要单独建立账户，并规定必要的结算方式。常用结算方式如下：

（1）出口立即结款或进口立即付款。开立了易货特别账户的贸易公司，在出口商品以后，可以根据合同在办妥了各项手续之后，将加盖了易货贸易账号的"立即付款出口结汇申请书"、全套单据和有关合同交给银行，由银行审单无误后，可直接办理结款。出口方的银行会通知进口方的银行，双方银行都会及时记账。

易货贸易的进口方在收到银行转来的全套单据后，要立即审单，并于到期日付款。

（2）托收。易货贸易也可以用托收的方式进行结算，一般都是采取先出口后进口的原则，以出口托收款项支付进口货款。

（3）信用证。易货贸易的双方开立了易货特别账户后，采用信用证方式交单记账。

①出口。易货贸易的出口方首先要收到进口方开来的信用证，并审核信用证条款，特别是其中的偿付条款中是否有"单证相符后，通过××易货账户记账"的条

款。另外，要注意信用证中是否有与易货合同、银行协议相冲突的条款，如果有必须要求对方立即修改；如果没有，出口方应将信用证留底备用。收到信用证后出口方应备货发运，货物运出后立即制单，并向银行交单办理收款手续。

②进口。易货贸易的进口方要根据合同按时开立信用证，并在信用证付款条款中加列"单证相符后，通过××易货账户记账"的条款。进口方收到银行转来的单据后，应严格审单，并做出承付或拒付的决定；如果拒付，要说明理由，并将结果及时通知银行，以办理相关手续。

(4) 对开信用证。易货贸易也可以采用对开信用证的方式结算。对开信用证一般是先开证的一方，在信用证上注明本信用证以对方开具的信用证生效为生效条件，以保证双方的信用证同时生效。

3. 对销贸易的融资方式

在对销贸易特别是广义对销贸易中，出现不等值易货时需要动用现汇结算，这时就会遇到融资问题。对销贸易中的融资方式有：

(1) 出口信贷。一般是政府为了支持出口，从财政资金中支出一部分钱作为利息补贴，提供给出口信贷机构，使其为本国的出口业务提供中长期低息贷款。如出售大型设备，可以申请这类贷款。

(2) 包买票据。对销贸易中如果涉及大型成套设备的交易，进口商可在承兑远期票据以后，由另一家信用好的银行提供担保，将该票据交给出口商，由出口国的银行以贴现的方式买入这些远期票据。这种方式可以使进口商取得2~5年的融资；出口商可以及时取得资金。

(3) 保理。在对销贸易中可以采用国际保理方式，出口商由于向进口商提供了赊销的结算方式而极易获得贸易机会，贸易成交后出口商能够得到保理公司提供的无追索权的贴现融资；进口商以承兑交单的赊销方式进口货物，节省了资金。

(4) 其他。除上述融资方式外，还可利用租赁、项目融资或在资本市场借款等方式融资。

二、对销贸易核算

直接对销的贸易方式，一般是进出口货物等值。

【例4-1-1】A企业与国外Q公司签订一项易货合同，合同规定采用美元作为计价货币，A企业出口化肥，进口饲料。假定国际市场化肥每吨200美元，饲料每吨120美元，A企业出口12 000吨化肥，进口20 000吨饲料，合同规定采用在银行开立特别账户的方式结算。根据合同，A企业将2 400 000美元，以合同汇率1∶6折合成人民币14 400 000元存入特别账户。作：

借：其他货币资金——特别账户——易货贸易　　14 400 000
　　贷：银行存款　　　　　　　　　　　　　　　　　　14 400 000

A 企业在国内收购化肥每吨1 000元，货款12 000 000元，增值税2 040 000元。用银行存款支付。材料已入库。作：

  借：库存商品   12 000 000
    应交税费—增值税—进项税额 2 040 000
    贷：银行存款   14 040 000

A 企业将化肥发运装船，作：

  借：发出商品   12 000 000
    贷：库存商品   12 000 000

A 企业制作单据向银行交单结算，作：

  借：应收账款   14 400 000
    贷：主营业务收入 14 400 000

同时结转营业成本，作：

  借：主营业务成本 12 000 000
    贷：发出商品   12 000 000

A 企业持有关单据办理退税，作：

  借：应收出口退税   2 040 000
    贷：应交税金——增值税——出口退税 2 040 000

A 企业收到银行转来的单据，Q 公司已将饲料发运，要求结算货款。经审单无误，同意付款，作：

  借：物资采购   14 400 000
    贷：应付账款   14 400 000

饲料运到入关，假定关税税率为10%，增值税税率为17%，作：

关税 = 14 400 000 × 10% = 1 440 000

增值税 =（14 400 000 + 1 440 000）× 17% = 2 692 800

  借：应交税费——关税   1 440 000
    增值税——进项税额 2 692 800
    贷：银行存款   4 132 800
  借：物资采购   1 440 000
    贷：应交税费——关税 1 440 000

饲料运到验收入库，作：

  借：库存商品   15 840 000
    贷：物资采购   15 840 000

A 企业与 Q 公司已全部按照合同完成了进出口业务，可以结平双方特别账户。作：

  借：应付账款   14 400 000
    贷：应收账款   14 400 000

借：银行存款　　　　　　　　　　　　　14 400 000
　　贷：其他货币资金——特别账户——易货贸易　14 400 000

假定A企业将饲料全部卖给B养殖场，货价16 000 000元，增值税2 720 000元，货款收到存入银行，作：

借：银行存款　　　　　　　　18 720 000
　　贷：主营业务收入　　　　　　16 000 000
　　　　应缴税费—增值税—销项税额 2 720 000

直接对销贸易如果有差额可以用现汇支付，也可以用其他方式解决。

【例4-1-2】A企业与国外K公司签订一项易货合同，A企业出口服装，进口小五金，合同规定采用美元计价。假定A企业出口服装总值20 000美元，进口小五金总值21 000美元，合同规定采用在银行开立特别账户的方式结算。根据合同，A企业将20 000美元以合同汇率1：6折合成人民币120 000元存入特别账户。作：

借：其他货币资金—特别账户—易货贸易　120 000
　　贷：银行存款　　　　　　　　　　　120 000

A企业在国内收购服装货款90 000元，增值税15 300元，用银行存款支付，材料已入库。作：

借：库存商品　　　　　　　　　　　90 000
　　应交税费——增值税——进项税额　15 300
　　贷：银行存款　　　　　　　　　　105 300

A企业将服装发运装船，作：

借：发出商品　　　　　　　　　　　90 000
　　贷：库存商品　　　　　　　　　　90 000

A企业制作单据向银行交单结算，作：

借：应收账款——易货贸易　　120 000
　　贷：主营业务收入　　　　　　120 000

同时结转营业成本，作：

借：主营业务成本　　　　　　90 000
　　贷：发出商品　　　　　　　　90 000

A企业持有关单据办理退税，假定退税率为10%。作：

借：应收出口退税　　　　　　　　9 000
　　贷：应交税费——增值税——出口退税　9 000

A企业将剩余的增值税进项税额转作营业成本，作：

借：主营业务成本　　　　　　6 300
　　贷：应缴税费——增值税——进项税额转出　6 300

A企业收到银行转来的单据，K公司已将小五金发运，要求结算货款。经审单无误，同意付款，作：

借：物资采购　　　　　　　　　　　126 000
　　贷：应付账款　　　　　　　　　　126 000

小五金运到入关，假定关税税率为15%，增值税税率为17%，作：

关税 = 126 000 × 15% = 18 900

增值税 = （126 000 + 18 900） × 17% = 24 633

借：应交税费——关税　　　　　　　18 900
　　　　——增值税——进项税额　　24 633
　　贷：银行存款　　　　　　　　　　43 533

借：物资采购　　　　　　　　　　　18 900
　　贷：应交税费——关税　　　　　　18 900

小五金运到验收入库，作：

借：库存商品　　　　　　　　　　　144 900
　　贷：物资采购　　　　　　　　　　144 900

A企业与K公司已全部按照合同完成了进出口业务，结平双方特别账户，如果合同规定按固定汇率折算则不会出现汇兑损益，如果按实时汇率结算则会有汇兑损益。假定当日汇率为买入价1∶6.1；卖出价1∶6.3。作：

应支付货款 = 6.3 × 1000 = 6 300

借：应付账款　　　　　　　　　　　126 000
　　汇兑损益　　　　　　　　　　　　300
　　贷：应收账款　　　　　　　　　　120 000
　　　　其他货币资金——特别账户——易货贸易　6 300

借：银行存款　　　　　　　　　　　113 700
　　贷：其他货币资金　　　　　　　　113 700

假定A企业将小五金全部卖给五金商场，货价150 000元，增值税25 500元，货款收到存入银行，作：

借：银行存款　　　　　　　　　　　175 500
　　贷：主营业务收入　　　　　　　　150 000
　　　　应缴税费——增值税——销项税额　25 500

第二节　补偿贸易核算

补偿贸易是指在国际贸易中买方用自己生产的产品偿付卖方出售的技术、设备等费用的贸易方式。

一、补偿贸易概述

补偿贸易出现于20世纪60年代,发展中国家利用补偿贸易解决资金、设备和技术不足的困难;发达国家利用补偿贸易为本国的资金过剩、设备饱和及成熟技术找到了出路。

(一)补偿贸易的种类

1. 全额补偿贸易。即引进设备和技术的一方不动用现汇支付设备和技术的价款,所有价款全部用引进的设备生产的产品偿还。

2. 部分补偿贸易。即引进设备、技术的一方用现汇归还一部分价款,另一部分用产品偿还。

3. 混合补偿贸易。即引进设备、技术的一方,一部分价款使用该设备生产的产品偿还,另一部分使用其他产品偿还。

4. 前期补偿贸易。这种补偿贸易方式与一般补偿贸易方式程序相反,先是由想引进技术和设备的国家向技术设备的出口国出口补偿设备、技术价款的产品,提供设备、技术的国家用现汇支付产品的价款,该款项记入一个购买设备的专门账户,等积累到一定额度后,用这笔款项购买设备或技术。

5. 多边补偿贸易。补偿贸易一般是在两个关系人之间进行,如果有其他人参加就形成多边补偿贸易。假定甲乙两国签有贸易支付协定,双边贸易采用协定记账方式结算。甲国经常处于贸易顺差状态,乙国则经常处于贸易逆差状态。乙国没有合适的产品可供甲国扩大进口。甲国想进口丙国的设备和技术,而现汇不足,甲国与丙国洽商,发现甲国没有适合丙国的产品用以补偿,而乙国有丙国需要的产品,因为乙国是甲国的贸易逆差国,因此乙国同意将自己的产品出口到丙国,一方面替甲国补偿设备和技术价款,另一方面弥补了乙国与甲国的记账贸易逆差。这样甲、乙、丙三国在多边补偿贸易中各得其所。

(二)补偿贸易的可行性研究

补偿贸易涉及贸易、生产和信贷等方面,需要综合考虑经济效益、还款能力等问题。在项目开始前应做细致的调查研究,至少应计算以下指标:

1. 偿还能力

补偿贸易偿还能力,是指采用补偿贸易方式获得设备和技术的企业,每年的外汇收入总额扣除生产成本和费用后,偿还贷款需要多长时间。公式如下:

还款能力 =(引进设备、技术的外汇总成本)÷(年外汇收入 - 年生产成本及费用)

引进设备总成本包括进口设备、技术的贷款、贷款利息和其他费用。利息一般是按复利计算。

年外汇收入取决于出口产品的数量和价格,需要根据国际市场的变化规律等因素推算一个平均价,以此推算外汇收入总额。

年均生产成本包括固定资产折旧、原材料、动力费用、水电费、职工薪酬以及税金等,另外还要考虑汇率的变化。

2. 换汇率与换汇成本

补偿贸易换汇率是指使用1元人民币的国内资金所获得的外汇金额,公式为:

补偿贸易换汇率＝外汇总收入÷国内人民币资金投入额×100%

如果换汇率超过出口商品平均换汇率,则该项补偿贸易不可行;反之可行。

补偿贸易换汇成本,是指出口商品每取得1美元的外汇净收入所耗费的人民币成本。换汇成本越低,出口的经济效益越好。计算公式为:

换汇成本＝总成本(人民币元)÷外汇净收入(美元)

总成本,包括进货(或生产)成本,国内费用(储运、管理等)及税金。外汇净收入指的是扣除运费和保险费后的FOB外汇净收入。

补偿贸易的换汇成本如果高于一般商品的换汇成本则不可行,反之则可行。

例:某商品国内进价为人民币7 270元,加工费900元,流通费700元,税金30元,出口销售外汇净收入为1 100美元,则:

总成本＝7 270＋900＋700＋30＝8 900元(人民币)

换汇率＝1 100美元÷8 900人民币×100%＝0.124美元/人民币＝12.4%

换汇成本＝8 900元人民币÷1 100美元＝8人民币/美元

该项目不可行,8元人民币换1美元,远远高于现行美元兑人民币的汇率1美元兑6元左右人民币。

3. 补偿贸易利润率与盈亏率

补偿贸易利润率,是指用补偿贸易方式获得的利润额占总投资的百分比。公式为:

补偿贸易利润率＝(总收入－总成本)÷总成本×100%

计算利润率时应将外汇收入和其他外汇支出换算为人民币,以人民币统一计算利润率。

在上例中,假定汇率为1∶6.5,则:

补偿贸易利润率＝(6.5×1 100－8 900)÷8 900×100%＝(7 150－8 900)÷8 900×100%＝(－)1 750÷8 900×100%＝(－)19.7%

进行补偿贸易之前,要进行可行性研究,在能够获得经济效益的基础上,再与外商洽谈签约。

4. 补偿贸易的定价

补偿贸易就其实质而言,是一种商业信贷行为。补偿贸易的信贷行为反映为物的交换,所以对交换的物如何定价是补偿贸易的关键。在补偿贸易中一方出让的是资本品和技术,另一方归还的是用出让方的资本品和技术生产的产品。补偿贸易中涉及两个关键的定价:一个是资本品和技术;另一个是产品。

资本品和技术的定价实质上决定了贷款的数额。资本品和技术的定价一般是依据签约时的市价,其价格的高低主要看技术的先进程度及是否附带技术转让等。

产品的定价相对于资本品和技术的定价要复杂一些,原因包括:一是从签约到以产品还款有一段时间;二是从开始还款到还清款项一般要历经几年。在这几年的时间里产品的价格如何制定才能更符合市场情况,这些都需要仔细研究。目前,多数合同在签约时不确定用于还款的产品的价格,只规定一个作价原则。如交货时以相关产品的交易所现货价格为准;以某国际组织或专业刊物公布的价格为准;以进口方向第三者出口同类产品的价格为基础等。

5. 补偿贸易的计价货币

补偿贸易一般不动用现汇,但补偿贸易必须选择一种计价货币。计价货币可以是签约一方的货币,也可以是第三方的货币。资本品的价格在签约时已经确定,而还款的产品的价格会持续较长的一段时间,这会给签约的一方造成直接的风险。选择软币(有贬值可能的货币)还是选择硬币(币值坚挺或有升值可能的货币)是需要慎重考虑的问题。

除此之外,还有利率、汇率等问题都是签约时必须考虑的问题。

二、补偿贸易的核算

补偿贸易的业务流程从引进设备到清偿结束,时间长,环节多。会计处理大体可以分为三个阶段:引进设备的核算、投入生产的核算(包括成本的计算)以及用产品归还设备款的核算。

【例4-2-1】A企业与国外M公司签订一项补偿贸易合同,主要条款如下:

1. 生产线总价   CIF天津美元1 000 000
2. 专利权作价   美元50 000
3. 进口材料总价   美元80 000
4. 补偿贸易期间   5年
5. 年利率(利息每年支付)   5%
6. 计价和结算货币   美元
7. 汇率   按当日汇率记账

(一)引进设备的核算

1. 引进生产线总价值美元1 000 000,当日汇率为买入价1:5.8;卖出价1:6。作:

    借:在建工程——引进项目(1 000 000×6)   6 000 000

贷：应付账款——M公司（1 000 000美元）　　6 000 000
　2. 引进的专利权经检测评估合格。作：
　　借：无形资产——引进专利权（50 000×6）　　300 000
　　　贷：应付账款——M公司（50 000美元）　　300 000
　3. 引进材料验收入库。作：
　　借：原材料——进口材料（80 000×6）　　480 000
　　　贷：应付账款——M公司（80 000美元）　　480 000
　4. 安装、调试设备共支付25 000元。作：
　　借：在建工程——引进项目　　25 000
　　　贷：银行存款　　25 000
　5. 领用原材料进行试生产5 000元。作：
　　借：在建工程——引进设备　　5 000
　　　贷：原材料　　5 000
　6. 生产线经验收合格，投入使用。作：
　　借：固定资产——引进设备　　6 030 000
　　　贷：在建工程　　6 030 000
　因为补偿贸易享有进口减免税优惠政策，假定该项目免税。

（二）生产的核算

　补偿贸易生产过程的核算和成本计算与一般工业企业基本相同，但需要设立专户进行核算。

【例4-2-2】 承上例，该项补偿贸易在某年生产过程中发生的耗费和支出如下：

1. 领用进口原材料	480 000
领用国内原材料	1 000 000
2. 支付生产工人工资	800 000
3. 引进设备折旧	1 206 000
4. 专利权摊销	60 000
5. 动力费用	50 000
6. 制造费用	60 000

用于归还设备价款的产品有两种规格，可以分为A、B两种产品。
　1. 领用进口原材料480 000元，A、B两种产品的比例为6∶4。作：
　　借：生产成本—基本生产——A　　288 000
　　　　　　　　　　　　　——B　　192 000
　　　贷：原材料——引进材料　　480 000
　2. 领用国内材料1 000 000元，两种材料的比例为各50%。作：

借：生产成本——基本生产——A　　　500 000
　　　　　　　　　　　　——B　　　500 000
　　贷：原材料——国内材料　　　　　　　1 000 000

3. 分配本月生产工人工资 A 产品 500 000 元，B 产品 300 000 元。作：

借：生产成本——基本生产——A　　　500 000
　　　　　　　　　　　　——B　　　300 000
　　贷：应付职工薪酬　　　　　　　　　　800 000

4. 计提引进生产线的折旧费，假定净残值为零。作：

每年折旧额 = 6 030 000 ÷ 5 = 1 206 000

借：制造费用　　　　1 206 000
　　贷：累计折旧　　　　1 206 000

5. 摊销引进专利技术的费用。作：

每年摊销额 = 300 000 ÷ 5 = 60 000

无形资产的摊销本应记在管理费用科目中，但因这项无形资产摊销是与补偿贸易相关的，所以将它记在偿债产品的制造费用中。

借：制造费用　　　　　60 000
　　贷：无形资产——累计摊销　　60 000

6. 支付动力费用。作：

借：制造费用　　50 000
　　贷：银行存款　　50 000

7. 本月支出了以下制造费用。作：

借：制造费用——工资　　　　　20 000
　　　　　　——材料　　　　　5 000
　　　　　　——保险　　　　　10 000
　　　　　　——低值易耗品　　8 000
　　　　　　——修理　　　　　12 000
　　　　　　——水费等　　　　3 000
　　　　　　——其他　　　　　2 000
　　贷：应付职工薪酬　　　　　　20 000
　　　　原材料　　　　　　　　　13 000
　　　　银行存款　　　　　　　　27 000

8. 引进设备应付的利息费用：假定汇率为 1∶6。（1 130 000 × 5%）× 6 = 339 000。作：

借：财务费用　　　　　　　　　339 000
　　贷：应付账款——M 公司（56 500 美元）　339 000

139

（三）成本的核算

承上例：

1. 假定采用分批法计算成本，期初没有在产品。
2. 本期发生的制造费用为1 376 000元（折旧费1 206 000 + 专利权摊销60 000 + 动力费用50 000 + 制造费用60 000）。假定本批产品期末全部完工共2 000件，A、B产品各1 000件。制造费用以实际工时为分配标准，A产品的实际工时为60 000小时，B产品的实际工时为40 000小时。

分配率 = 1 376 000 ÷ （60 000 + 40 000） = 13.76

A应分摊的制造费用 = 13.76 × 60 000 = 825 600

B应分摊的制造费用 = 13.76 × 40 000 = 550 400

借：生产成本——基本生产——A　　825 600
　　　　　　　　　　　　——B　　550 400
　　贷：制造费用　　　　　　　　1 376 000

3. 因本批产品全部完工，期末无在产品。
4. 根据会计分录和生产成本明细账（略），编制A、B产品成本计算表。

表4-1　完工产品成本计算表　　　　　　　　单位：元

项目	A（1000件）	B（1000件）	总成本
直接材料	788000	692000	1480000
直接人工	500000	300000	800000
制造费用	825600	550400	1376000
合计	2113600	1542400	3656000
单位成本	2113.60	1542.40	—

5. 本批产品完工，经检验合格入库。作：

借：库存商品——A　　　　　　　　2 113 600
　　　　　　——B　　　　　　　　1 542 400
　　贷：生产成本——基本生产——A　2 113 600
　　　　　　　　　　　　　——B　1 542 400

（四）出口及还款的核算

返销产品的价格 = 成本总额 + 销售费用、财务费用和管理费用 + 合理利润

假定合理利润和期间费用占销售价格的30%，则：

A产品的售价 = 2 113.60 ÷ （1 - 30%） = 3 019.43 ≈ 3 020

假定汇率为1∶6，则：

A产品的美元售价＝3 020÷6≈504

B产品的售价＝1 542.40÷（1－30%）＝2 203.43≈2 204

B产品的美元售价＝2 204÷6≈367

原则上，产品出口后，其价款应全部用来归还引进设备、专利权、材料等款项，但如果产品的价款全部用来还款，生产企业就很难进行下一轮的正常生产，或者说影响以后的还款能力。所以企业应该使用产品的利润和所提的折旧额补偿设备等款项。

承上例：1 000件A产品和1 000件B产品全部用于出口，可收回货款871 000美元（504×1 000＋367×1 000）。应归还全部材料款80 000美元；设备款的五分之一（1 000 000÷5＝200 000），专利权的五分之一（50 000÷5＝10 000），总计290 000美元。另外应首先归还利息，因为合同规定利息是每年支付，如果引进设备方未能按时支付利息，则被认为是又借了一笔借款，只要这笔钱未还，今后要和设备款一起计算复利，负担会越来越重。假定A企业引进的设备当年安装试生产，第一年正常生产。产品出口后将第一年的利息还清，剩余部分收回现汇。相关会计分录如下：

A企业发运商品后，作：

借：发出商品　　　　　　　　　3 656 000
　　贷：库存商品——A　　　　　　　 2 113 600
　　　　　　　　——B　　　　　　　 1 542 400

商品发运后向银行交单办理还款和收汇，假定汇率为买入价1∶6；卖出价1∶6.2。作：

应收账款＝6×871 000＝5 226 000

借：应收账款——M公司（美元871 000）　5 226 000
　　贷：主营业务收入　　　　　　　　　　　5 226 000

同时结转成本：

借：主营业务成本　　　　　　　3 656 000
　　贷：发出商品　　　　　　　　　　 3 656 000

发生境外运保费1 200美元。假定汇率为买入价1∶5.8；卖出价1∶6。作：

借：主营业务收入　　　　　　　7 200
　　贷：银行存款　　　　　　　　　　 7 200

进出口业务因成交价不同运费的负担不同，一般的处理方法是进口商品无论以什么价格成交，在缴纳进口关税时一律以到岸价计税，出口退税一律以离岸价退税。所以出口企业在处理境外运保费时，将境外运保费看做是销售收入的减少，记在主营业务收入的借方。

收到银行通知，M公司支付了全部余款，假定汇率为买入价1∶5.8；卖出价

1∶6。作：

表4-2 应付本金及利息表 单位：元

期数	设备款	材料款	专利款	利息	合计
0	1000000	80000	50000		
1	200000	80000	10000	56500	346500
2	200000		10000	42000	252000
3	200000		10000	31500	241500
4	200000		10000	21000	231000
5	200000		10000	10500	220500
合计	1000000	80000	50000	161500	1291500

注：56 500 =（1 000 000 + 80 000 + 50 000）× 5%

应收美元 = 出口产品应收 871 000 - 应付本金及利息 346 500 = 524 500

应收人民币 = 5.8 × 524 500 = 3 042 100

财务费用 =（5.8 - 6）× 524 500 = -104 900

借：银行存款　　　　　　　　　　　　　　3 042 100
　　应付账款——M 公司（美元 346 500）　2 079 000
　　财务费用　　　　　　　　　　　　　　　 104 900
　贷：应收账款——M 公司（美元 871 000）　5 226 000

第三节　加工贸易结算方式

一、加工贸易概述

加工贸易也称对外加工装配贸易，是指按合同规定从国外进口原材料，在规定的期限内加工为成品复出口的一种贸易方式。

（一）加工贸易的形式

1. 进料加工

进料加工，是国内生产加工出口产品的企业，用外汇购买国外的原材料、辅料、元器件、零部件等，经企业加工后，将产品出口的一种经济业务。进料加工的原材料进口和产品出口均属正常买卖关系，均通过外汇收支结算，生产企业拥有经营自主权,具有采购和销售的自主权,不受国外供料厂商控制。

2. 来料加工

来料加工与进料加工只有一字之差,但区别很大。首先,来料加工是国外委托方提供原材料,我方按其要求进行加工,成品全部交还对方,我方只按规定收取工缴费;进料加工是自营进口,生产的产品可以用于出口,也可以内销。其次,来料加工的原材料提供者就是成品接受者;而进料加工中进口原材料的供应者与出口成品的接受者可以有关系也可以无关系。最后,来料加工的双方是委托加工关系;进料加工的双方是自由买卖关系。

3. 来件装配

来件装配,是指由国外委托方提供零部件、原配件和工具等,我方按委托方要求的规格、标准、型号和式样及商标等组装成成品再交付对方。

来件装配主要有以下几种形式:

(1) 国外委托方提供全散件(简称C.K.D.)或半散件(简称S.K.D.),由我方装配为成品。

(2) 国外委托方除提供零部件和元器件外,还为我方代购部分装配设备或测试仪器、仪表等,其垫付的价款从工缴费中扣除。

(3) 国外委托方投资兴建工厂,建设工厂和提供设备的价款,分期从我方所得工缴费中扣除。

4. 来图生产和来样加工

来图生产和来样加工简称来图来样加工,是指由国外委托方提供产品的全套图纸、样品及部分加工技术或零件、工具等,由我方加工制造成产品。这种加工业务主要是一些劳动密集型的一般加工工艺,其优点是可以利用国外的加工工艺技术和销售渠道提高我国的产品生产水平,扩大出口市场。

(二) 海关对加工贸易的监管

国家为规范和加强对加工贸易的管理,制定了配套的管理规章和措施。

1. 实行加工贸易货物分类管理制度

根据一定时期国民经济发展需要和市场供求情况,结合国家产业政策,国家有关部门对加工贸易进行分类管理,制定了加工贸易分类管理目录,将加工贸易商品分为三类:禁止类、限制类(包括限制甲类和限制乙类)、允许类。

2. 实行加工贸易企业分类管理制度

将加工贸易企业分为A、B、C、D四个管理类别,实行动态管理,定期调整。A、B类属于无走私、违规企业,实行正常管理;C、D类有违规行为,是管理的重点。

3. 实行加工贸易保证金台账制度

加工贸易保证金台账制度是指经营加工贸易的单位或企业凭海关核准的手续,

按合同备案金额在中国银行设立加工贸易进口料件保证金台账，加工成品在规定的加工期限内全部出口，经海关核销台账后，再由银行核销保证金台账。通过海关的监管，促使加工贸易进一步规范化、制度化、科学化，有效防止和打击利用加工贸易渠道进行走私、逃税、骗税、骗汇等违法活动，保证了加工贸易的健康发展。

（三）加工贸易的程序

进料加工贸易，属于自营进口业务，不再赘述。来料加工的程序主要分为：

1. 选择客户

国外客户的资金实力和信誉好坏是开展加工装配业务的首要前提。在选择国外客户时，最好是通过银行和我国驻外使馆机构查询，了解、落实，以防经济损失。

2. 签订合同

签订合同或协议是顺利开展对外来料加工装配业务的保证。加工装配业务的特点是进口与出口密切结合，双方的责任、义务一定要在合同条文中明确规定。如来料时间、质量标准、检验方法、仓储数量、消耗定额、交货期限、运输方式、费用开支、事故处理、支付方式、使用货币、利息计算、保险索赔、争议仲裁等问题，必须一一加以明文规定，以利于共同执行。

3. 履行合同

合同或协议一经签订就要严格遵守，保证按时、按质、按量做好加工装配业务，维护国家的信誉。如果外商故意拖欠或因经营不善无力支付工缴费的，我方要及时采取措施有礼有节地据理催收。双方无论哪方违反合同或协议，都必须按照合同或协议承担必要的经济赔偿责任。

（四）来料加工贸易的支付方式

来料加工过程较长，风险较大，需要选择保障我方权益和收汇安全的结算方式。一般选用以银行为中介的国际通用贸易支付方式，做到责权明确，手续清楚。

1. 托收

如果外商信誉好，可采用托收方式结算。具体做法是：来料、来件采用承兑交单托收方式（D/A），成品出口采用付款交单托收方式（D/P），所有进口托收均应包含保险以保证来料和收汇安全。对方来料来件的D/A期限应包含加工装配和产品生产时间、运输、交单索汇时间，并适当增加周转期。

2. 信用证

加工贸易也可选择托收与信用证结合的方式，来料来件采用远期托收，成品出口采用即期信用证。外商开来成品金额信用证，发运商品后所收外汇由银行暂存，备付来料来件托收款项。

加工贸易也可选择来料来件与成品出口对开信用证的方式。来料来件我方开具远期信用证，成品出口由外商开具即期信用证。采用这种方式，要注意将收付汇时间衔接好，做到先收后付。

二、加工贸易的核算

来料加工贸易的特点：一是原辅料由外商提供，加工企业无须付款，原辅料所有权归外商。二是加工企业只收取工缴费，不负担盈亏。所以来料加工贸易的核算，重点在工缴费的核算。

（一）工缴费标准的确定

来料加工的工缴费标准不能以国内加工费用水平来确定，而应以国际同行业或相似行业的加工费水平来确定。

来料加工贸易如果由外商全部提供原材料和零部件，工缴费应包括工人和管理人员的工资、生产费用、折旧费、管理费、手续费、税费等；如果使用我方商标，还应包括商标费；如果为加工装配业务成立新企业，则应包括新企业的注册登记费；如果外商提供的是部分原材料和零部件，还应加上我方补充的原材料和零部件的费用。

在研究和论证来料加工贸易的可行性时，主要关注两个指标：工缴费盈亏率和工缴费换汇成本。相关计算公式为：

工缴费盈亏额 = 外汇增值额 − 工缴费

工缴费盈亏率 = 工缴费盈亏额 ÷ 工缴费 × 100%

工缴费换汇成本 = 工缴费（人民币）÷ 外汇增值额（外币）

（二）来料加工成本的计算

来料加工贸易在签合同之前，一定要了解国内外的加工费用情况，才能在合同签订时争取到合理的、符合实际情况的工缴费标准。

还要注意汇率的变化趋势。因为工缴费是以外币计收的，加工成本是以人民币计算的，汇率的变化对盈亏的影响是很大的。如某合同规定每装配一台电视机工缴费为6美元，加工成本为每台40元人民币，签合同时美元兑人民币的汇率为1：6.9，第二年汇率为1：6.6，则第一年6美元折合人民币41.40元，略有盈余；第二年6美元折合人民币39.60元，略有亏损。从总的趋势来看，该合同规定的工缴费水平偏低，不能接受，该项目不可行。

（三）来料加工贸易的纳税

企业从事来料加工复出口业务，来料时凭海关核发的来料加工进口件的报关单和来料加工登记手册，向主管税务机关办理来料加工贸易免税证明，持此证明向相关税务机关申报免、退税手续。

涉外企业在与外商签订来料加工合同获批准后，应在1个月内持营业执照、税务登记证、合同批准文件、合同副本及其他要求的证件，向主管海关办理合同备案登记手续。海关批准后，向经营单位核发对外加工装配进出口货物登记手册，并凭以验放有关进出口货物。

来料加工贸易料件进口和成品出口时，有关单位和代理人可持登记手册并填写来料加工进出口货物专用报关单，经海关核准后即可予以免税放行。

（四）来料加工的核算方式

1. 根据加工贸易的会计核算方式不同，分为：

（1）来料来件与成品不计价核算，外商提供的原材料、零部件和设备等在账内均不作价反映，但要在账外登记备查。

（2）来料来件与成品计价核算，一般使用对开信用证或托收付款交单等支付方式。具体做法是来料进口时我方暂时不付款，等生产成品出口收回货款后，再从成品货款中扣除原材料的价款。

2. 根据从事加工贸易企业的经营方式不同，分为：

（1）自营加工贸易，由具有外贸经营权的企业自行对外签订合同，独自承担加工任务，自行办理进口来料和出口成品的各项事宜，独自享有工缴费。

（2）代理加工贸易，是由生产企业会同外贸企业对外签订合同，由生产企业承担加工任务，由外贸企业办理进口来料和出口结汇的各项事宜。外商支付的工缴费分为两部分，加工企业收取加工费，外贸企业作为代理收取手续费。

（五）来料加工贸易的核算

根据税法和关税税则的规定，国家对加工贸易给予优惠政策，免征进口税，加工环节的增值税实行不征不退的政策。这一点使加工贸易有别于进出口贸易。加工贸易的合同、发票及有关单证均应加盖"加工贸易"的戳记，以示区别。

外商提供的来料，有价的在"原材料"账户核算；无价的在表外科目"外商来料"项目下核算数量。

1. 自营加工贸易的核算

【例4-3-1】A企业直接与国外M公司签订了一项加工贸易协议，M公司负责提供不计价的原材料、辅料、包装材料，A企业负责加工返还5 000套轴承。每套工缴费60美元。

（1）收到M公司提供的不计价来料时，在表外账户登记"外商来料"数量的增加。

（2）将来料出库用于生产时，记表外账户"外商来料"数量的减少。

（3）支付生产工人工资和社会保险费时，作：

借：其他业务成本——加工贸易——M公司　　650 000

　　　　贷：应付职工薪酬　　　　　　　　　　650 000

同时，作：
　　借：应付职工薪酬　　　　　　650 000
　　　　贷：其他应付款——社保费　　　　　230 000
　　　　　　银行存款　　　　　　　　　　　420 000

（4）登记本期发生的车间制造费用480 000元，作：
　　借：制造费用　　　　　　　　480 000
　　　　贷：累计折旧　　　　　　　　　　　150 000
　　　　　　应付职工薪酬　　　　　　　　　120 000
　　　　　　银行存款　　　　　　　　　　　210 000

（5）本期发生的全部企业管理费用960 000元，作：
　　借：管理费用　　　　　　　　960 000
　　　　贷：累计折旧　　　　　　　　　　　110 000
　　　　　　应付职工薪酬　　　　　　　　　250 000
　　　　　　银行存款　　　　　　　　　　　600 000

（6）加工产品完工，登记表外账。出口发运，支付发运产品的国外运费、保险费合计16 000美元，当日汇率买入价1:6；卖出价1:6.2，作：
　　支付运保费 = 6.2 × 16 000 = 99 200
　　借：其他业务收入　　　　　　99 200
　　　　贷：银行存款　　　　　　　　　　　99 200

（7）交单结汇，工缴费300 000美元（60×5 000），当日汇率为买入价1:5.8；卖出价1:6。作：
　　工缴费 = 5.8 × 300 000 = 1 740 000
　　借：应收账款（美元300 000）　　1 740 000
　　　　贷：其他业务收入——加工贸易——M公司　1 740 000

（8）银行转来收到的工缴费300 000美元，当日汇率为买入价1:5.5，卖出价1:5.7。作：
　　工缴费收入 = 5.5 × 300 000 = 1 650 000
　　汇兑损益 = 1 740 000 - 1 650 000 = 90 000
　　借：银行存款　　　　　　　　1 650 000
　　　　财务费用——汇兑损益　　　　90 000
　　　　贷：应收账款（美元300 000）　　1 740 000

加工完成，冲销表外账户，将与这一项业务相关的表外账户全部转平。

（9）将制造费用转入产品成本。假定该车间同时生产两种产品，甲产品是加工贸易产品，乙产品是国内销售产品。甲、乙产品按工时数分配费用，甲产品用工时20 000小时，乙产品用工时10 000小时。

分配率 = 480 000 ÷ (20 000 + 10 000) = 16
甲产品应分制造费用 = 16 × 20 000 = 320 000
乙产品应分制造费用 = 480 000 - 320 000 = 160 000

(10) 将管理费用分摊记入加工贸易产品。假定全厂管理费用按 5 个产品的产值分配，加工贸易产品的产值占总产值的 20%，应分管理费用 192 000 (960 000 × 20%)。

(11) 结转加工贸易应分摊的成本及费用 512 000 元 (320 000 + 192 000)，作：

借：其他业务成本——加工贸易——M 公司　　512 000
　　贷：制造费用　　　　　　　　　　　　　　　320 000
　　　　管理费用　　　　　　　　　　　　　　　192 000

(12) 计算这批加工贸易的盈亏：

工缴费外汇净收入 = 300 000 - 16 000 = 284 000（美元）
工缴费人民币净收入 = 5.5 × 284 000 = 1 562 000
加工贸易总成本 = 650 000 + 512 000 = 1 162 000
加工贸易盈亏额 = 1 562 000 - 1 162 000 = 400 000
加工贸易盈亏率 = 400 000 ÷ 1 162 000 × 100% ≈ 34.42%
工缴费换汇成本 = 1 162 000 ÷ 284 000 ≈ 4.09

此项目工缴费的换汇成本为 4.09，比当时的汇率 5.5 低 1.41 元，说明效益还可以，属于一个比较成功的加工贸易项目。如果人民币的汇率进一步提高，这个项目也可能变为亏损项目。

引进材料不计价的方式有缺点：对加工方来讲，如果按实际使用量结算，外商担心生产中材料可能会浪费，甚至少用多报，总之，加工方缺少精打细算的积极性；如果按定额结算，虽然外商不必担心浪费，加工方也有节约的积极性，但如果使用的材料是专用材料，节约的材料对加工方来讲既无用又不能出售，同样是一种浪费。

引进材料计价的方式可以克服上述缺点。加工企业与外商商定材料和产品的价格，差额作为加工装配费用。如果企业用料浪费，生产的产品就少，加工装配费就少；如果企业用料节约，生产的产品就多，加工装配费就多，这样对双方都有利，就能达到双赢的目的。

自营加工业务计价的核算，是指来料和产品各计各价，但来料时不进行价款结算，这样可以避免购销的涉税问题，材料虽然计价，但所有权仍属外商，加工企业可以避免购买材料后产品卖不出去的风险。这种方式一定要事先报税务机关备案。

【例 4-3-2】依上例，A 企业直接与国外 M 公司签订了一项加工贸易协议，M 公司负责提供计价的原辅料、包装材料总值为 160 000 美元，A 企业负责加工返还 5 000 套轴承。每套成品价 92 美元。则：

(1) 收到 M 公司提供的原辅料、包装材料，入库时，假定当日汇率为买入价

1∶5.8；卖出价1∶6。作：

　　材料价款=6×160 000=960 000

　　借：原材料　　　　　　　　　　　960 000

　　　　贷：应付账款（美元160 000）　　960 000

（2）将来料投入生产加工时，作：

　　借：其他业务成本——加工贸易——M公司　960 000

　　　　贷：原材料　　　　　　　　　　960 000

（3）、（4）、（5）项与上例相同，从略。

（6）加工产品完工发运，支付国外运保费16 000美元。假定当日汇率买入价1∶6；卖出价1∶6.2。作：

　　支付运保费=6.2×16 000=99 200

　　借：其他业务收入　　　　　　　　99 200

　　　　贷：银行存款　　　　　　　　99 200

（7）出口交单后，结算进出口差额，假定汇率为买入价1∶5.8；卖出价1∶6。作：

　　销售收入=92×5 000=460 000（美元）

　　销售收入人民币=5.8×460 000=2 668 000

　　应收账款=5.8×（460 000－160 000）=1 740 000

　　汇兑损益=（5.8－6）×160 000=－32 000

　　借：应收账款（美元300 000）　　1 740 000

　　　　应付账款（美元160 000）　　　960 000

　　　　贷：其他业务收入　　　　　　2 668 000

　　　　　　财务费用——汇兑损益　　　32 000

（8）银行转来收到的工缴费差额300 000美元，当日汇率为买入价1∶5.5；卖出价1∶5.7。作：

　　收到人民币=5.5×300 000=1 650 000

　　汇兑损益=1 740 000－1 650 000=90 000

　　借：银行存款　　　　　　　　　1 650 000

　　　　财务费用——汇兑损益　　　　90 000

　　　　贷：应收账款（美元300 000）　1 740 000

（9）、（10）、（11）、（12）与上例基本相同，不再重复。

2. 代理加工贸易的核算

代理加工贸易，一般是由外贸进出口公司对外签订加工合同，然后委托国内生产企业加工，最后由外贸进出口公司对外出口。代理加工贸易也依据国外来料是否计价，分为不计价加工和计价加工。

代理加工业务不计价的核算主要包括三部分：一是外商提供的不计价的原辅料

等；二是外贸进出口公司居中，对外收取工缴费，对内支付加工费；三是加工企业接受委托加工任务。

【例4-3-3】A企业为有外贸经营权的进出口企业，与外商签订了一项代理加工贸易合同，由外商提供零部件组装电脑5 000台，每件工缴费100美元。支付加工企业每件人民币500元。相关处理如下：

（1）收到外商发来的零部件时办理通关手续，记入表外账（只记数量）。

（2）将材料拨付加工企业时，记入表外账（只记数量）。

（3）加工企业加工完成后，将产品交回外贸企业，由外贸企业办理对外发运事宜，并持相关单据到银行办理出口结汇。假定汇率为买入价1：5.6；卖出价1：5.8，作：

应收账款 = 5.6 × 500 000 = 2 800 000

借：应收账款——加工贸易（美元500 000）　　2 800 000
　　贷：应付账款——加工贸易　　　　　　　　　2 800 000

（4）收到银行通知，加工贸易工缴费已经到账，当日汇率为买入价1：5.3；卖出价1：5.5。作：

实收加工费 = 5.3 × 500 000 = 2 650 000

汇兑损益 = 2 650 000 - 2 800 000 = -150 000

借：银行存款　　　　　　　　　　　　　　　　　2 650 000
　　财务费用——汇兑损益　　　　　　　　　　　　150 000
　　贷：应收账款——加工贸易（美元300 000）　2 800 000

（5）支付给加工企业加工费。作：

加工费 = 500 × 5 000 = 2 500 000

借：应付账款——加工贸易　　　2 500 000
　　贷：银行存款　　　　　　　　　2 500 000

结转收入。作：

汇兑损益 =（5.3 - 5.6）× 500 000 = -150 000

代理费 = 2 650 000 - 2 500 000 = 150 000

借：应付账款　　　　　　　　　　　　300 000
　　贷：其他业务收入——代理手续费　　150 000
　　　　财务费用——汇兑损益　　　　　　150 000

在本例的代理加工贸易中，代理企业取得了工缴费与加工费的差（或称毛利）150 000元；加工企业取得了加工费2 500 000元，如果加工企业的实际成本是2 300 000元，加工企业的毛利是200 000元。

代理加工业务计价的核算，比不计价的核算要复杂一些。

【例4-3-4】A企业为外贸企业，与外商签订了一项加工贸易合同，由外商提供原辅料，作价180 000美元；加工5 000件产品，返销价每件76美元。A企业与

Q企业签订加工贸易合同，拨付给加工企业的材料按进口价，从加工企业收回产品的价格为2 000 000元，作：

（1）收到外商来料，根据合同视同进口，不支付外汇，暂作应付账款处理，当日汇率买入价1：5.8；卖出价1：6。作：

原材料价款＝6×180 000＝1 080 000

借：原材料　　　　　　　　　　　　　　1 080 000
　　贷：应付账款——加工贸易（美元180 000）　1 080 000

（2）将来料作价1 080 000元，拨付加工厂。作：

借：应收账款——加工厂　　　1 080 000
　　贷：原材料　　　　　　　　　1 080 000

（3）收到加工厂交来的成品，经检验合格，按合同价2 000 000元，暂欠。作：

借：库存商品　　　　　　　　2 000 000
　　贷：应付账款——加工厂　　　2 000 000

（4）发运产品，制作单据，出口交单，当日汇率买入价1：5.6；卖出价1：5.8。作：

加工费＝76×5 000＝380 000

应收账款＝5.6×380 000＝2 128 000

借：应收账款——加工贸易（美元380 000）2 128 000
　　贷：其他业务收入　　　　　　　　　2 128 000

（5）结转成本，作：

借：其他业务支出　　　　　　2 000 000
　　贷：库存商品　　　　　　　2 000 000

（6）接银行通知，收到外商汇来的款项200 000美元，当日汇率买入价1：5.4；卖出价1：5.6。作：

收到加工费＝5.4×（76×5 000－180 000）＝1 080 000

借：银行存款（美元200 000）　　　　　1 080 000
　　应付账款——加工贸易（美元180 000）1 080 000
　　贷：应收账款——加工贸易（美元380 000）2 128 000
　　　　财务费用——汇兑损益　　　　　　32 000

（7）支付加工费给加工厂，作：

借：应付账款——加工厂　　　2 000 000
　　贷：银行存款　　　　　　　920 000
　　　　应收账款—加工厂　　　1 080 000

在本例中外贸企业的毛利为160 000元（1 080 000－920 000），加工企业的毛利为920 000元（2 000 000－1 080 000）。

综上所述，加工贸易有两种核算形式、四种核算方法，一般来说，加工企业自营出口获利会多于委托代理形式；从涉外企业来看，不计价加工大于计价加工。各方利益分配的关键，首先取决于工缴费的水平，其次取决于代理方和加工方的分成比例。

第四节　记账贸易结算

一、协定记账贸易概述

记账贸易的全称为协定记账贸易，是根据两国或几国签订的协议原则和范围进行的进出口交易。协定记账贸易主要由国家进行，也可以由民间组织进行。双方签订的贸易协定和贸易支付协定分长期与年度两种。

协定贸易的具体做法是：由双方政府签订贸易协定和贸易支付协定，对主要的几种进出口商品规定出数量或金额，其余部分由各自的贸易商自行联系成交，也可以全部商品的进出口均由双方的贸易商自行联系成交。

协定记账贸易的结算是由两国政府签订贸易支付协定，开立清算账户，以集中相互抵消各自债权债务的方法，清算两国之间的贸易和非贸易往来的制度。协定记账贸易结算方式的特点主要有：

1. 指定清算机构，规定记账方法。两国的清算一般由双方的国家银行或指定银行办理。

2. 规定清算范围和清算货币。支付协定明确规定清算的项目及两国间贸易的商品种类。清算使用的货币可有几种选择：一种是使用各自的本国货币；一种是共同使用一方国家的货币；再有可使用第三国货币。

3. 规定信用摆动额度及账户差额的处理方法。信用摆动额度，是指由于客观原因引起贸易不平衡，造成清算账户出现差额，如果差额在合理的范围内，或双方认可的范围内，这个额度称为摆动额度，其实质是无息或低息相互透支的额度。其数量一般为年度出口额的5%~10%。账户的年终差额可用以下方式处理：一是由逆差国向顺差国输出商品作为补偿；二是用双方同意的可兑换货币支付；三是将余额转入下一年度清算账户内。

协定记账贸易结算的优点是：对外汇资金薄弱的国家，可以起到出口销售有保证，进口需要的商品无须动用外汇，减少黄金外汇储备流失的作用；对出口国来讲，可以扩大出口销售规模。其缺点是：一是凡国际市场上紧俏的商品，双方都不愿意通过记账贸易协定方式结算，所以进口方不得不用外汇购买；二是账户的差额处理困难：逆差方不愿意用可兑换货币支付，一般会转入下一年度账户内清算；三是顺差国有大量顺差却无法使用，大量的资金被占压。

二、记账贸易的核算

【例4-4-1】A企业与国外P贸易公司签订合同进口原材料1 000吨，每吨600美元，双方同意使用支付协定结算，支付协定的计价货币假定为美元。A企业接到支付协定指定银行通知，进口原材料的单据已到，经审单无误，同意付款，假定当日汇率为买入价1：5.6；卖出价1：5.8，A企业将货款存入记账清算账户。作：

进口货款 = 5.8 × 600 × 1 000 = 3 480 000
借：其他货币资金——清算银行存款
　　　　　　　　　　　　　　　3 480 000
　　贷：银行存款　　　　　　　3 480 000
借：物资采购　　　　　　　　　3 480 000
　　贷：其他货币资金——清算银行存款　3 480 000

原材料运到后支付各项税费，假定原材料的进口关税税率为10%，增值税税率为17%。作：

进口关税 = 3 480 000 × 10% = 348 000
增值税 = (3 480 000 + 348 000) × 17% = 650 760
借：应交税费——关税　　　　　348 000
　　　　　——增值税——进项税额　650 760
　　贷：银行存款　　　　　　　998 760
借：物资采购　　　　　　　　　348 000
　　贷：应交税费——关税　　　348 000

经验收合格入库。作：
借：库存商品　　　　　　　　　3 828 000
　　贷：物资采购　　　　　　　3 828 000

假定A企业将原材料全部售给L化工厂，价款5 000 000元，增值税850 000元，款已收回存入银行。作：

借：银行存款　　　　　　　　　5 850 000
　　贷：主营业务收入　　　　　5 000 000
　　　　应交税费——增值税——销项税额　850 000

结转成本。作：
借：主营业务成本　　　　　　　3 828 000
　　贷：库存商品　　　　　　　3 828 000

【例4-4-2】A企业出口一批橡胶，进口国与我国签有记账贸易协定，进口方 N 公司要求使用支付协定方式结算。假定我国与对方的支付协定使用人民币结算。出口金额为850 000元，数量为 100 吨。A 企业购进橡胶 100 吨，每吨6 500元，增值税税率为 17%，用银行存款付讫。

  借：物资采购   650 000
    应交税费——增值税——进项税额 110 500
    贷：银行存款   760 500

将橡胶入库，作：

  借：库存商品   650 000
    贷：物资采购   650 000

将橡胶发运并向银行交单办理结算。作：

  借：发出商品   650 000
    贷：库存商品   650 000
  借：应收账款   850 000
    贷：主营业务收入   850 000
  借：主营业务成本   650 000
    贷：发出商品   650 000

接到银行通知，销售橡胶款已收到存入银行。作：

  借：银行存款   850 000
    贷：应收账款   850 000

持相关单据办理出口退税，假定橡胶的退税率为 10%，则：

  借：应收出口退税   65 000
    贷：应交税费——增值税——出口退税 65 000

其余增值税转为成本。作：

  借：主营业务成本   45 500
    贷：应交税费——增值税——进项税额转出 45 500

  支付协定下的记账贸易结算方式对企业来说可以及时得到本币货款，对国家来说，是通过双方各自指定银行记账来完成贸易结算，最后出现的不平衡对顺差国家不利，相当于有大量资金被逆差国家占用。

【讨论案例】

  假定 M 国和 N 国签有 1 年期贸易支付协定，协定的计价货币为美元。年内双方贸易和非贸易结算为 M 国出口 1 859 万美元，进口 1 563 万美元，顺差为 296 万美元。对差额的平衡问题，N 国要求 M 再进口一些 N 国的货物，M 国希望能收回 50% 自由外汇。

  分析要求：

  1. 支付贸易协定如何解决贸易差额问题？

2. 支付贸易协定对双边贸易有何促进作用？

【思考题与练习题】
一、思考题
1. 对销业务的种类及结算方式。
2. 补偿贸易的种类及结算方式。
3. 计价加工贸易如何进行核算？
4. 记账贸易是如何进行核算的？

二、练习题
1. B企业与国外M公司签署一项出口生丝10吨，每吨50 000元人民币；进口橡胶40吨，每吨12 500元人民币的贸易合同。合同规定采用在银行开立易货特别账户方式结算，以人民币为计价货币。假定B企业先出口，B企业出口退税率为10%，进口橡胶关税税率10%，增值税税率均为17%。B企业将进口橡胶全部出售给轮胎厂，每吨15 000元。试根据B企业各项业务编制会计分录。

2. B企业与国外R公司签署了一项加工贸易合同。外商来件我方负责装配，来件不计价，装配后由外商收购，每件工缴费70美元，合同要求装配5 000件，总价350 000美元。我方支付工资及福利费用800 000元人民币，其中社保基金200 000元；车间管理人员工资50 000元，折旧80 000元，银行支出20 000元；应分摊的企业管理费包括企业管理部门人员工资150 000元，折旧30 000元，银行支出70 000元。假定收到工缴费当日汇率为买入价1∶5；卖出价1∶5.2。试做相关会计分录。

3. B企业与国外厂家签订一项补偿贸易协定，引进一条汽车生产线，价格为10 000 000美元，双方商定设备价款分5年偿还，利率为8%，每年还款2 000 000美元。用于还款的不是该设备生产的产品，而是该企业的老产品汽车零件，双方规定每一件汽车零件的价格为1 000美元，并规定使用固定汇率1∶5。试计算每年至少应该出口多少件汽车零件，并写出会计分录。

4. B企业与国外K公司签署一项出口水泥的合同，CIF价30 000美元，进出口国签有记账贸易协定，进口方要求使用记账方式结算，两国间的贸易使用美元计价，美元对人民币使用固定汇率1∶6。K公司于发货前开来信用证，B企业发货交单后，接银行通知收回货款，假定成本为120 000元人民币，另支付运费1 500美元。试做相关会计分录。

【互联网学习】
访问以下相关网站，了解相关知识：
中国国际贸易学会网站 http：//gmxh. mofcom. gov. cn/
中国对外经济贸易会计学会网站 http：//kjxh. mofcom. gov. cn/

第五章　国际贸易结算融资

【本章学习要点】
1. 了解国际贸易结算融资的概念和特点。
2. 掌握出口贸易结算融资的特点与核算。
3. 掌握进口贸易结算融资的特点与核算。
4. 了解新型贸易融资产品。

【关键术语】
贸易融资（Trade Finance）
出口贸易（Export Trade）
进口贸易（Import Trade）

第一节　国际贸易结算融资概述

国际贸易结算融资是指银行围绕国际贸易结算的各个环节为客户提供资金及信用融通的经营活动，即银行在为客户办理进出口结算的过程中，为解决客户的资金困难而提供的资金融通。

一、国际贸易结算融资的特点

国际贸易结算融资一般具有时效性强、周转快的特点，银行对资信好、业务量大的老客户，可采用授信额度方式进行管理，在授信额度内可简化手续，使资金尽快到账。对初次办理融资业务的客户，要严格按程序审核办理。国际贸易结算融资的特点：

1. 期限较短，一般在180日以内。
2. 自偿性，有稳定的还款来源。
3. 安全，在多数情况下可控制货权。
4. 每笔贸易融资的金额较小，但国际贸易的业务总量较大。

二、办理融资的企业须具备的基本条件

1. 经工商行政管理部门依法登记注册，持有营业执照，具有企业法人资格。
2. 有一定比例的自有流动资金，实行独立经济核算，有健全的会计制度和财务管理制度，在银行开有基本存款账户。
3. 经营正常，效益良好，有能力按时偿还借款，在银行统一授信和客户评级的结果达到规定的标准。
4. 能提供可靠的还款付息保证。
5. 能提供有关合同、计划、协议、单证、报表等经济活动资料。

目前商业银行国际贸易融资主要是对国际货物贸易的融资，其种类分为出口贸易融资和进口贸易融资。

第二节　出口贸易融资

经营进出口业务的企业与外商签订出口贸易合同后，如果因为种种原因资金紧缺，可以依据不同结算方式，向银行申请办理资金融通业务。银行对于出口商的贸易结算融资方式主要包括：打包贷款、出口押汇、贴现、包买票据、短期出口信用保险项下融资和卖方信贷等。

一、打包贷款

打包贷款又称信用证打包贷款，是银行在出口商出口货物之前，以出口方提供的进口方银行开来的有效信用证正本作为还款凭据（也有的需要另提供抵押或质押担保），向出口方提供的用于生产或收购商品及其从属费用的资金融通。该项融资属于装船前融资，一旦商品装上船或以其他方式出运，出口商即可办理交单议付，出口商获得的议付款首先应该用来归还打包贷款。

打包贷款的主要特点：

1. 主要支持使用信用证结算的出口贸易。出口商必须提供境外不可撤销信用证正本、国内收购合同（用于审核该项业务的盈利水平）、信用证条款及开证行资信情况等。银行要逐笔审核，批准后签订贷款合同。
2. 贷款期限通常为3~4个月，最长不超过6个月。即期信用证的打包贷款日期自贷款之日起至信用证有效期后1个月，原则上不超过半年；远期信用证打包贷款期限自贷款之日起至信用证有效期后1个月，期间可凭开证行承兑通知书办理出

口押汇贷款并可用来归还打包贷款。

3. 贷款币种，可以是人民币，也可以是外币。

4. 贷款银行，一般为信用证的议付行。

5. 贷款金额，一般为信用证金额的 70%～80%，最高不超过 90%。因为银行议付信用证要扣收利息、交货会有尾差，贷款额度不会是信用证的 100%。另外有些银行还规定，对出口有盈利的企业按外销价乘以换汇成本后的 80% 放款，因为银行贷给企业成本后，企业就能进行正常的再生产活动。

6. 贷款利率，一般低于流动资金贷款利率，高于信用证议付利率，因为贷款风险低于流动资金贷款，但高于信用证议付。利息采取按季收息、余息利随本清的办法。

【例 5-2-1】A 企业与国外进口商 M 公司签订一份出口日用品的合同，总值 CIF 价美元 50 000，发货前两个月按时收到国外开来的即期信用证，金额为美元 50 000。A 企业持有关单证到银行办理打包贷款手续，银行审核后认为手续基本合格，但缺少抵押或质押担保，必须补齐才能发放贷款。A 企业决定以自用的办公楼为抵押，在办妥相关手续后，银行同意发放信用证额度 80% 的外币贷款，因企业无外币账户，折算为人民币记入企业人民币存款账户，期限 60 天，并扣收手续费美元 100，利率为 6%。当日汇率为：买入价 1∶5.8，卖出价 1∶6。A 企业作：

打包贷款额 = 50 000 × 80% - 100 = 39 900（美元）

人民币贷款额 = 5.8 × 39 900 = 231 420

 借：银行存款   231 420

   财务费用——手续费 580

  贷：短期借款——打包贷款 232 000

假定 A 企业采购日用品支付货款 156 000 元，增值税 26 520 元。日用品已验收入库。作：

 借：库存商品   156 000

   应交税费——增值税——进项税额 26 520

  贷：银行存款   182 520

A 企业根据信用证要求按时发货，作：

 借：发出商品   156 000

  贷：库存商品   156 000

假定 A 企业交单后，当日汇率为买入价 1∶5.4，卖出价 1∶5.6。作：

应收账款 = 5.4 × 50 000 = 270 000

 借：应收账款   270 000

  贷：主营业务收入 270 000

 借：主营业务成本 156 000

  贷：发出商品   156 000

收到国外银行汇来的货款，银行自动收回打包贷款本息，余款记入 A 企业账户。假定汇率为买入价 1∶5.3，卖出价 1∶5.5。A 企业根据有关凭证作：

美元利息 = 40 000 × 6% ÷ 360 × 60 = 400

人民币利息 = 5.3 × 400 = 2 120

银行存款 =（50 000 - 40 400）× 5.3 = 50 880

借：银行存款　　　　　　　　　　　　　　50 880
　　财务费用——利息　　　　　　　　　　 2 120
　　短期借款——打包贷款　　　　　　　　232 000
　　贷：应收账款——M 公司（美元 50 000）　270 000
　　　　财务费用——汇兑损益　　　　　　　15 000

注：借方财务费用 2 120 元为利息；贷方 15 000 = 短期借款 40 000 ×（5.8 - 5.3）- 应收账款 50 000 ×（5.4 - 5.3），此分录也可以作成：

借：银行存款　　　　　　　　　　　　　　50 880
　　短期借款——打包贷款　　　　　　　　232 000
　　贷：应收账款——M 公司（美元 50 000）　270 000
　　　　财务费用　　　　　　　　　　　　 12 880

【例 5 - 2 - 2】A 企业与国外 L 公司签订一份出口化肥的合同，总值 FOB 价美元 80 000。合同规定采用远期信用证结算方式，承兑后半年付款。发货前两个月按时收到国外开来的远期信用证，金额为美元 80 000。A 企业持有关单证到银行办理打包贷款手续，银行审核后认为手续基本合格，A 企业以库存原材料为抵押，在办妥相关手续后，银行同意发放信用证额度 80% 的外币贷款，因 A 企业无外币账户，故折算为人民币记入企业人民币账户，期限 182 天，并扣收手续费美元 160，利率为 4.8%。当日汇率为：买入价 1∶5.4，卖出价 1∶5.6。A 企业分录：

打包贷款额 = 5.4 ×（80 000 × 80%）= 345 600

手续费 = 5.4 × 160 = 864

实际收到的款项 = 345 600 - 864 = 344 736

借：银行存款　　　　　　　　　　　344 736
　　财务费用——手续费　　　　　　　 864
　　贷：短期借款——打包贷款　　　　345 600

假定 A 企业用贷款收购化肥，共支付货款 300 000 元，增值税 51 000 元。作：

借：物资采购　　　　　　　　　　　300 000
　　应交税费—增值税—进项税额　　　51 000
　　贷：银行存款　　　　　　　　　 351 000

将化肥入库，作：

借：库存商品　　　　　　　　　　　300 000
　　贷：物资采购　　　　　　　　　 300 000

A企业将化肥装船出运，并取得相应单据，将单据提交银行，申请国外银行承兑。化肥发运后可作：

借：发出商品　　　　　　　　　　300 000
　　贷：库存商品　　　　　　　　　　300 000

如果A企业收到进口商开户银行承兑汇票的通知后，不做出口押汇，则等信用证到期银行收回货款后，归还打包贷款。假定收到承兑货款通知时，当日汇率为买入价1：5.3，卖出价1：5.5。作：

应收账款 = 5.3 × 80 000 = 424 000

借：应收账款（美元80 000）　　424 000
　　贷：主营业务收入　　　　　　　　424 000

同时结转营业成本：

借：主营业务成本　　　　　　　　300 000
　　贷：发出商品　　　　　　　　　　300 000

150天后收到国外银行汇来货款时，假定当日汇率为买入价1：5.2，卖出价1：5.4，贷款期限为182天。作：

贷款利息 = 64 000 × 4.8% ÷ 360 × 182 = 1 553
打包贷款人民币利息 = 5.2 × 1 553 = 8 075.60
银行存款 = 5.2 × [80 000 − (64 000 + 1 553)] = 75 124.40

借：银行存款　　　　　　　　　　75 124.40
　　短期借款——打包贷款　　　　　345 600
　　财务费用　　　　　　　　　　 3 275.60
　　贷：应收账款（美元80 000）　　424 000

［注：3 275.60 = 打包贷款利息8 075.60 + 应收账款汇兑损失（5.3 − 5.2）× 80 000 − 打包贷款汇兑损益64 000 ×（5.4 − 5.2）= 8 075.60 + 8 000 − 12 800］

也可以将上述分录作成：

借：银行存款　　　　　　　　　　75 124.40
　　短期借款——打包贷款　　　　　345 600
　　财务费用——贷款利息　　　　 8 075.60
　　　　　　——应收账款汇兑损益　8 000
　　贷：应收账款（美元80 000）　　424 000
　　　　财务费用——打包贷款汇兑损益　12 800

二、出口信用证押汇

出口押汇，又称信用证项下出口押汇，是指押汇银行根据信用证受益人的申请，审核受益人提交的由国外信用状况良好的银行开立的信用证项下全套单证，并以相符单证作为质押，按照索汇金额减去预留估算的需要支付的押汇利息和需要扣收的押汇费用，将余款贷放给信用证受益人，然后向开证行寄单索汇归还贷款的一种融资方式。这种融资方式是有追索权的，如开证行拒付或到期不能付款，押汇行有权向受益人（出口商）追索已垫付的款项及延期支付的利息。

银行在接受出口押汇申请时还会审查开证银行所在国家的政治、经济情况，如果开证银行所在国家政局不稳，经济状况恶化，外汇短缺，除非信用证已由第三国信誉良好的银行加具保兑或确认偿付，否则不会受理押汇申请；如果信用证中含有出口商本身不能控制的附加条款，这一类信用证银行也不愿接受；信用证项下的单据如果不是物权凭证（物权凭证是指海运提单和含有海运提单的联运提单。因这类提单的取货权由托运人掌握，进口商不付款，银行不应交单，进口商无法提货），银行也不愿意接受。

出口押汇与打包贷款的区别如下：

1. 融资环节不同。出口押汇是在货物发运之后，打包贷款是在货物发运之前。

2. 融资的金额不同。出口押汇是对单据金额的全额融资，打包贷款的融资额最高不超过信用证的90%，多数为80%左右。

3. 利息收取方式不同。出口押汇的利息是在办理融资款时扣收（基本没有收息风险），打包贷款的利息是在收回贷款时收取。

4. 银行的风险不同。出口押汇的风险主要在国外进口商和开证行能否履约，回避风险的手段是持有追索权；打包贷款的风险主要是出口商能否履约，回避风险的手段是要求出口商提供担保。

【例5-2-3】A企业与国外K公司签订一份出口五金工具的合同，合同规定采用信用证结算方式付款。合同金额为FOB价美元90 000，A企业根据合同按期交货后，持全套单据向银行申请出口押汇贷款，银行审查后同意，扣收20天利息（利率为6%），另收手续费0.2%，余款转入A企业人民币存款账户，当日汇率为买入价1∶5.6，卖出价1∶5.8。作：

利息 = 5.6 × (90 000 × 6% ÷ 360 × 20) = 1 680

手续费 = 5.6 × (90 000 × 0.002) = 1 008

贷款额 = 5.6 × 90 000 = 504 000

借：银行存款　　　　　　　　　　　　　　501 312
　　财务费用——利息　　　　　　　　　　 1 680
　　　　　　——手续费　　　　　　　　　　1 008
　　贷：短期借款——出口押汇（美元90 000）　504 000

A企业将单据交给银行作押汇时，应确认销售收入，按当日汇率，买入价1∶5.6，卖出价1∶5.8，入账：

应收账款 = 5.6 × 90 000 = 504 000

借：应收账款——K公司（美元90 000）　　　504 000

　　　　贷：主营业务收入　　　　　　　　　　504 000
　　假定该批货物的成本为 320 000 元。作：
　　　　借：主营业务成本　　　　　320 000
　　　　　　贷：库存商品　　　　　　　　　320 000
　　假定 20 天后如数收到货款，银行扣回押汇贷款，当日汇率为买价 1∶5.4，卖价 1∶5.6。作：
　　收回的货款 = 5.4 × 90 000 = 486 000
　　　　借：银行存款　　　　　　　　　　486 000
　　　　　　财务费用　　　　　　　　　　 18 000
　　　　　　贷：应收账款——K 公司（美元 90 000）　　504 000
　　银行扣收贷款，作：
　　　　借：短期贷款——出口押汇（美元 90 000）　　504 000
　　　　　　贷：银行存款　　　　　　　　　　486 000
　　　　　　　　财务费用　　　　　　　　　　 18 000
　　因为出口押汇是以美元计价，汇率的变化不影响还款，也可以直接作：
　　　　借：短期贷款——出口押汇（美元 90 000）　　504 000
　　　　　　贷：应收账款——K 公司（美元 90 000）　　504 000
　　假定进口方因某种原因不支付货款，银行收到国外银行发来的通知，一方面应及时通知 A 企业，另一方面根据借款协议，银行行使追索权，从 A 企业账户扣收贷款，A 企业收到扣款单时，当日汇率为买入价 1∶5.5，卖出价 1∶5.7，作：
　　归还短期贷款人民币 = 5.7 × 90 000 = 513 000
　　　　借：短期贷款——出口押汇（美元 90 000）504 000
　　　　　　财务费用　　　　　　　　　　　 9 000
　　　　　　贷：银行存款　　　　　　　　　　513 000
　　注：A 企业因种种原因没能收回货款，根据借款协议银行行使追索权，从 A 企业账户扣收短期贷款，因为汇率上升，A 企业支付的人民币增多；如果汇率下降，A 企业支付的人民币会减少。

三、出口托收押汇

　　出口托收押汇，是指出口商（收款人）采用托收结算方式，在将单据提交给出口地托收行后货款收回前，要求托收行先预支部分或全部货款，待托收款项收妥后归还银行垫款的一种融资方式。这种融资方式银行是有追索权的。在签订协议时，银行应加该条款：即在企业不能从国外收回货款的情况下，企业必须偿还押汇本金和利息，或允许银行主动从其账户扣回押汇的金额及补收有关的费用。出口托收押汇一般是原币（即托收使用的货币）入收款人账，如收款人无外币账户，则可兑换成人民币记入收款人的人民币账户。

出口托收押汇的作用、手续与出口信用证押汇类似，优点都是手续简便、融资速度快。出口托收押汇与出口信用证押汇根本的区别在于托收没有银行作付款保证，属于商业信用；信用证有开证行（或保兑行）的付款保证，属于银行信用。对于发放贷款的银行，出口托收押汇的风险大于出口信用证押汇的风险。

【例5-2-4】A 企业与国外 B 公司签署一份出口大米的合同，合同 CIF 价美元30 000。A 企业在向银行交单，委托银行代为收款的同时申请银行给予托收净额80%的融资。银行经审查，同意给予货款80%的融资，扣收30天的利息；利率为6%，手续费0.3%。以外币计价，因申请人没有外币账户，按当日汇率折算为人民币记入 A 企业人民币账户。汇率为买入价1∶5，卖出价1∶5.2。作：

利息 = 5 × （30 000 × 0.8 × 0.06 × 30 ÷ 360） = 600
手续费 = 5 × （30 000 × 0.8 × 0.003） = 360
出口托收押汇 = 5 × 30 000 × 80% = 120 000

借：银行存款　　　　　　　　　　　　　　119 040
　　财务费用　　　　　　　　　　　　　　　　960
　　贷：短期借款——出口托收押汇（美元24 000）120 000

同时确认收入，作：

借：应收账款（美元30 000）　　150 000
　　贷：主营业务收入　　　　　　150 000

假定营业成本为106 000元，作：

借：主营业务成本　　　　　　106 000
　　贷：库存商品　　　　　　　106 000

30天后收到国外支付的货款。当日汇率为买价1∶4.8，卖价1∶5。作：

收到剩余货款 = 4.8 × 30 000 × （1 - 80%） = 28 800

借：银行存款　　　　　　　　　　　　　　28 800
　　短期贷款——出口托收押汇（美元24 000）120 000
　　财务费用　　　　　　　　　　　　　　 1 200
　　贷：应收账款——B 公司（美元30 000）　150 000

注：汇兑损益1 200实际上是收款日买入价4.8与应收账款确认日汇率买入价5.0之间的差额0.2与剩余货款6 000美元的乘积。

四、贴　现

贴现，是银行有追索权地买进已承兑的远期票据。远期票据主要是指银行票据或有银行信用担保的商业票据。因为有银行信用担保的商业票据和银行票据的可靠性和流通性较强，银行比较愿意接受。由于票据伪造、诈骗手段的高科技化，银行从事跨国票据业务的风险加大，实务中没有真实贸易背景的"纯票据"很难贴现。

远期信用证项下的汇票经开证行承兑后，因承兑人是银行，资金信誉高，容易获得贴现。托收项下的远期汇票经过进口方承兑后，同样可以贴现。因进口企业的承兑属于商业承兑，商业承兑汇票资金信誉较低，贴现时出口商必须做出履约保证，否则很难得到票据融资。

在正常的远期承兑交单信用证业务中，是出口方给予进口方以融资的优惠（进口方可以将货物卖出后，再支付进口货款），出口方为了解决自己的资金困难，在承担了贴现息和手续费后，才能得到资金，这种信用证称为卖方远期信用证。在实务中，有时买方为了得到卖方的融资优惠，主动提出愿意承担贴现息和相关费用。其具体做法是合同订为即期付款，而买方因融资需要开出了远期信用证，在信用证中说明可即期付款，其贴现息等费用由买方承担。这样卖方可在交单后取得全额货款，与即期信用证唯一不同的是，在买方未到期偿付前，卖方的连带责任始终未终结。这种做法称为买方远期信用证，或称假远期信用证。

【例5-2-5】A 企业与国外 H 公司签订一份服装销售合同，CIF 价 40 000 美元，结算方式为半年期远期信用证，承兑交单。A 企业收到开证银行承兑通知单后，同意放单给进口商。同时向议付银行申请办理远期信用证贴现，贴现期为 180 天加 10 天结算期，共 190 天。贴现率为 4.8%，手续费为 0.2%。借款币种为美元，因为 A 企业无外币存款账户，所以按当日汇率换算为人民币记入 A 企业人民币存款账户。当日汇率为买入价 1∶4.6，卖出价 1∶4.8。

进口方银行承兑后出口商可确认收入，作：

应收账款 = 4.6 × 40 000 = 184 000

借：应收票据——H 公司（美元 40 000） 184 000
　　贷：主营业务收入　　　　　　　　　　184 000

假定成本为 146 000 元。作：

借：主营业务成本　　　　　　　146 000
　　贷：库存商品　　　　　　　　　　146 000

银行同意办理贴现，作：

贴现息 = 4.6 ×（40 000 × 0.048 ÷ 360 × 190）= 4.6 × 1 013 = 4 659.80

手续费 = 4.6 ×（40 000 × 0.002）= 4.6 × 80 = 368

借：银行存款　　　　　　　　　178 972.20
　　财务费用——利息　　　　　　　4 659.80
　　　　　　——手续费　　　　　　　　368
　　贷：应收票据贴现——H 公司（美元 40 000） 184 000

190 天后收到进口方支付的货款美元 40 000，当日汇率为买入价 1∶4.7，卖出价 1∶4.9 作：

收回银行存款 = 4.7 × 40 000 = 188 000

借：银行存款　　　　　　　　　　　　　188 000
　　贷：应收票据——H 公司（美元 40 000）　184 000
　　　　财务费用　　　　　　　　　　　　 4 000
借：应收票据贴现——H 公司（美元 40 000）　184 000
　　财务费用　　　　　　　　　　　　　 4 000
　　贷：银行存款　　　　　　　　　　　 188 000

或者直接做：
借：应收票据贴现——H 公司（美元 40 000）　184 000
　　贷：应收票据——H 公司（美元 40 000）　184 000

因为借款是以美元计价的，所以将收到的外币直接归还外币借款就可以了。

【例 5-2-6】A 企业与国外 N 公司签订一份出口蔬菜的合同，合同规定的结算方式为托收项下远期承兑交单，CIF 价美元 8 000。A 企业发运货物后，将单据委托银行转交进口方银行转 N 公司，N 公司承兑一张半年期汇票，金额为美元 8 000。A 企业收到承兑的汇票后，向开户银行申请贴现，银行审查后同意，双方签署借款协议，特别注明如果进口方不付货款，银行有权从 A 企业账户中扣收贴现款，期限为 180 天加结算期 10 天，共 190 天，贴现率为 3.6%，手续费为 1%。当日汇率为买入价 1:4.8，卖出价为 1:5。

A 企业收到 N 公司已承兑的汇票时确认收入，作：
应收账款 = 4.8 × 8 000 = 38 400
借：应收票据——N 公司（美元 8 000）　38 400
　　贷：主营业务收入　　　　　　　　　　38 400

假定成本为 28 900 元，作：
借：主营业务成本　　　　　　　　　28 900
　　贷：库存商品　　　　　　　　　　28 900

办理贴现时，作：
贴现息 = 4.8 × (8 000 × 0.036 ÷ 360 × 190) = 4.8 × 152 = 729.60
手续费 = 4.8 × (8 000 × 0.01) = 4.8 × 80 = 384
借：银行存款　　　　　　　　　　　 37 286.40
　　财务费用——利息　　　　　　　　　 729.60
　　　　　　——手续费　　　　　　　　　384
　　贷：应收票据贴现——N 公司（美元 8 000）　38 400

远期汇票到期后，N 公司因经营不善无力还款，银行从 A 企业账户扣收贷款。
假定当日汇率为买入价 1:5，卖出价 1:5.2。作：
应支付人民币 = 5.2 × 8 000 = 41 600
借：应收票据贴现　　　　　　　　　38 400
　　财务费用　　　　　　　　　　　 3 200

贷：银行存款　　　　　　　　　　　　41 600
同时将 N 公司欠款由应收票据转为应收账款，作：
借：应收账款——N 公司（美元 8 000）　　38 400
　　贷：应收票据——N 公司（美元 8 000）　　38 400

五、国际保理

（一）国际保理业务概述

国际保理（Factoring）是国际保付代理业务的简称，是保理商从出口商手中购进通常以发票表示的对债务人的应收账款，由保理商负责信用销售控制、销售分户账管理和债权回收业务。国际保理业务既是一种可供选择的国际结算方式，也是一种短期融资方式，其特点是提供集结算、管理、担保、融资为一体的综合性售后服务。

（二）国际保理的当事人

国际保理业务有两种做法：国际单保理和国际双保理。国际单保理有三个当事人，国际双保理有四个当事人。

1. 卖方，即出口商或称供应商，是指提供货物或服务，出具发票且其应收账款已转移给国际保理商的一方。

2. 债务人，即买方或进口商，是指因接受货物或劳务，具有付款责任的一方。

3. 出口保理商，是与卖方签订保付代理协议，对卖方的应收账款承做保理业务的一方。出口保理商一般在出口商所在地。出口保理商是国际双保理业务的当事人之一。

4. 进口保理商，是指对出口商或出口保理商过户给他的应收账款承担付款责任的进口商所在地的保理商。进口保理商是国际保理业务的主要当事人之一。

（三）保理业务的种类

1. 单保理模式与双保理模式

（1）单保理模式只有三个当事人：出口商、进口商和进口保理商。一般是出口商与进口保理商签署保理协议，再由进口保理商与出口商所在地的一家银行签署协议，出口方银行只起到传递函电及划拨款项的作用。

单保理存在以下缺点：

①出口商与进口保理商不在同一个国家，出现问题时交涉比较困难。

②出口商所在地银行只承担传递函电的工作，没有开拓业务的积极性。

③进口保理商直接对出口商负责，因分处两国难以准确掌握出口商的履约能

力,并且出口商不能获得融资便利。

(2) 双保理模式有四个当事人:出口商、出口保理商、进口保理商、进口商。国际双保理的具体做法是:出口商与出口国所在地的保理商签订协议,出口保理商与进口保理商双方签订协议,相互委托代理业务,并由出口保理商根据出口商的需要提供融资。

双保理的优点有以下几点:

①出口商与出口保理商签署协议,双方在同一国度内消除了语言、法律、贸易习惯等方面的障碍。

②出口商可获得融资。

③出口保理商要了解进口商的资信,可以委托进口保理商办理。

双保理的不足之处,主要是费用高一些,因为环节多了,速度可能会慢一些。

2. 融资保理与非融资保理

融资保理,是保理商可以凭出口商提供的单据提供一定比例垫付资金的业务。

非融资保理,是保理商在保理业务中不提供融资服务。

3. 明保理和暗保理

明保理,是指债权转让一经发生就会通知债务人,请其到期直接向保理商付款的保理方式。

暗保理,是指债权转让行为不通知债务人,出口商收到货款后再交给保理商的保理方式。

4. 定期保理和预付保理

定期保理,是指不论应收账款是否收妥,保理商都在一个事先约定的固定日期向出口商付款,这个日期一般是根据债务人的平均付款天数确定的。无论债务人是否已经付款,保理商都保证向出口商付款或收买债权。

预付保理,是保理商在货款到期日或收款日之前向出口商提供预付款的保理方式。

(四) 保理业务的核算

【例5-2-7】A 企业与意大利 S 公司签署一项出口羊绒的合同,意向金额为美元500 000,因为 A 企业与 S 公司不熟悉,不了解 S 公司的信用情况,所以 A 企业与中国保理业务公司洽谈双保理业务,由保理商对进口商进行资信调查。保理商预收2 000元双保理手续费。A 企业作:

借:财务费用　　　　　　　　　　　2 000
　　贷:银行存款　　　　　　　　　　　2 000

经过调查,进口保理商认为赊销金额不应超过美元80 000。A 企业与 S 公司签署正式合同,合同金额为美元80 000,货款于发货180天后支付。A 企业发货后将单据交 S 公司,将发票副本交出口保理商。出口保理商给予 A 企业80%的融资。

假定当日汇率为买入价 1∶5.4，卖出价 1∶5.6。发运商品后，作：

  应收账款 = 5.4 × 80 000 = 432 000

  借：应收账款　　　　　　　　432 000
    贷：主营业务收入　　　　　432 000

假定该业务成本为 215 000

  借：主营业务成本　　　　　　　215 000
    贷：库存商品　　　　　　　215 000

融资额 = 5.4 × 80 000 × 80% = 345 600

  借：银行存款　　　　　　　　　345 600
    贷：应收账款　　　　　　　345 600

假定 180 天后，S 公司支付货款，进口保理商收到货款后，扣除 1% 的手续费、2% 的信用调查费、风险评估费等，将余款汇给出口保理商；出口保理商扣除 1% 的手续费、2% 的保险费，以利率 5% 扣除 185 天的利息后，将余款转入 A 企业账户。假定当日汇率为买入价 1∶5.3，卖出价 1∶5.5。作：

  进口保理商的费用 = 5.3 × 80 000 × (1% + 2%) = 1 272
  出口保理商的费用 = 5.3 × 80 000 × (1% + 2%) = 1 272
  利息 = 5.3 × 80 000 × 80% × 5% × 185 ÷ 360 ≈ 8 715
  应收账款 = 5.3 × 80 000 × 20% = 84 800
  汇兑损益 = 80 000 × 20% × (5.4 − 5.3) = 1 600

  借：银行存款　　　　　　　　　73 541
    财务费用——手续费　　　　2 544
      ——利息　　　　　　8 715
      ——汇兑损益　　　　1 600
    贷：应收账款　　　　　　　86 400

六、包买票据

包买票据（Forfaiting），又称福费廷，是指包买商（一般为商业银行或其他金融企业）无追索权地买断出口商手中已经承兑的、通常由进口商所在地银行担保的远期汇票或本票。包买票据业务的融资比例一般为 100%，还款来源为出口项下的收汇款。出口方承担的费用因办理业务的银行不同而稍有差异，一般由利息、手续费和承诺费等构成。包买票据业务的利息计算与出口押汇相同。公式如下：

  包买票据利息 = 本金 × 利率（一般高于押汇利率）÷ 360 × 天数（办理日至到期日 + 5 个工作日）

  实际入账金额 = 本金（汇票或发票金额）− 利息 − 手续费 − 承诺费 − 出口议付费用（议付费、邮费、电报费等）

（一）包买票据业务的特点

1. 用作包买票据的远期票据应产生于销售货物或提供技术服务的正当贸易。一般不涉及军事产品。多用于成套设备、船舶、基建物资等资本货物交易和大型项目交易。

2. 在包买票据业务中，出口人必须放弃对所出售债权凭证的一切权益，包买方必须放弃对出口人的追索权（出口人欺诈、进口人所在地法院发出止付令的情况除外）。

3. 包买票据业务的期限最短为180天，最长可达10年，一般为1~5年，属中期融资业务。包买票据业务还可以采用每半年还款一次的分期付款方式。

4. 出口商必须对出口货物的数量、质量、装运、交货期承担全部责任。

5. 出口人在背书转让债权凭证时需加注"无追索权"字样，将收取债务的权利、风险和责任转嫁给包买商。

需要特别注意的是，"无追索权"是相对的，包买商在某些特殊情况下可向出口商行使追索权。

（二）包买票据业务中票据的类型

1. 出口人出具的已被进口人承兑的汇票。
2. 进口人出具的以出口人为收款人的本票。
3. 由进口人银行开出的远期信用证项下的已承兑的汇票。
4. 由包买商可接受的担保人出具独立保函所保付的、以进口人为付款人的汇票或进口人自己出具的本票。
5. 由包买商可接受的第三者加注了保付签字的汇票或本票。

（三）包买票据业务对出口人的作用

1. 可获得无追索权的中短期融资，能将远期应收账款变成现金销售收入，有效地解决了应收账款的资金占用问题，同时改善了财务报表。

2. 有效地避免了远期收汇可能产生的利率风险、汇率风险、进口商的国家政治和经济风险、外汇管制风险、付款人的信用风险等。

3. 出口人不必再负担应收账款管理和催收的工作及费用等。

4. 包买票据业务手续简便、方便快捷。包买商非常注重担保人的资信状况，只要担保人的资信较好，出口人在银行有授信额度，便很快能办妥该业务。

5. 出口商在得到票据贴现的同时，可以获得供出口收汇核销使用的进账单或结汇水单，加快出口企业收汇、核销、退税等工作的进程。

（四）包买票据业务对进口商的作用

1. 可获得贸易项下延期付款的有利条件。
2. 延期付款不占用进口商的融资额度。
3. 包买票据业务需要的文件及担保办理比较简便。

（五）包买票据业务操作程序

1. 如果出口商打算利用包买票据融资，应尽早与包买商取得联系，在得到包买商的报价之后，出口商可以在商品价格中加入融资成本。

2. 出口商应向包买商提供如下资料：
（1）出口商自身情况。包括名称、注册地址、营业地址、资信状况等。
（2）需要融资的金额、币种、期限等。
（3）将要提交的票据是本票还是汇票。
（4）担保人的名称及其所在国家。
（5）担保方式是保付签字还是担保函。
（6）分期付款票据的面额、间隔、到期日等。
（7）进口商品的名称、类别等。
（8）预计交货期。
（9）预计提交票据的时间。
（10）有关的进出口许可证、特许、授权书等是否已经办妥。
（11）票据的付款地。这也是一个很重要的问题，因为各国的法律规定不同以及各个银行工作效率的差异等往往造成延误，这些问题都需要以宽限期等方式加以考虑。

除此之外还有国家风险，如果风险很大，包买商可能拒绝提供融资。

3. 选择期和承诺期

如果出口商认为包买商的报价可以接受，则应在有效期内要求包买商确认报价，确认报价将构成包买商明确的融资责任。包买商在出口商接受报价时，开始承担将来按某种价格向出口商购买票据的责任和义务。实务中从接受报价到实际购买票据中间有相当长一段时间，在这段时间内，汇率和利率很可能发生很大的变化，包买商要承担相应的风险。一般将这段时间分为选择期和承诺期。

（1）选择期

出口商接受了包买商的报价后，要将货价加上融资费用报给进口商，进口商能否接受这一报价是贸易成功的关键。从出口商报出价格到进口商接受报价的这一段时间可以叫做选择期。因为出口商如果不能与进口商就价格问题达成一致，这笔贸易就不存在，出口商也就不需要融资，包买商也就无须买入出口商的票据，这项业务也就没有了。包买商希望选择期越短越好，一般是根据交易商品的类别、金额的大小等确定，如有的是 48 小时，有的是几天，最长不超过 1 个月，在汇率、利率剧烈动荡的时期，包买商也可能拒绝给选择期。在进口商接受出口商的报价并确认成交后，出口商应将利用融资的决定通知包买商，如果进口商不接受出口商的报价，交易未成功，出口商也应及时通知包买商，选择期到此结束。

（2）承诺期

承诺期是指进出口双方达成交易到实际交付货物的这一段时间。这段时间短则数月，长可达一年。在这段时间内包买商和出口商对这笔融资交易都承担契约责任。任何一方违约都必须赔付另一方的损失。

在承诺期内，包买商对该项交易承担了融资责任，而限制或丧失了做其他交易的能力，同时包买商还承担了汇率和利率变化的风险，故包买商要收取一定的费用，这种费用一般称为承诺费。

(六) 包买票据业务的核算

【例 5-2-8】M 企业与国外 G 公司达成出口电冰箱生产线的意向，M 企业向进出口银行询问远期融资的价格，并提供了相关的资料。M 企业与 G 公司签署贸易合同 CIF 价 1 000 000 美元，采用信用证结算方式，首次支付 20% 的货款，其余货款分 4 年偿还，每年还 200 000 美元。假定该设备成本为 3 200 000 元人民币。M 企业与进出口银行签订包买票据协议，贴现率为 6%，承担费为 2%，手续费为 1%，每笔议付费用美元 300。M 企业发货后，收到开证行转来的 20% 货款和 4 张远期承兑汇票，金额都是 200 000 美元，到期日分别是 2013 年 9 月 10 日、2014 年 9 月 10 日、2015 年 9 月 10 日、2016 年 9 月 10 日。假定应付承担费的期限为 180 天，2012 年 9 月 10 日汇率为买入价 1:5，卖出价 1:5.2。作：

收到货款 = 5 × 1 000 000 × 20% = 1 000 000
应收票据 = 5 × 1 000 000 × 80% = 4 000 000
借：银行存款　　　　　　　1 000 000
　　应收票据　　　　　　　4 000 000
　　　贷：主营业务收入　　　　　5 000 000
借：主营业务成本　　　　　3 200 000
　　　贷：库存商品　　　　　　　3 200 000
将远期票据贴现。作：
手续费 = 5 × 800 000 × 1% = 40 000
承担费 = 5 × 800 000 × 2% ÷ 360 × 180 = 40 000
2013 年票据贴现费用 = 5 × 200 000 × 6% × 1 + 5 × 300 = 61 500
2014 年票据贴现费用 = 5 × 200 000 × 6% × 2 + 5 × 300 = 121 500
2015 年票据贴现费用 = 5 × 200 000 × 6% × 3 + 5 × 300 = 181 500
2016 年票据贴现费用 = 5 × 200 000 × 6% × 4 + 5 × 300 = 241 500

贴现费用合计 = 61 500 + 121 500 + 181 500 + 241 500 = 606 000
借：银行存款　　　　　　　　　3 314 000
　　财务费用——手续费　　　　　　40 000
　　　　　——承担费　　　　　　　40 000
　　　　　——贴现费用　　　　　 606 000
　　贷：应收票据　　　　　　　　4 000 000

七、短期出口信用保险贸易融资

出口信用保险是国家为了支持本国商品的出口，保障出口企业收汇安全制定的由国家财政支持的政策性保险业务。适用于所有的"付款交单"（D/P）、"承兑交单"（D/A）或"赊账"（O/A）等商业信用付款条件，信用期一般不超过180天，产品全部或部分在中国制造的出口合同项下的保险。

短期出口信用保险贸易融资，是指银行在出口商已投保短期出口信用险的出口业务中，可凭其提供的出口单据、投保短期出口信用险的保险单据、赔款权益转让协议等，保留追索权向出口商提供短期资金融通。

（一）特点

1. 短期出口信用保险贸易融资不是一种新的融资方式，而是银行为了规避原贸易融资产品的信用风险、国家风险或地区风险，要求出口商提供的保障。

2. 出口信用保险属于履约保险合同。保险公司对银行提供的还款保障，取决于被保险人对保单义务的履行情况。如果出口收汇失败的原因是被保险人未尽保单所列的其应尽的义务，或保险公司的除外责任，则保险公司拒绝赔款。

3. 保险公司承担的保险责任主要是商业风险和政治风险。商业风险主要指买方破产或无力还债；非被保险人违约，如买方拒收货物、拒付货款等。政治风险主要指买方国家实行外汇管制、进口管制、撤销进口许可证、发生战争、暴乱或革命等。

4. 保险公司为降低自身的风险，一般对出口公司实行"买方信用额度"审批制度，这个信用额度将作为保险公司向该公司出口商品承担的保险责任的最高限额。对买方（进口商）无注册记录、资信不佳、财务困难或已经记入"危险买家名单"的，基本不予承保。

5. 赔偿比例一般为80%左右，政治风险所致损失最高可赔95%。

（二）承保范围

1. 信用期180天内的跟单托收项下的押汇。
2. 信用期180天内的出口商业发票贴现。

3. 信用期超过 180 天，不超过 360 天的跟单托收或赊销项下的出口融资。
4. 保险公司同意承保信用证项下的单证相符的押汇或贴现等。

（三）操作流程

1. 进出口双方达成贸易意向。
2. 向保险公司申请办理出口信用保险。
3. 进出口双方签订贸易合同。
4. 出口方发货，向保险公司申报，缴纳保费。
5. 出口商与银行签订融资协议。
6. 出口商、保险公司、出口地银行签订赔款转让协议。
7. 向出口地银行提交单据，获取融资。

（四）核算

【例5-2-9】A 企业有一批日用品准备出口，与国外 P 公司签订贸易合同，CIF 价美元 30 000，采用托收远期承兑交单结算方式。A 企业与保险公司洽谈办理信用保险合同，按保险公司要求缴纳保费，费率为合同金额的 3%，当日汇率为买价 1：5.2，卖价 1：5.4。A 企业与银行签署融资协议，银行要求必须有保险公司的保险合同，银行审查了 A 企业的信用情况，同意 A 企业的融资要求。A 企业、保险公司和银行三方签订一个赔款转让协议或称赔款转让授权书。A 企业发货后将相关单据交银行，银行审查后对承兑交单的汇票进行融资，票面额美元 30 000，期限 180 天加 5 个工作日，实际加 7 天，利率 6%，手续费美元 150。当日汇率买入价 1：5，卖价 1：5.2。

交保险费时作：

保险费 = 5.2 × 30 000 × 0.03 = 4 680

借：管理费用　　　　　　　　　　4 680
　　贷：银行存款　　　　　　　　　　4 680

货物发运后，假定当日汇率为买入价 1：5，卖出价 1：5.2。作：

应收账款 = 5 × 30 000 = 150 000

借：应收账款（美元 30 000）　　　150 000
　　贷：主营业务收入　　　　　　　　150 000

假定成本为 89 000 元。作：

借：主营业务成本　　　　　　　　89 000
　　贷：库存商品　　　　　　　　　　89 000

融资时，以外币计价，因 A 企业无外币账户，所以按当日汇率记入其人民币账户。作：

利息 = 5 × (30 000 × 0.06 × 187 ÷ 360) = 5 × 935 = 4 675

手续费 = 5 × 150 = 750
实际筹款 = 5 × 30 000 - 4 675 - 750 = 144 575
借：银行存款　　　　　　　　144 575
　　财务费用——利息　　　　　 4 675
　　　　　　——手续费　　　　　 750
　　贷：短期借款　　　　　　　150 000

(1) 如果外方如期如数付款，假定当日汇率为买入价1∶5.1，卖出价1∶5.3。汇率虽然发生了变化，但外币金额并没有变，收回的外币要全额归还银行的短期借款。作：

借：短期借款——美元 30 000　 150 000
　　贷：应收账款（美元 30 000）　 150 000

(2) 如果外方因某种原因未能付款，且该原因属于保险范畴，保险公司同意赔付损失的 90%。当日汇率为买入价1∶5.2，卖价1∶5.4。作：

保险公司应赔 = 5.2 × 30 000 × 90% = 140 400
坏账准备 = 5.2 × 30 000 × 10% = 15 600

借：其他应收款　　　　　　　　140 400
　　坏账准备　　　　　　　　　 15 600
　　贷：应收账款（美元 30 000）　 150 000
　　　　财务费用　　　　　　　　 6 000

因为有企业、银行、保险公司的赔款转让协议，故保险公司将款项直接转给银行，作：

借：短期借款——美元 27 000　 135 000
　　财务费用　　　　　　　　　　5 400
　　贷：其他应收款　　　　　　　140 400

归还贷款，作：

借：短期借款——美元 3 000　　 15 000
　　财务费用　　　　　　　　　　6 00
　　贷：银行存款　　　　　　　　 15 600

八、出口信贷

出口信贷是为了促进本国商品的出口销售特别是大型成套设备的出口销售，以官方支持的方式，采取利息补贴和风险担保的形式，对本国的商业银行承做的卖方信贷和买方信贷给予金融支持，使这些银行以低于市场利率的价格，贷款给本国的出口商或国外的进口商，或贷给进口国的商业银行后再转贷给进口商。同时又以保险的形式为这些银行承保对外贷款风险。用百姓的话讲："若你没钱买我的货，我可以借钱给你，用这笔钱来买我的货。"

（一）出口信贷的形式

出口信贷分为卖方信贷和买方信贷。本节只介绍卖方信贷，买方信贷留待下节介绍。

卖方信贷又称延期付款，是指出口商以延期付款的方式将商品出售给进口商，出口商同时向本国银行借款以保证正常生产的资金需要。

卖方信贷的一般做法是，进口方先以现汇支付全部货款的15%～20%，其余货款等该成套设备安装完工投入使用后分若干年归还。卖方信贷实际上主要涉及了三方面的利益：第一，出口方，出口方利用卖方信贷可以扩大商品出口，但它无力或不愿长期垫付大量资金，它需要从本国银行获得资金支持。出口商要签订两份合同，一份是与进口商签订的贸易合同，另一份是与银行签订的贷款合同。第二，出口方银行，它为出口商提供信贷虽然可以扩大业务，但承担的风险要比对国内企业贷款的风险大，银行不仅要关心出口商的经营情况，还必须关心国外进口商是否能按时付款以及进口国的国家风险等。所以没有贴息和担保，商业银行是不会主动做这项业务的。第三，进口方，进口方通过卖方信贷进口了需要的设备，又解决了资金来源，相当于进口商签订了一份买卖合同，解决了购买设备和融资两个问题，当然是好事，但出口商的报价中自然会包括货价与筹资费用。另外，延期付款会使进口商面临汇率变动的风险。

（二）出口信贷的核算

【例5-2-10】A企业与K公司签订一项出口电视机生产线的合同，合同规定以信用证方式结算，总金额为CIF价美元600 000，并规定K公司先支付20%货款，其余款项分6年每年偿还美元80 000。A企业与开户银行签署借款协议，借入美元480 000的80%（企业只要收回成本即可以保证正常的生产经营）即美元384 000，分6年偿还，每年还美元64 000，利率为6%，每年支付一次。

A企业接到银行通知，收到K公司开来的信用证，经审核无误，给K公司发货，设备发运后，A企业到银行办理交单手续，经银行审核无误，当日汇率为买入价1：5.3，卖出价1：5.5。假定该设备成本为人民币1 800 000元，作：

应收账款 = 5.3 × 600 000 = 3 180 000

借：应收账款——K公司（美元600 000）　　3 180 000
　　贷：主营业务收入　　　　　　　　　　3 180 000
借：主营业务成本　　　　　　　　　　　　1 800 000
　　贷：库存商品　　　　　　　　　　　　1 800 000

开证行在规定时间内将20%货款美元120 000划回。假定当日汇率为买入价1：5.5，卖出价1：5.7，作：

175

收回货款 = 5.5 × 120 000 = 660 000
汇兑损益 = (5.5 - 5.3) × 120 000 = 24 000
借：银行存款　　　　　　　　660 000
　　贷：应收账款　　　　　　　　636 000
　　　　财务费用——汇兑损益　　 24 000

A企业收到银行贷款，假定贷款额以人民币计价，还款时直接还人民币，以人民币计息（贷款额也可以用外币计价，还款时将人民币折合成外币归还，并且以外币计息）。作：

贷款额 = 5.5 × 480 000 × 80% = 2 112 000
每年归还本金 2 112 000 ÷ 6 = 352 000
借：银行存款　　　　　　　　2 112 000
　　贷：长期借款　　　　　　　　2 112 000

一年后A企业收到K公司的货款美元80 000，假定当日汇率为买入价1∶5.1，卖出价1∶5.3，作：

收到货款 = 5.1 × 80 000 = 408 000
财务费用 = (5.1 - 5.3) × 80 000 = 16 000
借：银行存款　　　　　　　　408 000
　　财务费用　　　　　　　　 16 000
　　贷：应收账款　　　　　　　　424 000

A企业归还银行贷款本金352 000，加利息，作：

利息 = 2 112 000 × 6% = 126 720
借：长期借款　　　　　　　　352 000
　　财务费用　　　　　　　　126 720
　　贷：银行存款　　　　　　　　478 720

第二年A企业收到K公司的货款美元80 000，假定当日汇率为买入价1∶5.4，卖出价1∶5.6，作：

收到货款 = 5.4 × 80 000 = 432 000
借：银行存款　　　　　　　　432 000
　　贷：应收账款　　　　　　　　424 000
　　　　财务费用　　　　　　　　 8 000

第二年A企业归还银行贷款本息，作：

利息 = (2 112 000 - 352 000) × 6% = 105 600
借：长期借款　　　　　　　　352 000
　　财务费用　　　　　　　　105 600
　　贷：银行存款　　　　　　　　457 600

以后年度类推。这道例题借款时汇率较高，还款时汇率降低，而贷款是以人民币计价，还款要还人民币，所以从第一年和第二年的情况看，虽然能收回80 000美元，要还64 000美元的债务加上利息，还不够。如果这道题以美元计价，会是什么情况，请读者自己计算并思考汇率变动的影响。

出口贸易融资还有一些其他渠道，如出口商可利用融通票据融资、出售应收账款融资等，在实务中，随着经济的不断发展，还会不断地创造出新的融资方式。利用这些融资方式，可以使出口商利用有限的资金办更多的事。

第三节　进口贸易融资

进口贸易融资主要包括：授信开证、进口押汇、提货担保和买方信贷等。

一、授信开证

进口商向银行申请开立信用证时，银行为了规避自身的风险，要求进口商向银行交纳开证押金或称保证金或提供抵押品、担保书后，银行才会为其开立信用证。对进口商来说，在整个贸易过程中，从开立信用证开始，直到支付货款为止，开证押金一直被占压无法有效利用。如果进口商同时进口多批商品，可能会出现资金周转困难。银行为解决客户的资金困难，对资信较好、有一定清偿能力的客户可以给予短期贷款；对一些资信好、提供的抵押品质量和数量符合要求的客户，核定一个相应的授信额度，供客户在开立信用证时循环使用。即客户在额度内开立信用证时，可免收或减收开证保证金。银行认为减免开证保证金是一种融资业务。

【例5-3-1】A企业与国外P公司签订一份进口奶粉的合同，CIF海口价美元40 000。合同规定出口方在发货前3个月收到信用证，进口方付款赎单。假定A企业因资金紧缺，使用原有信用额度作为开证保证金。按照银行的规定应收取30%的开证保证金，1%的手续费和美元100的邮寄费。开证当日汇率为买入价1∶5.2，卖出价1∶5.4。作：

保证金 = 5.4 × 40 000 × 30% = 5.4 × 12 000 = 64 800

手续费 = 5.4 × 40 000 × 1% = 5.4 × 400 = 2 160

邮寄费 = 5.4 × 100 = 540

借：其他货币资金——信用证保证金　64 800
　　财务费用——手续费　　　　　　 2 160
　　　　　　——邮寄费　　　　　　　　540
　贷：短期借款（美元12 000）　　　 64 800
　　　银行存款　　　　　　　　　　 2 700

银行收到出口方寄来的全套单据经审查无误后，对外付款。付款后，将单据转交付款人。当日汇率为买入价 1∶5.1，卖出价 1∶5.3。作：

对外付款 = 5.3 × 40 000 = 212 000

应支付货款 = 5.3 × 28 000 = 148 400

汇兑损益 =（5.3 − 5.4）× 12 000 = 1 200

借：物资采购　　　　　　　　212 000

　　财务费用——汇兑损益　　　1 200

　　贷：其他货币资金　　　　　64 800

　　　　银行存款　　　　　　　148 400

A 企业归还短期贷款，假定利率为 6%，贷款期限为 185 天。汇率为买入价 1∶5.1，卖出价为 1∶5.3。作：

利息 = 5.3 × 12 000 × 6% ÷ 360 × 185 = 1 961

本金 = 5.3 × 12 000 = 63 600

汇兑损益 =（5.3 − 5.4）× 12 000 = 1 200

借：短期贷款（美元 12 000）　 64 800

　　财务费用——利息　　　　　1 961

　　贷：银行存款　　　　　　　65 561

　　　　财务费用——汇兑损益　1 200

二、进口信用证押汇

进口信用证押汇，是指银行收到国外要求付款的来单后，应开证申请人的请求向其提供的短期资金融通，用来支付该单据项下的款项。

银行开立了信用证就承担了第一性的付款责任，无论申请人发生什么情况，银行必须承担对外付款的责任。开证银行收到议付行转来的单据时，首先要严格审单，无不符点或虽有不符点但客户和开证行都同意接受，开证行应在合理工作时间内对外付款，并通知付款人赎单；这时如付款人资金困难，开证行可根据协议要求付款人办理进口押汇，并扣其信用额度。由开证行先行垫付货款，待付款人出售货物后再还款。

进口押汇的期限一般为 180 天，申请人应填制《进口押汇申请书》，银行确认后签署《进口押汇协议书》，列明申请人名称、信用证编号、押汇金额、押汇期限、押汇利率、还款日期、还款责任、违约处理等事项。如果是经过转让的信用证单据，银行不办理进口押汇；银行不能掌握物权的货运单据和未按信用证要求提供全套正本海运提单的，银行不办理押汇。

【例 5 − 3 − 2】A 企业与国外 Y 公司签订进口白糖的合同，CIF 价美元 60 000。A 企业接银行通知，Y 公司的全套单据已到，经审单未发现不符点，3 个工作日后应付款赎单。A 企业因资金紧缺，向银行提出进口押汇申请，银行同意后，签署《进口押汇协议书》，A 企业从银行取回全套单据。假定当日汇率为买入价 1：5，卖出价 1：5.2。作：

借款额 = 5.2 × 60 000 = 312 000

借：物资采购　　　　　　　　　　312 000
　　贷：短期借款（美元 60 000）　　　　312 000

假定 185 天，A 企业将款项归还银行，利率为 6%，假定当日汇率为买入价 1：5.1，卖出价 1：5.3。作：

归还本金 = 5.3 × 60 000 = 318 000

利息 = 5.3 × 60 000 × 6% ÷ 360 × 185 = 9 805

汇兑损益 =（5.3 − 5.2）× 60 000 = 6 000

借：短期贷款（美元 60 000）　　　312 000
　　财务费用——利息　　　　　　　9 805
　　　　　　——汇兑损益　　　　　6 000
　　贷：银行存款　　　　　　　　　327 805

三、进口托收押汇

进口托收押汇，是指进口商的开户行在收到出口商通过银行寄来的全套托收单据后，根据进口商提交的押汇申请、信托收据以及进口商与银行签订的《进口托收押汇协议》，银行垫款先行对外支付并向进口商放单，进口商凭单提货，用销售后的货款归还押汇本息。对银行而言，进口托收押汇风险大于进口信用证押汇，所以银行一般只对资信好的进口商提供该项服务。

【例 5 − 3 − 3】A 企业与国外 M 公司签署进口棉花的合同，CIF 价美元 90 000。合同规定采用跟单托收即期付款交单的方式结算货款。A 企业接银行通知，M 公司的单据已到，A 企业审单后同意付款，但因资金困难，要求银行发放短期融资贷款，A 企业提交押汇申请并与银行签署进口托收押汇协议后，将单据取回。贷款利率为 7.2%，期限 180 天，货物出售后归还银行贷款。

A 企业签署进口托收押汇协议当日汇率为买入价 1：5.3，卖出价 1：5.5。作：

借款额 = 5.5 × 90 000 = 495 000

借：银行存款　　　　　　　　　　495 000
　　贷：短期借款（美元 90 000）　　　495 000

借：物资采购　　　　　　　　　　495 000
　　贷：银行存款　　　　　　　　　495 000

假定 A 企业将棉花卖出收回货款后，归还贷款，利率为 7.2%，期限为 180 天，汇率买入价 1：5.1，卖出价 1：5.3。作：

利息 = 90 000 × 0.072 ÷ 360 × 180 = 3 240

人民币利息 = 5.3 × 3 240 = 17 172

应支付人民币 = 5.3 × (90 000 + 3 240) = 494 172

汇兑损益 = (5.3 - 5.5) × 90 000 = -18 000

借：短期贷款（美元 90 000）　　　495 000
　　财务费用　　　　　　　　　　　17 172
　　贷：银行存款　　　　　　　　　　　　494 172
　　　　汇兑损益　　　　　　　　　　　　 18 000

四、提货担保

提货担保，是指进口商进口的货物早于货运单据到达目的港时，为了减少进口商的仓库租金和货物变质损失，进口商与银行共同或由银行单独向船公司出具书面担保，请其凭以先行放货，保证日后及时补交正本提单，并负责交付船公司的各项应收费用及保证对船公司凭保函释放货物产生的一切损失，负连带或单独赔偿责任。

提货担保因为是在银行出具保证后，才能先提货后交提货单，所以对随后收到的信用证或托收项下的单据，无论单证是否相符，都必须支付货款，不得以单证不符为由提出拒付或迟付。在办理提货担保时银行要求收货人必须放弃拒付的权利。另外，在办理提货担保业务时，银行要求交足保证金或使用授信额度，并支付担保费用。

【例 5-3-4】A 企业与国外 B 公司签署一项进口水果的合同，CIF 价美元 10 000。合同规定的结算方式为即期信用证付款交单。A 企业接货运仓库通知，水果已到货。但该批货物的单证尚未到达，没有提货单。于是 A 企业到银行申请办理提货担保。银行要求交纳 70% 押金，并收取 3% 手续费。假定当日汇率为买入价 1:5.4，卖出价 1:5.6。

1. A 企业缴纳现金，作：

押金 = 5.6 × 10 000 × 70% = 39 200

手续费 = 5.6 × 10 000 × 3% = 1 680

借：其他货币资金——保证金（美元 7 000）39 200
　　财务费用　　　　　　　　　　　 1 680
　　贷：银行存款　　　　　　　　　　　　 40 880

单证到达后，当日汇率为买入价 1:5.2，卖出价 1:5.4。作：

货款 = 5.4 × 10 000 = 54 000

本次支付 = 5.4 × (10 000 - 7 000) = 16 200

借：物资采购　　　　　　　　　　　　54 000

财务费用　　　　　　　　　　　　　　　　1 400
　　　贷：银行存款　　　　　　　　　　　　　　16 200
　　　　　其他货币资金——保证金（美元7 000）　39 200
2. 使用授信额度，作：
借：其他货币资金——保证金（美元7 000）39 200
　　财务费用　　　　　　　　　　　　　　　　1 680
　　　贷：短期贷款（美元7 000）　　　　　　　39 200
　　　　　银行存款　　　　　　　　　　　　　　1 680
单证到达后，当日汇率为买入价1∶5.2，卖出价1∶5.4。作：
借：物资采购　　　　　　　　　　　　　　　　54 000
　　财务费用　　　　　　　　　　　　　　　　1 400
　　　贷：银行存款　　　　　　　　　　　　　　16 200
　　　　　其他货币资金——保证金（美元7 000）　39 200
归还贷款，假定利率为6%，期限为28天。假定汇率同上。作：
利息 = 39 200 × 6% ÷ 360 × 28 = 183
借：短期贷款（美元7 000）　　　　　　　　　39 200
　　财务费用　　　　　　　　　　　　　　　　183
　　　贷：银行存款　　　　　　　　　　　　　　39 383

五、买方信贷

　　买方信贷实质上是出口信贷的一种形式，出口信贷可以是出口国银行发放贷款给出口国企业，称为卖方信贷，如上节所述，也可以是出口国银行贷款给进口国企业或进口国银行，称为买方信贷。

　　出口买方信贷，是指出口国银行直接贷款给进口国企业或银行，用以支付该国出口商的设备款，进口商或进口国银行根据合同分期归还出口国银行的贷款。在实务中，使用出口买方信贷比出口卖方信贷更为广泛。在出口买方信贷中，贷款给买方银行的较多，原因自然是银行信用高于商业信用。

　　【例5-3-5】A企业准备购买一条汽车装配线，经过市场调研决定与M公司签订合同，CIF价美元20 000 000，合同规定采用即期信用证付款。A企业与中国银行签订合同，使用出口国买方信贷额度，借款美元16 000 000，分5年偿还，年利率8%，假定其他费用总额为美元2 000。

　　A企业开信用证时，银行要求交纳20%保证金，0.1%手续费，假定当日汇率为买入价1∶5.6，卖出价1∶5.8。作：
　　保证金 = 5.8 × 20 000 000 × 20% = 23 200 000
　　手续费 = 5.8 × 20 000 000 × 0.001 = 116 000

借：其他货币资金——信用证保证金　　23 200 000
　　财务费用　　　　　　　　　　　　　116 000
　　贷：银行存款　　　　　　　　　　　　　23 316 000

A企业接到银行通知，信用证全套单据已到，经审查无误同意付款。A企业先办理借款，假定当日汇率为买入价1∶5.5，卖出价1∶5.7。作：

借款额 = 5.7 × 20 000 000 × 80% = 91 200 000
其他费用 = 5.7 × 2 000 = 11 400

借：银行存款　　　　　　　　　　　　　91 188 600
　　财务费用　　　　　　　　　　　　　　11 400
　　贷：长期借款——买方信贷（美元16 000 000）　91 200 000

支付信用证款项，汇率同上。作：

设备价款 = 5.7 × 20 000 000 = 114 000 000
汇兑损益 = 20 000 000 × 20% × (5.8 - 5.7) = 400 000

借：在建工程——工程物资　　　　　　　114 000 000
　　财务费用　　　　　　　　　　　　　　400 000
　　贷：其他货币资金——信用证保证金　　23 200 000
　　　　银行存款　　　　　　　　　　　　91 200 000

一年后A企业归还贷款本息，假定当日汇率为买入价1∶5.4，卖出价1∶5.6。作：

归还本金 = 5.6 × 16 000 000 ÷ 5 = 17 920 000
支付利息 = 5.6 × 16 000 000 × 0.08 = 7 168 000

借：长期借款——买方信贷（美元3 200 000）17 920 000
　　财务费用——利息　　　　　　　　　　7 168 000
　　贷：银行存款　　　　　　　　　　　　25 088 000

两年后A企业归还本息，假定当日汇率为买入价1∶5.7，卖出价1∶5.9。作：

归还本金 = 5.9 × 16 000 000 ÷ 5 = 18 880 000
支付利息 = 5.9 × (16 000 000 - 3 200 000) × 0.08 = 6 041 600

借：长期借款——买方信贷（美元3 200 000）18 880 000
　　财务费用——利息　　　　　　　　　　6 041 600
　　贷：银行存款　　　　　　　　　　　　24 921 600

以后年度以此类推。

第四节　新型贸易融资

随着经济的发展，金融创新不断涌现，可供进出口商选择的各种新型贸易融资方式不断被创造出来，未来贸易融资方式将会更多。

结构性贸易融资

结构性贸易融资，是指银行为商品的出口商以其持有的或未来将要持有的商品权利作担保，以抵押或质押的方式发放的短期融资。前面讲的进出口贸易融资即交易性贸易融资，主要是为进出口贸易中的某一个环节提供的资金融通。如打包贷款是对出口商备货发放的融资；进口押汇是对进口商支付货款提供的融资等。结构性融资重点关注的是货物的保值和未来权利的兑现，主要是对大宗商品的融资，可能会涉及期货交易。

大宗商品，一般的解释是可进入流通领域、但非零售环节、具有商品属性、用于工农业生产与消费的大批量买卖的物质商品。一般指以吨为结算单位的钢材、矿石、谷物、石油等。

银行对进出口商进行融资后，为了规避自己的风险，对可以在期货交易所交易的大宗商品，一般通过期货合约来规避融资风险，将结构性贸易融资和期货交易有机地结合起来，这种方式正在形成银行和期货交易所共同开拓的新领域。对于不能在期货交易所交易的大宗商品，银行也可以办理结构性贸易融资，只是银行不能通过期货交易所来分散风险，应采用其他方式分散风险。目前使用较多的结构性贸易融资方式有应收款融资、存货融资、仓单融资等。

（一）应收款融资

应收款融资，是指出口商发货后将出口合同及应收账款转让给银行，从银行取得有追索权的融资，进口商付款时直接向银行的专用账户支付（可以分期支付），作为出口商的还款。其特点是出口商的融资金额要小于应收账款金额，出口商不需要向银行还款、支付利息，这些都包含在进口商支付的货款。如果出口商融资时没有用足应收账款的数额，银行会将进口商支付的超过融资本金和利息的部分再转付给出口商。

【例5-4-1】A企业与国外Q公司签署一份出口大米的合同，FOB价美元500 000。A企业向银行申请应收款融资，经银行审查同意后，将销售合同与应收账款转让给银行，并通知进口商，请其将货款直接汇入银行的专用账户。银行规定利率为10.8%，手续费为3%。当日汇率为买入价1∶5.3，卖出价1∶5.5。估计的借款期为50天。

1. 出口商足额融资，进口商如期付款，作：

应收账款 = 5.3 × 500 000 = 2 650 000

借：应收账款　　　　　　　　2 650 000
　　贷：主营业务收入　　　　　　　2 650 000

假定成本为1 980 000元，结转成本作：

借：主营业务成本　　　　　　1 980 000
　　贷：库存商品　　　　　　　　　1 980 000

融资时作：

利息 = 5.3 × (500 000 × 10.8% ÷ 360 × 50) = 5.3 × 7 500 = 39 750

手续费 = 5.3 × 500 000 × 0.03 = 79 500

借：银行存款　　　　　　　　2 530 750
　　财务费用——利息　　　　　　39 750
　　　　　　——手续费　　　　　79 500
　　贷：应收账款　　　　　　　　　2 650 000

2. 出口商未足额融资，进口商如期付款，假定出口商融资美元300 000。其他条件不变，相同会计分录省略。作：

利息 = 5.3 × (300 000 × 10.8 ÷ 360 × 50) = 5.3 × 4 500 = 23 850

手续费 = 5.3 × 300 000 × 0.03 = 47 700

应收账款 = 5.3 × 500 000 = 2 650 000

融资额 = 5.3 × 300 000 = 1 590 000

借：银行存款　　　　　　　　1 518 450
　　财务费用——利息　　　　　　23 850
　　　　　　——手续费　　　　　47 700
　　贷：应收账款　　　　　　　　　1 590 000

进口商付款，归还银行贷款后出口商收到货款时，假定当日汇率为买入价1∶5.1，卖出价1∶5.3。作：

实际收款 = 5.1 × (500 000 − 300 000) = 1 020 000

财务费用 = 2 650 000 − 1 590 000 − 1 020 000 = 40 000

借：银行存款　　　　　　　　1 020 000
　　财务费用　　　　　　　　　40 000
　　贷：应收账款　　　　　　　　　1 060 000

因为银行具有追索权，所以A企业取得融资后，应在财务报表附注中披露一笔或有负债。

3. 出口商全额融资，进口商因种种原因拒付货款，银行行使追索权，直接从出口商账户扣款。假定这时出口商账户无足够款项，银行将不足的部分算作出口商逾期贷款。作：

  借：应收账款   2 650 000
    贷：银行存款   1 650 000
      短期贷款——逾期贷款 1 000 000

（二）存货融资

  存货融资，是指出口商用存在仓库（保税仓库或银行指定仓库）中的货物作担保，用进口商支付的货款作还款来源从银行取得的融资。这种融资方式的基本流程是：出口商先将货物存入仓库；银行为保障自己的权益要对货物进行检验；银行获得货物的担保权益；向出口商提供融通资金；出口商销售货物给进口商；货物出运时仓库将提货信息通知银行；进口商支付货款到银行的专用账户；该账户的收款即为出口商的还款本金和利息，如有余额银行会转付给出口商。

  【例5-4-2】A企业收购棉花500吨，均价每吨5 000元。存入海关的保税仓库，A企业向银行申请存货融资，银行审查货物后，同意提供融资人民币2 500 000元，利率为7.2%，手续费为3%。A企业将棉花卖给邻国S公司，合同价为每吨美元1 200，总价美元600 000。

  借款时，作：
  短期贷款 = 5 000 × 500 = 2 500 000
  手续费 = 2 500 000 × 0.03 = 75 000
  借：银行存款   2 425 000
    财务费用——手续费   75 000
    贷：短期贷款   2 500 000
发运货物时，假定汇率为买入价1:5.1，卖出价1:5.3。作：
  应收账款 = 5.1 × 600 000 = 3 060 000
  借：应收账款   3 060 000
    贷：主营业务收入   3 060 000
  借：主营业务成本   2 500 000
    贷：库存商品   2 500 000
收到货款时，汇率为买入价1:5，卖出价为1:5.2。借款期为62天。作：
  利息 = 2 500 000 × 0.072 ÷ 360 × 62 = 31 000
  应收款项 = 5 × 600 000 = 3 000 000
  汇兑损益 = 3 060 000 - 3 000 000 = 60 000
  借：银行存款   469 000
    短期贷款   2 500 000
    财务费用——利息   31 000

　　　　　——汇兑损益　　　　　　　60 000
　　贷：应收账款　　　　　　　　3 060 000

(三) 仓单融资

　　仓单，是仓库的保管人员在接受客户（存货人）交付的仓储物资时填发给存货人的收据。仓单既是保管人收货的证明，也是存货人取货的证明。

　　标准仓单是和期货交易相联系的，由期货交易所指定的交割仓库出具的仓单，该仓单可以在期货交易所流通。标准仓单由期货交易所统一制定，经期货交易所注册生效，是标准化的提货凭证，又称期货仓单。

　　仓单融资，是指出口商将货物存放在仓库（由银行指定），将仓库出具的仓单交给银行作为质押，从银行获得融通资金。其基本流程为：出口商将货物存入银行指定的仓库；仓库将仓单交给银行，并承诺保证货物的完好，保证按照银行的指令行事；出口商销售货物给进口商；进口商支付货款到银行的专用账户；银行释放仓单将货物给进口商；银行将收款专户收到的款项作为出口商归还的本金及利息；该专户如有余额，银行会转给出口商。

　　【例5-4-3】A企业收购了一批大米800吨，均价每吨5 000元，共4 000 000元。因为向银行提出融资请求，故存入银行指定的仓库。仓库将仓单直接交给银行，银行收到仓单后，与A企业签署融资协议，利率为7.2%，手续费为3%。A企业收到融资款时，作：

　　手续费 = 4 000 000 × 3% = 120 000
　　借：银行存款　　　　　　　　3 880 000
　　　　财务费用　　　　　　　　　120 000
　　　　贷：短期借款　　　　　　　4 000 000

　　A企业将大米卖给邻国W公司，FOB价每吨美元1 100，总价美元880 000。假定当日汇率为买入价1：5，卖出价1：5.2。作：

　　应收账款 = 5 × 880 000 = 4 400 000
　　借：应收账款（美元880 000）　4 400 000
　　　　贷：主营业务收入　　　　　4 400 000
　　借：主营业务成本　　　　　　4 000 000
　　　　贷：库存商品　　　　　　　4 000 000

　　收到货款时，汇率为买入价1：5.1，卖出价1：5.3。假定借款期为62天。作：
　　利息 = 4 000 000 × 7.2% ÷ 360 × 62 = 49 600
　　应收账款 = 5.1 × 880 000 = 4 488 000
　　借：银行存款　　　　　　　　　438 400
　　　　短期借款　　　　　　　　4 000 000
　　　　财务费用——利息　　　　　49 600

贷：应收账款　　　　　　　　　　4 400 000
　　财务费用——汇兑损益　　　　　88 000

【讨论案例】

P贸易公司准备出口2 000吨煤炭，每吨1 000美元，总计2 000 000美元。进口方要求收到信用证后马上发货，出口方要求进口方提前两个月开出信用证，否则价格上涨10%。P公司收到信用证向中国银行申请打包贷款，中国银行同意按信用证金额的70%发放贷款，贷款利率为6%，交货后可办理议付用议付款归还打包贷款，议付时间约为15天，利率为4%。

如果P公司出口的是服装，进口方要求使用远期托收方式结算货款，假定货款为50 000美元，P公司可选用的方法有"福费廷"，收取的费用约为12%；国际保理业务收取的费用约为10%，保理商提供的信用额度为40 000美元；向银行借款40 000美元，期限半年，年利率为8%，并要求出口商品上保险，保险费率约为1%。

分析要求：

试分析P公司采用哪种方式融资的经济效益更好，为什么？

【思考题与练习题】

一、思考题

1. 试述打包贷款的概念、特点及作用。
2. 试述出口押汇与进口押汇的异同。
3. 试述保理业务的特点。
4. 试述包买票据业务的特点。
5. 试述出口信贷业务的做法。

二、练习题

1. M企业与境外S公司签署出口空调机的合同，CIF价美元900 000，结算方式为即期信用证，S公司在发货前90天如期开来不可撤销即期信用证，金额美元900 000。M企业向银行申请打包贷款，银行审核无误后，同意发放信用证金额80%的贷款。假定利率为9.6%，手续费为0.2%，借款以外币计价，将外币折合为人民币计入M企业的人民币账户。借款时买入价1：5.2，卖出价1：5.4。借款97天后收回货款，当日汇率为买入价1：5；卖出价1：5.2。该笔业务的成本为3 900 000元人民币。试做相关会计分录。

2. M企业与境外K公司签署一项进口木材的合同，CIF价50 000欧元，采用即期付款交单信用证结算方式结算，要求M公司于发货前60天开出以K公司为受益人的即期不可撤销信用证。M公司按时到银行开立信用证，填好开证申请书后，交纳信用证金额30%的保证金，2%的手续费，假定当日欧元汇率为买入价1：9.4，卖出价1:9.6。K公司按合同要求的时间发货后,议付行转来全套单据,开证行与M公司共同审单后未发现异常,同意付款,这时M公司资金紧张,申请银行发放进口押汇贷款,银行审查后同意借款,金额为信用证金额的70%,利率为9.6%,期限为60天。假定借款日欧元与人民币汇率为买入价1:9.3,卖出价1:9.5。还款日汇率为买入价1:9.2,卖出价1:9.4。试做开立信用证、借款、还款的会计分录。

3. M企业与境外P公司签订出口饲料的意向合同,因与P公司初次合作不了解其信用,考虑其风险,决定咨询国际双保理公司。M企业支付了2 000元咨询费,得到的回答是,P公司最近走上坡路,但信用额度不能太大,建议贸易额度不超过50 000美元。M企业对外报价为CIF价每吨500美元,最终达成了销售100吨饲料的合同,总价为美元50 000。采用保付代理结算方式,假定成本为人民币150 000元。M企业与出口保理商签订保理及融资协议。M企业在合同规定的时间内发货并将单据寄给P公司,同时将单据副本交出口保理商,要求融资。保理商提供80%的融资,假定当日汇率为买入价1:5.3,卖出价1:5.5。利率为6.6%,进口方保理商的手续费为1%,进口商信用调查费为2%,出口保理商的费用为3%。出口保理商在68天后收到P公司支付的货款,当日汇率为买入价1:4.8,卖出价1:5。试作相关会计分录。

4. M企业欲出售一批水泥,售价约美元20 000,因资金紧缺,打算与包买商洽谈融资事宜,经询价,利率为6%,手续费为1%,承诺费为2%;出口议付费用为每笔美元300。经估算融资费用约为美元1 233,出口商对进口商的报价为美元21 300。出口商允许进口商在承兑汇票后150天付款,收款加10天。进口商经过反复比较,还盘后与出口商签订贸易合同,合同价为美元21 200,供货时间为签合同后175天。出口商与包买商签订包买票据合同。出口商发出货物后制作好各种单据,并将开证银行承兑的汇票一并交包买商,经审查无误,出口商背书将汇票无追索权地转让给包买商,并按当日汇率买入价1:5,卖出价1:5.2。试作相关会计分录。

5. M企业出口一套农用机械生产线,CIF价人民币900 000,依惯例买方支付20%的现款,余款分4年偿还,每年偿还180 000元。M企业向进出口银行申请贷款,银行审核后同意发放80%的贷款,分4年偿还,利率为8%,手续费为2%。假定该设备成本为690 000元。试做各项会计分录。

【互联网学习】

访问以下相关网站,了解相关知识:

天山网 http://www.tianshannet.com/

财务俱乐部 http://www.caiwubu.com/

第六章　国际贸易结算风险及防范

【本章学习要点】
1. 了解国家风险及其防范措施。
2. 理解国际贸易结算的信用风险及防范措施。
3. 掌握外汇风险的一般防范措施。
4. 了解欺诈的通常做法和风险防范措施。

【关键术语】
外汇结算风险（Foreign Exchange Settlement Risk）
信用风险（Credit Risk）
风险防范（Risk Prevention）

第一节　国际贸易结算风险

国际贸易包括边境贸易因为交易的双方不在同一个国家，政治经济制度不同，文化风俗习惯存在差异，交易双方互不熟悉，所以跨境贸易比国内贸易的风险大。

对外贸易风险，是指在对外贸易中，与贸易有关的某些因素在一定时间内发生始料未及的变化，导致对外贸易主体的实际收益与预期收益或实际成本与预期成本不一致，从而蒙受损失的可能性。

国际结算风险主要是指在通过两国银行办理的贸易或非贸易债权债务的清偿业务中涉及国家金融管理的有关法令、外汇管理条例、国际惯例与准则、银行信誉、银行与企业责任及结算业务的具体操作等诸多方面的不确定性引起的造成损失的可能性。

国际贸易结算风险的种类主要有：国家风险、信用风险、外汇风险和欺诈风险等。

一、国家风险

国家风险，是指在国际经济活动中由于国家的主权行为引起的或社会事件引起的给国外企业或个人造成损失的可能性。如国家作为交易的一方，通过其违约行为（例如停付外债本金或利息）直接构成的风险；通过政策和法规的变动（例如调整汇率和税率等）间接构成的风险。虽然国家不一定是交易的直接参与者，但国家的政策、法规却影响着该国国内的每个企业或个人的交易行为，会给交易的对方或交易的双方造成损失。国家风险主要包括：

1. 战争、国内动乱的风险，可能造成交易双方无法正常接收货物或支付货款，使已经签订的合同无法继续履行。

2. 兑换风险，是因政府颁布的政策使进口商无法将本国货币兑换成出口商要求的外币支付货款，一般出口商不需要进口国货币，造成出口商无法正常收取货款。

3. 其他主权风险，进口国可能采取各种意想不到的措施，很难防范。如取消原先发放的进口许可证或出口信用证，停止付款或阻止交易的执行等。

【例6-1-1】2005年，江苏某公司与埃及买家签订贸易合同，出口一批40瓦日光灯管到埃及，每只0.275美元，总金额为41 250美元，支付方式为提货后12天电汇货款。货物于2006年3月30日运出，5月10日到达埃及港口。2006年4月23日，埃及政府开始对中国出口的18—40瓦灯管征收每件0.44美元的临时反倾销税，征期为4个月，该批货物恰好属于征税对象。

江苏某公司经过测算发现，如果将货物运回国内处理，费用合计为55 000美元左右，在经济上不可行。该公司又没有转卖渠道，只好先放货给买家，由买家提货后将货物放在保税仓库，以后再做处理。

【例6-1-2】2007年1月29日，江苏某公司向巴西买家运出一批蜂蜜，金额为83 250美元，支付方式为D/P 90天，货物于3月初到港，买家原承诺5月22日付款。但是货物到港后遇巴西农业部查扣检验，且时经一年仍无结果。2008年1月4日，买家曾试图通过法律途径加快巴西农业部对货物的审查诉答，然而无果。至此，该事件已对农产品的品质造成实质性影响。

（案例6-1-1、案例6-1-2引自笪家祥主编：《外贸风险应对指南》，南京大学出版社2009第一版。）

二、信用风险

信用风险，是指由于交易对方缺失基本道德、拖欠货款、拒收货物等行为造成损失的可能性。在国际贸易结算中，信用风险主要表现为受货风险、财务风险、贸易结算方式选择风险等。

(一) 受货风险，是指进口商不接收货物的风险

进口商拒收货物的原因主要有两种：一是出口方提交的单证与销售合同要求不符，如果进口方不愿意继续进行交易，就可能拒绝接收货物；二是在贸易合同签订以后，该种货物的市场价格下降，进口商为了获得预期收益迫使出口方降价，于是想方设法拒收货物，或者千方百计挑货物的毛病。货物被拒收后滞留在海外港口，费用随时间流逝不断增加，出口商不得不与进口商进行谈判或者被迫降价，或者通过法律仲裁等方式解决，因法律仲裁等方式费时、费力、费钱，所以很多出口商只能选择降价。

【例6-1-3】A企业与外商签订一份出口各式打火机合同，总金额为15 000美元。合同规定货到后电汇付款。A企业按照合同规定发出货物，并将提货单电传给进口商，但进口商迟迟未付款也未提货。在A企业一再催促下，进口商以款式过时为由拒收货物，A企业只能转卖，损失惨重。

(二) 财务风险，是指进口商逾期付款或者不付款的可能性

从贸易合同签订到实际清算中间有一个过程，这个过程有可能长达半年甚至更长，在这段时间内进口商可能会出现财务状况恶化、无力支付货款或破产等情况。

【例6-1-4】A企业与外商签订一份出口各式灯具的合同，金额为18 500美元，结算方式为跟单托收承兑汇票后90天付款。A企业发货后将全套单据交银行办理结算，进口方承兑汇票后取走货物。90天后一直未见付款，A企业发电催款，方知道对方已于两个月前倒闭。A企业只得将这笔应收账款作为坏账处理。

(三) 国际贸易结算方式选择风险，是指出口商因选择不同的货款结算方式，承担不同的信用风险

1. 汇款结算方式，属于商业信用。使用这种结算方式，银行只是进出口双方结算货款的简单中介，不提供任何付款保证。按国际惯例，使用汇款结算主要有预收货款和货到付款两种方式。如果是预收货款，则买方承担了钱货两空的风险；如果是货到付款，则是卖方承担了钱货两空重大损失的风险。为了平衡买卖双方的利益，实务中有预付部分货款、货到后补足余款的做法。

【例6-1-5】A企业与国外某公司达成一项交易，结算方式为卖方在收到买方电汇货款的传真后发货。A企业收到外方汇款的传真后，请银行辨别真伪，银行告知汇款凭证无误，A企业经办人认为既然款已汇出，就不必等款到再发货了，于是在款未到时就发出了货物并电告装船情况及电传提货单。发货后一个月未见款项汇到，财务人员通过银行查询才知道，对方擅自将电汇改为票汇，买了一张由银行签字的汇票传真给我方作为汇款的凭证，在收到发货电文后，进口商将汇票退回银

行撤销了这笔汇款。这种失信行为使 A 企业蒙受重大损失。

【例 6-1-6】A 企业与美国 S 公司签订一项进口装饰灯具的合同，CIF 价 20 000 美元，合同规定买方先支付货款，卖方收款后发货。A 企业按时将货款汇入卖方的账户，收到货物后发现灯具是旧的且数量不够。A 企业立刻与 S 公司联系，发现 S 公司已经倒闭。A 企业只能将采购的灯具做报废处理。

2. 托收结算方式，属于商业信用。托收结算方式是在出口商发货以后到开户银行交单委托银行代收货款。出口商的货物先运出，显然出口商的风险大于进口商。风险一，进口商拒收货物。出口商要负担货物运到目的港后的所有费用，如果转售或寄售也会发生价格下降及运费增加等损失；风险二，在承兑交单的情况下，进口商承兑汇票就可以取走货物，出口商将承担进口商到期不履行付款义务而产生的钱货两空的损失。

(1) 付款交单，即出口商指示托收行、代收行在进口商付清货款后将单据交与付款人的结算方式。出口商的风险主要是进口商拒不付款赎单，出口商虽然可将货物转售给他人或将货物运回，但要承担一笔额外费用及降价等损失，如果处理不好还有可能被进口国海关作为无主货物加以没收。

近年来远期付款交单方式逐渐增多，但不同地区、不同国家的做法很不相同，国外有的银行将远期付款交单作为远期承兑交单处理，使出口商面临极大的资金风险，因此国际商会不鼓励采用这种方式结算货款。

【例 6-1-7】A 企业与国外达成一笔服装交易，金额为 30 000 美元，结算方式为 D/P 即期托收付款交单。A 企业发货后对方迟迟不付款赎单，货物到港 10 天后各种费用相继发生，A 企业考虑到这批货物的花色品种是为该客户特别定制的，转卖困难、运回来也是库存，于是被迫改为 D/A 30 天，即承兑交单，30 天后付款。客户将货物提走后就再也没有音信了。A 企业到涉外法律服务处向讨债公司询问才知道，到美国打官司费用极高，于是只好将这笔应收账款作为坏账处理。

【例 6-1-8】A 企业出口食品到马其顿，金额为 15 000 美元，结算方式为 D/P 远期 60 天付款交单。付款期已过，进口商因资金紧张，虽然货物早已提走，货款却一拖再拖。A 企业认为是代收行操作不规范引起的，拟起诉马其顿的代收行，要求其立即付款。

中国银行在与代收行交涉过程中发现，马其顿银行是把 D/P 远期付款交单当做 D/A 远期承兑交单来处理的。对于 A 企业付款或退单的要求，代收行只声称会跟进口商联系解决。原来在马其顿，D/P 远期业务视同 D/A 方式处理。A 企业原本希望通过 D/P 远期付款交单结算方式控制收汇风险的愿望落空了。因习惯不同，拉丁美洲国家几乎都将 D/P 视同 D/A 处理。外贸企业一定要尽可能多地了解不同国家在风俗、习惯、具体做法方面的差异，以减少不必要的损失。

(2) 承兑交单，即出口商指示托收行、代收行在进口商决定接受单据时，由付款人在汇票上签字盖章承诺到期付款，代收行审查承兑手续齐全后留下汇票，将单据交进口商，承兑期满时付款人再向代收行付款的结算方式。在这种结算方式中，进口商只要承兑汇票即可取得货运单据提取货物。出口商收款的保障仅仅是一张经进口商承兑过的汇票，一旦进口商到期不付款，即使出口商可以通过当地法院起诉，但可能进口商已失去偿付能力或已破产倒闭，甚至无法联系到。有的进口商要求使用承兑交单方式结算，就是想预谋欺诈。采用这种结算方式，出口商可能遭遇钱货两空的重大损失。

【例6-1-9】A企业与美国S公司签订了一份出口日用品的合同，金额为40 000美元，合同规定以即期托收D/P结算。一周后S公司要求将D/P改为90天的D/A。A企业要求中国银行进行修改时，中国银行一再提醒A企业D/A方式有很大的风险，A企业应S公司要求坚持要修改，银行发出了修改指令。进口商通过代收行于3月20日对汇票进行了承兑，到期日为6月20日。到期日过后进口商迟迟不付款，A企业通过代收行了解，被告知进口商称产品质量有问题不愿意支付货款。进出口双方多次磋商无果，A企业又不愿意通过法律程序解决，只能答应S公司的要求降价处理。

承兑交单的风险远远大于付款交单，使用这种结算方式时一定要慎重，对初次接触的客户最好不使用这种结算方式。另外有些怀有欺诈目的的公司会在接触的初期及时付款，以便给对方留下好的印象，在随后的订货中以赊销的方式订购大批量的货物，然后提走货物不付货款，逃之夭夭。

【例6-1-10】A企业与国外一个新客户接触，双方签订出口服装的合同，金额为10 000美元，结算方式为汇款，由对方先将款项汇入A企业账户，A企业收到货款后再发货。随后又做了几笔生意，一切顺利。再后来国外客户要求签订一个大单，金额为500 000美元，请A企业采用空运方式将货物及时运到，因货款数额较大，采用托收承兑交单结算方式分两次付款，即货到后30天和90天各付款50%。A企业收到对方承兑的汇票后放货。30天后未见款项到账，又过了几天货款还是没有到账，A企业发电询问也不见回音。A企业委托代收行调查后发现，该企业收到货物后即不见踪影了。A企业只得将这笔欠款转为坏账。

3. 信用证结算方式属于银行信用，银行承担第一性付款责任。虽然信用证开立时是依据买卖合同，但信用证开立后是一个自足文件，银行在信用证业务中处理的是单据而不是货物，所以不能说使用信用证结算方式就不存在任何风险。实际上，银行对于任何单据的形式、完整性、准确性、真实性、伪造或法律效力或单据中规定的或附加的一般或特殊条件概不负责。不法商人利用信用证处理的仅仅是单据这一特点大做文章，使本来认为没有问题的信用证结算方式也不时出现信用风险。如进口商可能要承担单据与货物不相符的风险、出口商以虚假或伪造的单据进行诈骗的风险；出口商可能要承担信用证软条款、伪造信用证或开证银行破产倒闭的风险等等。

【例6-1-11】A企业向国外X公司出口货物，总价50 000美元。X公司按时开来信用证，A 企业按时将货物装船，将全套单据交银行审核无误后，银行议付。一周后议付银行通知 A 企业，开证银行因经营不善已宣告破产，不再承担付款责任。银行要求 A 企业归还议付款，并建议 A 企业直接向 X 公司索取货款。当 A 企业与 X 公司联系时，X 公司也已经破产。A 企业只得将这笔应收账款作为坏账处理。

在信用证条款中，有些被称为软条款的条文会给出口商造成极大的风险。软条款的种类很多，受益人一定要仔细研究信用证的条款，对软条款一定要提出来，要求开证申请人修改，否则不能发货。如在 FOB 术语下，不规定买方派船的时间，或在 CIF 术语下，规定船公司、船名、装运期、目的港须取得开证申请人的同意等。这是信用证中常见的两种软条款。前者使得买方可以根据自己的意图决定是否派船和派船时间，致使卖方无法主动完成交货，不能按时收汇；后者同样使得卖方在交货、收汇等方面受控于买方。出口商如果接受信用证中的此类条款，在履约过程中就会极难操作，付款的主动权完全被开证申请人及开证行控制。对此类条款，出口商应要求开证申请人删除或在合同中直接规定派船时间、船公司、船名、装运期、目的港等。

又如对信用证生效附条件的软条款，即在信用证中规定暂不生效条款，待某条件成熟时信用证方生效。常见的有规定信用证的生效条件为进口方领到进口许可证，或者货样由进口方确认等。这使信用证变成了变相的可撤销信用证，使开证行的责任处于不稳定状态，从而对出口商极为不利。遇到这种情况，出口商应要求修改信用证相关条款，或与进口商协商，规定一个通知信用证是否生效的最后期限，以保证交易的顺利进行。

【例 6-1-12】A 企业向议付行交付全套单据，经审核，议付行认为单单、单证一致，于是一方面向 A 企业议付货款，另一方面将单据寄给开证行索偿。开证行经审核后，认为议付行交来的全套单据不能接受，因为提单上申请人的通信地址的街名少了一个 "g"（正确的地址为：Sun Chiang Road，现写成：Sun Chian Road）。获此信息后，受益人立即与申请人取得联系，要求取消此不符点，而申请人执意不肯。事实上，开证申请人已通过借单看过货物后才决定拒绝接受货物，并由此寻找单据中的不符点，以此为借口拒绝接收货物、拒绝付款。A 企业只能将货物转卖，蒙受了价格损失。

4. 银行保证书（保函）方式，属于银行信用。如果担保银行承担的是第一性的付款义务，则对受益人有利；如果银行承担的是第二性的付款义务，则对受益人不利，因为担保行会要求受益人提供各种证据，证明付款人不履行付款义务，担保银行才能承担第二性的付款责任。一旦发生纠纷更是费时、费力。

在国际贸易中信用风险的主要受害者是出口商，出口商承担的风险主要是进口商不收货、不付款等。进口商的信用风险主要表现在出口商不能按时发货、出口商提供的货物不符合进口商的要求，以次充好、以假充真或缺斤短两等等。

三、外汇风险

外汇风险有广义和狭义之分：广义的外汇风险，是指由于汇率的变化以及交易者到期违约和外国政府实行外汇管制等给外汇交易者和外汇持有者带来经济损失的可能性。狭义的外汇风险，是指外汇汇率的波动给外汇持有者或外汇经营者在涉外经营活动中以外币计价的资产和负债带来的价值上升或下跌的可能性。汇率的变化，可能给企业带来收益，也可能给企业带来损失。汇率变动给企业带来收益时不会影响企业的正常经营活动，不属于我们研究的外汇风险的重点。汇率的变动使企业遭受损失，影响企业的正常经营，这种危害必须引起高度重视，是我们研究外汇风险的重点。

当今世界处于浮动汇率制度下，国际贸易在待结算期内汇率可能发生小幅或剧烈的变动，一方面会使进出口双方难以匡算交易成本，无法预知交易利润，另一方面也可能因此而遭受巨额损失。一般情况下，结算货币汇率下跌，出口商将承担外汇风险而进口商会获得风险盈利；反之，结算货币汇率上升，进口商将承担外汇风险而出口商将获得风险盈利。

【例6-1-13】假定C出口公司签订一项100万美元的出口贸易合同，签合同时美元与人民币的汇率中间价为1∶6.3。出口商备货发运，向银行提交全套单据办理跟单托收，并收回货款时，汇率中间价为1∶5.8。这时银行按结算时的即期汇率入账，出口商的损益为：

计划出口收入 = 6.3 × 100 = 630（万人民币）

实际出口收入 = 5.8 × 100 = 580（万人民币）

外汇风险损失 = 580 - 630 = -50（万人民币）

出口商少收了50万人民币。

【例6-1-14】假定C公司签订一项200万美元的进口贸易合同，签合同时为美元与人民币的汇率中间价为1∶6.1。银行收到出口商转来的全套单据，审核无误支付货款时，汇率的中间价为1∶6.5。进口商的损益为：

计划进口成本 = 6.1 × 200 = 1 220（万人民币）

实际进口成本 = 6.5 × 200 = 1 300（万人民币）

外汇风险损失 = 1 300 - 1 220 = 80（万人民币）

进口商多支付了80万人民币的货款。

外汇风险还会影响以外币计价的借款。汇率上升时还款人的负担加重，汇率下降时还款人的负担减轻了。当然汇率的变化还会影响商品的价格等，总之汇率的变化对国际贸易的影响是多方面的。

四、欺诈风险

诈骗风险是指诈骗分子以非法占有为目的,在国与国之间的货币收付和债权债务的结算中,采用虚构事实或隐瞒真相的欺骗手段,骗取钱财的违法犯罪行为。

在国际贸易和国际金融实务中欺诈案件时有发生,且数量上升趋势,诈骗手段翻新、诈骗频率增加、诈骗金额巨大,被骗资金常常被调往国外,追索十分困难,给进出口企业带来严重的损失。常见的国际贸易结算欺诈有:

(一) 金融票据欺诈

票据是一种设权证券,是需要支付金钱的证券。它能够代替货币使用,在国际结算中被广泛应用。票据欺诈手段主要有:

1. 伪造金融票据

伪造票据的特点:(1) 通常出票行或付款行不是我国商业银行的代理行,我国商业银行对该行缺乏了解;(2) 票面上没有出票行或付款行的地址,或者地址不详难以查询;(3) 取款人非收款人,票据几经转手制造种种假象;(4) 票面金额一般较大等。

【例6-1-15】A 企业与外商签订合同出口汽车配件,CIF 价 1 250 000 美元,货物发运后收到汇票一张。A 企业将汇票交中国银行某分行要求贴现,该票的出票行为欧亚银行,付款行为纽约的欧美银行。因中国银行与出票行联系很少,无法辨别真伪,中国银行某分行向中国银行纽约分行办理托收。中国银行纽约分行回复,付款行与出票行无任何关系,怀疑票据是假的,建议作假票处理。银行将汇票退给 A 企业时,A 企业急忙与进口方联系,此时发现已无法联系到进口方,只得将汇票金额作为坏账处理,蒙受了巨大损失。

2. 涂改票据金额

其特点有:(1) 签字人一般是不能在涉外业务中签字的人员,不符合出票的规定;(2) 汇票金额较大,如果仔细辨认可以发现大小写金额均有涂改过的痕迹;(3) 持票人往往托熟人找关系,按非正常解付手续办理付款等。

【例6-1-16】A 企业与澳门 S 公司签订一份出口煤炭的合同,金额为 2 000 000美元。货物发运后收到一张银行汇票,金额为2 000 000美元,到中国银行某分行要求付款。中国银行经办人员凭经验认为有疑问,决定暂时停止解付,电查出票行澳门银行,答复是停止付款,并要求将汇票正本电传过去,之后答复该汇票确是澳门银行开出,但金额是 200 美元,而不是2 000 000美元。于是 A 企业收到了 200 美元货款,再联系进口商,已经楼去人空。A 企业损失惨重。

（二）伪造商业票据诈骗

国际贸易从最初的一手交钱，一手交货，发展为卖方将货物交给运输商，由运输商运至买方，运输商将完备的海运提单交给卖方，由卖方转交买方，买方凭单向运输商取货。海运提单承担货物收据、运输契约、物权凭证三项职能，因此货运单据成为国际贸易结算的实体和依据，货物转化为单据。商业银行只处理单据，不过问货物，只要出口商提交了符合合同条款或信用证条款规定的单据，买方就必须支付货款。国际贸易中伪造、修改单据进行诈骗的现象屡见不鲜。

【例6-1-17】A企业与香港某公司签订出口20万台数码相机合同，发货前收到金额为992 000美元的信用证。信用证要求发货前由申请人指定代表出具货物检验证书，其签字必须由开证行证实，并且规定1/2的正本提单在装运后交申请人的代表。在装运时，申请人代表来到出货地，提供了检验证书，并以数张大额支票为抵押，从受益人手中拿走了其中一份正本提单。后来，受益人将有关支票委托当地银行议付，但被告知："托收的支票为空头支票"；使用信用证结算方式，"申请人代表出具的检验证书签名不符，纯属伪造"。更不幸的是，货物已被全部提走，下落不明。受益人蒙受重大损失，有苦难言。

【例6-1-18】1977年，希腊货轮"LORD BARON"在新加坡装载了500吨糖，提货单被诈骗分子改为20 000吨，以此提单向银行结汇拿到款走了。买方索马里政府等候着20 000吨糖的到来，当船抵港后发觉只有500吨糖，一怒之下降罪于船东，没收了该轮船，并把船长收监。后来希腊政府通过领事出面交涉，索马里政府也不予理会。最后鉴于国际舆论及外交压力，才迫使索马里把船、人释放，但船东已遭受到很大的损失，该船的船长亦在返抵希腊时心脏病发作身亡。这样一场无妄之灾就是由国际骗子一手造成的。这是一起国际著名的诈骗案。

（三）信用证欺诈

信用证属银行信用，一般认为它能有效保护进出口双方的利益，但是，按照国际惯例，银行处理的仅仅是单据，不对货物负责。开证银行在"单证一致"和"单单一致"的情况下，必须履行付款义务。信用证结算方式的这一特点为诈骗分子所利用，演变为形形色色的信用证诈骗活动。

1. 伪造信用证

伪造信用证的特点主要有：（1）开证行的名称、地址不明，存在查询障碍；（2）电开信用证无密押，或使用第三家银行的密押；（3）信开信用证的签字无从核对，或随附伪造的印鉴；（4）信用证缺少主要条款或条款相互矛盾；（5）单据要求寄往第三家银行，该银行根本不存在；（6）信用证金额较大，装运有效期较短等。

【例6-1-19】A企业与外商签订出口钢材的合同，CIF价600 000美元，结算方式为信用证。A企业于发货前收到国外开来的信用证，因开证行与我国的通知行没有代理关系，信用证密押借用第三家银行密押，于是通知行向第三家银行发查询函，同时通知受益人不要发货。A企业的经办人员认为：既然信用证已经收到，发货后收款不成问题，遂将货物发运。经银行查实，第三家银行从未发出确认密押，开证行也未开立此信用证。这起诈骗案因国内办理业务的人员缺乏经验而蒙受了巨大的损失。

2. 伪造单据

伪造单据的主要特点有：（1）出口商要求进口商开具即期信用证，出口商可以凭单立即要求议付行议付；（2）船公司、船只、起运港均由出口商负责指定，以便以根本不存在的船公司的名义签发提单或冒充某船公司的名义签发提单；（3）品质证书由出口商所在地有关机构签发等。

【例6-1-20】国内A公司与外商签订了一份进口钢材的合同，货物价值为504万美元，合同规定以信用证方式结算。A公司依约对外开出信用证后，在信用证装货期内，外商发来传真称货物已如期装运。不久开证行即收到议付行转来的全套单据，提单表明货物于某东欧港口装运，在西欧某港口转运至国内港口。单据经审核无不符点，开证行对外承兑。A公司坐等一个多月，货物依然未到，深感蹊跷，遂向伦敦海事局查询，反馈回来的消息是：在所述装船日没有署名船只在装运港装运钢材。此时信用证项下单据已经开证行承兑，且据议付行反馈回的信息，该行已买断票据，将融资款支付给了受益人。开证行被迫在承兑到期日对外付款，A公司损失惨重。

3. 利用"软条款"进行欺诈

"软条款"信用证是指开证行可随时单方面解除其保证付款责任的信用证，这种信用证实际上是一种可撤销信用证。常见的软条款有：（1）该信用证暂不生效，待签发了进口许可证后另行通知生效；（2）该信用证需经申请人确认货样后再通知生效；（3）信用证规定，必须由申请人验货并签署质量合格证书；（4）信用证规定，船只、装船日期及卸货港等须以申请人修改后的通知书为准；（5）信用证规定采用进口国商品检验标准等。

【例6-1-21】A企业出口一批货物，将全套单据交银行，金额为500 000美元，要求议付。议付行注意到信用证条款中规定：正本检验证书须由申请人的授权签字人签发，其签字必须和留存开证行签字样本一致。A企业交单时向议付行声明提交的检验证书为申请人在港口验货时当面签发，签字没问题。议付行议付后以单证相符向开证行索汇。时隔一周，议付行收到开证行的拒付电，理由为："检验证上的签字与开证行留底不一致。"议付行随即联系A企业征询意见，A企业多次联系进口商无结果。A企业要求银行协助调查此事，银行委托海外分行协助调查，经证实，检验证上的申请人授权人签字确实与申请人留在开证行的签字样本不一致。A企业将议付款项如数退还议付行。为了减少进一步的损失，A企业要求开证行退还全部单据，开证行同意退单闭卷。

后经了解，这批货市场价格波动较大，进口商在开证时为回避风险有意开具商检证书软条款。

信用证欺诈行为还有很多种，如利用可转让信用证诈骗，开立空信用证骗取银行打包贷款等等。

(四) 银行保函和备用信用证欺诈

其表现形式主要有：

1. 伪造银行保函

诈骗分子通常利用伪造的银行保函到另一家银行去申请贷款，如果经办人员未能识别出造假，银行会蒙受重大损失。

2. 骗取银行保函或备用信用证

骗取银行保函是国际诈骗分子常用的手段，近年来国内也经常发生。诈骗分子常以引资为借口，要求国内金融机构出具"保证书"或"备用信用证"，虽然支付了一定比例的定金，但诈骗一旦得逞，开出信用文件的银行会遭受巨额损失。

第二节　国际贸易结算风险的防范

我们身边时时刻刻都存在或大或小的风险，世界金融危机和债务危机使得国际经济生活中的风险和变数不断增加。面对复杂的国际经济环境，我国的企业和每一位公民都要树立风险意识，不断建立健全各级风险管理制度，才能在险象环生的国际贸易中，在国际贸易结算中，减少不必要的损失。

一、国家风险的防范

(一) 尽量回避风险

国家风险属于政治风险，而政治风险往往是突发的，无一定规律可循，并且不同国家不同时间政治风险又各有特点，所以要预防政治风险是很困难的，但却非常有必要。外贸企业应密切关注国际形势的变化，收集各种资料，了解、分析贸易对象国的政治、经济、法律、风俗、文化及宗教信仰等情况。自2005年以来，中国出口信用保险公司每年都要发布一次《国家风险分析报告》，该报告对国家风险的揭示具有权威性。另外，国际上很多评级机构也会定期发布信息。

企业的风险防范意识和防范能力主要来源于企业的内部控制制度。企业要强化员工的风险防范意识；在业务流程的设计上，每一次签单前应对风险做一个认真的综合评估，根据评估的结果调整商品价格、贸易条件、结算方式等。只要有风险意识，尽量回避风险，就会使损失降到最低。

（二）选择有利的结算方式

结算方式不同，出口商承担的国家风险的程度也有所不同。因为信用证结算方式的特点，在实行贸易外汇管制的国家，进口商必须提供本国贸易和外汇管制机构的进口许可证和使用外汇许可后，开证银行才能为其开出信用证；出口商一旦取得信用证，一般来说可以避免进口国禁止进口或限制外汇支付的国家风险。

在托收结算方式下，出口商承担了较大的国家风险。为规避风险，出口商可以在当地设立分支机构或事先在当地找好代理人，也可以委托本国银行或外汇管理部门了解进口国的贸易和外汇管制法令、海关的规定等；出口商只有确信进口商已经领到该批货物的进口许可证和已经申请到外汇后，才能发货。如果采用汇款方式结算，应该使用收到货款再发货的方式，以维护自己的利益。

二、信用风险的防范

信用风险在国际贸易结算风险中占有很大比重。为了维护当事人的合法权益，保证国际贸易的正常进行，我国的进出口企业应该和办理国际结算的商业银行一起，加强风险防范意识，充分了解国际贸易结算风险的种类、特点、成因及防范措施。建立健全结算风险管理制度，针对不同的风险种类采取相应的管理措施。

（一）充分了解结算方式的特点，力争使用有利的结算方式

对进出口企业来说，既要发展业务开拓市场，又要保证收汇安全取得经济效益，这就需要知己知彼。首先要根据国际市场的行情、对方的资信、结算方式的特点，选择恰当的国际结算方式；同时要充分认识自己在该交易中所处的地位及面临的风险，采取一切积极的防范措施，做到不盲目签约，不盲目发货。

国际贸易的主要结算方式有汇款、托收、信用证和保函等。

1. 汇款属于商业信用，主要有两种方式。

进出口商若以汇付货款方式结算，采用预收货款时，进口商为了保证自己的利益，要求收款人领取汇款时提供书面担保，保证按合同规定的质量、数量、时间发货，否则赔偿损失。采用货到付款时，出口商可以要求进口商提供银行保证书，保证如期履行收货付款义务。

（1）赊销，即出口商先发货，进口商收到货物或单据后立即或在约定的某一时间付款的结算方式。这种结算方式对出口商最不利，所以出口商要调查进口商的资信情况，要了解市场的行情，如出口商品是滞销商品可采用赊销方式，出口商可以

要求进口商提供银行担保，为了规避风险出口商可以投保出口信用保险以分散风险，减少损失。

【例6-2-1】A企业出口一批拖鞋，鞋类产品属长线产品，为了开拓市场，同意进口商采用收货后90天汇付货款的方式结算。A企业经过调查，发现进口商过去信用欠佳，最近情况有所好转，综合平衡后，决定贸易量不要太大，这批货物总价10 000美元。同时A企业投保出口信用保险，以防万一。该案例中A企业如期收到了货款。

（2）预收货款，即进口商先付货款，出口商收到货款后再发货。预收货款一般用于紧俏物资的出口，预收货款又可以分为全部预收和部分预收两种。全部预收是对出口商最有利的贸易方式，相当于进口商为出口商提供了无偿的融资。部分预收货款指贸易货款中一部分采用预收的方式收取，另一部分货款在发货后或货物运到后收取。预收货款对出口商是一种较好的贸易条件，出口商应充分利用。预收货款对进口商是最不利的结算方式，可要求出口商提供履约保函等方式分散自己的风险。

2. 托收属于商业信用，一般是出口商先发货，发货后委托银行向进口商收款，托收主要有付款交单和承兑交单两种。

如果进出口双方以托收方式成交，出口商应采取以下措施防范可能出现的信用风险：

第一，必须充分了解进口商资信。

第二，选择市场价格平稳、品质稳定的商品进行交易，交易金额不宜太大。

第三，了解进口国贸易及外汇管理规定，交易商品最好是不受限制的，防止货到后不能进口或收汇困难造成的风险。

第四，了解有关国家的银行对托收的规定和习惯做法，如拉丁美洲的一些国家对远期付款交单（D/P远期）视同远期承兑交单（D/A）处理，而对出口商而言，D/P远期与D/A信用风险有明显的差异。

第五，选择CIF价格条件成交时，出口商自行办理保险，可以免除货物受损而无保险赔偿的风险。

第六，应尽量争取以即期付款交单条件办理托收，避免承兑交单带来的风险。

第七，在进口商所在国设立自己的机构，或事先在进口国所在地找好"需要时的代理人"，以防不测。

承兑交单的风险远远大于付款交单，使用这种结算方式时一定要慎重，对初次接触的客户最好不使用这种结算方式。另外有些怀有欺诈目的的公司会在接触的初期及时付款，以便给对方留下好的印象，在随后的订货中以承兑交单的方式订购大批量的货物，然后提走货物不付货款，逃之夭夭。

3. 跟单信用证

信用证风险的防范重点首先是开立的信用证的真伪，其次是开证行的信誉，再次是信用证中有无不合适条款。对出口商而言，不合适条款主要是"软条款"，一般是进口商为规避自己的风险而设的圈套，如货物需经进口商检验签字才能交单；此信用证须经进口商确认后才生效；此信用证要在进口商确认装运日期后生效等等。对出口商而言，信用证结算的风险主要来自两方面：一是开证行信用风险，即开证行的信用好坏直接影响出口商的最终收汇，出口商可以不接受信用状态不佳的银行开立的信用证，或要求知名银行对该信用证进行保兑；二是单据不相符的风险，开证银行履行第一性付款责任的前提是"单单相符，单证相符"，因出口单据不符遭开证行免除付款责任的现象极为普遍。出口商要擦亮眼睛认真识别信用证条款中设置的陷阱，坚决要求进口商修改信用证中的"软条款"，绝不能存在侥幸心理，以便维护自己的合法利益。

国际贸易采用信用证方式成交，应采取以下措施防范可能出现的信用风险：

第一，必须充分了解贸易对方的资信，对不熟悉的贸易伙伴，成交金额一般不应太大。

第二，了解贸易对方国的开证银行的资信状况，受益人（卖方）只接受信誉好的银行开来的信用证，其他银行开立的信用证必须由信誉好的银行加保。

第三，信用证业务处理的是单据而不是货物，银行对信用证业务是"四不管"，即不管合同、不管单据真伪、不管货物、不管是否履约。银行不管的四个方面都存在着信用风险。

第四，进出口双方签订贸易合同是进行外贸业务最重要的一件事。合同订立后的业务都要以合同为准绳，如果发生贸易纠纷，也要凭合同进行裁决。所以凡是在贸易中可能遇到的问题，在合同中都应有规定，否则发生纠纷无所适从。为规避因合同订立的缺陷而发生的贸易风险，订合同时要考虑全面，尽量不留遗憾。

第五，开证申请人（进口商）要审核单据的真伪，最好的办法是重要的单据要向签单人直接查询。

第六，开证申请人可在信用证中规定，货物要由具有权威资质的检验机构出具检验报告，或在出口国设立自己的机构，由该机构的相关人员签署意见，防止无货或次货的风险。

从上述跟单信用证诈骗的各种情形来看，诈骗分子的行骗对象主要是我方进出口企业。为避免或减少诈骗案的发生，具体可采取如下防范措施：

第一，出口方银行（指通知行）应掌握开证行的资信情况并负责核对信用证的真伪，对大额来证还应要求开证行加押证实；对于电开信用证及其修改书，应及时核查密押相符与否，以防假冒和伪造。

第二，进出口企业必须慎重选择贸易伙伴。应尽可能通过正式途径接触和了解客户，不要与资信不明或资信不好的客户做生意。在签订合同前，应设法委托有关咨询机构对客户进行资信调查，以便心中有数，避免错选贸易伙伴，自食苦果。

第三，进出口企业和银行共同对信用证的真伪进行认真审核，同时针对信用证中的软条款或陷阱条款尽快与开证行联系,要求开证申请人修改,否则应中止交易,以防患于未然。

【例6-2-2】中国银行海南分行收到一份金额为美元1 092 000的信用证,受益人为海南某外贸公司。来证含有这样一个"软条款":"只有在收到我行加押电报修改书并经通知行通知的买方装运指示、指定运输船名、装运日期时,才可装运;而且该修改书必须包括在每套单据中议付",同时规定:"1/3的正本提单在装船后,以快邮方式寄给申请人"。中国银行海南分行在将信用证通知受益人时,提醒其关注这些条款,并做好防范。稍后,中国银行海南分行又收到原证项下电开修改书一份,修改书指定船名、船期,并将原证允许分批装运改为禁止分批装运,但其密押却沿用原证密押。中国银行海南分行马上警觉起来,并迅速查询开证行,在确认该电文为伪造修改书后,立即通知受益人停止发货。而此时,受益人已将出口货物(70吨白胡椒)发运出港,幸好提单未邮寄,货物还在,避免了损失。

（二）了解对方的资信

在国际贸易中,不论选择何种结算方式,结算的有关当事人资信状况好坏都是结算安全的保障,选择资信良好的贸易伙伴,是安全收汇的基本保障。在签订贸易合同之前必须对贸易对手的资信状况进行周密的调查。包括:

1. 进出口双方相互间的资信调查。为了使国际贸易顺利进行,在合同签订之前,双方都应通过适当的途径调查对方的资信情况,慎重选择贸易伙伴。调查的渠道主要有：

(1) 委托专门的调查、咨询公司对贸易对手进行资信调查。一家有声誉的咨询公司一般有庞大的信息网络,并能采用一些必要的手段取得第一手资料,为客户提供有价值的资信材料。当然这类公司的收费也较高,巨额贸易应该委托专门的咨询公司调查对手的资信状况。

(2) 通过银行的代理关系调查外国客户的资信情况。一般来说公司的财务报表可以反映该公司的资信情况和经营状况,上市公司的财务报表是定期公开的,非上市公司的情况可以请求开户银行通过其与代理行的关系进行了解。

2. 通过各种渠道了解贸易对手国内各银行的资信情况。银行在国际贸易结算中充当了重要的角色,如果办理结算的银行倒闭了,也会给进出口商带来重大的损失。为避免银行倒闭造成的损失,进出口商在选择银行时也需要慎重。中国的进出口企业可以要求贸易对手选择中国商业银行的国外分支机构作为开证行、代理行、议付行等。如果当地没有中国商业银行的代理机构,可考虑选择中国商业银行在国外的代理银行作为开证行。

国内的企业还可以通过国际金融界每年对世界各大银行的排名来了解各银行,这类排名一般刊登在国际金融界有影响的杂志上,如《银行家》、《欧洲货币》等。此外还可以通过穆迪公司和标准-普尔公司对银行的信用评级,了解银行的经营状况、资信水平。另外要尽可能了解银行在一些复杂的国际贸易结算纠纷中的态度，选择能够站在公正的立场上，持客观公平的态度协助解决有关纠纷的银行。

（三）推广包买票据和国际保理业务以转移风险

实践证明，包买票据业务和国际保理业务集融资、结算、服务于一身，对出口商防范信用风险有很好的作用。出口商如果对贸易对手的资信不了解，可以通过这两项业务转移信用风险、收汇风险等。因为这两种业务可以提供调查进口商的资信，并提供贸易额度的建议等服务。对出口商来说，贸易完成后可立即收回货款，虽然付出了一些代价但是很值得。对进口商来说，保证了收货安全。

（四）遵守国际惯例

在国际贸易发展过程中逐渐形成了为各国商界所共同接受的统一管理规则，统称为国际惯例。国际惯例可以作为解决纠纷的依据，对保障受益人的权益，防范风险，树立当事人的信用形象有重要的意义和作用。所有从事外贸工作和从事外贸结算工作的人员，都应了解、掌握、使用国际惯例。

（五）投保出口信用保险

随着全球金融危机不断蔓延扩散，国际市场上，买家拖欠、拒收和破产的风险明显加大，出口收汇风险成为当前外贸出口企业面对的最大的外部风险。信用保险承保的正是这种由于买方延期付款或无清偿能力造成的企业应收账款的损失风险。

【例6-2-3】由于国际经济形势的复杂多变，浙江省不少外贸出口企业只能靠赊销才能接到订单，由此带来的应收账款风险大大增加。

据中国出口信用保险公司浙江分公司统计，2008年，浙江企业出口报损主要集中在一些发达国家或地区，像美国总报损金额达2 678万美元，占比为31%，报损率为2.3%；欧洲总报损金额为2 504万美元，占比29%，报损率为1.8%。而2009年以来，出口报损迅速蔓延到了东欧、南美及以印度为主的亚洲地区。2009年第一季度，"浙江信保"共接到出口项下的报损案件198起，总金额达3 700万美元，同比分别增长78.3%和50%，金额报损率达到3.15%。

投保出口信用险的好处显而易见：既能帮助投保企业规避潜在的收汇风险，一旦报损，又可向保险公司索赔，以最大限度地减少损失。

——hhtp://www.576tv.com/CFolders/cmain/mnews/0906/230842—32405.shtml.《浙江日报》2009年6月23日。

【例6-2-4】哈电工程公司是目前我国最大的电站总承包建设及发电设备出口承包商之一，而中国出口信用保险公司是唯一支持外经贸发展的政策性保险机构，双方携手实施"走出去"战略。哈电工程公司在某新兴市场国家承建一个大型电站项目，该项目2004年开工建设，总合同金额逾4亿美元，建设资金采用的是

"卖方信贷"方式,即由哈电向国内金融机构融资。目前该工程已建成交付使用,买方进入还款期。然而今年以来,由于遭受国际金融危机影响,买方失去履约能力,出现了严重的还款拖欠。面对哈电工程公司出现的巨大收汇风险,作为承保人的中国出口信用保险公司一方面积极开展保后跟踪管理,推动项目所在国政府拿出延期付款方案,另一方面根据保险合同,在拖欠达到约定期限时立即展开理赔。中国出口信用保险公司就前述哈电项目在中长期出口信用保险保单项下的损失进行了赔付,赔付金额1 680万美元,折合人民币约1.15亿元。中国出口信用保险公司副总经理刘永信在赔款仪式上透露,出口信用保险公司后续还将再赔付哈电2 000万美元,年内对哈电的赔付合计将达2.5亿元人民币,从而使其90%的损失得到弥补。他告诉记者,下一步出口信用保险公司要展开商账追偿,尽管追偿的过程会很漫长,但"只要债权不灭失,就要坚决追回来"。

哈电工程公司董事长曲哲在拿到中国出口信用保险公司支付的上亿元赔款后感慨万分地说:"这些真金白银极大缓解了我们眼下的资金周转压力,在信保的支持下,我们的经营更加稳健,开拓国际市场的信心倍增!"

三、外汇风险的防范

产生外汇风险的主要原因是汇率的变动。要规避外汇风险,人们首先想到的是预测汇率变动趋势,而汇率变动的预测是一项十分复杂的工作,很多因素是难以预测的。人们想到分散风险,由于外汇风险表现为时间风险和价值风险,于是人们想创造一个与外汇流动方向相反、金额相同、时间相同的货币流。20世纪70年代以后,各种避险方法应运而生。

(一) 加强对汇率趋势的预测

预测货币汇率变化趋势是规避外汇风险的前提。在浮动汇率制度下,汇率的变动取决于外汇市场上对各种货币的供求,影响各种货币供求的因素是广泛和复杂的,既有经济因素又有政治因素,既有长期因素也有短期因素,国际收支状况、通货膨胀率、利率水平,包括人们的心理预期、突发事件等都会对货币的供求关系产生影响。预测工作要求全面分析汇率变化的影响、方向及程度,为选择外汇风险防范手段提供依据。

(二) 选择有利的计价结算货币

在国际贸易结算业务中选择有利的货币成交,有利于转嫁汇率风险,主要方法有:

1. 在国际贸易结算中应尽量选择使用本币人民币结算。2009年我国正式开始了跨境人民币结算试点。本币结算对中国企业来讲可规避汇率风险。

2. 在国际贸易中使用外币结算时，基本原则是收硬付软，即出口收汇争取收硬币，进口付汇尽量付软币。所谓硬货币是指汇率比较稳定和坚挺的货币，软货币是指汇率不稳并且比较疲软或有下浮趋势的货币。由于外汇市场汇率变动频繁，软币与硬币具有一定的相对性。在国际贸易中货币的选择应结合商品的购销意图、国际商品市场价格、付款期限等因素综合考虑，权衡各方面利弊得失，选择双方都能接受的货币作结算货币。

3. 使用外汇保值条款。所谓外汇保值条款主要有两种：一是在签订贸易合同时，把汇率固定下来，以后无论汇率发生什么变化，仍按合同规定的汇率付款。二是在签订贸易合同时，不确定付款汇率，但规定在汇率变动时，双方各承担一半的损失。

（三）国际通用的外汇风险规避方法

1. 利用远期外汇合同避险

远期外汇又称期汇或期货外汇，是按期汇合同买卖的外汇。先由双方签订合同，规定买卖外汇的币种、数额、汇率和交割日期。到交割日双方按照合同规定，买方付款，卖方向买方交付外汇。利用远期外汇合同避险，一般是在企业有一笔远期外汇收入或远期外汇支出时，与银行签订一份合同，约定将来某一时间按合同规定的远期汇率买卖外汇。这种方法还可以用在证券投资、国外存款、直接投资、国外借款等方面。

2. 利用外汇期权交易避险

期权，是指一定时期内按照一定外汇汇率买进或卖出一定数额外国货币的权利。利用外汇期权买入的是购买或出售某项货币的权利，到期时可以不行权，即不承担实际买入或卖出的义务，仅承担支付合约款项的义务，是一种较好的避险方式。

外汇期权又分为买进期权和卖出期权。买进期权是指购买外汇期权的一方有权在合约期满时或在此以前按规定的汇率购进一定数额的外币；卖出期权是指卖出外汇的一方有权在合同期满或在此以前按规定的汇率卖出一定数额的外币。对于期权合同的购入方来说，外汇期权相当于保险。

3. 调整外汇受险金额避险

适当调整外汇的受险金额，可以达到避险的目的。企业与境外公司之间会有各种资金往来，如材料采购、半成品转移、管理服务、资金筹措等。通过预测，企业可以提前或延迟收回或支付资金方式来减少外汇资金的损失。如某种外汇将升值时，应推迟收款或加速付款；某种外汇将贬值时，应加速收款或延缓付款。

（四）国内企业的外汇风险规避方法

1. 调整对外报价将外汇浮动风险计入价格

涉外企业在制定价格时，应把外汇风险考虑到价格中，适当提高出口商品的对外报价或降低进口商品的进口价格，以降低外汇风险。特别是对远期付款或交货期较长的出口合同，还要把延长期考虑在价格之内，以减少收汇损失。

2. 利用银行押汇和贴现业务转移外汇风险

押汇是出口企业以出口商品装运单据作为抵押，向银行借入贷款的一种融资方式。银行贷款的原则是借什么货币还什么货币并以该种货币计息，利用押汇，出口企业多支出了一笔利息，但可将收回的货款直接归还给银行，避免了发运商品至收回货款这段时间由于汇率的变化而少收入人民币的风险。

贴现是指企业持未到期的票据向银行融通资金，银行收取自贴现日至到期日的利息后，将票面余额付给企业。出口企业付出了贴现息，提前收到了货款，避免因汇率变化而少收人民币的风险。

3. 选用适当的结算方式避险

涉外企业收汇的原则是"安全、及时"，既可以免遭外商拒付，又可以免遭汇率变动的损失。一般企业在选用结算方式时最好选用即期信用证结算方式，符合及时、安全收汇的原则；远期信用证虽然安全，但不及时，存在汇率变动风险；托收结算方式虽然费用较低，但安全性差，只适用于尾款、运费、佣金等款项的结算或推销库存积压商品等。

4. 发展易货贸易规避汇率风险

易货贸易是以同一种货币计价结算、双方进行等值商品交换的一种贸易方式。因进出口以同一种货币计价结算，债权债务大致相等，因此汇率变化对交易双方影响不大。

四、欺诈风险的防范

欺诈风险与信用风险是有区别的，主要区别在于出发点的不同，从事欺诈行为的犯罪分子以非法占有为目的，采用虚构事实、隐瞒真相的手段骗取钱财，是一种违法犯罪行为。

对欺诈风险的防范包括：

（一）提高全体国民防范诈骗活动的思想意识及识别能力

开展多种形式的学习与教育活动，提高国民对诈骗活动的警惕和识别能力。我国政府十分重视国际贸易及贸易结算中的欺诈问题，为提高进出口企业有关业务人员的素质，严把准入关，实施了外销员考试制度，要求进出口企业的从业人员掌握必要的法律、贸易、金融、结算知识;同时要求各企业对业务人员进行经常的有关国际业务的培训,使员工及时了解国际贸易和融资活动中诈骗活动的新动向及新手段等,并就一些典型案例进行分析和研究,以增强员工的风险意识,提高员工的风险防范本领。

(二) 制定严格的业务流程

设置专门防险机构或责任人负责风险管理工作。负责研究国际贸易、国际金融和国际商品市场趋势,收集国外客户和银行的资信情况、汇率变动情况和诈骗的案例等,做到"知己知彼",提高防范国际贸易结算风险的能力。企业与银行、口岸等要加强联系,建立国际信息网络。每一笔业务特别是金额大的业务都应该经过风险评估,对风险大的业务及时采取相应的防范措施。在外贸工作的各个环节上如订立合同、开立信用证、发货、制单、收货、付款等都应该有专门的责任制度,专人负责;使所有业务活动严格遵守国际惯例及有关法规。这样不仅能有效防范信用风险,也是防范欺诈风险的保证。

(三) 辨明票据、结算工具的真伪

诈骗分子通常使用伪造票据、伪造信用证、伪造单据、伪造证书等手段进行诈骗活动。辨明结算工具的真伪是防范欺诈的关键,相关的交易或付款一定要在结算工具的密押、印鉴核对相符后才能进行,企业直接收到的信用证一定要到银行去辨别真伪,银行收到的信用证只要感觉怪异,就一定要发查询函,向开证行查询,千万不能抱有侥幸心理,贸然发货,谨防受骗。

【例6-2-5】A企业交中国银行某分行一张支票,出票人为沙特阿拉伯黄金银行。中国银行经办人员未听说过沙特阿拉伯黄金银行,依照谨慎性原则,将支票的正反面传真到付款银行纽约大通银行,大通银行很快回电说,这张支票纯属欺诈,沙特阿拉伯根本没有黄金银行。A企业业务人员坚持先收款后发货的原则,虽经外商一再催促,业务人员还是坚持货款到账才发货,避免了不必要的损失。

【例6-2-6】海关圈套。江苏一纺织厂与印度客户进行一单总值4万美元的交易,预收款仅10%。货物抵达目的地后对方故意不查收,却要求卖方大幅打折,致使货物滞留港口。当货物超过时限时,因对方国家清关条例被强行拍卖。

又如浙江某公司和加拿大一家公司的交易也因被对方海关清关而低价强行拍卖。针对"海关圈套"的一些特点,如买家在交易的时候不还价、派人进行货物验收后不签单等,三个月的时限是生死线,因为通常在三个月后,对方海关有权对货物进行拍卖,客户就可以低廉的价格进行购买。对于这类诈骗,建议卖家将货物预付款提高到30%以上,并抓住时机,尽早解决收款问题。

【例6-2-7】宁波一电池厂在与加拿大的一单货值达4.8万美元的交易中,由于对方是老客户而放松了警惕,发货后对方一直没有支付货款,电话打过去后对

方称公司现状非常差,要求延期支付。当企业委托有关部门对这家"老客户"进行信用调查时才发现,对方已于前一年4月破产,无法进行追索。

【例6-2-8】假信用证。我南方某市渔网公司收到尼日利亚客商寄来的信用证,金额为6万美元,开证行为标准渣打银行,通知行为国民西敏寺银行。经过详细审证和分析,我方银行人员发现有许多疑点,如信用证的签字和印鉴十分模糊,无法核对其真实性;信用证仍沿用渣打银行的旧名称和旧格式。根据经验,尼日利亚不法商人常常利用伪造信用证骗取我方货物。经过我银行结算人员与上述两家银行联系,证明该信用证是假的。

【例6-2-9】假货真单。在我国发生的一起著名烟草案,便广东和上海的有关公司共损失了500万美元。我有关公司想购买仰光一级烟草,并与港商签订了一份合同,港商拿到合同后到处打听烟草货源,最后找到印度商人并签订了合同。中方以印商为受益人开出了信用证。货到港后打开一看,里边竟是烂货。等我方追查到该商人的账户时发现,除少量钱外,大多已转到了瑞士银行,无法追索。

【例6-2-10】假单据欺诈。"UCP500"规定:"银行对于任何单据的形式,完整性、准确性、真实性、伪造或法律效力或单据中规定的或附加的一般或特殊条件概不负责。"不法商人利用银行信用证高度自治原则,或出具根本没有货物的假单据,或内外勾结,利用假合同、假提单骗取外汇,然后把非法所得向境外转移,逃避制裁。同时,因银行没有识别单证真假的义务,保险公司也不承担未上船货物的索赔,买主的损失往往很难挽回。1998年意大利一诈骗集团连续诈骗温州4个钢材合同。该集团对外挂两块牌子:一个是钢铁贸易公司;另一个是船运公司,利用这两个公司的名义伪造提单及其他单据,骗取温州相关公司货款达1400万美元。(http://www.studa.net)

【例6-2-11】"软条款"信用证欺诈。国内某公司与美方签订了一份花岗石供货合同,总金额为1 950万美元,美方在合同签订后第16天开立了信用证,但其中规定:"货物装运必须在收到申请人通过开证行发出的指定船名指示后才能进行。"我方收到信用证后,即向美方指定人交付了合同履行保证金260万美元,但后来一直未收到开证行的装运通知,无法按期履行合同,该保证金也无法收回。"软条款"信用证诈骗不仅在于信用证本身的虚假,还会通过设置"陷阱",使受益人不能如期发货,不能使用信用证;或因单证不符、签字不符等理由遭开证行拒付。但货物或预付金、保证金已落入对方之手。

【讨论案例】

A公司信用证诈骗

A公司为上市公司,在B银行开立账户,A公司与B银行之间建立了较好的信用关系。2002年,A公司经营不善,准备破产,想利用B银行进行信用证诈骗。为了做好相应的准备,利用政策漏洞,A公司首先在香港注册成立了C公司,但是从

A公司和C公司表面上看，是毫不相关的两个公司，并不存在关联关系。注册成功后，A公司和C公司签订合同，建立业务往来关系。一切手续齐全后，A公司出示与C公司的合同，向B银行申请开立100万美元的信用证。因为A公司以往在B银行并没有不良信用记录，按照《UCP600跟单信用证统一惯例的要求》，银行只是进行单据的表面审核，即只要A公司手续齐全，单据符合要求，银行就可以受理；另外，按照规则，A公司只需要缴纳信用证申请金额20%的保证金就可以申请开立信用证。因此，B银行为A公司开立了受益人为C公司的信用证。信用证开立一个月后，A公司把信用证交给C公司，到香港D银行进行解付，D银行审核单据无误，合同真实，作为代理行代B银行解付信用证，把货款100万美元交给C公司，并把单据手续寄给B银行，要求B银行支付代垫款项。按照信用证流程，B银行要求A公司支付货款，并办理手续，换取提货单据。但此时，A公司已经申请破产，没有能力支付货款。在这种情况下，B银行作为开户行，只能自己承担损失，把100万美元的货款支付给D银行。A公司从这笔信用证交易中获取了好处。

分析要求：
1. 开证行能否挽回损失？
2. 开证行应如何避免风险？

【思考题与练习题】

一、思考题

1. 国际贸易结算的风险主要有哪些？
2. 如何防范信用风险？
3. 如何防范欺诈风险？

二、练习题

1. 重庆某钢铁进出口公司与香港渝丰贸易公司签订方钢出口合同。3月18日，香港渝丰贸易公司向重庆某钢铁进出口公司开出了不可撤销跟单信用证，开证行为香港国商银行，支付行为中国银行重庆分行。货物于6月3日交深圳远大航运公司承运，重庆某钢铁进出口公司取得了全套正本提单之后，向中行重庆分行作了出口押汇，取得货款，当重庆分行向香港国商银行索偿时，发现该行被香港政府强令停止运营，重庆分行只好收回了全套单据向重庆某钢铁进出口公司行使追索权。试分析该案例哪个环节有问题，应如何避免？

2. 美国的S公司是一个皮包公司，扮相却富丽堂皇。开始和中国内地商家接触时出手大方，宴请体面，加上珍贵的礼物，双方称兄道弟，相见恨晚。头几笔生意，金额不大，外商都是一手交货一手交钱，再后来，外商订货连定金都不付，也没有发生问题。最后一笔交易内地商家订购了一批钢材2 000吨，到岸价1 000万美元。S公司伪造了一张2 000吨货物的提单向银行结汇1 000万美元，拿到款走人。而中国的公司还在耐心地等着2000吨货物的到来。当货船抵港后才发现货物只有

200吨，中国公司迁怒于货船，将该船扣留，此举引起了很大的风波。S公司没了踪影，中国公司承担了巨大的经济损失，并最终导致该公司破产。试分析该案例，找出预防方案。

3. 2005年，中国A贸易公司与美国B贸易公司签订了一项出口货物的合同，双方约定货物的装船日期为当年11月，以信用证方式结算货款。合同签订后，中国A贸易公司委托中国C运输公司运送货物到目的港美国纽约。但是，由于A公司没能按期备好货，直至第二年2月15日才装船。中国A公司为了能够如期结汇取得货款，要求C运输公司按2005年11月的日期签发提单，并凭借提单和其他单据向银行办理了议付，收到了货款。但是，当货物运抵纽约港时，收货人B公司对装船日期发生了怀疑，遂要求查阅航海日志，C运输公司的船方被迫交出航海日志。B公司在审查航海日志之后，发现该批货物真正的装船日期是2006年2月15日，比合同约定的装船日期迟3个多月。于是，B公司向当地法院起诉，控告中国A公司和C运输公司串谋伪造提单，进行欺诈，既违背了双方合同约定，也违反法律规定，要求法院扣留C运输公司的运货船只。美国当地法院受理了B贸易公司的起诉，并扣留了当事船舶。在法院的审理过程中，A公司承认了其违约行为，C公司也意识到其失理之处，经多方努力争取到庭外和解，最后与美国B公司达成了协议，由A公司和C公司支付美方B公司赔偿金，B公司撤销了起诉。该案例给我们什么启示？

4. 1998年12月17日，我国某公司受客户委托，与一家美国公司签订了进口1 500吨化工产品合同，交货港韩国大山，目的港中国江阴，最迟装运期为1999年2月25日。按常规，该段海运时间应为3~4天，外商传真报装船日期为1999年2月24日，我公司推算货船应于2月28日前抵达江阴。但实际该船3月4日才到达目的港。我外贸公司通过调查，断定外商串通船公司倒签了提单日期，造成我公司50万元人民币的损失。后经双方协商，由外方赔偿我外贸公司的损失。试述以什么方法查出倒签提单，正确的做法是什么？

5. 1986年，我国某公司租用"繁荣"轮承运进口货物，卖方和船方将船、货高价投保后将船舶沉没，转而向保险公司索赔损失410万美元，也给我进口公司造成了数额不小的间接损失。试分析我方的损失是什么？有人说进口货物最好采用FOB价成交，出口货物最好采用CIF价成交，为什么？

6. 1994年9月12日，我某粮油进出口公司与香港比德斯企业有限公司就买卖奶花芸豆达成一份成交确认书，同年9月24日，香港荷兰银行开出以我方粮油公司为受益人的信用证。我粮油公司于信用证规定的装船期限前将货物装船并于同年10月10日在信用证规定的有效期内将表面符合信用证要求的全套单据提交议付行。同年10月17日，荷兰银行向议付行提出所谓的"不符点"，拒不付款，并擅自向买方放单。最终我粮油公司将荷兰银行告到法院并胜诉。试述我方胜诉的原因。

7. 一家生产车载电视的企业通过网络联系到一位叙利亚的客户，对方希望能够寄样品给他，由于样品价值很高，中方企业让客户汇样品费来，外商答应了。过了几天外商传真了一张汇款单，说打过款了，请马上寄样品。为了安全起见，中方企业表示要查到汇款才寄样品出去，于是外商发了一个英文版的网上银行地址供中方查款，中方企业上网一查，果真对方已打款出来。正当中方企业准备寄样品时，有人提醒中方企业，说很多网上查询系统有可能是外商自己做的。为慎重起见，中方企业暂时没寄样品，又过了一个月，查款依然未到，再打电话给叙利亚客户，竟然联系不上了。此时，中方企业才惊觉，对方是想来骗取样品的。这个案例给我们什么启示？

【互联网学习】
访问以下相关网站，了解相关知识：
商务部网站 http：//www.mofcom.gov.cn/
中华管理学习网 http：//www.zh09.com

第七章 资产和负债业务的核算

【本章学习要求】
1. 掌握应收账款的概念及核算。
2. 掌握存货的核算。
3. 了解金融资产投资的概念及核算。
4. 掌握固定资产的概念及核算。
5. 了解无形资产的核算。
6. 掌握流动负债的概念与核算。
7. 了解长期负债的概念与核算。

【关键术语】
资产（Assets）
金融资产（Financial Assets）
负债（Liabilities）

第一节 应收及预付款项

一、应收票据

（一）应收票据概述

我国的《票据法》指出：本法所称票据，是指汇票、本票和支票。汇票又分为银行汇票和商业汇票，在我国只有商业汇票是合法的远期支付方式，其余票据都是即期支付票据。我国会计应收票据账户核算的一般是远期商业汇票。

商业汇票按承兑人不同分为商业承兑商业汇票和银行承兑商业汇票。商业汇票按票面是否计息可分为带息商业汇票和不带息商业汇票。

应收票据的计价包括取得时入账价值的确定和持有期间的利息。

我国商业汇票的期限最长为6个月,一般以票面金额计价,不需要折算为现值。对于带息票据,应于期末(一般为年末)按应收票据的票面值和票面利率计提利息,计提的利息增加应收票据的账面价值。

应收票据不提坏账准备。商业汇票到期时如果不能收回票款,应将其转为应收账款,并计提坏账准备。

应收票据作为一种债权凭证,从广义上讲应包含汇票、本票和支票。在我国会计实务中,支票、银行本票和银行汇票均为见票即付的即期票据,所以应收票据仅指企业持有的未到期的商业汇票。

(二)应收票据核算

设置"应收票据"科目,核算企业因销售商品、提供劳务等收到的商业汇票。本科目可按承兑商业汇票的单位进行明细核算。本科目属于资产类,借方记增加,贷方记减少,余额在借方,反映企业持有的商业汇票总金额。

1. 不带息应收票据的核算

【例7-1-1】A企业向M企业出售一批产品,增值税专用发票注明货款50 000元,增值税8 500元。货已提走。A企业收到一张6个月到期的商业承兑商业汇票,面值为58 500元。A企业作:

借:应收票据　　　　　　　　　　58 500
　　贷:主营业务收入　　　　　　　　50 000
　　　　应交税费——增值税——销项税额　8 500

6个月后,该票据到期,填写委托收款凭证,委托银行如数收回货款,作:

借:银行存款　　　　　　　　　　58 500
　　贷:应收票据　　　　　　　　　　58 500

6个月后,M企业无力偿还票款(票据过期后即作废),如果M企业用一张新的商业汇票将债务延期,A企业可以不做账,在明细账中将到期日向后移。如果M企业没有开出新的汇票,A企业应将到期票据的票面额转入"应收账款"科目。作:

借:应收账款　　　　　　　　　　58 500
　　贷:应收票据　　　　　　　　　　58 500

2. 带息应收票据的核算

带息票据的到期值等于应收票据的票面值加上应收票据的利息。计算公式如下:

应收票据利息 = 应收票据票面金额 × 票面利率 × 票据期限
应收票据到期值 = 应收票据票面值 × (1 + 票面利率 × 票据期限)

"票面利率"一般为年利率,计算时一定要注意利率与票据期限相对应。如利率用年利率,6个月的票据期限应换算为0.5年;如票据的期限按天计算,则应将年利率换算为日利率。

在计算票据的期限时，要特别注意：一是应从出票日期按实际经历天数计算；二是出票日和到期日，只能计算其中的一天，即"算头不算尾"或"算尾不算头"。如3月5日签发的90天票据，到期日应为6月3日〔90天－3月份剩余天数26（31－5）－4月份实际天数（30）－5月份实际天数（31）＝3天〕。如果票据日期以月为单位，标明的期限是3个月，则到期日为6月5日。

【例7－1－2】A企业向B企业销售一批钢板，增值税发票上注明的价款为60 000元，增值税10 200元。A企业收到B企业交来的商业承兑商业汇票一张，期限为6个月，票面利率为3.6%。

A企业收到商业汇票时确认收入，作：

借：应收票据　　　　　　　　　　　　　70 200
　　贷：主营业务收入　　　　　　　　　　　　60 000
　　　　应交税费——增值税——销项税额　　　10 200

A企业持有的应收票据到期时，如能收回全部票款，作：

票据到期值＝70 200＋70 200×（3.6%÷12×6）
　　　　　＝70 200＋1 263.60
　　　　　＝71 463.60

借：银行存款　　　　　　　　　　　　　71 463.60
　　贷：应收票据　　　　　　　　　　　　　70 200.00
　　　　财务费用　　　　　　　　　　　　　1 263.60

A企业持有的应收票据到期时，如不能收回票款，应将该笔业务从应收票据转作应收账款，作：

借：应收账款　　　　　　　　　　　　　71 463.60
　　贷：应收票据　　　　　　　　　　　　　70 200.00
　　　　财务费用　　　　　　　　　　　　　1 263.60

3. 应收票据转让

应收票据转让，是指持票人将未到期的商业汇票经背书后转让给其他单位或个人的业务活动。

企业持有的商业汇票可作为支付手段，通过背书的形式转让给其他单位或个人。背书是汇票的持票人在票据背面签字，并将票据上的权利转让给被背书人。背书人在转让票据权利的同时，也对出票人的到期付款承担了连带义务。

【例7－1－3】A企业向M企业出售一批产品，增值税专用发票注明货款30 000元，增值税5 100元，货已提走。A企业收到一张6个月到期的商业承兑商业汇票，面值为35 100元。A企业作：

借：应收票据　　　　　　　　　　　　　35 100
　　贷：主营业务收入　　　　　　　　　　　30 000

  应交税费——增值税——销项税额   5 100

  A企业向B企业购入材料一批，增值税专用发票注明货款40 000元，增值税6 800元，货已收到。货款用上例中收到的商业汇票支付大部分，其余部分用银行存款支付。A企业根据相关单据，作：

  借：原材料   40 000
    应交税费——增值税——进项税额 6 800
   贷：应收票据   35 100
    银行存款   11 700

  上述票据到期时，票据的承兑企业M企业如果能支付票款，则B企业可直接从M企业收回35 100元，A企业就免除了或有负债。如果M企业不能支付汇票款，则B企业会向A企业行使追索权，要求A企业支付汇票款，这时A企业一方面应支付款项给B企业，同时收回商业汇票。作：

  借：应收票据   35 100
   贷：银行存款   35 100

  另一方面A企业收回商业汇票后，将应收M企业的货款转为应收账款，作：

  借：应收账款   35 100
   贷：应收票据   35 100

  与此同时，派人与M企业沟通、协商货款的支付问题。

4. 应收票据贴现

  应收票据贴现，是指票据持有人在票据到期前，将已承兑的商业汇票向开户银行或票据贴现市场交付一定的利息，提前得到商业汇票剩余款项的业务活动。票据贴现实质上是企业的一种资金融通形式。

  票据贴现的有关公式如下：

  无息票据的到期值＝票据的票面价值

  带息票据的到期值＝票据的票面价值×（1＋利率×票据期限）

  贴现天数＝贴现日至到期日实际天数－1

  贴现息＝票据到期值×贴现率×贴现期限

  贴现所得金额＝票据到期值－贴现息

  根据《支付结算办法》的规定，实付贴现金额按票面金额扣除贴现日至到期前一日的利息计算。承兑人在异地的，贴现利息的计算应另加3天的划款日期。

  【例7－1－4】A企业持有一张签发日为5月18日，期限为6个月，面值为70 200元，票面利率为3.6%的商业承兑（银行承兑）商业汇票。A企业因急需资金，于6月20日到开户银行将该汇票贴现。贴现率为6%，假定汇票的承兑人在异地，A企业作：

  票据的到期值＝70 200×（1＋3.6%÷12×6）＝71 463.60

  贴现天数＝6月（30－20）天＋7月（31）天＋8月（31）天＋9月（30）天

+10月（31）天+11月（17）天=150天

贴现息=71 463.60×6%÷360×150=1 786.59（因承兑人在异地应加3天贴现息）+（71 463.60×6%÷360×3）35.73=1 822.32

贴现所得金额=71 463.60－1 822.32=69 641.28

借：银行存款　　　　　　　　69 641.28
　　财务费用——贴现息　　　 1 822.32
　　贷：应收票据　　　　　　　　70 200.00
　　　　财务费用——票据利息　　 1 263.60

或作：

借：银行存款　　　　　　　　　69 641.28
　　财务费用（1 822.32－1 263.60）　558.72
　　贷：应收票据　　　　　　　　　70 200.00

如果贴现的商业汇票到期，付款人的银行存款账户余额不足，或不付票款，针对不同承兑人，A企业的账务处理有所不同。

（1）商业承兑商业汇票

如果贴现的是商业承兑商业汇票，到期时承兑人（付款人）的银行账户余额不足，则贴现人A企业应承担连带付款责任，贴现银行有权从贴现企业的账户中将贴现票款划回。A企业收到相关单据时，作：

借：应收票据　　　　　　　　70 200.00
　　财务费用　　　　　　　　 1 263.60
　　贷：银行存款　　　　　　　　71 463.60

如果贴现企业在开户银行的存款余额也不足，则贴现企业的开户银行将不足部分的款项算作贴现企业的逾期贷款。

借：应收票据　　　　　　　　70 200.00
　　财务费用　　　　　　　　 1 263.60
　　贷：短期贷款——逾期贷款　　71 463.60

A企业收回商业汇票后，再作：

借：应收账款　　　　　　　　71 463.60
　　贷：应收票据　　　　　　　　70 200.00
　　　　财务费用　　　　　　　　 1 263.60

同时派人与付款单位协商货款支付问题。

（2）银行承兑商业汇票

银行承兑商业汇票，因承兑人为付款人的开户银行，所以付款人的账户存款余额不足时，付款银行仍然会支付票款，贴现企业不承担连带付款责任，贴现银行无须对贴现人行使追索权，除非承兑银行倒闭。

二、应收账款

(一) 应收账款概述

1. 应收账款,是指企业因销售产品、提供劳务等,应向购货单位或接受劳务的单位收取的款项。应收账款的回收期一般是指一年内(可跨日历年度)收回的短期债务。应收账款的使用范围,一般是指企业在经营活动中应向客户收取的债权。不包括应收职工欠款、应收债务人的利息等。

2. 应收账款的计价

应收账款应于收入实现时予以确认并按实际发生额记账,一般不考虑货币的时间价值。但在确定入账价值时,应考虑商业折扣、折让和现金折扣等因素。

(1) 商业折扣,是指企业为扩大销售、占领市场,根据供需情况在商品标价上给予的减让。商品标价减去商业折扣才是实际销售价格。商业折扣通常用百分数表示。商业折扣即通常所说的"薄利多销",属于数量越多,价格越低的促销策略。

商业折扣在交易发生时即已确定,它仅仅是确定实际价格的一种手段。写在发货票上的实际付款额是折扣以后的价格,所以会计入账时是以折扣以后的价格入账,即企业应收账款的入账金额是以扣除商业折扣以后的实际售价入账。

销售退回,是指商品销售出去以后,由于商品的品种、质量不符合销售合同的规定,被购货方退回的现象。企业应在收回货物并检验重新入库后,退还已收的货款。

(2) 销售折让,是指企业销售商品后,由于商品的品种、质量不符合销售合同的规定,应购货方的要求在价格上给予减让的现象。

(3) 现金折扣,是在赊销的情况下,销货企业为鼓励客户尽快还款,对销售价格给予的一定比率的扣减。现金折扣对销货企业来说,可以称为销货折扣,对购货企业可以称为购货折扣。现金折扣通常用符号"折扣/付款期限"表示。例如符号"2/10,1/20,n/30"表示:买方在10天内付款,可按售价给予2%的折扣;在11~20天内付款,可按售价给予1%的折扣;在21~30天付款,则无折扣需按全价付款。

在有现金折扣的情况下,应收账款的入账金额有两种方法:总价法和净价法。

①总价法,是以实际销售价作为应收账款的入账价值,如果客户在折扣期内付款,支付给客户的现金折扣,视为企业的理财费用,作为财务费用处理。我国会计实务中通常采用此方法。

②净价法,是将实际销售价扣减最高现金折扣后的金额,作为应收账款的入账价值。如果客户超过折扣期限没有享受现金折扣,视为提供贷款获得的收入,冲减财务费用。

(二) 应收账款的核算

设置"应收账款"科目，核算企业因销售商品、提供劳务等应收购货单位或劳务接受单位的款项。本科目可按客户进行明细核算。本科目属于资产类，借方记增加，贷方记减少，余额在借方，反映企业持有的应向客户收取的债权总额。

1. 无现金折扣，应收账款按发票金额及附属费用入账

【例7-1-5】A 企业销售给 M 商场一批家用电器，增值税发票上的价款为70 000元，增值税11 900元，另有代购货方垫付的运杂费用2 350元，已办妥委托银行收款手续。作：

借：应收账款　　　　　　　　　84 250
　　贷：主营业务收入　　　　　　　　70 000
　　　　应交税费——增值税——销项税额　11 900
　　　　银行存款　　　　　　　　　　2 350

收到货款时，作：
借：银行存款　　　　　　　　　84 250
　　贷：应收账款　　　　　　　　　84 250

2. 有现金折扣，应收账款按总价法入账

仍依上例，假定 A 企业给 M 商场规定的折扣条件为2/10，1/20，n/30。A 企业采用总价法核算，作：

借：应收账款　　　　　　　　　84 250
　　贷：主营业务收入　　　　　　　　70 000
　　　　应交税费——增值税——销项税额　11 900
　　　　银行存款　　　　　　　　　　2 350

A 企业在 10 天之内收到 M 商场的货款，作：
借：银行存款　　　　　　　　　82 850
　　财务费用　　　　　　　　　 1 400
　　贷：应收账款　　　　　　　　　84 250

A 企业在 11~20 天内收到 M 商场的货款，作：
借：银行存款　　　　　　　　　83 550
　　财务费用　　　　　　　　　　 700
　　贷：应收账款　　　　　　　　　84 250

A 企业在 21 天后收到 M 商场的货款，作：
借：银行存款　　　　　　　　　84 250
　　贷：应收账款　　　　　　　　　84 250

3. 有现金折扣，应收账款按净价法入账

仍依上例，假定 A 企业给 M 商场规定的折扣条件为2/10，1/20，n/30。A 企

业采用净价法核算，作：

借：应收账款　　　　　　　　　　82 850
　　贷：主营业务收入　　　　　　　　68 600
　　　　应交税费——增值税——销项税额　11 900
　　　　银行存款　　　　　　　　　　2 350

A 企业在 10 天之内收到 M 商场的货款，作：

借：银行存款　　　　　　　　　　82 850
　　贷：应收账款　　　　　　　　　82 850

A 企业在 11～20 天内收到 M 商场的货款，作：

借：银行存款　　　　　　　　　　83 550
　　贷：应收账款　　　　　　　　　82 850
　　　　财务费用　　　　　　　　　　700

A 企业在 21 天后收到 M 商场的货款，作：

借：银行存款　　　　　　　　　　84 250
　　贷：应收账款　　　　　　　　　82 850
　　　　财务费用　　　　　　　　　1 400

【例 7-1-6】A 企业销售甲产品 5 000 件，每件 100 元，该批产品的商业折扣为 10%，增值税率为 17%，付款条件为 2/10；1/20；n/30，A 企业采用总价法核算。作：

增值税销项税额 = 100 × 5 000 × （1 - 10%） × 17% = 76 500

借：应收账款　　　　　　　　　　526 500
　　贷：主营业务收入　　　　　　　450 000
　　　　应交税费——增值税——销项税额　76 500

购货方验货时，发现有 20 件商品与合同不符，经双方确认、协商，同意将其中的 8 件退回，12 件按实际售价的 20% 给予折让。

销货退回应冲减销售收入 = 90 × 8 = 720
销货退回应冲减增值税 = 720 × 17% = 122.40
销货折让应冲减销售收入 = 90 × 20% × 12 = 216
销售折让应冲减增值税 = 90 × 20% × 12 × 17% = 36.72

借：主营业务收入　　　　　　　　936
　　应交税费——增值税——销项税额转出　159.12
　　贷：应收账款　　　　　　　　　1 095.12

收到应收账款时，作：

借：银行存款　　　　　　　　　　525 404.88
　　贷：应收账款　　　　　　　　　525 404.88

(三) 坏账损失

1. 坏账的确认

坏账，是企业无法收回或收回可能性极小的应收款项。由于发生坏账给企业造成的损失，称为坏账损失。

一般认为企业的应收账款符合下列条件之一的，可以确认为坏账：

(1) 债务人死亡，以其遗产清偿后仍然无法收回；

(2) 债务人破产，以其破产财产清偿后仍然无法收回；

(3) 债务人较长时期内未履行其偿债义务，并有足够的证据表明债务无法收回或收回的可能性极小。

2. 坏账损失的核算

坏账损失的核算方法有两种：直接转销法和备抵法。

(1) 直接转销法

直接转销法是在实际发生坏账时，确认坏账损失，一方面增加一笔损失，一方面注销该笔应收账款。

【例7-1-7】A企业向H企业销售一批货物，应收账款总额为35 100元，账期已超过3年，屡催无效，判断收回可能性极小，作坏账处理：

借：资产减值损失　　　　　　　　35 100
　　贷：应收账款　　　　　　　　　　35 100

直接转销法只有在实际发生坏账时才计入当期损失，并冲减应收账款。优点是核算手续简单，缺点是不符合权责发生制及收入与费用的配比原则，有可能虚增应收账款价值，虚增利润等。

(2) 备抵法

备抵法，是根据收入与费用的配比原则，在取得赊销收入时，估计坏账金额并将其列为资产损失，形成坏账准备金，在实际发生坏账时冲减坏账准备金的做法。

使用备抵法应设置"坏账准备"科目，该科目属于资产类账户应收账款的抵减调整账户，其用法与资产类账户相悖，贷方登记提取数，借方登记发生坏账减少的准备金数。余额如果在贷方，反映已经提取尚未使用的准备金，余额如果在借方，反映冲减的坏账大于提取的准备金的数额。

采用备抵法核算应收账款的坏账，应采用适当的方法合理估计各个会计期间的坏账损失。常用的方法主要有：

①应收账款余额百分比法，是按应收账款余额和估计的坏账率，估计坏账损失提取坏账准备金的方法。公式为：

当期应计提的坏账准备金 = 当期应收款项余额 × 估计的坏账率 – "坏账准备"账户的贷方余额（或 + "坏账准备"账户的借方余额）

如果年末应提数 < 年末坏账准备账户贷方余额，按其差额冲回。

如果年末应提数 > 年末坏账准备账户贷方余额，按其差额补提。

如果坏账准备年末为借方余额，则按年末应提数加上借方余额后的数额提取。

【例 7 - 1 - 8】A 企业按应收账款余额的 5% 计提坏账准备。

(1) 第一年年末，首次计提坏账准备时，应收账款年末余额为 650 000 元。

估计坏账损失 = 650 000 × 5% = 32 500

借：资产减值损失　　　　　　　32 500
　　贷：坏账准备　　　　　　　　　　32 500

(2) 第二年实际发生坏账 8 000 元。

借：坏账准备　　　　　　　　　8 000
　　贷：应收账款　　　　　　　　　　8 000

(3) 第二年年末应收账款余额为 980 000 元，坏账准备有贷方余额 24 500 元。

估计坏账损失 = 980 000 × 5% = 49 000

应提坏账准备 = 49 000 - 24 500 = 24 500

借：资产减值损失　　　　　　　24 500
　　贷：坏账准备　　　　　　　　　　24 500

(4) 第三年 5 月 15 日，上一年确认为坏账的客户，又将款项归还。作：

借：应收账款　　　　　　　　　8 000
　　贷：坏账准备　　　　　　　　　　8 000

借：银行存款　　　　　　　　　8 000
　　贷：应收账款　　　　　　　　　　8 000

第三年 6 月 B 公司倒闭，所欠应收账款无法归还，金额为 35 100 元。

借：坏账准备　　　　　　　　　35 100
　　贷：应收账款　　　　　　　　　　35 100

第三年年末应收账款余额为 640 000 元，坏账准备账户有贷方余额 21 900 元 (49 000 + 8 000 - 35 100)。

估计坏账损失 = 640 000 × 5% = 32 000

应提坏账准备 = 32 000 - 21 900 = 10 100

借：资产减值损失　　　　　　　10 100
　　贷：坏账准备　　　　　　　　　　10 100

② 账龄分析法，是按应收账款拖欠时间的长短估计坏账损失百分比，进而估计坏账损失的方法。这种方法是建立在客户欠账的时间（也称账龄）越长发生坏账可能性越大的基础上，这实际上也是一种假设。

【例 7 - 1 - 9】A 企业 2011 年年末应收账款账龄分析表如下：

表7-1-1 A企业应收账款账龄分析表　　　　　单位：元

客户名称	年末余额	60天以下	60~120天	121~240天	241~360天	一年以上
甲公司	76 000	30 000	20 000		26 000	
乙公司	85 000	20 000		65 000		
丙公司	98 000					98 000
合计	259 000	50 000	20 000	65 000	26 000	98 000

表7-1-2 坏账损失估计计算表　　　　　单元：元

账龄	应收账款金额	估计的坏账率	估计的坏账金额
60天以下	50 000	1%	500
61~120天	20 000	4%	800
121~240天	65 000	8%	5 200
241~360天	26 000	10%	2 600
一年以上	98 000	20%	19 600
合计	259 000	—	28 700

假定A企业2011年12月31日坏账准备账户有贷方余额5 000元，作：

应提金额＝28 700－5 000＝21 700

借：资产减值损失　　　　　　　　21 700
　　贷：坏账准备　　　　　　　　　　　21 700

账龄分析法与应收账款余额百分比法基本相同，区别仅仅是估计坏账的方法有所不同。

③赊销百分比法，是以赊销金额和估计的坏账损失率，估算坏账金额的方法。

【例7-1-10】A企业2011年赊销业务中，到年末尚有未收回的赊销金额692 000元。根据过去5年的资料估计的坏账率为3%。

坏账损失＝692 000×3%＝20 760

借：资产减值损失　　　　　　　　20 760
　　贷：坏账准备　　　　　　　　　　　20 760

以上三种方法实际上都是应收账款百分比法，只是计提基础不同而已。应收账款余额百分比法将所有应收账款等同看待，依据同一比例计提坏账准备；账龄分析法对不同时间的应收账款用不同的比例计提坏账准备；赊销百分比法对本会计期间的赊销业务计提坏账准备，这种方法以本期的销售额为计提基础。

企业会计准则规定，企业计提坏账准备的方法由企业自行决定，比例也由企业确定。坏账准备提取方法一经确定，不得随意变更，如需变更应在会计报表附注中加以说明。

（四）应收账款融资

在市场经济条件下，信用越来越发达，企业的应收账款可以通过抵借和让售等形式用以筹集资金。

1. 应收账款抵借

应收账款抵借，是指企业以应收账款为抵押向银行取得借款。在企业与银行签订借款合同时，银行一般根据借款企业的信誉、财务状况等给予企业应收账款金额30%~80%的借款，借款期限一般短于账期。

应收账款抵借的会计核算有两种处理方法，一种是设置一个"抵借应收账款"科目，用来核算抵借应收账款的账面价值，并将抵借的应收账款在资产负债表上单独反映。第二种是将抵借的应收账款在表外披露，在资产负债表上仍以应收账款项目反映。我国会计准则要求采用第二种方法。

【例7-1-11】A企业对应收账款采用总价法核算。2012年5月5日出售一批产品，增值税专用发票上载明的价款为100 000元，增值税17 000元，货款未收到。

借：应收账款　　　　　　　　　　117 000
　　贷：主营业务收入　　　　　　　　100 000
　　　　应交税费——增值税——销项税额　17 000

5月30日A企业以该笔应收账款为抵押，向银行取得80%的短期借款，期限6个月，利率8%，还款时一并归还。

实际借款额 = 117 000 × 80% = 93 600

借：银行存款　　　　　　　　　　93 600
　　贷：短期借款　　　　　　　　　　93 600

11月25日收回应收账款117 000元。

借：银行存款　　　　　　　　　　117 000
　　贷：应收账款　　　　　　　　　　117 000

11月30日归还短期借款。

利息 = 93 600 × 8% ÷ 12 × 6 = 3 744

借：短期借款　　　　　　　　　　93 600
　　财务费用　　　　　　　　　　 3 744
　　贷：银行存款　　　　　　　　　　97 344

2. 应收账款让售

应收账款让售，是指企业将出售商品、提供劳务取得的应收账款出售给银行、信贷公司或收账公司等，以获取现金。可分为两种情况，一种是不带追索权的让售或称卖断，一种是有追索权的让售。区别在于银行、信贷公司是否拥有对出售方进行追索的权利。

企业出售应收账款的费用主要有：

（1）手续费，要用于金融机构支付收取应收账款的费用，及应付无法收回应收账款的风险。手续费一般是1%~5%。

（2）扣留款，是指金融机构为应付销售退回、销售折让及其他需要减少应收账款事项而做出的扣留。扣留款具有保证金的作用，金融机构收回应收账款后，可将未用部分退还企业。扣留款一般不超过应收账款总额的20%。

（3）筹款总额，是指应收账款总额减去大现金折扣、手续费、扣留款后的余额。筹款总额包括企业的筹资本金和利息。

（4）利息是企业筹资的费用，一般应根据筹资金额、利率及资金筹措日至收回应收账款前一日的实际天数计算。由于出售应收账款时无法正确地估计账款的收回日，只能估计借款天数。习惯上把最后现金折扣日以后的第10天作为估计的账款收回日。

如果是卖断，应收账款的所有权发生变化，企业将所有关于应收账款的损失和风险都转移给金融机构，因此应通知付款方，将账款直接付给金融机构。

【例7-1-12】A企业采用总价法核算。5月18日赊销一批产品，增值税专用发票上注明的价款是100 000元，增值税17 000元。付款条件为2/10；1/20；n/30。

 借：应收账款   117 000
   贷：主营业务收入   100 000
     应交税费——增值税——销项税额 17 000

5月25日，A企业与信贷公司签署受让该笔应收账款的协议。协议规定手续费为3%；扣留款为20%；筹资利率7.2%；现金折扣的最后日期为6月7日，估计筹款到期日为6月17日。

 扣除现金折扣的应收账款净额 = 100 000 × (1 - 2%) + 17 000 = 115 000
 手续费 = 117 000 × 3% = 3 510
 扣留款 = 117 000 × 20% = 23 400
 筹资额 = 115 000 - 3 510 - 23 400 = 88 090
 筹款天数 = 7 (5月31 - 25) + 16 (6月17 - 1) = 23
 利息 = 88 090 × 7.2% ÷ 360 × 23 = 405.21
 实际筹款金额 = 88 090 - 405.21 = 87 684.79

 借：银行存款   87 684.79
   财务费用——现金折扣 2 000
      ——手续费   3 510
      ——利息   405.21
   其他应收款——扣留款 23 400
   贷：应收账款   117 000

6月17日信贷公司将扣减销售退回与折让23 400元的余款4 680元转入A企业

银行存款账户。

  借：银行存款   4 680
    主营业务收入   16 000
    应交税费——增值税——销项税额转出 2 720
   贷：其他应收款——应收信贷公司 23 400

三、预付账款和其他应收款

（一）预付账款

  预付账款，是企业根据购货合同或劳务合同的规定提前支付给供货单位或提供给劳务方的款项。

  设置"预付账款"科目，核算企业按合同规定预付的款项。本科目可按供货单位设置明细账。本科目属于资产类，借方记增加，贷方记减少，余额在借方，反映企业已支付的预付款总额。预付款实质上是本企业为其他企业无偿提供的资金，所以是本企业的债权。

  【例7-1-13】A企业与K企业签订一项购货合同，A企业向K企业购买一批钢材，价值500 000元，合同规定A企业需要在合同成立时支付30%的定金。A企业在合同正式签订后，作：

  借：预付账款   150 000
   贷：银行存款   150 000

  K企业依据合同向A企业发出钢材，增值税发票上的价款为500 000元，增值税85 000元，货已运到，结算凭证已到，A企业验收入库后，作：

  借：原材料   500 000
    应交税费——增值税——进项税额 85 000
   贷：预付账款   150 000
     银行存款   435 000

（二）应收股利

  应收股利，是企业进行股权投资应收而未实际收到的现金股利和应收未收的其他单位分配的利润。

  设置"应收股利"科目，其核算分两种情况，一是企业取得交易性金融资产、长期股权投资和可供出售金融资产时，实际支付的价款中包含的，已经宣告但尚未发放的现金股利；二是企业持有的股权，在被投资企业宣告发放股利后，可以根据公告将本企业应得股利记入本账户。该科目属于资产类，借方反映应收股利的增加，贷方反映收到的股利，余额在借方，反映企业应收未收的股利。

【例7-1-14】A企业购入H企业的股票100 000股,每股买价55元,含有H企业已宣告但尚未发放的股利每股1元,A企业准备作为长期股权投资且对被投资企业无重大影响。投资费用忽略不计。作:

借:长期股权投资　　　　　　　5 400 000
　　应收股利　　　　　　　　　　100 000
　　贷:银行存款　　　　　　　　　5 500 000

A企业收到H企业支付的股利后,作:

借:银行存款　　　　　　　　　100 000
　　贷:应收股利　　　　　　　　　100 000

【例7-1-15】A企业长期投资账户有三个明细账户,分别是:M企业50 000股、N企业150 000股、Y企业200 000股,三个企业中M企业宣告每股发放0.5元现金股利,N企业目前未宣告,Y企业宣告每股发放0.1元现金股利。作:

应收股利 = 0.50 × 50 000 + 0.10 × 200 000 = 45 000

借:应收股利　　　　　　　　　45 000
　　贷:投资收益　　　　　　　　　45 000

收到现金时,作:

借:银行存款　　　　　　　　　45 000
　　贷:应收股利　　　　　　　　　45 000

(三) 应收利息

应收利息,是企业进行债权投资应收取而未收到的报酬。

设置"应收利息"科目,核算企业交易性金融资产、持有至到期投资、可供出售金融资产以及发放贷款等应收取的利息。该科目属于资产类,借方记增加,贷方记减少,余额在借方,反映企业债权性投资应收取的报酬总额。与应收股利类似,因为利息的收取方式一种是到期时收回本息,即到期一次收息;另一种是分期收息一次收本,即每隔一定时间收取一次利息。应收利息也有两种情况,一种是企业购买时,因买入的不是初次发行的债务,所以支付的价款中包含前一手持有期间应得但尚未领取的利息;另一种是企业持有的债权,在会计报告期末,依据权责发生制原则应予以确认的当期收益。

【例7-1-16】A企业购入L企业一年前发行的债券1 000张,每张面值100元,该债券发行期为两年,每半年付息一次,票面利率8%,购入价格每张104元,含有下半年利息4元,A企业打算将其持有至到期。投资费用忽略不计。作:

借:持有至到期投资——债券面值　　100 000
　　应收利息　　　　　　　　　　　　4 000
　　贷:银行存款　　　　　　　　　　　104 000

A企业收到L企业支付的利息时,作:

借：银行存款　　　　　　　　　　　4 000
　　贷：应收利息　　　　　　　　　　　4 000

【例7－1－17】A企业于9月1日购入K银行当天发行的金融债券1 000张，每张500元，准备持有至到期，票面利率为6%，到期一次还本付息。无交易费用。作：

借：持有至到期投资——债券面值　500 000
　　贷：银行存款　　　　　　　　　　500 000

12月31日，根据权责发生制原则，9月1日至12月31日的利息属于本年收益，应作：

应收利息 = 500 000 × 6% ÷ 12 × 4 = 10 000

借：应收利息　　　　　　　　　　10 000
　　贷：投资收益　　　　　　　　　　10 000

（四）其他应收款

其他应收款，是指企业除单列项目反映的应收票据、应收账款、预付账款等以外的各种应收及暂付款项。包括备用金、应收出租包装物押金、应收的各种赔款罚款、应收职工的各种款项等。

设置"其他应收款"科目，核算其他应收款的增减变化情况。该科目属于资产类，借方记增加，贷方记减少，余额在借方，反映企业持有的其他类型的债权总额。

1. 备用金

备用金，是指企业会计部门预付给企业内部各车间、部门、职能科室等周转使用的货币资金。备用金分为定额备用金和非定额备用金两种。定额备用金一般适用于具有经常性费用开支的内部用款单位；非定额备用金一般适用于一次性或非经常性开支的内部用款单位。

【例7－1－18】A企业采购部门准备派采购员到越南采购水果，两名采购员准备携带两张"银联"双币信用卡，每卡20 000元人民币。另携带越南盾5 000万元。办好相关手续后，当日汇率为买入价1 000∶0.32；卖出价1 000∶0.34。作：

越南盾折合人民币 = 50 000 000 ÷ 1 000 × 0.34 = 17 000

借：其他应收款——备用金——信用卡　40 000
　　贷：银行存款　　　　　　　　　　40 000

借：其他应收款——备用金——越南盾　17 000
　　贷：现金　　　　　　　　　　　　17 000

采购员在越南购买一批杨桃，划卡支付7 000 000越南盾，使用的兑换率为1 000∶0.35。水果已经发运回国。作：

越南盾折合人民币 = 7 000 000 ÷ 1 000 × 0.35 = 2 450

借：物资采购　　　　　　　　　　　　2 450
　　贷：其他货币资金——信用卡　　　2 450

采购员又购入一批椰子，划卡支付9 600 000越南盾，使用的兑换率为1 000：0.36，椰子已经发运。作：

越南币折合人民币 = 9 600 000 ÷ 1 000 × 0.36 = 3 456

借：物资采购　　　　　　　　　　　　3 456
　　贷：其他货币资金——信用卡　　　3 456

采购员回到企业将信用卡交回，内有资金34 094元，交回越南盾19万元及相关差旅费票据。当日汇率1 000：0.34；卖出价1 000：0.36。作：

越南盾折合人民币 = 190 000 ÷ 1 000 × 0.34 = 64.60

借：现金　　　　　　　　　　　　　　64.60
　　贷：其他应收款——备用金——越南盾　64.60
借：管理费用　　　　　　　　　　　　16 935.40
　　贷：其他应收款——备用金——越南盾　16 935.40

2. 其他

【例7-1-19】A企业购买液化气，支付钢瓶押金5 000元。作：

借：其他应收款　　　　　　　　　　　5 000
　　贷：银行存款　　　　　　　　　　5 000

A企业退还钢瓶时交付使用费2 000元，余款收回。

借：管理费用　　　　　　　　　　　　2 000
　　银行存款　　　　　　　　　　　　3 000
　　贷：其他应收款　　　　　　　　　5 000

【例7-1-20】A企业仓库失火，经保险公司理赔人员认定保险赔付52 980元，作：

借：其他应收款——保险公司　　　　　52 980
　　贷：待处理财产损失　　　　　　　52 980

收到保险赔款时，作：

借：银行存款　　　　　　　　　　　　52 980
　　贷：其他应收款——保险公司　　　52 980

第二节 存 货

一、存货概述

存货,是企业在经营活动中持有的准备在生产过程中或提供劳务过程中耗用的材料和物资、处在生产过程中的在产品、准备出售的产成品和商品等。主要包括原材料、周转材料、在产品、产成品、商品等。存货一般会在一年或超过一年的一个营业周期内被消耗或出售转换为生产成本、库存商品、应收账款和银行存款等。存货在很多企业的流动资产中占有较大的比重,是流动资产的重要组成部分。存货在现代企业中,有很大一部分可以交给物流公司去做。

(一)存货的分类

1. 按经济用途分类

存货按经济用途分为:销售用存货、生产用存货和其他存货。

(1)销售用存货是指以对外销售为目的持有的已加工完成的产成品,或以对外销售为目的购入及持有的商品。

(2)生产用存货是企业为生产、加工产品而储存的各种物品。

(3)其他存货是指企业除了以上存货外,供企业一般耗用的物品和为生产经营服务的辅助性物品。一般耗用物品主要用于管理,习惯上耗用时将其价值作为期间费用计入当期损益。

2. 按存放地点分类

存货按存放地点分为:库存存货、在途存货、委托加工存货和委托代销存货。

(1)库存存货是指已经运到企业,验收入库的各种材料、半成品、产成品和商品等。

(2)在途存货包括运入在途存货和运出在途存货。运入在途存货是指货款已经支付,正在运输途中,尚未验收入库的各种物品;运出在途存货是指根据合同已经发出或送出,尚未确认销售收入的商品存货。

(3)委托加工存货是指企业已经将材料委托外单位进行加工,尚未完工入库的各种物品。

(4)委托代销存货是指企业已将商品等存放在外单位,但尚未办理代销货款结算的物品。

3. 按来源分类

存货按来源分为：外购存货、自制存货、委托外单位加工存货三类；另外，还可能有投资者投入的存货、接受捐赠的存货和盘盈的存货等。

（1）外购存货是指从企业外部购入的存货。如商业企业的外购商品、工业企业的外购材料、外购零部件等。

（2）自制存货是由企业自己制造的物品。如工业企业的自制材料、在产品、产成品等。

（3）委托外单位加工存货是指企业将外购或自制的某些物品，通过支付加工费的方式委托外单位进行加工生产的物品。如工业企业的委托加工材料、商业企业的委托加工商品等。

二、存货的初始确认与计量

（一）存货确认的条件

企业在确认存货时要同时符合下列两个条件：

1. 与该存货有关的经济利益很可能流入企业

资产最主要的特征是预期会给企业带来经济利益。如果不能给企业带来经济利益，就不能确认为一项资产。因此存货的确认不是依据存货是否存放在企业的仓库，而是依据存货的所有权是否转移，所有权属于本企业，经济利益才可能流入本企业。

2. 存货的成本能够可靠地计量

成本能够可靠地计量是指必须取得确凿、可靠的证据作为依据，且该证据具有可验证性。如果存货成本不能可靠地计量，则该存货不能予以确认。

（二）存货的初始计量

存货的初始计量，是指企业在取得存货时，对存货入账价值的确定。一般存货的初始计量包括采购成本、加工成本和其他成本。

1. 外购存货的成本，是指在采购过程中发生的全部支出。包括购买价款、相关税费、运输费、装卸费、保险费、运输途中的合理损耗、入库前的挑选整理费用等。

在实务中应注意，一是采购过程中的不合理或超定额毁损不得记入存货成本，应调查原因，据实处理。二是有些企业如商品流通企业将采购商品过程中发生的运输费、装卸费、保险费等直接记入营业费用，由当期损益负担。

设置"物资采购"、"原材料"、"库存商品"等科目，这些科目都是资产类，借方记增加，贷方记减少，余额在借方，表示相关存货的期末总金额。

（1）国内采购的核算

企业的外购存货，由于采购地点不同、货款的结算方式不同，可能会造成存货验收入库和货款结算不能同时完成。由此可能会出现三种情况："货款两清"、"款已付货未到"、"货已到款未付"。

①存货已验收入库、货款已支付（货款两清）。

【例7-2-1】A企业购入一批原材料，增值税专用发票上注明的价款为59 000元，增值税10 030元。货款已通过银行支付，材料已验收入库。作：

借：原材料　　　　　　　　　　　　　　　59 000
　　应交税费——增值税——进项税额　　　10 030
　　贷：银行存款　　　　　　　　　　　　　　69 030

②货款已结算，存货尚在运输途中（款已付货未到）。

【例7-2-2】A企业购入一批原材料，增值税专用发票上注明的价款为78 000元，增值税13 260元。货款已通过银行支付，材料尚未运到企业。作：

借：物资采购　　　　　　　　　　　　　　78 000
　　应交税费——增值税——进项税额　　　13 260
　　贷：银行存款　　　　　　　　　　　　　　91 260

原材料运达企业并验收入库后，作：

借：原材料　　　　　　　　　　　　　　　78 000
　　贷：物资采购　　　　　　　　　　　　　　78 000

③存货已验收入库，货款尚未结算（货已到款未付）。

存货已运达企业并验收入库，但发票账单等结算凭证尚未到达，企业可先不做账，待结算凭证到达后，再据以做账。如果月末结算凭证仍未到达，为正确反映企业的资产负债情况，对收到的存货应按合同价或暂估价入账，下月初再编制相同的红字记账凭证予以冲回。待结算凭证到达后，再据以入账。

【例7—2—3】A企业购入一批原材料，材料已运到企业并验收入库。发票账单等结算凭证尚未到达，如果是平日，可以暂不做账；如果是月末，应按合同价或暂估价入账。假定合同价为67 000元。作：

借：原材料　　　　　　　　　　　　　　　67 000
　　贷：应付账款——暂估价　　　　　　　　67 000

月初编制一张红字凭证冲回暂估价会计分录，作：

借：原材料　　　　　　　67 000（红字）
　　贷：应付账款——暂估价　67 000（红字）

收到结算凭证或支付货款时，作：

借：原材料　　　　　　　　　　　　　　　67 000
　　应交税费——增值税——进项税额　　　11 390
　　贷：银行存款　　　　　　　　　　　　　　78 390

(2) 进口原材料的核算

企业进口原材料首先要与供货方签订合同，合同中要详细规定进口商品的品种规格及各项技术要求、价格、商品检验、不合格商品的处理、结算方式、索赔方式、各方的权利义务、适用的法律等等。

【例7-2-4】A企业与国外一个新客户签订进口钢材的合同，合同金额为FOB 100 000欧元，采用信用证结算方式。在规定的发货日前2个月，A企业到中国银行开立一张100 000欧元的信用证，银行要求交纳30%的押金，收取1%的手续费，假定开证当日欧元兑人民币的汇率为买入价1∶8，卖出价1∶8.2。

开证押金 = 8.2 × 100 000 × 30% = 246 000
开征手续费 = 8.2 × 100 000 × 1% = 8 200
借：其他货币资金——信用证押金　246 000
　　财务费用——手续费　　　　　　8 200
　　贷：银行存款　　　　　　　　　254 200

A企业支付境外运费、保险费等共计3 000美元，当日汇率为美元兑人民币买入价1∶5；卖出价1∶5.2。

应付人民币 = 5.2 × 3 000 = 15 600
借：物资采购　　　　　　　　　　15 600
　　贷：银行存款　　　　　　　　　15 600

收到银行通知，进口钢材的单证已到，要求审单付款，经审核单据无误同意付款。实际结算价为98 600欧元。当日汇率欧元兑人民币为买入价1∶7.9，卖出价1∶8.1。

进口钢材价 = 8.1 × 98 600 = 798 660
本次应支付 = 8.1 × (98 600 - 30 000) = 8.1 × 68 600 = 555 660
汇兑损益 = (8.2 - 8.1) × 30 000 = 3 000
借：物资采购　　　　　　　　　　798 660
　　财务费用——汇兑损益　　　　　3 000
　　贷：其他货币资金——信用证押金　246 000
　　　　银行存款　　　　　　　　　555 660

钢材运到天津港，关税税率为10%，增值税税率为17%，完税后入关，运抵企业，经验收合格入库。假定当日汇率欧元兑人民币中间价1∶8；美元兑人民币中间价1∶5。

关税 = (8 × 98 600 + 5 × 3 000) × 10% = 80 380
增值税 = (803 800 + 80 380) × 17% = 150 310.60
借：应交税费——关税　　　　　　80 380
　　　　　　——增值税——进项税额　150 310.60
　　贷：银行存款　　　　　　　　　230 690.60

借：物资采购　　　　　　　　　　　80 380
　　　贷：应交税费——关税　　　　　　80 380
进口钢材入库价 = 798 660 + 15 600 + 80 380 = 894 640
借：原材料　　　　　　　　　　　　894 640
　　　贷：物资采购　　　　　　　　　894 640

【例7-2-5】A企业进口10辆轿车准备出售。与福特汽车厂家签订的合同为CIF天津1 500 000美元，采用信用证结算方式，A企业开证时银行要求交纳30%押金，1%手续费。假定当日汇率为买入价1∶5.6；卖出价1∶5.8。

开证押金 = 5.8 × 1 500 000 × 30% = 2 610 000
手续费 = 5.8 × 1 500 000 × 1% = 87 000
借：其他货币资金——信用证押金　2 610 000
　　　财务费用——手续费　　　　　　87 000
　　　贷：银行存款　　　　　　　　　2 697 000

收到银行通知，信用证全套单据已到，经审核同意付款，总金额为1 500 000美元。假定当日汇率为买入价1∶5.5；卖出价1∶5.7。

进口汽车价 = 5.7 × 1 500 000 = 8 550 000
本次支付 = 5.7 ×（1 500 000 - 450 000）= 5 985 000
汇兑损益 =（5.8 - 5.7）× 450 000 = 45 000
借：物资采购　　　　　　　　　　　8 550 000
　　　财务费用——汇兑损益　　　　　45 000
　　　贷：其他货币资金——信用证押金　2 610 000
　　　　　银行存款　　　　　　　　　5 985 000

汽车运到天津港，办理入关手续，关税税率为10%，消费税税率为12%，增值税税率为17%。假定当日汇率的中间价为：1∶5.4。

应纳关税 = 5.4 × 1 500 000 × 10% = 810 000
应纳消费税 =（5.4 × 1 500 000 + 810 000）÷（1 - 12%）× 12% = 1 215 000
应纳增值税 =（5.4 × 1 500 000 + 810 000 + 1 215 000）× 17% = 1 721 250
借：物资采购　　　　　　　　　　　2 025 000
　　　贷：应交税费——关税　　　　　810 000
　　　　　　　　——消费税　　　　　1 215 000
借：应交税费——关税　　　　　　　810 000
　　　　　　——消费税　　　　　　　1 215 000
　　　　　　——增值税——进项税额　1 721 250
　　　贷：银行存款　　　　　　　　　3 746 250

汽车验收入库，作：
入库价值 = 8 550 000 + 810 000 + 1 215 000 = 10 575 000

借：库存商品	10 575 000	
贷：物资采购		10 575 000

（3）外购存货发生短缺、溢余的账务处理

企业采购的存货如果发生了短缺、溢余等情况，应分清原因进行处理。发现存货溢余或短缺，应先转入"待处理财产损益"账户，查明原因，区别情况进行处理。属于运输途中的合理损耗，应计入有关存货的采购成本；属于供货单位或运输单位的责任造成的存货短缺，应由责任人负责赔偿；属于自然灾害或意外事故等非正常原因造成的存货毁损，属于保险公司责任范围的，应告知保险公司提出索赔，保险公司同意赔偿的部分及过失人同意赔偿的部分，记入"其他应收款"，剩余部分记入"营业外支出"账户；短缺存货涉及增值税的，应增加相应部分的损失金额。

【例7-2-6】A企业购入原材料1 000千克，每千克700元，增值税专用发票上注明价款700 000元，增值税119 000，款项已由银行支付，材料尚在运输途中。材料运达企业后，验收时发现短缺103千克，经查明，供货方少发货100千克，经协商供货方同意补发100千克。另外3千克为运输途中合理损耗。A企业付款时应作：

借：物资采购	700 000	
应交税费——增值税——进项税额	119 000	
贷：银行存款		819 000

材料运达企业，验收入库后，作：

借：原材料	627 900	
待处理财产损益	72 100	
贷：物资采购		700 000

短缺原因查明后，作：

借：原材料	2 100	
物资采购——在途	70 000	
贷：待处理财产损益		72 100

收到供货方补发的材料，验收入库时，作：

借：原材料	70 000	
贷：物资采购——在途		70 000

2. 自制存货的成本

企业自制存货的成本包括采购成本、加工成本和其他成本。采购成本包括买价、相关税费、运输费、装卸费、保险费等；加工成本包括存货制造过程中发生的直接材料费用、直接人工费用和按一定方法分配的制造费用（为生产产品、提供劳务而发生在生产车间的各项间接费用）；其他费用是指除上述采购成本和加工成本以外的，可以直接认定的使存货达到目前场所和状态所发生的其他支出。如为特定客户设计产品的设计费用等。

自制存货的账务处理：

设置"生产成本"账户，归集发生的各项费用，该账户属于成本计算类账户。成本计算类账户的用法类似于资产类账户，借方记增加，贷方记减少，有些成本计算类账户无余额；有的成本计算类账户有余额，"生产成本"账户一般有余额，余额在借方，反映月末在产品和半成品的总金额。

设置"库存商品"账户，归集加工完成并且验收入库，准备出售的自制存货的成本，该账户属于资产类，借方记增加，贷方记减少，余额在借方，反映加工完成准备出售的自制存货的总成本。

自制存货有时指为本企业制造的机器零件，自用机器零件应存入原材料库。

【例7-2-7】A企业本月生产入库甲产品100件，领用材料为652 000元；生产工人的工资及福利等费用350 000元；应分配的制造费用为56 000元。假定没有期初和期末在产品。作：

借：生产成本——基本生产　　　1 058 000
　　贷：原材料　　　　　　　　　　652 000
　　　　应付职工薪酬　　　　　　　350 000
　　　　制造费用　　　　　　　　　 56 000
借：库存商品　　　　　　　　　1 058 000
　　贷：生产成本——基本生产　　1 058 000

另外，机修车间本月制造了某机器零件一套，领用钢材5 000元，所用工时85小时，每小时工缴费150元（假定工资100元，制造费用50元），入库时，作：

借：生产成本——辅助生产　　　　5 000
　　贷：原材料　　　　　　　　　　 5 000
借：生产成本——辅助生产　　　　12 750
　　贷：应付职工薪酬　　　　　　　 8 500
　　　　制造费用——制造费用　　　 4 250
借：原材料　　　　　　　　　　　17 750
　　贷：生产成本——辅助生产　　　17 750

3. 委托加工存货

委托加工存货，是指由委托方提供原料和主要材料，由受托方代为加工，并收取加工费和代垫辅助材料费用，委托方取回后入库作为原材料继续加工或作为库存商品出售的存货。

委托加工存货的成本包括原材料或半成品费用、加工费、运输费、装卸费和按规定应计入加工成本的税费。

委托加工存货的账务处理：

设置"委托加工物资"账户，该账户属于资产类，借方记增加，贷方记减少，余额在借方,反映企业尚在加工中的材料物资总金额。

【例7-2-8】A企业委托Q企业加工一批材料(属于应交消费税产品),出库原材料成本为20 000元,支付的加工费为7 000元(不含税),假定消费税税率为10%,增值税税率为17%,材料加工完成并已验收入库,加工费用已支付。

发出委托加工材料时,作:

借:委托加工物资　　　　　　　　　20 000
　　贷:原材料　　　　　　　　　　　　　20 000

支付加工费和税金时,作:

消费税组成计税价格 = (20 000 + 7 000) ÷ (1 - 10%) = 30 000
受托方代收代缴的消费税额 = 30 000 × 10% = 3 000
增值税进项税额 = 7 000 × 17% = 1 190

委托加工存货收回后,本企业继续进行加工与收回后直接用于销售在消费税的处理上有所不同,故分开核算。

如果加工后,本企业还要继续进行加工,支付加工费和税金时,作:

借:委托加工物资　　　　　　　　　7 000
　　应交税费——增值税——进项税额　1 190
　　应交税费——消费税　　　　　　3 000
　　贷:银行存款　　　　　　　　　　　　11 190

验收入库时,作:

借:原材料　　　　　　　　　　　　27 000
　　贷:委托加工物资　　　　　　　　　　27 000

如果加工后,准备直接对外销售,支付加工费和税金时,作:

借:委托加工物资　　　　　　　　　10 000
　　应交税费——增值税——进项税额　1 190
　　贷:银行存款　　　　　　　　　　　　11 190

验收入库时,作:

借:库存商品　　　　　　　　　　　30 000
　　贷:委托加工物资　　　　　　　　　　30 000

4. 投资转入存货

投资转入存货,是指投资者以企业需要的某种存货作为投入企业的资本金。投资者投入的存货一般按公允价值计算投资额,也可按照投资合同或协议约定的价值作为入账价值。存货的入账价值与折合股本额之间的差额,记入资本公积。

【例7-2-9】A企业急需一批特种钢,某钢厂愿意提供,并提出将提供的钢材作为投资额投入A企业。钢材的计税价格为60 000元,增值税10 200元,折合股票58 000股,每股面值1元。A企业收到存货并验收入库时,作:

借:原材料　　　　　　　　　　　　60 000

应交税费——增值税——进项税额　　　10 200
　　　贷：股本　　　　　　　　　　　　　　58 000
　　　　　资本公积　　　　　　　　　　　　12 200

5. 接受捐赠存货

企业接受捐赠，是指捐赠人无偿将资产交与企业，而对企业无任何利益上的要求。企业接受的捐赠有货币也有物资。如果企业接受的捐赠是存货，其入账成本可分为：捐赠方提供了相关凭证，应按凭证上的价格及支付的相关税费，作为存货的入账价格；捐赠方未提供相关凭证，可按相关存货的市场价作为存货的入账价格；如果找不到相关市场价，可按存货预计未来现金流量的现值作为入账价格。

【例7-2-10】A企业接受W企业捐赠一批木材，无发票，市场上同类木材的价格为30 000元。作：

　　借：原材料　　　　　　　　　　　　　　30 000
　　　贷：资本公积　　　　　　　　　　　　30 000

三、发出存货的计量

企业由于购买存货的地点、批量、时间不同，会造成相同存货的单位价格不同，即相同存货的入账价格不同。采购成本不同，发出材料的成本应如何计价？采用实际成本计价，可作如下选择。

（一）发出存货的计价方法

按照企业会计准则的规定，按实际成本计价发出存货可选用先进先出法、加权平均法和个别计价法等。

1. 先进先出法

是以先购入的存货先发出这样一种实务流转假设为前提，对发出存货进行计价的一种方法。使用这种方法，先购入的存货成本在后购入的存货成本之前转出，以此确定发出存货和期末存货的成本。优点是企业不能随意挑选购入存货的价格以调整当期利润；缺点是核算工作量较大；当物价上涨时，会高估企业当期的利润。

2. 加权平均法

加权平均法又可分为两种：全月一次加权平均法和移动加权平均法。

（1）全月一次加权平均法，简称加权平均法，是以本月全部进货成本加月初存货成本，除以本月全部进货数量加月初存货数量，计算出存货的加权平均单位成本，以此确定本期存货的发出成本和期末库存成本的一种方法。公式为：

加权平均成本 =（期初结存存货成本 + 本月收入存货成本）÷
　　　　　　　　（期初结存存货数量 + 本月收入存货数量）

本月发出存货成本 = 本月发出存货数量 × 加权平均成本

本月结存存货成本 = 期末结存存货数量 × 加权平均成本

如果加权平均单价除不开或为循环小数，期末结存存货成本可改用减法计算，即：

期末结存存货成本 = 期初结存存货成本 + 本月收入存货成本 − 本月发出存货成本

这一方法的优点是每月只需计算一次平均单价，比较简单；缺点是平日发出存货只有数量没有单价，账面上无法随时反映发出和结存存货的单价和金额。

（2）移动加权平均法，是指每入库一批存货就根据账面的结存数量和库存存货总成本计算出新的平均单位成本，作为下一次收入存货前发出存货的单位成本。公式为：

移动加权平均成本 =（本次收入存货前结存成本 + 本次收入存货成本）÷（本次收入存货前结存数量 + 本次收入存货数量）

每次发出存货成本 = 本次发出存货数量 × 最近一次移动加权平均成本

期末结存存货成本 = 期初结存存货成本 + 本期收入存货成本 − 本期发出存货成本

移动加权平均法的优点是能使管理人员随时了解存货的结余数量和金额；缺点是计算工作量大。在使用计算机记账后，移动加权平均法显示出更多的优势。

3. 个别计价法

个别计价法，又称个别认定法、具体辨认法、分批实际法等，是指按照各种存货逐一辨认各批发出存货所属的购进批别或生产批别，按其实际购进或生产的单位成本作为计算各批发出存货成本的一种方法。

个别计价法的优点是准确；缺点是实物工作量大。在使用计算机和条形码的情况下，个别计价法的优势是显而易见的。

（二）发出存货的账务处理

1. 发出原材料

（1）生产领用原材料

生产经营领用原材料，应根据领用的部门和用途分别计入相关的成本项目。

【例 7 – 2 – 11】A 企业本月发出原材料的实际成本为 390 000 元，其中生产甲产品领用 250 000 元；生产乙产品领用 120 000 元；车间一般耗用 12 000 元；管理部门耗用 8 000 元。根据相关凭证，作：

借：生产成本——甲　　　　　　　250 000
　　生产成本——乙　　　　　　　120 000
　　制造费用　　　　　　　　　　 12 000
　　管理费用　　　　　　　　　　 8 000
　　贷：原材料　　　　　　　　　390 000

(2) 出售原材料

出售原材料取得的收入作为其他业务收入，相应的原材料成本计入其他业务成本。

【例7-2-12】A企业本月售出原材料一批，售价8 000元，增值税1 360元。原材料的实际成本为6 000元。作：

借：银行存款　　　　　　　　　　　9 360
　　贷：其他业务收入　　　　　　　　　8 000
　　　　应交税费——增值税——销项税额　1 360

同时结转成本，作：

借：其他业务成本　　　　　　　　　6 000
　　贷：原材料　　　　　　　　　　　6 000

(3) 在建工程领用原材料

"在建工程"是计算企业建造固定资产成本的科目。建造固定资产有时也会领用原材料，我国实行消费型增值税后，购入和建造固定资产发生的增值税进项税额，可以由企业销售产品取得的销项税额抵扣。

【例7-2-13】A企业建造新厂房领用钢材5吨，每吨8 000元，计40 000元。作：

借：在建工程　　　　　　　　　　　40 000
　　贷：原材料　　　　　　　　　　　40 000

2. 发出周转材料

周转材料一般是指可多次使用的材料。主要包括包装物、低值易耗品以及建筑行业使用的钢模板、脚手架等。企业使用的周转材料有多种，分别处于生产经营的各个环节，具体的会计处理方法也不尽相同。如生产部门领用的周转材料，构成产品实体随产品出售的，其价值应直接计入产品成本（如包装盒等）；用于车间一般性物料消耗的，其价值应直接计入制造费用（如卫生用具等）；销售部门领用的周转材料，随产品出售但不单独计价的，其价值记入销售费用（如蔬菜中用于保鲜的冰块）；随产品出售并单独计价的，可视为材料销售，将取得的收入记入其他业务收入，相应的周转材料价值记入其他业务成本；管理部门领用的周转材料，其价值记入管理费用；建筑安装部门使用的周转材料，其价值记入工程施工成本；用于出租的周转材料，收取的租金作为其他业务收入，相应的周转材料账面价值的摊销记入其他业务成本；用于出借的周转材料，其账面价值记入销售费用。

因周转材料可以使用多次，企业应根据周转材料的消耗方式、价值大小、耐用程度等，选择适当的摊销方法，将其账面价值一次或分期计入有关的成本费用。

设置"周转材料"科目核算周转材料的增减变化情况，该科目属于资产类，借方记增加，贷方记减少，余额在借方，反映周转材料的期末库存金额。

常用的周转材料摊销方法有：一次摊销法、"五五"摊销法等。

(1) 一次摊销法

一次摊销法是在领用材料时,将其账面价值一次计入有关成本费用的方法。

【例 7-2-14】A 企业第一生产车间领用一批低值易耗品,账面价值 7 000 元,采用一次摊销法,同时报废一批低值易耗品残料入库 500 元。根据相关凭证,领用时,作:

  借:制造费用   7 000
    贷:周转材料   7 000

报废周转材料的残料入库时,作:

  借:原材料   500
    贷:制造费用   500

【例 7-2-15】A 企业生产车间领用产品包装盒 500 个,每个 6 元,计 3 000 元,作:

  借:生产成本——A 产品   3 000
    贷:周转材料   3 000

销售部门本月领用随产品出售并单独计价的包装物 100 个,每个 30 元,售价 50 元,共 5 000 元,增值税 850 元,价款已收到,存入银行。

取得销售收入时,作:

  借:银行存款   5 850
    贷:其他业务收入   5 000
      应交税费——增值税——销项税额 850

结转成本,作:

  借:其他业务成本   3 000
    贷:周转材料   3 000

(2)"五五"摊销法

"五五"摊销法,是在领用周转材料时先摊销其账面价值的 50%,报废时再摊销其账面价值 50% 的一种摊销方法。

采用"五五"摊销法,周转材料应分别设"在库"、"在用"和"摊销"等明细科目进行核算。

【例 7-2-16】A 企业领用一批包装箱,价值 20 000 元,出租给客户使用,收取押金 40 000 元,租金在客户退还包装箱时,按实际使用天数计算并从押金中扣除。

领用包装物时,作:

  借:周转材料——在用   20 000
    贷:周转材料——在库   20 000
  借:其他业务成本   10 000
    贷:周转材料——摊销   10 000

收取押金时，作：
借：银行存款　　　　　　　　　40 000
　　贷：其他应付款　　　　　　　　40 000
客户退还包装箱时，计算应收取的租金为21 000元，其余款项退回。作：
借：其他应付款　　　　　　　　40 000
　　贷：其他业务收入　　　　　　　21 000
　　　　银行存款　　　　　　　　　19 000
该批周转材料报废时，作：
借：其他业务成本　　　　　　　10 000
　　贷：周转材料——摊销　　　　　10 000
同时，作：
借：周转材料——摊销　　　　　20 000
　　贷：周转材料——在用　　　　　20 000
如果上述包装箱是无偿提供给客户使用的，领用时摊销价值的50%，作：
借：周转材料——在用　　　　　20 000
　　贷：周转材料——在库　　　　　20 000
借：销售费用　　　　　　　　　10 000
　　贷：周转材料——摊销　　　　　10 000
包装箱报废时，摊销其余50%的账面价值，作：
借：销售费用　　　　　　　　　10 000
　　贷：周转材料——摊销　　　　　10 000
借：周转材料——摊销　　　　　20 000
　　贷：周转材料——在用　　　　　20 000

四、存货的简化计价方法

存货采用实际成本进行日常核算，对于存货品种、规格、数量繁多的企业来说工作量大、核算成本高，虽然有计算机辅助，有时也不能满足管理的需要。企业可以选用计划成本法和各种估价方法对存货的收入、发出和结存进行日常核算。

（一）计划成本法

计划成本法，是指存货的收入、发出和结存都使用预先制订的计划成本计价，并设置"材料成本差异"账户登记实际成本与计划成本的差异。月末通过对存货成本差异的分摊，将发出存货的计划成本调整为实际成本的核算方法。

计划成本法主要用于企业内部管理的分级核算。分级核算要求将外部条件固定，核算结果主要反映各部门主观因素的变化。

"材料成本差异"科目是原材料科目的调整账户,借方登记购入材料的实际价格大于计划价格的差额;贷方登记购入材料的实际价格低于计划价格的差额,余额如果在借方,反映原材料账户的实际价格大于计划价格的差;余额如果在贷方,反映原材料账户的实际价格小于计划价格的差。

1. 实际成本与计划成本的差异

计划成本是人为制定的价格,虽然在制订计划价格的时候,考虑到材料的买价、运杂费用等,也考虑到价格变动的趋势,但市场价格的变化与人为制定的价格之间总会有差异,这个差异要记入"材料成本差异"账户。

【例7-2-17】A企业购入甲种材料一批,增值税专用发票上注明的价款是20 000元,增值税3 400元。货款已通过银行转账支付,材料已验收入库,该批材料的计划价格为21 000元。根据有关凭证,作:

借:物资采购　　　　　　　　　　20 000
　　应交税费——增值税——进项税额　3 400
　　贷:银行存款　　　　　　　　　　23 400

入库时,作:

借:原材料　　　　　　　　　　　21 000
　　贷:物资采购　　　　　　　　　　20 000
　　　　材料成本差异　　　　　　　　1 000

A企业又购入乙种材料一批,增值税专用发票上注明的价款是50 000元,增值税8 500元,货款尚未支付,材料已运达企业并验收入库。该材料的计划价格是48 000元。收到账单发票时,作:

借:物资采购　　　　　　　　　　50 000
　　应交税费——增值税——进项税额　8 500
　　贷:应付账款　　　　　　　　　　58 500

验收入库时,作:

借:原材料　　　　　　　　　　　48 000
　　材料成本差异　　　　　　　　　2 000
　　贷:物资采购　　　　　　　　　　50 000

2. 成本差异的分摊

按计划成本核算,发出存货时首先按计划成本计入各个相关的成本费用项目,然后再计算成本差异率,根据成本差异率,将成本差异分配到各个成本费用账户。公式如下:

实际成本 = 计划成本 + 超支差异(或实际成本 = 计划成本 - 节约差异)

本月材料成本差异率 = (月初结存材料成本差异 + 本月收入材料成本差异) ÷ (月初结存材料计划成本 + 本月收入材料计划成本)

本月发出材料应负担的成本差异 = 发出存货的计划成本 × 材料成本差异率

本月发出存货的实际成本 = 发出存货的计划成本 ± 发出存货应负担的成本差异

月末结存存货应负担的成本差异 = 结存存货的计划成本 × 材料成本差异率

或月末结存材料的成本差异 = 月初结存材料的成本差异 + 本月购入材料的成本差异 − 本月发出材料的成本差异

月末结存存货的实际成本 = 结存存货的计划成本 ± 结存存货应负担的成本差异

【例7−2−18】A企业本月结存原材料的计划成本为36 000元,"材料成本差异"账户有借方余额8 000元。本月收入材料的计划成本为59 000元,实际成本为52 000元,成本差异为贷方7 000元。本月发出材料的计划成本为83 000元,其中:生产领用76 000元,车间耗用2 000元,管理部门使用1 000元,出售4 000元。按计划成本发出原材料,作:

  借:生产成本   76 000
    制造费用   2 000
    管理费用   1 000
    其他业务支出   4 000
    贷:原材料   83 000

分摊材料成本差异时,作:

本月材料成本差异率 = 〔8 000 + (−7 000)〕÷ (36 000 + 59 000)
         = 1 000 ÷ 95 000 = 0.0105 ≈ 1.05%

生产成本分摊的成本差异 = 76 000 × 1.05% = 798

制造费用分摊的成本差异 = 2 000 × 1.05% = 21

管理费用分摊的成本差异 = 1 000 × 1.05% = 10.50

其他业务支出分摊的成本差异 = 4 000 × 1.05% = 42

  借:生产成本   798.00
    制造费用   21.00
    管理费用   10.50
    其他业务支出   42.00
    贷:材料成本差异   871.50

月末结存存货的计划成本 = 36 000 + 59 000 − 83 000 = 12 000

月末结存存货应负担的成本差异 = 1 000 − 871.50 = 128.50

月末结存存货的实际成本 = 12 000 + 128.50 = 12 128.50

(二) 存货估价法

常用的存货估价法有毛利率法和售价金额核算法。

1. 毛利率法

毛利率法,是使用前期实际(或本期计划)毛利率乘以本期销售净额,估算本期销售(发出)存货成本的一种方法。这种方法主要用来估算商业销售成本,因为一些小商品品种繁多，清点困难，为减轻工作量，在每季度的前两个月采用毛利率法估算销售成本，季末再通过实地盘点，首先确定期末存货的实际成本，再确定全季度的销售成本，用全季的实际销售成本减去前两个月估算的销售成本，就是第三个月的销售成本。这种方法对无小包装、无条形码的散装小商品适用。但这种情况越来越少了。

相关公式：

销售毛利 = 销售收入 – 销售成本（或进货成本）

毛利率 = 销售毛利 ÷ 销售收入 × 100%

销售成本 = 销售收入 – 销售毛利

成本率 = 销售成本 ÷ 销售收入 × 100%

毛利率 + 成本率 = 1

本期销售成本 = 本期销售收入 ×（1 – 毛利率）

期末结存存货成本 = 期初结存存货成本 + 本期购入存货成本 – 本期销售存货成本

【例7 – 2 – 19】K商店第二季度初库存商品余额为59 000元，第二季度购入20批货，总价为3 456 000元。4月份销售收入为1 980 000元；5月份销售收入为2 015 000元；6月份销售收入为1 780 000元。该商店上季度实际毛利率为40%。

4月份估算销售成本时，作：

销售成本 = 1 980 000 ×（1 – 40%）= 1 188 000

借：主营业务成本　　　　　　1 188 000
　　贷：库存商品　　　　　　　　　　1 188 000

5月份估算销售成本时，作：

销售成本 = 2 015 000 ×（1 – 40%）= 1 209 000

借：主营业务成本　　　　　　1 209 000
　　贷：库存商品　　　　　　　　　　1 209 000

6月份估算销售成本时，作：

经盘点，6月末库存商品实际价值为89 000元。

第二季度销售成本 = 59 000 + 3 456 000 – 89 000 = 3 426 000

6月份销售成本 = 3 426 000 – 1 188 000 – 1 209 000 = 1 209 000

借：主营业务成本　　　　　　1 209 000
　　贷：库存商品　　　　　　　　　　1 209 000

第二季度毛利 =（1 980 000 + 2 015 000 + 1 780 000）– 3 426 000 = 2 349 000

第二季度的实际毛利率 = 2 349 000 ÷ 5 775 000 × 100% ≈ 41%

2. 售价金额核算法

售价金额核算法，是指商品购入、加工收回、商品销售都按销售价记账，销售价与进货价的差，首先计入"商品进销差价"科目，期末计算进销差价率和本期已销商品应分摊的进销差价,据以调整本期销售成本的方法。

相关公式:

商品进销差价率=(期初库存商品进销差价+本期购入商品进销差价)÷(期初库存商品售价+本期购入商品售价)×100%

本期销售商品应分摊的商品进销差价=本期商品销售收入×商品进销差价率

本期销售商品的成本=本期商品按售价计算销售成本-本期已销售商品应分摊的商品进销差价

期末结存商品的成本=期初结存商品的进价成本+本期购进商品的进价成本-本期销售商品的成本

【例7-2-20】Q零售商店采用售价金额核算法。本月初库存商品的进价成本是100 000元,售价金额为120 000元。本月购进商品的进价为960 000元,售价金额为1 250 000元,本月销售收入为1 300 000元。本月购入商品时,作:

借:物资采购　　　　　　　　　　　960 000
　　应交税费——增值税——进项税额　163 200
　　贷:银行存款　　　　　　　　　　　1 123 200

入库时,作:

借:库存商品　　　　　1 250 000
　　贷:物资采购　　　　　960 000
　　　　商品进销差价　　　290 000

销售商品时,作:

借:银行存款　　　　　1 521 000
　　贷:主营业务收入　　　1 300 000
　　　　应交税费——增值税——销项税额　221 000

结转销售成本时,作:

借:主营业务成本　　　1 300 000
　　贷:库存商品　　　　　1 300 000

结转进销差价时,作:

商品进销差价率=(20 000+290 000)÷(120 000+1 250 000)×100%
　　　　　　　=310 000÷1 370 000×100%=22.6%

已销商品应分摊的商品进销差价=1 300 000×22.6%=293 800

借:商品进销差价　　　　293 800
　　贷:主营业务成本　　　293 800

本期销售商品的实际成本=1 300 000-293 800=1 006 200

期末商品进销差价=20 000+290 000-293 800=16 200

期末结存商品的实际成本 = 120 000 + 1 250 000 - 1 300 000 - 16 200
= 53 800

五、存货的期末计价

存货是企业的重要资产，为在企业资产负债表中合理地反映存货的价值，应选择适当的计价方法对期末存货进行计量。我国会计准则规定，在资产负债表日，存货应当按照成本与可变现净值孰低原则计量。

（一）存货的可变现净值

1. 可变现净值的概念

可变现净值，是指存货的估计售价减去至存货完工时估计将要发生的成本、估计销售费用及相关税费后的金额。

可变现净值一般是指一个正常经营的企业对存货的估价；可变现净值是存货预计未来现金净流量，不是存货的售价或合同价。企业预计销售存货的现金流入量，不完全等于存货的可变现净值。可变现净值还需要在预计现金流入量中减去销售费用、相关税费、为达到预定可销售状态可能发生的加工成本等相关支出，才能确定存货的可变现净值。

2. 确定可变现净值应考虑的因素

确定可变现净值时应以取得的确凿证据为基础，考虑持有存货的目的及资产负债表日后事项的影响等因素。

（1）确凿的证据

存货成本主要以取得存货时的外来原始凭证、生产成本账簿记录等作为确凿证据。

存货可变现净值的证据主要有产成品和商品的市场价格、销货方提供的有关资料和生产成本资料等。

（2）持有存货的目的

①用于生产的材料、在产品和自制半成品等需要经过加工的材料存货，在正常生产经营过程中，应以所生产的产成品的估计售价减去至完工时估计将要发生的成本、估计的销售费用和相关税费后的金额确定其可变现净值。

②产成品、商品和用于出售的材料等直接用于出售的存货，在正常生产经营过程中，应以该存货的估计售价减去估计的销售费用和相关税费后的金额确定其可变现净值。

（3）资产负债表日后事项的影响

在确定资产负债表日存货的可变现净值时，还应考虑未来的相关事项，如通货膨胀、金融危机等对存货可变现净值的影响。

3. 成本与可变现净值孰低

成本是指期末存货的实际成本。按实际成本记账的存货期末账面价值、按简化计价方法记账的存货，应通过差异调整计算确定存货的实际成本。

成本与可变现净值孰低是指当期末存货的成本低于可变现净值时，存货按成本计量；当期末存货的可变现净值低于成本时，存货按可变现净值计量。

4. 存货估计售价的确定

在确定存货可变现净值时，合理估计存货的售价很重要，一般以资产负债表日为基准。如果存货价值变动较大，可用当月该存货的平均销售价格作为估计销售价格的基础。另外根据存货是否有销售合同，按如下原则处理：

（1）为执行销售合同或劳务合同而持有的存货，通常以合同价作为存货可变现净值的基础；

假定A企业与B企业签订了一份不可撤销的销售合同，约定A企业以每件1 000元的价格向B企业出售产品500件。资产负债表日的市场价格是每件1 200元，则该批存货的估计售价为：1 000×500＝500 000（元）

（2）如果持有存货的数量大于销售合同订购数量，超出部分以一般销售价格作为计价基础；

如果A企业与B企业签订了一份不可撤销的销售合同，订购数量为500件，单价为1 000元。A企业该种存货的数量为650件，资产负债表日的市场价格是每件900元，则该批存货的估计售价为：1 000×500＋900×150＝635 000（元）

（3）没有销售合同或劳务合同约定的存货，以产成品或商品一般销售价格或原材料的市场价格作为计价基础。

如果A企业的产成品存货120件，没有销售合同，成本价为800元，市场价为每件1 100元，则估计售价为：1 100×120＝132 000（元）

（4）材料存货的特殊考虑

材料主要是企业用于生产的，也会对外出售。期末材料存货估价时，需要考虑持有材料的不同目的和用途。

第一，为进行生产而持有的材料包括原材料、在产品、委托加工材料等，如果用该材料生产的产成品的可变现净值预计高于生产成本，则该材料按成本计量。

若A企业为生产存有甲材料1 000吨，每吨150元，共150 000元，市场购买价格为每吨160元，计160 000元。假定使用甲材料生产的B产品的可变现净值预计为180元，表明没有发生价值减值，则甲材料按成本价150 000元进行计量。

如果用该材料生产的产成品的可变现净值低于生产成本，则该材料按可变现净值计量。

若A企业为生产存有甲材料1 000吨，每吨150元，共150 000元，市场购买价格为每吨140元，计140 000元。使用甲材料生产的B产品的售价由每吨260元降到每吨220元，为使甲材料达到可销售状态还需要投入70 000元，预计销售费用和相关税金18 000元，可变现净值预计为：220×1 000－70 000－18 000＝132 000（元），低于成本价150 000元，表明存货发生了价值减值。则甲材料应按可变现净值132 000元进行计量。

第二，对用于出售而持有的材料，可直接比较成本与可变现净值孰低，以低者计量。

若A企业持有丙材料100千克，每千克成本价5 000元，计500 000元。临近资产负债表日，该种材料的市场价为每千克7 000元，则该材料仍按成本价计量。如果临近资产负债表日，该种材料的市场价为每千克4 000元，另外销售费用和税金估计为18 000元，可变现净值为：4 000×100－18 000＝382 000（元），则该材料应按可变现净值计量。

（二）存货的期末计价

我国的会计准则规定，在资产负债表日存货应按照成本与可变现净值孰低原则计量。故存货在会计的账簿上不存在升值的可能性，只存在减值的可能性。存货的期末计价主要是对按照可变现净值计量的存货，计提减值准备，以这种方法调整存货的期末计价。

1. 存货减值的判断

企业在对存货进行定期检查时，如果出现下列情况之一，表明存货的可变现净值低于成本：

（1）存货的市场价格持续下跌，并在可预见的未来无回升的希望；

（2）企业使用该种原材料生产的产品，其成本高于产品的销售价格；

（3）企业因产品更新换代，原有库存原材料已不适应新产品的需要，而该原材料的市场价格又低于企业的账面成本；

（4）企业因所提供的商品或劳务过时、消费者偏好改变致使市场需求发生变化，导致市场价格逐渐下跌；

（5）其他足以证明该项存货实质上已经发生减值的情况。

存货发生下列情况之一时，表明存货的可变现净值为零：

（1）已霉烂变质的存货；

（2）已过期且无转让价值的存货；

（3）生产中已不再需要，且无使用价值和转让价值的存货；

（4）其他足以证明已无使用价值和转让价值的存货。

2. 计提存货跌价准备

企业应当按照单个存货项目计提跌价准备。先将每个存货项目的成本与其可变现净值进行比较，按较低者计量存货，按高低价格的差，计算提取存货跌价准备。对于种类繁多、单价较低的存货，可按照存货的类别计提跌价准备。

设置"存货跌价准备"账户，该账户是资产类账户，是存货类账户的备抵账户，其用法与存货类账户相悖。该账户贷方记增加，借方记减少，余额在贷方，反映存货跌价准备的总金额。

设置"资产减值损失"账户，该账户属于损益类账户，贷方记增加，借方记减少，差额在会计期末转入"本年利润"账户。

【例7-2-21】A企业有A、B、C、D四种存货，年末成本与可变现净值资料如下表：

项目	成本	可变现净值	期末计价
A	10 000	14 000	10 000
B	20 000	19 000	19 000
C	32 000	35 000	32 000
D	25 000	23 000	23 000
合计	87 000	91 000	84 000

由上表可以看出B存货和D存货需要进行调整。

存货跌价准备 = 87 000 - 84 000 = 3 000

借：资产减值损失　　　　　　　　3 000
　　贷：存货跌价准备　　　　　　　　3 000

【例7-2-22】A企业甲材料的账面价值为800 000元，预计可变现净值为750 000元，按成本与可变现净值孰低原则，应计提50 000元存货跌价准备。作：

借：资产减值损失——存货减值损失 50 000
　　贷：存货跌价准备　　　　　　　50 000

若甲材料在下一个资产负债表日的预计可变现净值继续下降，预计为690 000元。作：

借：资产减值损失——存货减值损失 60 000
　　贷：存货跌价准备　　　　　　　60 000

若甲材料售出20%，收回价款140 000元。收到价款时，作：

售价 = 140 000 ÷ (1 + 17%) = 119 658.11 ≈ 119 658

增值税 = 119 658 × 17% = 20 342

借：银行存款　　　　　　　　　　140 000
　　贷：其他业务收入　　　　　　　119 658
　　　　应交税金——增值税——销项税额 20 342

结转成本时，作：

借：其他业务成本　　　　　　　　160 000
　　贷：库存商品　　　　　　　　　160 000

借：存货跌价准备　　　　　　　　22 000
　　贷：其他业务成本　　　　　　　　22 000

六、存货的清查

存货是企业重要的有形资产，且处于不断的购买、耗用或销售的循环中，流动性强。为了加强对存货的管理、维护存货的安全完整，使其得到合理有效的利用，企业应对存货进行定期或不定期的盘点和抽查，以便确定存货的实有数，并与账面记录核对，确保存货账实相符。

（一）存货的盘存制度

存货的盘存方法主要有：永续盘存制和实地盘存制。

1. 永续盘存制也称账面盘存制，是指企业设置详细的存货明细账，逐笔记录存货收入、发出的数量金额并随时结出存货结余数量和金额的一种盘存方法。对每种存货每年应至少使用这种方法全面盘点一次。

2. 实地盘存制又称定期盘存制，是在会计期末对结存的存货进行实地盘点，以确定期末存货的结存数量，再乘以各项存货的单价，计算出期末存货的总金额，记入各有关存货账户，倒推出本期已耗用或已销售存货的成本。采用这种方法，平日只记录存货增加的数量和金额，不记减少的数量与金额，期末通过实地盘点确定存货的结存数量，据以确定期末存货的实际成本，然后计算出本期耗用或销售的数量和成本。这一方法也称为"以存计耗"或"以存计销"。公式为：

本期耗用或销货成本 = 期初存货成本 + 本期购货成本 − 期末存货成本

（二）存货的清查

存货的清查采用实地盘点、账实核对的方法。盘点时，以账簿记录为准，账上有、实物没有的叫做"盘亏"；账上没有、实物有的叫做"盘盈"。对于账实不符的存货，应查明原因，分清责任，并根据企业相关制度经有关人员或机构批准后，再作账务处理。处理时以实物为准，使账簿和实物重新达到账实相符。

（三）存货盈亏的账务处理

设置"待处理财产损益"科目。这个科目实际上是"待处理财产损失"科目和"待处理财产溢余"两个科目合起来的。属于资产负债共同类科目。这个科目的借方登记盘亏的金额和盘盈的转出金额，贷方登记盘盈的金额和盘亏的转出金额，余额有可能在借方，也可能在贷方。如果余额在借方，说明企业盘亏的金额大于盘盈的金额；如果余额在贷方，说明企业盘盈的金额大于盘亏的金额。

【例7-2-23】A企业在存货盘点中发现盘盈甲种原材料，按同种材料的价格

6 000元入账。发现盘盈时，作：

  借：原材料   6 000
    贷：待处理财产损益   6 000

  经核查，是因为计量工具不准确造成的，同意作为管理费用处理，作：

  借：待处理财产损益   6 000
    贷：管理费用   6 000

  存货盘亏时，根据盘亏原因可作如下处理：

  1. 属于定额内自然损耗造成的短缺，计入管理费用；

  2. 属于收发计量差错和管理不善等原因造成的短缺，扣除保险公司、过失人赔偿以及残料价值后的净损失，计入管理费用；

  3. 属于自然灾害或意外事故等非正常原因造成的毁损，扣除保险公司、过失人赔偿以及残料价值后的净损失，计入营业外支出。

  【例7-2-24】A企业在存货盘点中发现盘亏一批材料，账面成本1 500元，该批材料的进项税额不能由销项税额抵扣，因此损失中还要包括这部分进项税额，即 1 500×17% =255（元）。发现盘亏时，作：

  借：待处理财产损益   1 755
    贷：原材料   1 500
      应交税费——增值税——进项税额转出 255

  假定盘亏材料是由于保管人员保管不当造成的，相关人员已同意赔款300元，其余部分由管理费用负担。

  借：其他应收款   300
    管理费用   1 455
    贷：待处理财产损益   1 755

七、存货的披露

  会计准则规定，企业应在会计报表中披露下列与存货有关的信息。

  1. 各类存货的期初和期末账面价值。存货账面价值是存货成本扣减累计存货跌价准备后的金额。在会计报表附注中，可采取列表法列示各类存货的期初、期末账面价值。

  2. 确定发出存货成本所采用的计价方法。在会计报表附录中可用文字形式披露各种存货发出成本的计算方法。

  3. 存货可变现净值的确定依据。确定存货可变现净值的核心和依据是存货的估计售价，如对为生产而持有的材料等存货应披露用其生产的产成品的估计售价及生产成本；对为销售而持有的存货，有销售合同的要披露合同价格，没有合同的应披露存货的估计售价。这些都应该以文字说明的形式在会计报表附注中披露。

4. 存货跌价准备的计提方法。应采用文字的形式在报表附注中予以披露，包括计提的方法、本期计提的金额及与此相关的情况。

5. 用于担保的存货账面价值。应在报表附注中说明对外担保的存货的账面价值。

第三节　金融资产投资

投资是企业获得利润的前提，也是企业生存和发展的手段。投资有广义和狭义之分，广义投资既包括对外投资，如权益性投资、债权性投资、期货投资等，也包括对内的投资，如固定资产投资、无形资产投资、存货投资等。狭义投资仅指企业对外的投资。本节所讲的投资主要是狭义投资，即对外投资。

狭义投资，是企业通过分配来增加财富，或为谋取利益而将资产的使用权让渡给其他单位的一种行为。金融工具的多样化为投资提供了多种渠道。金融工具是指形成一个企业的金融资产，并形成其他单位的金融负债或权益性工具的合同。

投资按其方式分为直接投资和间接投资，直接投资主要是指企业以现金或其他资产投入到被投资单位形成的对外投资；间接投资是指企业以现金或其他资产购买政府或其他企业发行的有价证券所进行的投资。

投资按其性质可分为权益性投资、债权性投资和混合性投资。权益性投资是指为取得被投资企业的权益或净资产所进行的投资；债权性投资是指为取得被投资企业的债权所做的投资；混合性投资是指同时具有权益性投资和债权性投资双重性质的投资。

投资按投资的金融工具及其流动性分为金融资产投资和长期股权投资。金融资产投资是指利用金融工具所进行的投资；长期股权投资是指持有时间准备超过一年的各种权益性投资。

一、交易性金融资产

金融资产是由企业的金融投资形成的权利，属于企业资产的重要组成部分。金融资产主要包括：库存现金、银行存款、应收账款、应收票据、其他应收款、股权投资、债权投资、衍生金融工具形成的资产等。本节要介绍的是企业的金融资产投资。按企业持有投资的目的不同分为：交易性金融资产、可供出售的金融资产、持有至到期投资和长期股权投资。

交易性金融资产是企业以交易为目的而持有的、以公允价值计量的、价值变动计入当期损益的债券投资、股票投资、基金投资等。交易性金融资产是企业为了充分利用暂时闲置的资金，以赚取高于银行活期存款利息的收益而形成的投资性资产。交易性金融资产多为从二级市场购入的股票、债券、基金等。

（一）初始计量

交易性金融资产一般按照取得时的公允价值作为初始确认价值，相关交易费用在发生时计入当期损益。如果实际支付的价款中含有已宣告但尚未发放的现金股利或已到付息期但尚未领取的利息，应单独确认为应收项目，不计入交易性金融资产的初始确认价值。

设置"交易性金融资产"科目，核算企业为交易目的持有的债券投资、股票投资、基金投资等投资的公允价值。该科目属于资产类，借方记增加，贷方记减少，余额在借方，反映企业持有的交易性金融资产的总金额。本科目按照投资的类别和品种设置明细账，并分别设置"成本"、"公允价值变动"等明细科目。

设置"公允价值变动损益"科目，核算企业以公允价值计量的资产，因公允价值变动造成的损益。该科目属损益类，贷方记增加，借方记减少，期末将借方或贷方全数转入"本年利润"账户。

【例7-3-1】A企业将暂时闲置的资金购买M企业发行的股票50 000股，每股8元，并支付了1 500元的交易费用。购入时，作：

借：交易性金融资产——M股票——成本　　400 000
　　投资收益　　　　　　　　　　　　　　　1 500
　　贷：银行存款　　　　　　　　　　　　　　　　401 500

A企业又购入K公司发行的股票80 000股，每股10.20元，其中包括每股0.20元已宣告但尚未发放的现金股利，并支付交易费用1 600元。购入时，作：

借：交易性金融资产——K股票——成本　　800 000
　　应收股利　　　　　　　　　　　　　　　16 000
　　投资收益　　　　　　　　　　　　　　　1 600
　　贷：银行存款　　　　　　　　　　　　　　　　817 600

A企业收到现金股利时，作：

借：银行存款　　　　　　　　　　　　　　16 000
　　贷：应收股利　　　　　　　　　　　　　　　　16 000

A企业又购入L公司发行的3年期债券，票面利率6%，每半年付息一次，该债券已发行了一年半，A企业购入的债券面值是80 000元，实际支付的价款是82 400元，包含了尚未领取的利息2 400元。另支付交易费用500元，购入时，作：

借：交易性金融资产——L债券——成本　　80 000
　　应收利息　　　　　　　　　　　　　　　2 400
　　投资收益　　　　　　　　　　　　　　　500
　　贷：银行存款　　　　　　　　　　　　　　　　82 900

A 企业收到 L 公司发放的利息时,作:
借:银行存款   2 400
    贷:应收利息   2 400

(二) 售出的核算

交易性金融资产是随时准备出售的金融资产。出售时应将公允价值变动损益一并转销。

【例 7-3-2】 A 企业将购入的 M 企业发行的股票全部售出,实际收到价款 350 000元。股票出售日该股票的账面价为362 000元,其中成本400 000元,已确认公允价值变动损失38 000元。收到价款时,作:

出售损益 = 350 000 - 362 000 = (-) 12 000
借:银行存款   350 000
    交易性金融资产——M 股票——公允价值变动   38 000
    投资收益   12 000
    贷:交易性金融资产——M 股票——成本   400 000
借:投资收益   38 000
    贷:公允价值变动损益   38 000

A 企业将购入的 L 公司发行的股票售出40 000股,每股售价15元,该股票的账面价值为12元(包括成本10 元,已确认的公允价值变动损益2 元),收到价款时,作:

出售损益 = 15 × 40 000 - 12 × 40 000 = 120 000
借:银行存款   600 000
    贷:交易性金融资产——K 股票——成本   400 000
        交易性金融资产——K 股票——公允价值变动   80 000
        投资收益   120 000
借:公允价值变动损益   80 000
    贷:投资收益   80 000

A 企业将购入的 L 企业的债券全部售出,实际收到价款是82 800元,债券出售时,A 企业已计提利息2 400元,债券的账面价值81 000元,其中,成本80 000元,已确认公允价值变动收益1 000元。出售时,作:

出售损益 = 82 800 - 81 000 - 2 400 = (-) 600
借:银行存款   82 800
    投资收益   600
    贷:交易性金融资产——K 股票——成本   80 000
        交易性金融资产——K 股票——公允价值变动   1 000
        应收利息   2 400

借：公允价值变动损益　　　　　　　1 000
　　贷：投资收益　　　　　　　　　　　　1 000

（三）收益的确认

企业持有的交易性金融资产的收益，一般是在实际收到时予以确认。债权投资应在每一个资产负债表日，依据权责发生制原则计算应收利息；股票投资，只有在被投资企业宣告发放现金股利时，才能依据本企业享有的份额，确认应收股利。

【例7-3-3】A企业根据K公司宣告的股利分配方案，每股派发现金股利0.15元。A企业持有K公司股票40 000股，作：

应收股利 = 0.15 × 40 000 = 6 000

借：应收股利　　　　　　　　　　　6 000
　　贷：投资收益　　　　　　　　　　　　6 000

收到派发的现金股利时，作：

借：银行存款　　　　　　　　　　　6 000
　　贷：应收股利　　　　　　　　　　　　6 000

A企业年末根据持有的Q银行的金融债券，计提下半年的利息。债券面值500 000元，票面利率6%，作：

应收利息 = 500 000 × 6% ÷ 12 × 6 = 15 000

借：应收利息　　　　　　　　　　　15 000
　　贷：投资收益　　　　　　　　　　　　15 000

（四）期末计价

交易性金融资产在资产负债表日应以公允价值反映。公允价值与账面价值的差，计入当期损益。

【例7-3-4】A企业在12月31日对持有的交易性金融资产逐一按公允价值进行再计量，以确定公允价值变动损益。企业持有的交易性金融资产与当日公允价值资料，见表7-3-1：

表7-3-1　交易性金融资产账面余额与公允价值表　　　　　　单位：元

交易性金融资产项目	调整前账面余额	期末公允价值	公允价值变动损益	调整后账面价值
A公司股票	900 000	860 000	-40 000	860 000
B公司债券	750 000	750 000	0	750 000
C基金	830 000	840 000	10 000	840 000

根据上述资料，依次作：

借：公允价值变动损益　　　　　　　　　　　　　40 000
　　贷：交易性金融资产——A股票——公允价值变动　40 000
借：交易性金融资产——C基金——公允价值变动　10 000
　　贷：公允价值变动损益　　　　　　　　　　　10 000

二、持有至到期投资

持有至到期投资，是指到期日固定、回收金额固定或可确定，且企业有明确意图和能力持有至到期的非衍生金融资产。一般企业从二级市场购入的固定利率国债、浮动利率公司债券等，如打算持有至到期，符合持有至到期投资要求的三个条件可归类为持有至到期投资。企业购入的股票，因为没有固定的到期日，不符合持有至到期投资的条件，不能确认为持有至到期投资。

企业所持有的债券划分为持有至到期投资后，如果企业的持有意图或能力发生了变化，在持有至到期投资到期前，可重新分类为可供出售金融资产，然后可将其出售。

（一）初始计量

设置"持有至到期投资"科目，该科目属于资产类，借方记增加，贷方记减少，余额在借方，反映企业持有至到期投资的总成本。这个科目可设置"成本"、"利息调整"、"应计利息"等明细科目。

持有至到期投资应按取得时的公允价值和相关交易费用之和作为初始投资的入账价值。如果支付的价款中包含已到期但尚未领取的利息，应单独确认为应收项目。

企业购入的持有至到期投资，可以分为按债券面值购入、溢价购入和折价购入。

溢价购入，是指债券的票面利率高于市场利率，发行单位实际支付的利息将高于按市场利率计算的利息，发行单位在发行时按照高于债券票面价值的价格发行，称为溢价发行。溢价发行对购买方（投资者）而言，是为以后多得的利息而事先付出的代价；对发行单位而言，是为以后多付利息而事先得到的补偿。

折价购入，是指债券的票面利率低于市场利率，发行单位今后实际支付的利息低于按照市场利率计算的利息，发行单位按照低于票面价值的价格发行，称为折价发行。折价发行对购买者（投资者）而言，是为今后少得利息而事先得到的补偿；对发行单位而言，是为今后少付利息而事先付出的代价。

【例7-3-5】A企业购入S公司当日发行的面值60 000元，期限3年，票面利率为5%，到期一次还本付息的债券，作为持有至到期投资。实际支付价款60 000元，手续费忽略不计。作：

借：持有至到期投资——S债券——成本　　60 000
　　贷：银行存款　　　　　　　　　　　　　　60 000

A企业又购入M公司当日发行的债券面值500 000元，期限5年，票面利率6%，每年年末付息一次到期还本的债券作为持有至到期投资。实际支付的价款为530 000元。作：

借：持有至到期投资——M债券——成本　　500 000
　　持有至到期投资——M债券——利息调整　30 000
　　贷：银行存款　　　　　　　　　　　　　　530 000

A企业购入P公司当日发行的票面额为800 000元，期限5年，票面利率5%，每年付息一次到期还本的债券作为持有至到期投资。实际支付的价款为750 000元，手续费忽略不计。作：

借：持有至到期投资——P债券——成本　　800 000
　　贷：银行存款　　　　　　　　　　　　　　750 000
　　　　持有至到期投资——P债券——利息调整　50 000

（二）利息确认

持有至到期投资无论是分期付息还是一次还本付息，都应于资产负债表日将按票面利率计算确定的应收未收利息确认入账。由于在购入债券时，分为平价购入、溢价购入和折价购入，溢价购入和折价购入投资者多付的溢价和少付的折价实质上是对利息的调整，这种调整要在债券存续期内反映在企业投资的实际收益上，所以会出现企业投资债券的实际收益与债券的票面收益的差异，这种差异的调整方法有直线法和实际利率法。直线法比较简单，是将差异平均分到各个时间段，实际利率法要复杂些。

1. 直线法

【例7-3-6】A企业购入M公司当日发行的面值500 000元，期限5年，票面利率6%，每年年末付息一次到期还本的债券作为持有至到期投资。实际支付的价款为530 000元。

持有期间利息收入的确认，作：

债券年利息收入额＝500 000×6%＝30 000
每年分摊溢价＝（530 000－500 000）÷5＝6 000

投资时作：

借：持有至到期投资——M债券——成本　　500 000
　　　　　　　　　　　　　　——利息调整　30 000
　　贷：银行存款　　　　　　　　　　　　　　530 000

第一至第五年每年收到利息时，作：

借：银行存款　　　　　　　　　　　　　　　30 000
　　贷：持有至到期投资——M债券——利息调整　6 000
　　　　投资收益　　　　　　　　　　　　　　24 000

表7-3-2　每年付息一次还本溢价摊销表（直线法）　　单位：元

付息日期	票面利率	溢价摊销	投资收益	债券面值
第0年				530 000
第一年年末	30 000	6 000	24 000	524 000
第二年年末	30 000	6 000	24 000	518 000
第三年年末	30 000	6 000	24 000	512 000
第四年年末	30 000	6 000	24 000	506 000
第五年年末	30 000	6 000	24 000	500 000
合计	150 000	30 000	120 000	—

2. 实际利率法

【例7-3-7】A企业购入M公司当日发行的面值500 000元，期限5年，票面利率6%，每年年末付息一次到期还本的债券作为持有至到期投资。实际支付的价款为530 000元。该企业采用实际利率法确认利息收入。作：

债券年利息收入额 = 500 000 × 6% = 30 000

查年金现值系数表和复利现值系数表可知5年期，利率6%年金现值系数为4.212364；复利现值系数为0.747258。

本金和利息的现值 = 500 000 × 0.747258 + 30 000 × 4.212364
　　　　　　　　　= 373 629 + 126 371 = 500 000

A企业取得该项投资实际支付的价款为530 000元，说明实际利率低于票面利率6%。用5%试算，5年期，5%复利现值系数为0.783526；年金现值系数为4.329477。

本金和利息的现值 = 500 000 × 0.783526 + 30 000 × 4.329477
　　　　　　　　　= 391 763 + 129 988.43 = 521 751.43 < 530 000

5年期，利率4.5%，复利现值系数为0.802451，年金现值系数为4.389977再试。

本金和利息的现值 = 500 000 × 0.802451 + 30 000 × 4.389977
　　　　　　　　　= 401 225.50 + 131 699.31 = 532 924.81 > 530 000

因此实际利率应该在4.5%和5%之间。使用插入法估算实际利率如下：

实际利率 = 4.5% + (5% - 4.5%) × (532 924.81 - 530 000) ÷

（532 924.81 − 521 751.43）= 4.5% + 0.5% × 2 924.81 ÷ 11 173.38 ≈ 4.63%

采用实际利率法确认利息收入，如表 7-3-3 所示；

表 7-3-3 一次还本溢价摊销表（实际利率法） 单位：元

计息期	应收利息	实际利率	利息收入	利息调整	摊余成本
0					530 000
1	30 000	4.63%	24 539	5 461	524 539
2	30 000	4.63%	24 286	5 714	518 825
3	30 000	4.63%	24 021	5 979	512 846
4	30 000	4.63%	23 745	6 255	506 591
5	30 000	4.63%	23 409 *	6 591	500 000
合计	150 000	—	120 000	30 000	—

* 有尾数差 46；其余数不考虑尾数，只取整数。

根据上述数据，账务处理如下：

购入债券时，作：

借：持有至到期投资——M 债券——成本　　　500 000
　　持有至到期投资——M 债券——利息调整　30 000
　　贷：银行存款　　　　　　　　　　　　　　530 000

第一年年末，确认实际利息收入、收到票面利息等，作：

借：应收利息　　　　　　　　　　　　　　30 000
　　贷：投资收益　　　　　　　　　　　　　　24 539
　　　　持有至到期投资——M 债券——利息调整　5 461

借：银行存款　　　　　　　　　　　　　　30 000
　　贷：应收利息　　　　　　　　　　　　　　30 000

第二年年末，确认实际利息收入、收到票面利息等，作：

借：应收利息　　　　　　　　　　　　　　30 000
　　贷：投资收益　　　　　　　　　　　　　　24 286
　　　　持有至到期投资——M 债券——利息调整　5 714

借：银行存款　　　　　　　　　　　　　　30 000
　　贷：应收利息　　　　　　　　　　　　　　30 000

第三年年末，确认实际利息收入、收到票面利息等，作：

借：应收利息　　　　　　　　　　　　　　30 000
　　贷：投资收益　　　　　　　　　　　　　　24 021
　　　　持有至到期投资——M 债券——利息调整　5 979

借：银行存款　　　　　　　　　　　　　　30 000

贷：应收利息　　　　　　　　　　30 000
第四年年末，确认实际利息收入、收到票面利息等，作：
　　借：应收利息　　　　　　　　　　30 000
　　　　贷：投资收益　　　　　　　　　　23 745
　　　　　　持有至到期投资——M债券——利息调整　6 255
　　借：银行存款　　　　　　　　　　30 000
　　　　贷：应收利息　　　　　　　　　　30 000
第五年年末，确认实际利息收入、收到票面利息、收回本金等，作：
　　借：应收利息　　　　　　　　　　30 000
　　　　贷：投资收益　　　　　　　　　　23 409
　　　　　　持有至到期投资——M债券——利息调整　6 591
　　借：银行存款　　　　　　　　　　30 000
　　　　贷：应收利息　　　　　　　　　　30 000
收回本金作：
　　借：银行存款　　　　　　　　　　500 000
　　　　贷：持有至到期投资——成本　　500 000

【例7-3-8】A企业购入B公司发行的5年期债券，票面利率5%，面值800 000元，准备持有至到期，实际支付750 000元。该企业采用实际利率法确认利息收入。

持有期间利息收入的确认，作：

债券年利息收入额 = 800 000 × 5% = 40 000（元）

查年金现值系数表和复利现值系数表可知，5年期，利率5%年金现值系数为4.329477；复利现值系数为0.783526。

本金和利息的现值 = 800 000 × 0.783526 + 40 000 × 4.329477
　　　　　　　　 = 626 821 + 173 179 = 800 000

A企业取得该项投资实际支付的价款为750 000元，说明实际利率高于票面利率5%。用6%试算：5年期，6%复利现值系数为0.747258；年金现值系数为4.212364。

本金和利息的现值 = 800 000 × 0.747258 + 40 000 × 4.212364 = 597 806.40 + 168 494.56 = 766 290.96 > 750 000

用5年期，利率7%，复利现值系数为0.712986，年金现值系数为4.100197再试，

本金和利息的现值 = 800 000 × 0.712986 + 40 000 × 4.100197 = 570 388.80 + 164 007.88 = 734 396.68 < 750 000

因此实际利率应该在6%和7%之间。使用插入法估算实际利率如下：

实际利率 = 6% + (7% - 6%) × (766 290.96 - 750 000) ÷ (766 290.96 -

734 396.68）=6%+1%×16 290.96÷31 894.28≈6.5%

采用实际利率法确认利息收入，见表7-3-4：

表7-3-4 每年付息一次还本折价摊销表（实际利率法） 单位：元

计息日期	应计利率	实际利率	利息收入	利息调整	摊余成本
					750 000
1	40 000	6.5%	48 750	8 750	758 750
2	40 000	6.5%	49 319	9 319	768 069
3	40 000	6.5%	49 924	9 924	777 993
4	40 000	6.5%	50 570	10 570	788 563
5	40 000	6.5%	51 437 ＊	11 437	800 000
合计	200 000	—	250 000	50 000	—

＊有尾数差180；小数点后四舍五入，只取整数。

根据上述数据，账务处理如下：

购入债券时，作：

借：持有至到期投资——B债券——成本　　800 000
　　贷：银行存款　　　　　　　　　　　　　750 000
　　　　持有至到期投资——B债券——利息调整 50 000

第一年年末，确认实际利息收入、收到票面利息等，作：

借：应收利息　　　　　　　　　　　　　　40 000
　　持有至到期投资——B债券——利息调整　8 750
　　贷：投资收益　　　　　　　　　　　　　48 750
借：银行存款　　　　　　　　　　　　　　40 000
　　贷：应收利息　　　　　　　　　　　　　40 000

第二年年末，确认实际利息收入、收到票面利息等，作：

借：应收利息　　　　　　　　　　　　　　40 000
　　持有至到期投资——B债券——利息调整　9 319
　　贷：投资收益　　　　　　　　　　　　　49 319
借：银行存款　　　　　　　　　　　　　　40 000
　　贷：应收利息　　　　　　　　　　　　　40 000

第三年年末，确认实际利息收入、收到票面利息等，作：

借：应收利息　　　　　　　　　　　　　　40 000
　　持有至到期投资——B债券——利息调整 9 924
　　贷：投资收益　　　　　　　　　　　　　49 924
借：银行存款　　　　　　　　　　　　　　40 000

贷：应收利息　　　　　　　　　　　40 000
第四年年末，确认实际利息收入、收到票面利息等，作：
　　借：应收利息　　　　　　　　　　　40 000
　　　　持有至到期投资——B债券——利息调整　10 570
　　　　贷：投资收益　　　　　　　　　　　　50 570
　　借：银行存款　　　　　　　　　　　40 000
　　　　贷：应收利息　　　　　　　　　　　40 000
第五年年末，确认实际利息收入、收到票面利息、收回本金等，作：
　　借：应收利息　　　　　　　　　　　40 000
　　　　持有至到期投资——B债券——利息调整　11 437
　　　　贷：投资收益　　　　　　　　　　　　51 437
　　借：银行存款　　　　　　　　　　　40 000
　　　　贷：应收利息　　　　　　　　　　　40 000
收回本金作：
　　借：银行存款　　　　　　　　　　　800 000
　　　　贷：持有至到期投资——B债券——成本　800 000

（三）减值、重分类及处置

持有至到期投资在资产负债表日应当按摊余价值计量。如果有证据表明持有至到期投资发生了减值，应当根据账面摊余价值与预计未来现金流量现值（即未来的现金流入折算为现在的价值）的差计算确认减值损失。

设置"持有至到期投资减值准备"科目，核算持有至到期投资减值情况。该科目属于资产类科目的调整账户，贷方记增加，借方记减少，余额在贷方，反映持有至到期投资累计减值数额。

【例7-3-9】A企业持有的B公司发行的债券账面价值800 000元，因债务人发生严重财务困难，根据资产负债表日证券市场的报价，判断发生减值20 000元，作：
　　借：资产减值损失　　　　　　　　　20 000
　　　　贷：持有至到期投资减值准备　　　　20 000

【例7-3-10】A企业持有的B公司债券到期，B公司财务状况有所好转，如数偿还本金。作：
　　借：银行存款　　　　　　　　　　　800 000
　　　　贷：持有至到期投资　　　　　　　　800 000
　　借：持有至到期投资减值准备　　　　20 000
　　　　贷：投资收益　　　　　　　　　　　20 000

企业拥有的持有至到期投资，持有意图或能力发生变化时应将其重新分类，一般将其转入可供出售金融资产,并按可供出售金融资产的要求,以公允价值进行后续计量。

【例7-3-11】A企业持有的P公司债券面值40 000元,5年期,票面利率为5%,因企业资金短缺将其重分类为可供出售金融资产。重新分类时P公司债券的公允价值为41 000元,A企业账面摊余价值为41 200元,其中成本40 000元,利息调整1 200元。作:

  借:可供出售金融资产   41 000
    资本公积——其他资本公积   200
    贷:持有至到期投资——P债券——成本 40 000
      持有至到期投资——P债券——利息调整 1 200

三、可供出售金融资产

可供出售金融资产,是指没有被企业归入交易性金融资产、持有至到期投资的非衍生金融资产。

可供出售金融资产有三个特点:一是初始确认即被指定为可供出售的非衍生金融资产;二是在活跃市场上有报价(如股票、债券和基金等);三是持有时间不固定。企业根据管理需要或投资意图将其归入可供出售金融资产。

可供出售金融资产中债券等可以重新分类为持有至到期投资。

(一)初始计量

设置"可供出售金融资产"科目,该科目属于资产类,借方记增加,贷方记减少,余额在借方,反映企业可供出售金融资产的期末金额。这个科目可设置"成本"、"利息调整"、"公允价值变动"等明细科目。

可供出售金融资产以取得该金融资产时的公允价值和相关税费之和作为初始确认金额。支付的价款中如含有已宣告但尚未发放的现金股利和已到期但尚未领取的利息,应单独计入应收项目,不计入初始确认金额。资产负债表日可供出售金融资产应以公允价值计量,并且公允价值变动计入资本公积(其他资本公积)。

【例7-3-12】A企业购入N企业股票50 000股作为可供出售金融资产,每股买价8.20元,票面价1元,购买价中包含了每股0.20元已宣告但尚未发放的现金股利,另外支付交易费用2 100元。购买股票时,作:

  初始投资成本 = 8 × 50 000 + 2 100 = 402 100
  应收现金股利 = 0.20 × 50 000 = 10 000
  借:可供出售金融资产——N股票——成本 402 100
    应收股利   10 000
    贷:银行存款   412 100

收到 N 企业发放的现金股利时，作：

借：银行存款　　　　　　　　　　　10 000
　　贷：应收股利　　　　　　　　　　　　　　10 000

【例 7-3-13】A 企业购入 P 银行当日发行的面值400 000元，期限 3 年，票面利率6%，每年年末付息到期还本的债券作为可供出售金融资产。实际支付的价款为410 000元，作：

借：可供出售金融资产——P 债券——成本　　　400 000
　　可供出售金融资产——P 债券——利息调整　 10 000
　　贷：银行存款　　　　　　　　　　　　　　　　　410 000

（二）收益确认

在资产负债表日，可供出售金融资产中的债券按票面利率计算的应收未收利息计入本期收益；股票如果有已经宣告但尚未发放的现金股利，可作为本期收益。如果在资产负债表日，发行股票的公司没有做出宣告，则投资企业不能确认收益。

【例 7-3-14】12 月 31 日 A 企业可供出售金融资产有两笔，一是持有 G 企业的股票50 000股；二是持有 F 银行发行的金融债券90 000元，该债券期限 5 年，年利率7%，每年年末付息一次，A 企业是溢价购入该债券，本年应摊销的溢价是657元，年末确认收益，应作：

借：应收利息　　　　　　　　　　　　　　　6 300
　　贷：可供出售金融资产——F 债券——利息调整　　657
　　　　投资收益　　　　　　　　　　　　　　　　 5 643

因 G 企业没有发布支付股利的公告，故不能做收益处理。

（三）期末计价

资产负债表日可供出售的金融资产应以公允价值计量，账面价值与公允价值的差额计入资本公积。

【例 7-3-15】A 企业在资产负债表日持有 W 公司债券93 000元；持有 Q 电网股票70 000股。资产负债表日债券的公允价值是92 100元；股票的公允价值是每股16 元，股票的账面价值是每股14 元。资产负债表日应作：

债券减值 = 93 000 - 92 100 = 900

借：资本公积——其他资本公积　　　　　　　　　900
　　贷：可供出售金融资产——W 债券——公允价值变动　900

股票增值 = （16 - 14）×70 000 = 140 000

借：可供出售金融资产——Q 股票——公允价值变动　140 000
　　贷：资本公积——其他资本公积　　　　　　　　　　140 000

（四）减值损失

可供出售金融资产的公允价值发生较大幅度下降，或在综合考虑各种相关因素后，预期下降趋势属于非暂时性的，应确认可供出售金融资产已经发生减值，并确认减值损失，计提减值准备。

对于可供出售金融资产中可供出售的债务工具，在随后的会计期间公允价值已经上升并且客观上与原减值损失确认事项有关的，原确认减值损失可以转回，计入当期损益；可供出售权益工具投资发生的减值损失，不得通过损益科目转回。

【例7-3-16】A企业购入的W公司的债券93 000元，因W公司所处行业不景气，发生严重财务困难，其债券公允价值下降到70 000元，经过判断认为属于非暂时性的，作：

借：资产减值损失　　　　　　　　　　　　　　　23 000
　　贷：可供出售金融资产——W债券——公允价值变动　23 000

两年后，W公司通过调整产品结构，财务状况大为好转，债券的公允价值已上升至85 000元，作：

借：可供出售金融资产——W债券——公允价值变动　15 000
　　贷：资产减值损失　　　　　　　　　　　　　　　15 000

【例7-3-17】A企业持有的Q电网股票70 000股，因Q电网设备老化需要改造，发电量会下降，直接影响收益，购入股票第二年股票价格下挫至13元，A企业的账面价值为16元，确认股票投资的减值损失，作：

公允价值变动 =（13-16）×70 000 =（-）210 000

借：资本公积——其他资本公积　　　　　　　　　210 000
　　贷：可供出售金融资产——Q股票——公允价值变动　210 000

购入股票的第三年，股票价格下挫至每股8元，确认股票投资的减值损失，作：

公允价值变动 =（8-13）×70 000 =（-）350 000

借：资本公积——其他资本公积　　　　　　　　　350 000
　　贷：可供出售金融资产——Q股票——公允价值变动　350 000

购入股票的第四年，Q电网改造工程完工，供电量增加，年末每股价格上升至15元，作：

公允价值变动 =（15-8）×70 000 = 490 000

借：可供出售金融资产——Q股票——公允价值变动　490 000
　　贷：资本公积——其他资本公积　　　　　　　　　490 000

（五）资产处置

可供出售金融资产在出售时应将收取的价款与该资产账面余额之间的差额，计入投资收益。处置可供出售金融资产是对其终止确认，所以应将原计入所有者权益的公允价值变动累计额对应处置部分的金额转出，计入投资收益。

【例7-3-18】A企业将持有的C公司债券面值400 000元，期限3年，票面利率为6%，每年年末付息到期还本的债券全部售出，实际收到价款415 000元。出售日A企业该债券账面余额为418 000元，其中成本400 000元；利息调整（借方）15 000元；公允价值变动（借方）3 000元。出售日，作：

  借：银行存款   415 000
    投资收益   3 000
    贷：可供出售金融资产——C债券——成本   400 000
      可供出售金融资产——C债券——利息调整 15 000
      可供出售金融资产——C债券——公允价值变动损益 3 000

【例7-3-19】A企业将持有的S公司股票30 000股全部售出，实际收到价款82 000元。出售日该股票的账面价值为83 000元，其中成本92 000元；公允价值变动（贷方）9 000元。出售日，作：

  借：银行存款   82 000
    可供出售金融资产——S股票——公允价值变动 9 000
    投资收益   1 000
    贷：可供出售金融资产——S股票——成本   92 000

同时作：

  借：投资损益   9 000
    贷：资本公积——其他资本公积 9 000

四、长期股权投资

（一）长期股权投资概述

长期股权投资，是指通过投出各种资产取得被投资企业股权且不准备随时出售的投资。长期投资是企业为了长远利益而影响、控制被投资企业。企业进行长期投资后成为被投资企业的股东，有参与被投资企业经营决策的权力。

1. 投资企业与被投资企业的关系有以下几种类型：

（1）控制，是指投资企业有权决定被投资企业的财务和经营决策，并能从被投资企业的经营活动中获取利益。一般有控制权者需要持有半数以上有表决权的股份；或者能够通过章程、协议、法律等其他方式拥有半数以上表决权；在董事会中拥有半数以上投票权等，同样被视为拥有对被投资企业的控制权。拥有控制权的企业一般称为母公司，被投资企业称为子公司。

（2）共同控制，是指按照合同约定，与其他投资者共同拥有对被投资企业的控制权。被投资企业的重要财务和经营决策，只能在分享控制权的投资方一致同意时才能通过。被投资方共同控制的企业，一般称为投资企业的合营企业。

（3）重大影响，是指对一个企业的财务和经营决策有参与的权利，但不能够控制或与其他方一起共同控制这些决策的制定。投资企业在被投资企业的董事会中派有董事，或者能够参与被投资企业的财务和经营决策的制定，可称为有重大影响，被投资企业可称为投资企业的联营企业。

（4）无重大影响，是指投资企业对被投资企业不具有控制和共同控制权，也无重大影响能力。

2. 我国会计准则规定，长期股权投资的内容有：

（1）企业持有的能够对被投资单位实施控制的权益性投资，如对子公司的投资；

（2）企业持有的能够与其他合营方一起对被投资单位实施共同控制的权益性投资，如对合营企业投资；

（3）企业持有的能够对被投资单位施加重大影响的权益性投资，如对联营企业的投资；

（4）企业对被投资单位不具有控制、共同控制或重大影响，且在活跃市场中没有报价、公允价值不能可靠计量的权益性投资。

除上述情况外，企业持有的其他权益性投资，应按照金融工具确认和计量准则的规定，划分为以公允价值计量且其变动计入当期损益的金融资产和可供出售的金融资产。

（二）初始计量

长期股权投资初始投资成本计量，应区分为企业合并形成的长期股权投资和其他方式取得的长期股权投资两种。企业合并形成的长期股权投资，还需要进一步区分为同一控制下的企业合并和非同一控制下的企业合并两种。

1. 企业合并形成的长期股权投资

企业合并，是两个或两个以上单独的企业合并形成一个报告主体的交易或事项。企业合并形成的长期投资成本的确定，应遵循企业合并会计准则的相关规定，分为同一控制下的控股合并和非同一控制下的控股合并两种。

（1）同一控制下的企业合并形成的长期股权投资的初始计量

同一控制下的企业合并，是指参与合并的各方在合并前后均受同一方或相同的多方最终控制，且该控制并非暂时性的。同一方一般指母公司或主管单位；相同的多方是根据投资者的合同或协议约定的投资各方；暂时性的期限一般是一年，非暂时性是指合并前后均超过一年。同一控制下的企业合并，从最终控制方看，合并前后能够控制的资产没有发生变化，所以同一控制下的企业合并，以被合并方的账面价值作为合并方的入账价值。

【例7－3－20】A企业和B企业同属M集团。A企业发行600万股普通股票（每股1元）作为对价取得B企业50%的股权。合并日B企业账面所有者权益总额为1 800万元。A企业于合并日，作：

18 000 000×50%＝9 000 000

借：长期股权投资——B企业　　9 000 000
　　贷：股本　　　　　　　　　6 000 000
　　　　资本公积　　　　　　　3 000 000

【例7－3－21】A企业与K企业同属M集团。A企业以发行股票的方式从K企业股东手中取得60%的股权。A企业发行了1 800万股普通股股票，每股面值1元。K企业在购买日所有者权益总额为2 500万元。A企业在合并日资本公积为120万元；盈余公积为95万元；未分配利润为200万元。A企业在合并日，作：

长期股权投资＝25 000 000×60%＝15 000 000

借：长期股权投资——K企业　　15 000 000
　　资本公积　　　　　　　　　1 200 000
　　盈余公积　　　　　　　　　　950 000
　　未分配利润　　　　　　　　　850 000
　　贷：股本　　　　　　　　　18 000 000

【例7－3－22】A企业与H公司同属M集团。A企业用账面价值1 000万元，公允价值1 200万元的无形资产和银行存款1 000万元作为对价，取得H公司50%的股权。合并日H公司所有者权益总额为3 600万元。A企业"资本公积——资本溢价"为500万元。合并日，作：

长期股权投资＝36 000 000×50%＝18 000 000

借：长期股权投资——H公司　　18 000 000
　　资本公积——资本溢价　　　2 000 000
　　贷：银行存款　　　　　　　10 000 000
　　　　无形资产　　　　　　　10 000 000

在同一控制下企业合并过程中，为取得长期股权投资发生的各项相关费用如审计费、评估费、法律咨询服务费等一般在发生时直接计入当期损益。

（2）非同一控制下的企业合并形成的长期股权投资的初始计量

非同一控制下的企业合并，是指参与合并的各方在合并前后均不属于同一方或相同的多方最终控制的情况下进行的合并。其特点是长期股权投资应按所放弃的资产、发生或承担的负债及发行的权益性证券的公允价值计量，付出资产的公允价值与账面价值的差额计入合并当期的损益；非同一控制下的企业合并形成的长期股权投资发生的各项直接费用，计入长期股权投资的初始成本。

【例7－3－23】A企业与B公司在合并前不存在任何关联方关系。A企业发行50 000股股票，每股面值1元，每股售价5元，自B公司的股东手中购入50%的股权。A 企业支付了相关的税费2 000元，在合并日，作：

  借：长期股权投资——B 公司 252 000
    贷：股本 50 000
      资本公积——资本溢价 200 000
      银行存款 2 000

【例 7 - 3 - 24】A 企业与 X 企业在合并前不存在任何关联方关系。A 企业用银行存款250 000元作为对价取得 X 企业有表决权的股本 50%，并支付了相关费用5 000元。A 企业，作：

  借：长期股权投资——X 企业 255 000
    贷：银行存款 255 000

【例 7 - 3 - 25】A 企业与 K 公司在合并前不存在任何关联方关系。A 企业以其拥有的一栋楼房作为对价取得 K 公司 60% 的股权。该楼房账面价值8 000万元，已提折旧1 500万元，经评估确认的公允价值为11 000万元，另以银行存款支付相关费用10 万元。合并日 A 企业，作：

  借：固定资产清理 65 000 000
    累计折旧 15 000 000
    贷：固定资产 80 000 000
  借：长期股权投资——K 公司 110 100 000
    贷：固定资产清理 65 000 000
      银行存款 100 000
      营业外收入 45 000 000

2. 其他方式取得的长期投资

企业合并形成的长期股权投资应遵循企业合并会计准则。除此之外，其他长期股权投资应按取得时支付的全部价款或放弃的非现金资产的公允价值加上支付的税金、手续费等相关费用确定其初始投资成本。

（1）以现金取得的长期股权投资

以现金取得的长期股权投资应按支付的全部价款入账，包括税费等其他必要的支出。如果在支付的价款中有已经宣告但尚未发放的现金股利或利润，应作为应收项目处理。

【例 7 - 3 - 26】A 企业从证券市场上购入 Y 公司发行在外的股票70 000股作为长期股权投资，买价每股 9 元，包含已经宣告但尚未发放的现金股利0.2 元，另外支付相关税费4 000元。购入时，作：

  应收股利 = 0.20 × 70 000 = 14 000
  长期股权投资 =（9 - 0.20）× 70 000 + 4 000 = 620 000
  借：长期股权投资 620 000
    应收股利 14 000

　　　　贷：银行存款　　　　　　　　　634 000
（2）发行权益性证券取得长期投资
　　发行权益性证券取得长期投资时，按发行权益性证券的公允价值作为初始投资成本，为发行权益性证券支付的手续费、佣金等，应从权益性证券的溢价收入中扣除，溢价收入不足的，可冲减盈余公积和未分配利润。

【例7-3-27】A企业增发90 000股普通股换取S公司15%的股权。股票面值每股1元，股票的价格按增发前后的平均股价计算，90 000股的公允价值为720 000元，支付手续费及佣金15 000元，作：
　　借：长期股权投资　　　　　　　　720 000
　　　　贷：股本　　　　　　　　　　　90 000
　　　　　　资本公积——股本溢价　　　630 000
　　支付手续费佣金时，作：
　　借：资本公积——股本溢价　　　　 15 000
　　　　贷：银行存款　　　　　　　　　15 000

（3）投资者投入的长期股权投资
　　投资者投入的长期股权投资，是指企业的投资人以其持有的对第三方的投资作为出资额，而形成的对被投资企业的长期股权投资。投资者投入的长期股权投资一般按照投资协议约定的价值作为初始投资成本，但合同或协议约定的价值不公允的，可按下列方式确定公允价值：
　　①如果该资产存在活跃市场，以市价作为公允价值；
　　②如果该资产不存在活跃市场价，但与该资产类似的资产存在活跃市场，则该资产的公允价值比照类似资产的市场价格确定；
　　③如果该资产及其类似资产均不存在活跃市场，则该资产的公允价值按照使用该资产所能产生的未来现金流量的现值评估确定。

【例7-3-28】A企业与B企业签订投资协议，A企业将持有的对M公司的长期股权投资投入B企业。该项长期投资在M公司的账面价值是1 000万元，A企业与B企业投资协议约定的价值是900万元。A企业转让该项长期股权投资时，作：
　　借：长期股权投资——B　　　　　9 000 000
　　　　投资收益　　　　　　　　　 1 000 000
　　　　贷：长期股权投资——M　　　10 000 000
　　企业的长期股权投资还可以通过其他方式取得，如通过债务重组、非货币性资产交换等方式取得。

（三）后续计量
　　企业在对长期股权投资进行后续计量时，可选择成本法或权益法核算。
1. 长期股权投资核算的成本法

成本法，是指长期股权投资的价值按初始投资成本计量，除追加或收回投资外，一般不对账面价值进行调整的会计处理方法。

2. 成本法的适用范围：

（1）因企业合并形成的长期股权投资，投资企业对被投资企业达到可以实施控制的程度。长期股权投资按成本计价，在编制合并会计报表时，避免了过多的抵消重复计算项目，只需按照权益法进行调整即可。

（2）投资企业对被投资企业不具有控制、共同控制或重大影响，并且在活跃市场中没有报价、公允价值不能可靠计量的长期股权投资，按照重要性原则，使用成本法核算。

3. 成本法的核算

（1）初始确认

【例7-3-29】A企业购入N公司发行的普通股60 000股，占N公司3%的股份，准备长期持有。每股购入价8元，相关税费为4 500元。取得长期股权投资时，作：

借：长期股权投资——成本　　　484 500
　　贷：银行存款　　　　　　　　　　484 500

【例7-3-30】A企业购入M公司发行的普通股30 000股，占8%，准备长期持有。每股买价9元，包含已宣告但未发放的现金股利每股0.30元，另支付相关税费2 500元。作：

借：长期股权投资——成本　　　263 500
　　应收股利　　　　　　　　　　　9 000
　　贷：银行存款　　　　　　　　　272 500

收到股利时，作：

借：银行存款　　　　　　　　　　9 000
　　贷：应收股利　　　　　　　　　　9 000

（2）收益确认

【例7-3-31】A企业见到N公司在《金融时报》上发放股利的通告，每股发放现金股利0.28元，应分得16 800元；但一直未见到M公司的通告，故只能将N公司应得股利入账，M公司未通告发股利，不做账务处理。N公司虽然已经发出通告，但按照成本法核算长期股权投资时，只在实际收到股利时，才能确认投资收益。

收到现金股利时，作：

借：银行存款　　　　　　　　　　16 800
　　贷：投资收益　　　　　　　　　　16 800

（3）长期股权投资处置

在对长期股权投资进行处置时，按实际收到的价款与账面价值的差额确认投资损益。

【例7-3-32】A企业将持有的M公司的股票30 000股以每股7元的价格全部卖出,该投资的账面价值是263 500元,另支付税费1 200元。

投资收益 = 7×30 000 - 1 200 - 263 500 = (-) 54 700

借:银行存款　　　　　　　　208 800
　　投资收益　　　　　　　　 54 700
　　贷:长期股权投资——成本　　　263 500

4. 长期股权投资核算的权益法

权益法,是指长期股权投资最初以初始投资成本计量,以后则根据投资企业享有的被投资企业所有者权益的份额,对长期股权投资的账面价值进行相应调整的一种会计核算方法。

权益法适用于投资企业对被投资企业具有共同控制或重大影响的长期股权投资。如果长期股权投资的初始投资成本小于投资时应享有被投资单位可辨认的净资产公允价值份额的,其差额可以看做是被投资企业的股东给予投资企业的让利,或是出于其他方面的考虑,被投资企业的原有股东无偿赠与投资企业的价值,因此可以确认为当期收益,同时调增长期股权投资的成本。

(1) 初始确认

采用权益法核算时,在"长期股权投资"科目下设"成本"、"损益调整"、"其他权益变动"等明细科目。

【例7-3-33】A企业购入P公司发行的普通股股票500万股,准备长期持有,占P公司股份的50%。每股买入价8元,另支付税费5万元。P公司所有者权益的账面价值为8 200万元(公允价值与账面价值不存在差异)。

初始投资成本 = 8×5 000 000 + 50 000 = 40 050 000
享有的股本份额 = 82 000 000×50% = 41 000 000
差额 = 41 000 000 - 40 050 000 = 950 000

将差额确认为营业外收入,作:

借:长期股权投资——成本　　41 000 000
　　贷:银行存款　　　　　　　40 050 000
　　　　营业外收入　　　　　　　 950 000

(2) 损益确认

【例7-3-34】仍依上例,第二年P公司实现利润500万元,并宣告发放现金股利每股0.20元。A企业根据享有的投资份额,作:

①确认投资收益

投资收益 = 500万×50% = 250万

借:长期股权投资——损益调整　2 500 000
　　贷:投资收益　　　　　　　　2 500 000

②P公司宣告发放现金股利时，作：
借：应收股利　　　　　　　　　　1 000 000
　　贷：长期股权投资——损益调整　　1 000 000
③收到现金股利时，作：
借：银行存款　　　　　　　　　　1 000 000
　　贷：应收股利　　　　　　　　　1 000 000

【例7-3-35】依上例，第三年P公司亏损90万元，不发现金股利，A企业作：
借：投资收益　　　　　　　　　　450 000
　　贷：长期股权投资——损益调整　　450 000

第三年末P公司所有者权益账户的账面价值为8 410万元（8 200+500-200-90），A企业股权投资账面价值4 205万元（4 100+250-100-45）。

（3）被投资企业所有者权益的其他变动

投资企业在持股比例不变的情况下，被投资企业除净损益以外的所有者权益的其他变动，投资企业也应按持股比例进行相应的调整。

【例7-3-36】依上例，P公司可供出售金融资产的公允价值增加了240 000元，A企业应作：
借：长期股权投资——其他权益变动　　120 000
　　贷：资本公积——其他资本公积　　　120 000

（4）投资处置

【例7-3-37】依上例，A企业将持有的P公司股票500万股全部售出，每股售价9元，款项已收到，存入银行。作：
借：银行存款　　　　　　　　　　45 000 000
　　贷：长期股权投资——成本　　　　41 000 000
　　　　长期股权投资——损益调整　　 1 050 000
　　　　长期股权投资——其他权益变动　120 000
　　　　投资收益　　　　　　　　　 2 830 000
同时，作：
借：资本公积——其他资本公积　　120 000
　　贷：投资收益　　　　　　　　　120 000

5. 长期股权投资核算方法的转换

长期股权投资在持有期间，因各方面情况的变化，可能导致需要转换核算方法。

（1）成本法转为权益法

因追加投资等原因，投资单位能够对被投资单位实施共同控制或重大影响，但不构成控制的，应将长期股权投资的核算方法从成本法改为权益法。此时，应以成本法核算的长期股权投资的账面价值作为按权益法核算的初始投资成本。如果初始投资成本小于转换时占被投资单位可辨认净资产公允价值份额的差额，应按占公允价值的份额记账，差额计入当期损益。

【例7-3-38】A企业上一年以银行存款3 000 000元购入F公司普通股股票100万股，占10%，采用成本法核算。今年A企业又以银行存款6 500 000元购入F公司的普通股200万股，占20%，总共持有股份300万股，占30%。改用权益法核算对F公司的长期股权投资。今年A企业购入20%股票时，F公司可辨认净资产的公允价值为35 000 000元。作：

初始投资额=35 000 000×30%=10 500 000
实际投资额=3 000 000+6 500 000=9 500 000
借：长期股权投资——成本　　10 500 000
　　贷：银行存款　　　　　　　　　6 500 000
　　　　长期股权投资——成本　　　3 000 000
　　　　营业外收入　　　　　　　　1 000 000

年末F公司实现利润600万元，根据报表作：
应享有的投资收益=6 000 000×30%=1 800 000
借：长期股权投资——损益调整　　1 800 000
　　贷：投资收益　　　　　　　　　　1 800 000

F公司宣告并发放4 000 000元股利，作：
借：应收股利　　　　　　　　　1 200 000
　　贷：长期股权投资——损益调整　1 200 000
借：银行存款　　　　　　　　　1 200 000
　　贷：应收股利　　　　　　　　　1 200 000

（2）权益法转换为成本法

投资企业因减少投资等原因对被投资企业不再具有共同控制权或重大影响，应改按成本法核算，一般以权益法下长期股权投资的账面价值作为按成本法核算的初始投资成本。

【例7-3-39】A企业对B公司的投资额为9 000 000元，占B公司所有者权益的30%，账面价值为9 600 000元，其中投资成本9 000 000元，损益调整600 000元。采用权益法进行核算。A企业以7 000 000元的价格出售B公司20%的股权，收到款项后，A企业改用成本法核算。作：

收款时作：
借：银行存款　　　　　　　　7 000 000
　　贷：长期股权投资——成本　　6 000 000
　　　　　　　　　　——损益调整　400 000
　　　　投资收益　　　　　　　　　600 000

出售后长期股权投资的账面价为3 200 000元（9 600 000－6 400 000）

借：长期股权投资——成本　　　3 200 000

　　贷：长期股权投资——成本　　　3 000 000

　　　　　　　　　　——损益调整　　200 000

（3）控制下的成本法与无重大影响下的成本法之间的转换

企业采用成本法核算长期股权投资分为两种情况，第一种是企业对被投资企业具有控制权，被投资企业属于企业的子公司，为了简化核算采用成本法进行日常核算，在编制合并会计报表时，再调整转换为权益法确认损益；第二种是企业对被投资企业本来投资额很小，属于无重大影响的投资，采用成本法核算，后来企业因追加投资而能够控制被投资企业，这时日常核算仍采用成本法，合并会计报表时再调整转换为权益法确认损益。另外，对初始投资的确认又分为两种，第一种是投资企业与被投资企业属于同一控制下的企业合并，应将投资企业享有被合并方所有者权益账面价值的份额作为长期股权投资的初始投资成本；初始投资成本与转换前长期股权投资账面价值的差额调整资本公积，资本公积不够调整的调整留存收益；第二种是合并企业与被合并企业属于非同一控制下的企业合并，应将长期股权投资的公允价值作为初始投资成本，将公允价值与账面价值的差额计入当期损益。

6. 长期股权投资减值

每年年末，企业应对长期股权投资的账面价值进行测试，如果出现减值迹象，应该对可收回金额进行估计，可收回金额应根据长期股权投资的公允价值减去处置费用的净额与长期股权投资预计未来现金流量的现值两者之间的较高者确定。长期股权投资的可收回金额低于其账面价值，说明长期股权投资发生了减值。

设置"长期股权投资减值准备"科目，该科目属于资产类，借方记增加，贷方记减少，余额在借方，反映长期股权投资提取的减值准备总额。

【例7－3－40】A企业持有H公司发行在外的普通股1 000万股，账面价值为9 000万元。年末该股票的市价降至每股6元。作：

应计提减值准备＝90 000 000－6×10 000 000＝30 000 000

借：资产减值损失　　　　　　　　　　　30 000 000

　　贷：长期股权投资减值准备——H公司　30 000 000

7. 长期股权投资处置

企业处置长期股权投资时，只有符合股权转让条件时才能确认股权处置损益。股权转让条件包括：

（1）出售协议已经获得股东大会（或股东会）批准通过；

（2）与购买方已办理必要的财产交接手续；

（3）已取得购买价款的大部分（一般超过50%）；

（4）如果需要经过国家有关部门的批准，则应在取得国家有关部门的批准文件后确认股权转让。

【例 7 - 3 - 41】A 企业持有 Q 公司 1 000 万股普通股，账面记载"长期股权投资——成本"借方余额 50 000 000 元，"长期股权投资——损益调整"贷方余额 30 000 元，"长期股权投资减值准备"贷方余额 50 000 元。A 企业将 500 万股转让给 M 公司，收到价款 30 000 000 元，支付处置费 20 000 元。作：

处置长期股权投资成本 =（50 000 000 - 30 000 - 50 000）× 50% = 24 960 000

投资处置收益 =（30 000 000 - 20 000）- 24 960 000 = 5 020 000

借：银行存款　　　　　　　　　　29 980 000
　　长期股权投资——损益调整　　　　15 000
　　长期股权投资减值准备　　　　　　25 000
　　贷：长期股权投资——成本　　　　　25 000 000
　　　　投资收益　　　　　　　　　　　5 020 000

第四节　固定资产

一、固定资产概述

固定资产，是指使用期限较长，单位价值较高，且在使用过程中保持原有实物形态的有形资产。固定资产有两个最主要的特点：一是固定资产是企业为生产商品、提供劳务、出租或经营管理而持有的物品；二是固定资产的使用期限超过一年。

（一）固定资产的分类

固定资产可按不同的标准进行分类，主要有以下几种。

1. 按经济用途分类

（1）生产经营用固定资产。生产经营用固定资产是直接服务于企业生产、经营过程的各种固定资产。如厂房、机器设备、运输设备、工具、器具等。

（2）非生产经营用固定资产。它是不直接服务于生产、经营过程的各种固定资产。如职工宿舍、食堂、浴室等。

2. 按使用情况分类

（1）使用中固定资产。使用中固定资产是指正在使用的生产经营和非生产经营用的固定资产。因季节性经营或大修理等原因，暂时停止使用的固定资产仍属于使用中固定资产；企业采用经营性租赁方式出租的固定资产和内部替换使用的固定资产也属于使用中的固定资产。

(2) 未使用固定资产。未使用固定资产是指已完工或已购建的尚未交付使用的新增固定资产及因进行改建、扩建等原因暂时停止使用的固定资产。如企业建造的已完工但未办理竣工手续的固定资产、已购入但尚未安装的固定资产等。

(3) 不需用固定资产。不需用固定资产是指本企业因各种原因多余或不适用的各种固定资产。

3. 按所有权分类

(1) 自有固定资产。它是指企业拥有完全所有权，可供自由支配使用的固定资产。

(2) 租入固定资产。它是指企业采用融资租赁方式从其他单位租入的，拥有使用权的固定资产。

4. 综合分类

按经济用途、使用情况和所有权归属综合分类，可分为七大类：

(1) 生产经营用固定资产；

(2) 非生产经营用固定资产；

(3) 以经营租赁方式租出的固定资产；

(4) 以融资租赁方式租入的固定资产；

(5) 不需用固定资产；

(6) 未使用固定资产；

(7) 土地。

前四类应计提折旧，后三类不提折旧。因企业经营性质不同、规模不同，对固定资产可根据各自的情况进行分类。

（二）固定资产的计价基础

固定资产应该按成本进行初始计量。因固定资产价值较大，使用时间较长，其价值会随着尚可使用年限的缩短而逐渐减少，为正确反映固定资产的价值变动情况，固定资产的计价一般分为：

1. 原始价值

原始价值是指购建的固定资产在达到使用状态之前所发生的全部耗费的货币表现。采用不同方式购建的固定资产，原始价值的构成也有所不同，如外购固定资产，原始价值包括固定资产的买价、包装费、运杂费、安装调试费等；自行建造的固定资产，原始价值包括建造过程中料、工、费等全部耗费。

2. 重置价值

重置价值又称重置完全价值，是指在当前条件下重新购置同样的固定资产所需全部耗费的货币表现。重置价值的构成内容与原值的构成内容相同。

3. 折余价值

折余价值又称净值，是指固定资产原始价值减去折旧后的余额。

4. 现值

现值是指固定资产在使用期间及处置时产生的未来净现金流量的折现值。

(三) 资产组

固定资产包括单项资产和资产组。资产组是企业内部可以认定的最小资产组合，其产生的现金流入可独立于其他资产或资产组。资产组应由创造现金流入相关的资产组成。资产组的最主要特征是能独立产生现金流入；第二特征是最小的资产组合。如生产线、营业网点、业务部门等可以认定为一个资产组。

二、固定资产的初始计量

(一) 固定资产的购置

设置"固定资产"、"工程物资"、"在建工程"等科目。

"固定资产"科目属于资产类，借方记增加，登记增加的固定资产的原始价值；贷方记减少，登记减少的固定资产的原始价值；余额在借方，反映企业或单位所有固定资产的原始价值总额。

"工程物资"科目属于资产类，借方记验收入库的工程物资的成本，贷方记出库的工程物资的成本，余额在借方，反映库存工程物资的总成本。

"在建工程"科目属于资产类，借方登记工程发生的各项成本支出，贷方记已完工程成本的转出，余额在借方，反映未完工程的成本。

1. 购入固定资产

购入固定资产分两种：

(1) 购入不需安装的固定资产。有些固定资产买来即可投入使用，如汽车、电脑等。

【例7-4-1】A企业购入一台不需要安装的机器设备，增值税专用发票上注明的价款是28 000元，增值税4 760元，另外对方垫付包装费及运杂费600元。款项已由银行支付，机器已投入使用。作：

借：固定资产　　　　　　　　　　　28 600
　　应交税费——增值税——进项税额　　4 760
　　贷：银行存款　　　　　　　　　　　　33 360

(2) 购入需要安装的固定资产。有些固定资产买来后不能马上投入使用，必须经过安装调试后，才能投入使用，如机器设备、自动生产线等。

【例7-4-2】A企业购入一条自动生产线，增值税专用发票上注明的价款是350 000元，增值税59 500元，另外对方垫付包装费及运杂费1 600元。款项已由银行支付，机器已运到验收入库。作：

借：工程物资　　　　　　　　　　　　　　351 600
　　应交税费——增值税——进项税额　　 59 500
　　　贷：银行存款　　　　　　　　　　　　411 100

安装时，先将机器设备领出，另投入原材料9 400元，人工6 900元。
借：在建工程　　　　　　　　　　　　　　367 900
　　　贷：工程物资　　　　　　　　　　　　351 600
　　　　　原材料　　　　　　　　　　　　　　9 400
　　　　　应付职工薪酬　　　　　　　　　　　6 900

设备安装完毕，投入使用时，作：
借：固定资产　　　　　　　　　　　　　　367 900
　　　贷：在建工程　　　　　　　　　　　　367 900

【例7-4-3】依上例，安装工程如果出包，只需支付费用即可。
购入时，作：
借：工程物资　　　　　　　　　　　　　　351 600
　　应交税费——增值税——进项税额　　 59 500
　　　贷：银行存款　　　　　　　　　　　　411 100

安装时，支付工程费16 300元。作：
借：在建工程　　　　　　　　　　　　　　367 900
　　　贷：工程物资　　　　　　　　　　　　351 600
　　　　　银行存款　　　　　　　　　　　　 16 300

交付使用时，作：
借：固定资产　　　　　　　　　　　　　　367 900
　　　贷：在建工程　　　　　　　　　　　　367 900

（二）自行建造固定资产

自行建造固定资产是指企业利用自己的力量自营建造或出包给他人建造的固定资产。

1. 自营建造固定资产

【例7-4-4】A企业以自营方式建造一栋厂房，发生下列经济业务：

（1）购入工程用钢材、水泥等，增值税专用发票上注明的价款是150 000元，增值税25 500元，款项已由银行支付，作：
借：工程物资　　　　　　　　　　　　　　150 000
　　应交税费——增值税——进项税额　　 25 500
　　　贷：银行存款　　　　　　　　　　　　175 500

（2）自营工程领用专用材料256 000元，作：
借：在建工程　　　　　　　　　　　　　　256 000

贷：工程物资　　　　　　　　　　256 000
（3）自营工程应付职工薪酬11 500元，作：
  借：在建工程　　　　　　　　　　11 500
  　　贷：应付职工薪酬　　　　　　　11 500
（4）用银行存款支付自营工程应负担的其他支出15 000元，作：
  借：在建工程　　　　　　　　　　15 000
  　　贷：银行存款　　　　　　　　　15 000
（5）自营工程应负担的长期借款利息8 000元，作：
  借：在建工程　　　　　　　　　　8 000
  　　贷：银行存款　　　　　　　　　8 000
（6）自营工程领用原材料26 000元，作：
  借：在建工程　　　　　　　　　　26 000
  　　贷：原材料　　　　　　　　　　26 000
（7）辅助生产车间为自营工程提供劳务10 000元，作：
  借：在建工程　　　　　　　　　　10 000
  　　贷：生产成本——辅助生产　　　10 000
（8）工程完工剩余工程物资退库，实际成本为4 980元，作：
  借：工程物资　　　　　　　　　　4 980
  　　贷：在建工程　　　　　　　　　4 980
（9）工程完工达到可使用状态并交付使用，作：
  固定资产的入账价值 = 256 000 + 11 500 + 15 000 + 8 000 + 26 000 + 10 000 − 4 980 = 321 520（元）
  借：固定资产　　　　　　　　　　321 520
  　　贷：在建工程　　　　　　　　　321 520

2. 出包建造固定资产

【例7−4−5】A企业采用出包方式建设污水处理厂，大体上包括三个单项工程，即两个蓄水池，污水净化设备，循环管线。经过招标与投标，A企业选中P公司为承包商。A企业与P公司签订合同，建造蓄水池的价款为200 000元；建造循环管线的价款为150 000元；安装净化水设备价款为3 000 000元。建造期间发生下列业务：

（1）A企业向P公司预付10%的备料款35 000元，其中蓄水池20 000元；循环管线15 000元。作：
  借：预付账款　　　　　　　　　　35 000
  　　贷：银行存款　　　　　　　　　35 000
（2）蓄水池和循环管线工程进度达到50%，A企业与P公司办理工程价款结算175 000元，其中蓄水池100 000元；循环管线75 000元。作：

借：在建工程——蓄水池　　　　　　100 000
　　在建工程——循环管线　　　　　75 000
　　贷：预付账款　　　　　　　　　35 000
　　　　银行存款　　　　　　　　　140 000

（3）A企业购入污水净化设备，增值税专用发票上列明的价款为2 600 000元，税款442 000元。作：

借：工程物资——污水处理设备　　2 600 000
　　应缴税费——增值税——进项税额　442 000
　　贷：银行存款　　　　　　　　　3 042 000

（4）A企业将设备交与P公司，进行安装，作：

借：在建工程——污水处理设备　　2 600 000
　　贷：工程物资——污水处理设备　2 600 000

（5）A企业与P公司经过验收交接，结算工程价款575 000元。其中蓄水池100 000元，循环管线75 000元，安装工程400 000元。作：

借：在建工程——蓄水池　　　　　　100 000
　　在建工程——循环管线　　　　　75 000
　　在建工程——污水处理设备　　　400 000
　　贷：银行存款　　　　　　　　　575 000

（6）工程完工，交付使用办理竣工决算。作：

借：固定资产——蓄水池　　　　　　200 000
　　固定资产——循环管线　　　　　150 000
　　固定资产——污水处理设备　　　3 000 000
　　贷：在建工程——蓄水池　　　　200 000
　　　　在建工程——循环管线　　　150 000
　　　　在建工程——污水处理设备　3 000 000

（三）交换取得的固定资产

企业由于生产经营的需要，有时会用自己不适用或不需用的实物资产与其他企业进行交换，获得自己需要的实物资产，这种实物资产的交换被称为非货币性资产交换。货币性资产是指未来给企业带来的收益是固定的或可确定的资产，如现金、应收账款、应收票据、持有至到期投资等。非货币性资产是指未来给企业带来的收益是不确定的或不可确定的资产，如存货、固定资产、无形资产、股权投资等。

在非货币性资产交换中，有时会支付少量现金（又称补价），如果支付的补价占换入或换出资产公允价值的比例小于或等于25%，则视为非货币性交换；否则，视为货币性交换。

交换得到的非货币性资产的入账价值，根据《企业会计准则第7号——非货币性资产交换》的规定，分两种情况：一是交易具有商业实质，且换入或换出资产之一的公允价值能够可靠计量，则以公允价值加相关税费作为换入资产的入账价值；二是如果不能同时满足交易具有商业实质且公允价值能够可靠计量，则以换出资产的账面价值加相关税费作为换入资产的入账价值。

具有商业实质需要满足下列两个条件之一。第一，换入资产的未来现金流量在风险、时间和金额方面与换出资产显著不同；第二，换入资产与换出资产的预计未来现金流量不同，且其差额与换入资产和换出资产的公允价值相比是重大的。特别应注意的是交易双方是否存在关联方关系，存在关联方关系的非货币性资产交换不具有商业实质。

1. 不涉及补价的非货币性资产交换

【例7-4-6】A企业用一台车床与B企业的一辆运输车进行交换。A企业车床的账面原始价值150 000元，已提折旧30 000元，公允价值115 000元，为进行交换支付了清理费2 000元；B企业的运输车辆账面原始价值180 000元，已提折旧40 000元，计提减值准备20 000元，公允价值115 000元。

（1）假设该交易不具有商业实质，作：

借：固定资产清理　　　　　　　120 000
　　累计折旧　　　　　　　　　 30 000
　　　贷：固定资产——车床　　　　　　150 000
借：固定资产清理　　　　　　　 2 000
　　　贷：银行存款　　　　　　　　　　 2 000
借：固定资产——汽车　　　　　122 000
　　　贷：固定资产清理　　　　　　　　122 000

（2）假设该交易具有商业实质，作：

借：固定资产清理　　　　　　　120 000
　　累计折旧　　　　　　　　　 30 000
　　　贷：固定资产——车床　　　　　　150 000
借：固定资产清理　　　　　　　 2 000
　　　贷：银行存款　　　　　　　　　　 2 000
借：固定资产——汽车　　　　　115 000
　　营业外支出　　　　　　　　 7 000
　　　贷：固定资产清理　　　　　　　　122 000

2. 涉及补价的非货币性资产交换

【例7-4-7】A企业以一台车床与C企业的一台刨床进行交换。A企业的车床账面原始价值300 000元，未使用，未提折旧，公允价值320 000元。C企业的刨床账面原始价值400 000元，已提折旧50 000元，已提减值准备30 000元；为进行交换支付清理费用2 000元，公允价值300 000元。根据协议，C企业支付给A企

20 000元。

该项交易中，A 企业收到的补价占换出资产公允价值的比例 = 20 000 ÷ 320 000
= 6.25% < 25%

此项交易可认定为非货币性资产交换。

(1) 假定该交易不具有商业实质，作：

换入资产的入账价值 = 换出资产账面价值 - 收到的补价

借：固定资产清理　　　　　　　300 000
　　贷：固定资产——车床　　　　　　300 000
借：固定资产——刨床　　　　　280 000
　　银行存款　　　　　　　　　　 20 000
　　贷：固定资产清理　　　　　　　300 000

(2) 假定该交易具有商业实质，作：

换入资产的入账价值 = 换出资产公允价值 - 收到的补价
= 320 000 - 20 000 = 300 000

借：固定资产清理　　　　　　　300 000
　　贷：固定资产——车床　　　　　　300 000
借：固定资产——刨床　　　　　300 000
　　银行存款　　　　　　　　　　 20 000
　　贷：固定资产清理　　　　　　　300 000
　　　　营业外收入——非货币性资产交易利得　 20 000

(四) 其他渠道获得的固定资产

1. 接受捐赠获得的固定资产

接受捐赠获得的固定资产入账价值的确定分两种情况：

(1) 捐赠方提供了有关凭据的，按凭据上标明的金额加上应支付的相关税费，作为入账价值；

(2) 捐赠方未提供有关凭据的，按下列顺序确定入账价值：第一，同类或类似固定资产存在活跃市场的，按市场价格加上相关税费作为入账价值；第二，同类或类似固定资产不存在活跃市场的，按接受捐赠固定资产的预计未来现金流量的现值，加上相关的税费作为入账价值。

【例 7 - 4 - 8】 A 企业接受一辆封闭式运输车，捐赠者未提供相关凭据，与该运输车类似的车辆市场售价为100 000元，该车估计折旧额为20 000元，办理过户等手续时支付相关税费1 500元。A 企业适用25%的所得税税率。作：

车辆入账价值 =（100 000 - 20 000）+ 1 500 = 81 500
递延所得税负债 = 80 000 × 25% = 20 000
营业外收入 = 80 000 - 20 000 = 60 000

```
借：固定资产                    81 500
    贷：递延所得税负债           20 000
        营业外收入               60 000
        银行存款                  1 500
```

2. 投资转入的固定资产

企业收到投资者投入的固定资产，按照投资双方确认的价值作为入账价值。固定资产的入账价值与折合资本额之间的差额，作为股本溢价，计入资本公积。

【例7-4-9】A企业接受Z公司的一座厂房作为投资，双方同意按资产的评估价2 600 000元作为投入资本的入账价值，按协议折成1 000 000股普通股，每股1元。双方办妥产权手续时，作：

```
借：固定资产                 2 600 000
    贷：股本                 1 000 000
        资本公积——股本溢价   1 600 000
```

3. 盘盈的固定资产

企业在固定资产的清查中盘盈的固定资产，应按重置完全价值入账。

【例7-4-10】A企业年末在财产清查过程中发现账外设备一台，其重置完全价值为12 000元，估计折旧为6 000元，作：

```
借：固定资产                              12 000
    贷：累计折旧                           6 000
        待处理财产损益——待处理固定资产损益  6 000
```

经批准，盘盈固定资产作为营业外收入处理，作：

```
借：待处理财产损益——待处理固定资产损益  6 000
    贷：营业外收入                        6 000
```

4. 租入的固定资产

企业因经营需要租入固定资产，租入的固定资产按照企业是否承担租赁资产的风险和报酬，可以分为经营性租入固定资产和融资性租入固定资产两大类。经营性租入的固定资产，企业只具有使用权，所以不能计入企业的固定资产账，应计入企业的备查账。而融资租入的固定资产，出租方在收回所有租金后最终会将该固定资产的所有权转让给企业，所以企业在以融资租赁方式租入固定资产时，即可将其视为自有固定资产计入固定资产账。但融资租入固定资产在付清租金前，没有该固定资产的处置权，所以在报表的附注中应加以说明。

【例7-4-11】A企业与P租赁公司签订租赁一台铣床的合同，租赁资产的公允价值为300 000元，租期5年，每年年末支付租金60 000元，租赁合同利率6%，第五年年末再支付5 000元购入该铣床，作：

第一年租入时：

确定最低付款额的现值 = 60 000 × 4.212364 + 5 000 × 0.747258

= 252 741.84 + 3736.29 = 256 478.13

未确认融资费用 = 305 000 - 256 478.13 = 48 521.87

借：固定资产——融资租入固定资产　　256 478.13

　　未确认融资费用　　　　　　　　　48 521.87

　　贷：长期应付款　　　　　　　　　　　305 000.00

第一年年末计提固定资产折旧，作：

应提折旧 =（256 478.13 - 5 000）÷ 5 = 50 295.63

借：制造费用　　　　　　　　　　　　50 295.63

　　贷：累计折旧　　　　　　　　　　　　50 295.63

第一年年末，支付租赁费并分摊融资费用，作：

借：长期应付款　　　　　　　　　　　60 000

　　贷：银行存款　　　　　　　　　　　　60 000

借：财务费用　　　　　　　　　　　　15 388.69

　　贷：未确认融资费用　　　　　　　　　15 388.69

表 7-4-1　未确认融资费用分配表　　　　　　单位：元

日期	租金	确认的融资费用	本金减少额	本金余额
0				256 478.13
1	60 000	15 388.69	44 611.31	211 866.82
2	60 000	12 712.01	47 287.99	164 578.83
3	60 000	9 874.73	50 125.27	114 453.56
4	60 000	6 867.21	53 132.79	61 320.77
5	60 000	3 679.23*	56 320.77	5 000.00
合计	300 000	48 521.87	251 478.13	—

*有尾数差 0.02 元。确认的融资费用 = 本金 × 利率

第二年年末，作：

借：制造费用　　　　　　　　　　　　50 295.63

　　贷：累计折旧　　　　　　　　　　　　50 295.63

借：长期应付款　　　　　　　　　　　60 000

　　贷：银行存款　　　　　　　　　　　　60 000

借：财务费用　　　　　　　　　　　　12 712.01

　　贷：未确认融资费用　　　　　　　　　12 712.01

第三年年末，作：

借：制造费用　　　　　　　　　　　　50 295.63

　　贷：累计折旧　　　　　　　　　　　　50 295.63

借：长期应付款　　　　　　　　　　60 000
　　贷：银行存款　　　　　　　　　　60 000
借：财务费用　　　　　　　　　　9 874.73
　　贷：未确认融资费用　　　　　　9 874.73
第四年年末，作：
　借：制造费用　　　　　　　　　50 295.63
　　贷：累计折旧　　　　　　　　50 295.63
　借：长期应付款　　　　　　　　60 000
　　贷：银行存款　　　　　　　　60 000
　借：财务费用　　　　　　　　　6 867.21
　　贷：未确认融资费用　　　　　6 867.21
第五年年末，作：
　借：制造费用　　　　　　　　　50 295.63
　　贷：累计折旧　　　　　　　　50 295.63
　借：长期应付款　　　　　　　　60 000
　　贷：银行存款　　　　　　　　60 000
　借：财务费用　　　　　　　　　3 679.23
　　贷：未确认融资费用　　　　　3 679.23
支付购入费用，作：
　借：长期应付款　　　　　　　　5 000
　　贷：银行存款　　　　　　　　5 000
借：固定资产——在用固定资产　　256 478.13
　　贷：固定资产——融资租入固定资产　256 478.13

三、固定资产折旧

固定资产折旧，是固定资产因使用等原因，转移到成本和营业费用中去的部分价值。固定资产在使用过程中会发生各种损耗，主要包括有形损耗和无形损耗两种。有形损耗是在使用过程中因磨损和受自然力影响而发生的损耗，有形损耗决定固定资产的最长使用年限；无形损耗是指由于技术进步、消费偏好的变化等原因而引起的损耗，虽然固定资产在物质形态上仍具有一定的服务潜力，但已不再适用或继续使用已不经济。无形损耗决定固定资产的实际使用年限，又称经济使用年限。

企业计算固定资产折旧不仅是为了计算固定资产的净值，折旧也是一个持续的成本分配过程，使成本与各期的收入相配比，以正确计算各期的损益。

（一）影响折旧的因素

影响折旧的因素主要有四个：

1. 原始价值，是指固定资产的实际取得成本。
2. 预计净残值，是指固定资产预计使用寿命期满并处于使用寿命终了时，企业从该资产的处置中获得的扣除处置费用后的净额。为避免计算过程受人为因素的影响，我国企业所得税法规定，固定资产的净残值比例应在其原始价值的5%以内，具体比例由企业自行确定。
3. 预计使用年限，是指固定资产的预计经济使用年限，也称折旧年限。一般应短于固定资产的实物使用年限。在确定固定资产的使用年限时，应考虑下列因素：
（1）该资产的预计生产能力或实物产量；
（2）该资产的有形损耗，如设备使用中的磨损，房屋等建筑物受到的自然侵蚀等；
（3）该资产的无形损耗，如新技术的出现使现有的资产技术水平过时，市场需求变化使现有产品过时等；
（4）有关资产使用的法律或类似的限制。
4. 资产减值准备，是指固定资产在使用过程中因公允价值的变动而计提的固定资产减值准备金的累计金额。

（二）固定资产折旧的计提范围

我国现行会计准则规定，除以下情况外，企业应对所有固定资产计提折旧。

1. 已提足折旧但仍继续使用的固定资产；
2. 按规定单独估价作为固定资产入账的土地；
3. 提前报废的固定资产。

另外，企业应按月初固定资产原值计提本月份折旧。故当月增加的固定资产，当月不提折旧；当月减少的固定资产，当月照提折旧。

（三）固定资产折旧的计算方法

固定资产折旧方法，是指对应计提折旧的总额在固定资产使用期限内进行分配所采用的计算方法。不同折旧方法会影响固定资产各使用年限之间的分配结果，进而影响各年的净收益和所得税。

1. 平均年限法

平均年限法又称直线法，是以固定资产预计使用年限为分摊标准，将折旧总额均衡分摊到各年的一种折旧方法。

计算公式：

年折旧率 =（1 - 预计净残值率）÷ 预计使用年限 × 100%

月折旧率 = 年折旧率 ÷ 12

月折旧额 = 固定资产原值 × 月折旧率

预计净残值率 = （预计残值收入 – 预计清理费用）÷ 固定资产原值 × 100%

【例7-4-12】A企业购入一台机器，原始价值为150 000元，预计净残值率为5%，采用平均年限法计提折旧，预计使用年限为5年。作：

年折旧率 = （1 – 5%）÷ 5 × 100% = 19%

月折旧额 = 150 000 × 19% ÷ 12 × 1 = 2 375

借：制造费用　　　　　　　　　　2 375

　　贷：累计折旧　　　　　　　　　　2 375

年折旧额 = 月折旧额 2 375 × 12 = 28 500

表7-4-2　年限平均法折旧额计算表　　　　单位：元

使用年限	年折旧额	累计折旧额	账面净值
0	—	—	150 000
1	28 500	28 500	121 500
2	28 500	57 000	93 000
3	28 500	85 500	64 500
4	28 500	114 000	36 000
5	28 500	142 500	7 500
合计	142 500	—	—

用年限平均法计提固定资产折旧，是将固定资产的应计折旧额平均分摊到固定资产的预计使用寿命期内，因为每一期分摊的数额相等，在直角坐标系中每期折旧的数额表现为一条直线，故称为直线法。这种方法的优点是易理解，好计算；缺点是只看到资产的使用时间，忽视了使用状况，显失合理。年限平均法适用于各种类型固定资产折旧的计算。

2. 工作量法

工作量法，是以固定资产预计可完成的工作总量为分摊标准，根据各年实际完成的工作量计算折旧的一种方法。工作量法计算折旧的原理与年限平均法相同，只是分配标准由年限改为工作总量，所以工作量法也可归类于直线法。

计算公式：

单位工作量折旧额 = 固定资产原价 × （1 – 预计净残值率）÷ 预计总工作量

某项固定资产月折旧额 = 该项固定资产当月工作量 × 单位工作量折旧额

【例7—4-13】A企业有一辆箱式运输车，原价200 000元，预计净残值率为5%。预计工作总量20万吨公里。假定各年的工作量为：第一年8万吨公里；第二年6万吨公里；第三年4万吨公里；第四年2万吨公里。作：

每万吨公里折旧额 = 200 000 × （1 - 5%） ÷ 20 = 9 500（元）

第一年应计提折旧额 = 8 × 9 500 = 76 000（元）

第二年应计提折旧额 = 6 × 9 500 = 57 000（元）

第三年应计提折旧额 = 4 × 9 500 = 38 000（元）

第四年应计提折旧额 = 2 × 9 500 = 19 000（元）

表7-4-3　工作量法折旧额计算表　　　　　单位：元

使用年限	各年折旧额	累计折旧额	账面净值
0	—	—	200 000
1	76 000	76 000	124 000
2	57 000	133 000	67 000
3	38 000	171 000	29 000
4	19 000	190 000	10 000
合计	190 000	—	—

工作量法的优点是简单实用，以固定资产的工作总量为分配标准使折旧额与固定资产的使用程度呈正比例关系，体现了配比原则；缺点是将有形损耗看做折旧的唯一标准，忽视了无形损耗的客观存在。该方法适用于使用不均衡或使用的季节性较为明显的大型机器设备、大型施工机械、运输车辆（包括客、货运车辆、船舶、飞机）等固定资产折旧的计算。

3. 双倍余额递减法

双倍余额递减法，是以两倍的直线折旧率乘以各年年初固定资产净值计算折旧额的一种方法。双倍余额递减法有两个特点：一是使用双倍直线折旧率时不考虑固定资产的净残值；二是在折旧的最后两年要考虑净残值，并采用平均分摊的办法计算折旧额。

计算公式：

年折旧率 = 2 ÷ 预计使用年限 × 100%

月折旧率 = 年折旧率 ÷ 12

月折旧额 = 月初固定资产账面净值 × 月折旧率

【例7-4-14】A企业购入一台设备，原值为200 000元，预计使用5年，净残值率为5%，采用双倍余额递减法计提折旧。作：

年折旧率 = 2 ÷ 5 × 100% = 40%

第一年折旧额 = 200 000 × 40% = 80 000

第二年折旧额 = （200 000 - 80 000） × 40% = 48 000

第三年折旧额 =（200 000 – 80 000 – 48 000）×40% = 28 800
第四年折旧额 =［（200 000 – 80 000 – 48 000 – 28 800）– 200 000×5%］÷2
　　　　　　 = 16 600
第五年折旧额 =［（200 000 – 80 000 – 48 000 – 28 800）– 200 000×5%］÷2
　　　　　　 = 16 600

表 7 – 4 – 4　双倍余额递减法折旧额计算表　　　　　单位：元

使用年限	年折旧率	各年折旧	累计折旧额	账面净值
0	—	—	—	200 000
1	40%	80 000	80 000	120 000
2	40%	48 000	128 000	72 000
3	40%	28 800	156 800	43 200
4	—	16 600	173 400	26 600
5	—	16 600	190 000	10 000
合计	—	190 000	—	—

双倍余额递减法的优点是，在固定资产使用的前期计提较多的折旧额，后期折旧额逐步降低，后期的维护修理费用会逐步增多，这样固定资产的使用成本会比较均衡，"前期多提折旧，后期少提折旧"符合谨慎性原则；缺点是，纳税额不均衡。适用于更新换代较快的机器设备。

4. 年数总和法

年数总和法，是以固定资产原值减去预计净残值后的余额作为折旧基数，以一个逐年递减的分数为折旧率，计算各期折旧额的方法。这个分数的分母为预计使用年限逐年数字之和，分子为固定资产尚可使用年限。

计算公式：

年折旧率 = 尚可使用年限 ÷ 预计使用寿命的年数总和 × 100%

月折旧率 = 年折旧率 ÷ 12

月折旧额 =（固定资产原价 – 预计净残值）× 月折旧率

【例 7 – 4 – 15】A 企业购入一台设备，原值为 200 000 元，预计使用年限为 5 年，预计净残值率为 4%，采用年数总和法计提折旧，作：

第一年折旧额 = 200 000 ×（1 – 4%）×（5 ÷ 15）= 64 000
第二年折旧额 = 200 000 ×（1 – 4%）×（4 ÷ 15）= 51 200
第三年折旧额 = 200 000 ×（1 – 4%）×（3 ÷ 15）= 38 400
第四年折旧额 = 200 000 ×（1 – 4%）×（2 ÷ 15）= 25 600
第五年折旧额 = 200 000 ×（1 – 4%）×（1 ÷ 15）= 12 800

注：15 = 1 + 2 + 3 + 4 + 5

表7－4－5　年数总和法折旧额计算表　　　　　单位：元

使用年限	应计折旧总额	尚可使用年数	年折旧率	年折旧额	累计折旧额
1	192 000	5	5÷15	64 000	64 000
2	192 000	4	4÷15	51 200	115 200
3	192 000	3	3÷15	38 400	153 600
4	192 000	2	2÷15	25 600	179 200
5	192 000	1	1÷15	12 800	192 000
—	合计	—	—	192 000	—

年数总和法的优点是，固定资产使用前期计提的折旧额高，后期逐步减少，符合实际情况；缺点是，折旧率每年一变，增加了计算折旧的工作量。适用于技术进步快、使用时间短的机器设备。

（四）固定资产折旧的核算

固定资产折旧是依据期初固定资产原值计算的，所以本月减少的固定资产本月照提折旧，本月增加的固定资产本月不提折旧。固定资产折旧是作为间接费用处理的，一般不记入生产成本账户，而是将生产用固定资产的折旧记入制造费用账户。

【例7－4－16】A企业根据本月固定资产折旧计算表，计提折旧。

表7－4－6　A企业固定资产折旧计算表（××年6月30日）　　单位：元

使用部门	固定资产项目	上月折旧额	上月增加固定资产的月折旧额	上月减少固定资产的月折旧额	本月折旧额
1车间	房、设备	300 200	6 400	9 700	296 900
2车间	房、设备	265 900	9 800	—	275 700
厂部	房、设备	54 000	1 200	3 600	51 600
销售部	房、车辆	6 000	—	4 300	1 700
合计	—	626 100	17 400	17 600	625 900

借：制造费用——1车间　　　　296 900
　　制造费用——2车间　　　　275 700
　　管理费用　　　　　　　　　51 600
　　销售费用　　　　　　　　　 1 700
　　贷：累计折旧　　　　　　　625 900

四、固定资产的后续支出

固定资产的后续支出,主要是指固定资产投入使用后发生的修理、改扩建、装修等的计量。

(一) 固定资产的修理

固定资产在长期的使用过程中,因磨损、自然损耗等原因会发生部分损坏,为保证正常使用需要进行必要的修理。固定资产修理的目的主要是恢复其使用价值。固定资产的修理可以根据修理范围的大小,修理费用的高低,修理的复杂程度等标准划分为日常修理和大修理。

日常修理也称中小修理,其特点是修理范围小、成本支出少、修理次数多、时间间隔短。

大修理的特点是修理范围大、成本支出多、修理次数少、间隔时间长,大修理的受益期一般较长。

固定资产修理的核算方法包括:

1. 直接摊销法

直接摊销法是将实际发生的修理成本,直接计入产品成本或当期费用。适用于各月修理费用数额不大,或数额虽大但各月比较均衡的情况。这种方法符合会计准则的规定。

2. 分期摊销法

分期摊销法是将某月数额较大或很大的修理费用,在本月和以后各月分期摊销的核算方法。适用于某项数额较大的修理费用。

3. 短期预提法

短期预提法是指在一个会计年度内分月预提修理费用的方法。适用于修理费用支出数额较大,且各月支出不均衡的情况。

4. 长期预提法

长期预提法是指在固定资产大修理间隔期内(一年以上),预提修理费用的方法。适用于某项固定资产具有明显的大修周期,修理费用数额很大并能合理预计的情况。

【例7-4-17】A企业本月有三台机器进行日常维修,分别为机床维修费用5 000元(原材料4 000元,人工费1 000元);铣床费用8 000元(原材料5 500元,人工费2 500元);卡车费用为9 000元(原材料7 500元,人工费1 500元)。维修领用原材料17 000元,人工成本5 000元。作:

  借:制造费用——机床维修   5 000
    制造费用——铣床维修   8 000

制造费用——卡车维修　　　　　　9 000
　　　贷：原材料　　　　　　　　　　　　17 000
　　　　　应付职工薪酬　　　　　　　　　5 000

（二）固定资产的改扩建

　　固定资产的改扩建，是指对原有固定资产进行的改良和扩充。固定资产改良也称改建，是指为了提高固定资产的质量而采取的措施。如用电脑控制装置代替非自动控制装置等。固定资产扩充即扩建，是指为了提高固定资产的生产能力而采取的措施，如房屋加楼层等。改扩建使固定资产的数量或质量发生很大变化，有些不仅会提高产品质量，增加产品生产能力，还会延长使用年限。对于这部分费用可按规定予以资本化。

　　【例7-4-18】A企业将办公楼加高两层，改建前原值为67 200 000元，使用年限为70年，使用期满后无残值。办公楼原为六层，使用两年后加高两层，拆除原楼顶部分收回残料50 000元，加高工程支出19 090 000元，预计使用年限不变，作：

　　年折旧额 = 67 200 000 ÷ 70 = 960 000
　　借：在建工程　　　　　　　　　　　65 280 000
　　　　累计折旧　　　　　　　　　　　 1 920 000
　　　贷：固定资产　　　　　　　　　　　67 200 000
　　用银行存款支付扩建工程费，作：
　　借：在建工程　　　　　　　　　　　19 090 000
　　　贷：银行存款　　　　　　　　　　　19 090 000
　　拆除部分残料出售，作：
　　借：银行存款　　　　　　　　　　　　　50 000
　　　贷：在建工程　　　　　　　　　　　　　50 000
　　建成完工投入使用，作：
　　固定资产 = 65 280 000 + 19 090 000 - 50 000 = 84 320 000
　　借：固定资产　　　　　　　　　　　84 320 000
　　　贷：在建工程　　　　　　　　　　　84 320 000
　　加高后的年折旧额 = 84 320 000 ÷ 68 = 1 240 000

（三）固定资产装修

　　企业对固定资产进行装修，如果装修的受益期限与固定资产的受益期限不同，且装修支出满足资本化条件的情况下，可以将装修单独作为一类固定资产进行核算，并单独计提折旧。

　　【例7-4-19】A企业购入一栋楼房，买价90 000 000元，购入后进行装修，支付费用3 000 000元，作：
  借：在建工程   90 000 000
    贷：银行存款   90 000 000
  支付装修费，作：
  借：在建工程   3 000 000
    贷：银行存款   3 000 000
  交付使用，作：
  借：固定资产——房屋   90 000 000
     固定资产——装修   3 000 000
    贷：在建工程   93 000 000

楼房和装修分别核算后，楼房的使用年限折旧一般为50年或70年，装修可按5年左右折旧。

五、固定资产的处置

固定资产的处置包括出售、转让、毁损及报废、对外投资、非货币性资产交换、债务重组等。

设置"固定资产清理"账户，核算固定资产处置的情况和结果。该科目属于资产类，借方记增加，贷方记减少，余额在借方，反映固定资产有清理亏损；余额在贷方，反映固定资产有清理收益。

（一）固定资产处置的程序

1. 固定资产转入清理

企业出售、转让、报废固定资产时，要将该固定资产的净值转入"固定资产清理"账户的借方，并将"固定资产"、"累计折旧"、"固定资产减值准备"等账户转平。

2. 发生的各种费用

出售、转让、报废固定资产时，还会发生各种费用，如拆卸、搬运、整理等费用以及交纳的营业税等相关税费，记入"固定资产清理"账户的借方。

3. 收回的相关款项

收回出售或转让固定资产的价款、收回清理固定资产的残料价款、应收保险公司或过失人赔偿的损失等，记入"固定资产清理"账户的贷方。

4. 结转清理净损益

固定资产清理完成后，属于生产经营期间正常损益转入营业外收入或支出，属于自然灾害等非正常原因造成的损失，除有关责任人或保险公司负责赔偿的部分外，其余部分也要转入营业外支出。

（二）固定资产处置的账务处理

企业为提高固定资产的利用效率，一般将不需用固定资产出售。

【例7-4-20】A企业将1台多余固定资产出售，该固定资产账面原值8 000元，已提折旧5 000元，出售价2 000元，支付清理费用600元。作：

  借：固定资产清理　　　　　　　　3 000
    累计折旧　　　　　　　　　　5 000
    贷：固定资产　　　　　　　　　　　　8 000

支付清理费用，作：

  借：固定资产清理　　　　　　　　600
    贷：银行存款　　　　　　　　　　　　600

收到出售价款，作：

  借：银行存款　　　　　　　　　　2 000
    贷：固定资产清理　　　　　　　　　　2 000

结转损益，作：

  借：营业外支出　　　　　　　　　1 600
    贷：固定资产清理　　　　　　　　　　1 600

企业的固定资产会因自然灾害或人为因素造成损毁，对损毁的固定资产应及时处理。

【例7-4-21】A企业因洪水灾害造成机器损毁，无法修复使用，只能报废。该机器原值5 000元，已提折旧2 000元，发生清理费用800元，残料收入200元，保险公司同意赔偿2 500元，作：

  借：固定资产清理　　　　　　　　3 000
    累计折旧　　　　　　　　　　2 000
    贷：固定资产　　　　　　　　　　　　5 000

支付清理费用，作：

  借：固定资产清理　　　　　　　　800
    贷：应付职工薪酬　　　　　　　　　　800

收到变价收入存入银行，作：

  借：银行存款　　　　　　　　　　200
    贷：固定资产清理　　　　　　　　　　200

保险公司同意赔款，作：

  借：其他应收款　　　　　　　　　2 500
    贷：固定资产清理　　　　　　　　　　2 500

结转清理损益，作：

  借：营业外支出　　　　　　　　　1 100

贷：固定资产清理　　　　　　　　　1 100

（三）企业盘亏固定资产的处理

【例7-4-22】A企业在年终盘点时，发现1台机床丢失，原价4 000元，已提折旧3 000元。经有关人员批准，做营业外支出处理。盘亏时，作：

　　借：待处理财产损益　　　　　　　　1 000
　　　　累计折旧　　　　　　　　　　　3 000
　　　　贷：固定资产　　　　　　　　　4 000

经批准转销时，作：

　　借：营业外支出　　　　　　　　　　1 000
　　　　贷：待处理财产损益　　　　　　1 000

（四）固定资产报废

固定资产的报废有两类，一类是由于使用期满正常报废；另一类是由于各种原因造成的提前报废。

【例7-4-23】A企业一台车床因使用期满经批准报废，该车床原值为50 000元，已提折旧45 000元，已计提减值准备2 000元，支付清理费1 500元，残料变卖收入500元。

固定资产转入清理，作：

　　借：固定资产清理　　　　　　　　　3 000
　　　　累计折旧　　　　　　　　　　　45 000
　　　　固定资产减值准备　　　　　　　2 000
　　　　贷：固定资产　　　　　　　　　50 000

支付清理费用，作：

　　借：固定资产清理　　　　　　　　　1 500
　　　　贷：银行存款　　　　　　　　　1 500

收到残值收入，作：

　　借：银行存款　　　　　　　　　　　500
　　　　贷：固定资产清理　　　　　　　500

清理损失 = 3 000 + 1 500 - 500 = 4 000

　　借：营业外支出　　　　　　　　　　4 000
　　　　贷：固定资产清理　　　　　　　4 000

固定资产的其他减少，如以固定资产清偿债务、投资转出固定资产、以非货币性资产交换等方式换出的固定资产，可分别按照相关准则进行处理。

六、固定资产的期末计价

（一）固定资产的减值迹象

企业的固定资产在资产负债表日的计量，应该以其实际的价值入账，在资产出现减值迹象时，企业应对固定资产是否发生减值进行减值判断，判断的标准从理论上讲有三种：

一是可能性标准，即对账面价值"很可能"不能全部收回的减值损失予以确认；

二是永久性标准，即认为只有永久性的固定资产减值损失才能予以确认；

三是经济性标准，即认为只要固定资产发生减值，就应该予以确认。

这三种标准中，采用永久性标准可能导致拖延减值损失的确认；采用可能性标准又可能导致固定资产价值的低估，所以在实务中经常采用经济性标准。

按照《企业会计准则第8号——资产减值》的规定，企业应当在资产负债表日判断资产是否存在减值现象。如果存在减值迹象应当进行减值测试，估计资产的可收回金额。可收回金额低于账面价值的，应当按照可收回金额低于账面价值的金额计提资产减值准备。

如果出现下列情形之一，表明该固定资产出现了减值迹象，应对固定资产的可收回金额进行估计。

1. 固定资产的市价当期大幅度下跌，其跌幅明显高于因时间推移和正常使用而预计的下跌。

2. 企业经营的环境，如经济、技术、法律等发生变化，市场也发生重大变化，对企业产生不利的影响。

3. 市场利率和投资报酬率大幅度提高，影响企业计算固定资产未来现金流量现值的折现率，导致固定资产可收回金额大幅度降低。

4. 有证据表明固定资产已经陈旧过时。

5. 固定资产已经或将要被闲置、终止使用或计划提前处置。

6. 企业内部报告有证据表明固定资产的经济绩效已经低于或者将低于预期。

7. 其他表明固定资产可能已经发生减值的迹象。

实际工作中出现上述迹象，还需要企业综合考虑各方面的因素做出职业判断。

（二）固定资产可收回金额的估计

固定资产可收回金额的估计，一般是根据其公允价值减去处置费用后的净额与固定资产预计未来现金流量的现值两者之间较高者确定。企业在估计固定资产减去处置费用后的净额时，可按照下列顺序进行：

首先，以公平交易中资产的销售协议价格减去可直接归属于该资产处置费用的金额确定其净额；

其次，在不存在销售协议价格时，如果存在活跃市场，可以市场价格减去处置费用后的金额确定，市场价格通常按照资产的买方出价确定；如果难以获得市场出价，可用资产的最近交易价格作为公允价格；

再次，在既不存在资产协议又不存在资产活跃市场的情况下，企业应以可获取的最佳信息为基础，估计资产的公允价值，公允价值减去资产的处置费用后的净额便可确定。

如果还是无法可靠估计资产的公允价值减去资产处置费用后的净额，应以资产的未来现金流量的现值作为其可收回金额。

固定资产预计未来现金流量的现值，是以资产在持续使用过程中和最终处置时所产生的预计未来现金流量，选择恰当的折现率，对其折现后的金额加以确定。预计未来现金流量的现值，需要考虑三个因素：一是固定资产的未来现金流量；二是固定资产的使用寿命；三是折现率。除此之外，在估计固定资产未来现金流量时，企业管理层应对固定资产剩余使用寿命内的整个经济状况进行估计，且预计的现金流量最多涵盖5年。超过5年预计的增长率不应超过企业经营的产品、市场、所处的行业及所在的国家或地区的长期平均增长率。预计收入如果涉及外币，要考虑汇率的变动，预计折现率要考虑风险因素等。

（三）固定资产减值准备

设置"固定资产减值准备"账户和"在建工程减值准备"账户，这两个账户的基本用法是一样的，都属于资产类账户的调整账户，贷方记增加，借方记减少，余额在贷方，反应已经提取的减值准备的数额。

【例7-4-24】A企业三年前购入的一台设备原值为400 000元，预计净残值为8 000元，预计使用年限为5年，使用平均年限法计提折旧，第三年末发生了减值，估计公允价值减去处置费用后的余额为100 000元。未来现金流量估计第四年为70 000元，第五年为50 000元，折现率为5%。该固定资产以前没有计提减值准备。该设备计提减值准备后剩余使用年限为2年，预计净残值为1 500元。

该设备前三年已提折旧 = （400 000 - 8 000）÷5×3 = 235 200

该设备现在的账面净值 = 400 000 - 8 000 - 235 200 = 156 800

该设备未来现金流量现值 = 70 000×0.9524 + 50 000×0.9070

        = 66 668 + 45 350 = 112 018

账面净值与未来现金流量两者中的较低者为112 018元。

应计提减值准备 = 156 800 - 112 018 = 44 782

借：资产减值损失   44 782

  贷：固定资产减值准备   44 782

后两年每年应计提折旧额 =（112 018 – 1 500）÷2 = 55 259

第五节　无形资产、商誉及长期待摊费用

无形资产，是指企业拥有或控制的能给企业带来未来经济利益的，没有实物形态，但可以辨认的非货币性经济资源。可辨认性标准要求符合下列两个条件之一：一是能够从企业中分离或者划分出来，单独或与相关合同、资产、负债一起用于出售、转移、授予许可、租赁或交换；二是源自合同性权利或者其他法定权利，无论该权利是否可以从企业其他权利和义务中转移或分离，如商誉无法从企业自身分离，不具有可辨认性，也不具有合同性或法定权利，因此不属于无形资产。

一、无形资产的特点及构成

（一）无形资产的特点

1. 无实体性。无形资产不具有实物形态，一般指企业拥有的某些优势或特殊权利，虽然没有实物形态，但能给企业带来高于一般盈利水平的经济利益。

2. 长期性。无形资产属于非货币性的长期资产。无形资产在较长的时间内能为企业带来经济利益，使企业长期受益，其价值可在各受益期逐渐摊销。但有时受益期很难准确判断，除法律有规定者外。

3. 不确定性。无形资产为企业提供的未来经济利益具有不确定性。无形资产能为企业提供多长时间及多大的经济利益，在很大程度上会受外界因素的影响，如技术进步、市场需求变化、同行业竞争等，无形资产的预期收益能力具有极大的不确定性。另外有些无形资产不能单独获利，需要借助于有形资产才能发挥作用，在企业的收益中究竟有多少来自于无形资产也很难确定。

（二）无形资产的确认

无形资产在确认时要同时具备三个条件：
1. 符合无形资产的定义，满足没有实物形态和可辨认性的特点。
2. 与无形资产有关的经济利益很可能流入企业。这是资产确认的基本条件。
3. 无形资产的成本能够可靠地计量。成本能够计量也是资产确认的基本条件。

（三）无形资产的种类

无形资产可按不同的标准进行分类。

1. 按经济内容分类

无形资产按其反映的经济内容，可以分为专利权、非专利技术、商标权、著作权、土地使用权和特许权等。

（1）专利权。专利权是指国家专利主管机关依法授予专利申请人的对其发明创造在法定期限内享有的专有权利，包括发明专利权、实用新型技术专利权和外观设计专利权。专利权是依据《中华人民共和国专利法》给予持有者独家使用或控制某项发明的特殊权利。国家对专利持有者进行保护，但不保证一定能给持有者带来经济效益，如有的专利可能会被更具有经济价值的专利所淘汰。同时国家对专利的保护是有时间性的，超过一定时间专利便公开了，用以推动整个社会的技术进步。因此企业在将专利资本化时，一般只将外购专利和自行开发并按规定的法律程序申请取得的专利权作为无形资产进行核算和管理，用以提高企业产品收入，或将其转让获得收入。

（2）非专利技术。非专利技术即专有技术、技术秘密、技术诀窍，是指先进的、未公开的、未申请专利的，能够为企业带来经济利益的技术或诀窍。主要包括：

①工业专有技术。即在生产上已经采用，仅限于少数人掌握，不享有专利权或发明权的生产、装配、修理、工艺或加工方法等技术知识。

②商业（贸易）专有技术。即具有保密性质的市场情报、原材料价格情报，以及竞争对手的情况和相关知识等。

③管理专有技术。即生产组织的经营方式、管理方式、培训职工的方法等保密知识。

非专利技术不受专利法保护，其所有人依靠自我保密的方式维持独占权，非专利技术也可以用于转让和投资。

外购的非专利技术应予以资本化，作为无形资产入账。自己研究开发的非专利技术应将符合《企业会计准则第6号——无形资产》规定的开发支出资本化条件的，确认为无形资产。

（3）商标权。商标是用来辨认特定的商品或劳务的标记。商标权是指经过注册取得的专门在某类指定的商品或产品上使用的特定的名称或图案的权利。根据《中华人民共和国商标法》，经过商标局核准的商标为注册商标，注册商标人享有商标专用权，受法律保护。

企业自创的商标经过注册登记后，享有商标权，因注册费用不大，是否予以资本化不重要。商标的维护一般靠广告及其他方式取得客户的信赖，广告等费用一般记入当期损益。

商标可以转让，受让人应保证使用该商标的产品质量。购买的商标可以作为无形资产入账。

（4）著作权。著作权是指作者对其创作的文学、科学和艺术作品依法享有的某种特殊权利。著作权包括两个方面：一方面是精神权利，主要指作品的署名、发表作品、确认作者身份、保护作品的完整性、修改已经发表的作品等各项权利，可以概括为发表权、署名权、修改权和保护作品完整权等；另一方面是经济权利，是以出版、表演、广播、展览、录制唱片、摄制影片等方式以及因授权他人使用作品而获得经济利益的权利。

（5）土地使用权。土地使用权是指国家准许某一企业或单位在一定期间内对国有土地享有开发、利用、经营的权利。企业应于取得土地使用权时将其资本化并记入无形资产账户。

（6）特许权。特许权又称经营特许权、专营权，是指企业在某一地区经营或销售某种特定商品的权利，或者是一家企业接受另一家企业使用其商标、商号、技术秘密等的权利。特许可以是政府机关授权、准许企业使用或在一定地区享有经营某种业务的特权。如水、电、邮政通信等专营权、烟草专卖权等。特许权也可以是企业之间通过签订合同，有限期或无限期使用另一家企业的某些权利，如连锁店分店使用总店的名称等。

2. 按来源分类

无形资产按来源分为外来无形资产和自创无形资产。外来无形资产是指企业用货币资金等从国内或国外购入的无形资产，以及接受投资或捐赠的无形资产。自创无形资产是指企业自行开发研制的无形资产。

3. 按经济寿命期限分类

无形资产按是否具备确定的经济寿命期限，分为期限确定的无形资产和期限不确定的无形资产。

期限确定的无形资产是指有关法律中规定有最长有效期限的无形资产，如专利权、商标权、著作权、土地使用权和特许权等。

期限不确定的无形资产是指没有相应法律规定有效期限，其经济寿命难以预先准确估计的无形资产，如非专利技术，其经济寿命长短取决于技术进步快慢和技术保密工作的好坏等多种因素。

二、无形资产的初始计量

1. 外购无形资产

外购无形资产的成本包括买价、相关税费、直接归属于该资产达到预定用途所发生的其他支出。

【例7-5-1】A企业购买一台进口机器，附一项单独计价的专利权，买价100 000元，进口税费5 000元，款已由银行支付。作：

  借：无形资产   105 000
    贷：银行存款   105 000

2. 投资者投入的无形资产

【例7-5-2】A企业接受投资者投入的无形资产一项，双方协商价为50 000元，在接到相关资料时，作：

借：无形资产　　　　　　　　　　50 000
　　贷：实收资本　　　　　　　　　　　50 000

3. 非货币性交换取得的无形资产

【例7-5-3】A企业为提高产品质量，与S公司达成意向协议，用对D企业的长期股权投资，换取S公司的一项非专利技术使用权。在交换日，A企业持有的D企业的长期股权投资账面余额为150 000元，已提长期股权投资减值准备8 000元，假设没有其他税费，作：

借：无形资产——非专利技术　　　142 000
　　长期股权投资减值准备　　　　　8 000
　　贷：长期股权投资——D企业　　　　150 000

4. 债务重组取得的无形资产

【例7-5-4】A企业出售产品给C企业，价款60 000元，增值税10 200元，合同规定半年后付款。半年后由于C企业发生财务困难，无法支付货款，双方协商进行债务重组，A企业同意C企业以一项专利权抵偿债务，该无形资产在C企业账面价值为65 000元。A企业收到相关资料时，作：

借：无形资产　　　　　　　　　　65 000
　　营业外支出　　　　　　　　　　5 200
　　贷：应收账款　　　　　　　　　　　70 200

5. 土地使用权的核算

【例7-5-5】A企业准备在开发区建造新厂房，经申请取得一块土地使用权，交付7 000 000元，作：

借：无形资产　　　　　　　　　　7 000 000
　　贷：银行存款　　　　　　　　　　　7 000 000

6. 自行开发的无形资产

自行开发的无形资产在研制时可分为：研究阶段和开发阶段。研究阶段是指为获取新的技术和知识，有计划地进行的调查、研究活动。研究阶段基本上属于探索性活动，为进一步开发准备资料，这一阶段一般不会形成研究成果，发生的相关支出一般作为费用计入当期损益。

开发阶段是指进行商业性生产或将前期研究成果、其他知识应用于某项计划、设计以生产出新的或具有实质性改进的材料、装置、产品等。开发阶段有两个特点，一是开发活动具有针对性，二是开发活动形成成果的可能性较大。开发阶段的支出如果符合资本化的条件可予以资本化。开发阶段有关支出资本化的条件包括：

（1）完成无形资产使其能够使用或出售，在技术上具有可行性；

（2）具有完成无形资产并使用或出售的意图；

（3）无形资产能产生经济利益，如用该无形资产生产的产品有市场；无形资产自身有市场；无形资产在内部使用，能证明其有用性；

（4）有足够的技术、财力和其他资源支持以完成其开发并有能力使用或出售；

（5）归属于该无形资产开发阶段的支出能够可靠地计量。

【例7-5-6】A企业自行研究开发一项专利技术，在研究开发阶段发生材料费400 000元，人工费600 000元，其他支出300 000元，总计1 300 000元，该技术已申请专利并获批准。符合资本化条件的支出为800 000元。费用发生时，作：

借：研发支出——费用化支出　　500 000
　　研发支出——资本化支出　　800 000
　　贷：原材料　　　　　　　　　400 000
　　　　应付职工薪酬　　　　　　600 000
　　　　银行存款　　　　　　　　300 000

专利被批准后，作：

借：管理费用　　　　　　　　　500 000
　　无形资产　　　　　　　　　800 000
　　贷：研发支出——费用化支出　500 000
　　　　研发支出——资本化支出　800 000

三、无形资产的后续计量

1. 无形资产的摊销

无形资产初始确认和计量后，其后续计量应以成本减去累计摊销额和累计减值损失后的余额计量。确定累计摊销额的关键是确定无形资产的使用寿命，使用寿命有限的无形资产，其摊销期限一般依下列顺序确定：第一，如果合同规定了受益年限，而法律未规定有效年限，摊销年限以合同规定的受益年限为上限；第二，合同未规定受益年限，而法律规定了有效年限，摊销年限以法定有效年限为上限；第三，合同规定了受益年限，法律也规定了有效年限，摊销年限以受益年限与有效年限中较短者为上限。

【例7-5-7】A企业自行研制的无形资产申请专利批准后，法律规定的有效年限为10年，无形资产金额为800 000元，采用平均年限法摊销无残值，作：

年摊销额 = 800 000/10 = 80 000

月摊销额 = 80 000/12 = 6 667

借：管理费用　　　　　　　　　6 667
　　贷：累计摊销　　　　　　　　6 667

无形资产的使用寿命不能确定的，其价值的后续计量不能采用摊销的方式，一般应在每个会计期末进行减值测试,按照《企业会计准则——资产减值》的规定,需要计提减值准备的应及时计提减值准备。

【例7-5-8】A企业购入的一项非专利技术,买价为50 000元,因消费偏好的改变,运用该技术生产的产品市场萎缩,因此认定该技术发生了减值,现在这项技术的价值只有10 000元,作:

  借:资产减值损失   40 000
    贷:无形资产减值准备   40 000

2. 无形资产的处置

无形资产的处置是指无形资产的出售、对外出租、对外捐赠或报废。

【例7-5-9】A企业将一项专利技术出售,取得收入600 000元,应交税费33 000元(包括营业税5%,城市维护建设税是营业税的7%,教育费附加为营业税的3%)。该专利的账面价值为800 000元,累计摊销额为100 000元,已计提的减值准备为50 000元。取得收入时,作:

  借:银行存款   600 000
    累计摊销   100 000
    无形资产减值准备   50 000
    营业外支出   83 000
    贷:无形资产   800 000
      应交税费   33 000

【例7-5-10】A企业将一项专利技术出租给B企业使用,合同规定承租方每销售一件用该专利生产的产品,要付给出租方10元专利技术使用费。假定承租方本年销售了20 000件产品,A企业收到200 000元。A企业该项专利技术账面价值1 000 000元,摊销期限为10年,作:

  借:银行存款   200 000
    贷:其他业务收入   200 000
  借:其他业务支出   100 000
    贷:累计摊销   100 000

企业出租无形资产的成本,应为无形资产价值的损耗,在实务中有几种方法可供选择:

(1)全部记入其他业务成本,由其他业务收入来补偿,适用于该技术主要由承租方使用。

(2)一部分记入其他业务成本,由其他业务收入来补偿;另一部分记入管理费用,由当期损益负担,适用于本企业和承租方同时在使用该项专利技术。

(3)全部记入管理费用,适用于承租方使用所占比重不大的情况。

【例7-5-11】A企业将一项专利技术捐赠给C企业,该专利账面价值40 000元,累计摊销30 000元,作:

借：营业外支出　　　　　　　　　　10 000
　　累计摊销　　　　　　　　　　　30 000
　　贷：无形资产　　　　　　　　　　　40 000

【例7-5-12】A企业有一项专利技术，原值900 000元，累计摊销700 000元，计提的减值准备100 000元，因使用该专利生产的产品无销路，故将其报废，作：

借：累计摊销　　　　　　　　　　　700 000
　　无形资产减值准备　　　　　　　100 000
　　营业外支出　　　　　　　　　　100 000
　　贷：无形资产　　　　　　　　　　　900 000

四、商　誉

商誉一般是指企业因所处的地理位置优越、质量高、信誉好等原因赢得了客户的信任或由于技术先进掌握了生产诀窍；或由于组织得当、生产经营效率高等原因形成了一种超过一般企业的获利水平的无形价值。

因为商誉与整个企业的有形资产密不可分，形成商誉的个别因素很难单独计价，所以商誉不能算作企业的无形资产。

商誉是指企业在购买另一个企业时，购买成本大于被购买企业可辨认净资产公允价值的差额。计算公式：

商誉的入账价值＝实际买价－（被购买企业可辨认资产公允价值－负债公允价值－或有负债公允价值）

非同一控制下企业合并产生的商誉。

【例7-5-13】A企业购买非同一控制下的M企业，实际支付950 000元，被购买企业的全部可辨认资产公允价值为2 000 000元（其中现金8 000；银行存款192 000；应收账款100 000；存货1 000 000；长期股权投资200 000；固定资产2 000 000；累计折旧1 500 000），全部负债公允价值为1 300 000元（其中短期借款100 000；应付账款200 000；实收资本800 000；资本公积150 000；未分配利润50 000）。购买日作：

商誉＝950 000－（2 000 000－1 300 000）＝250 000

借：商誉　　　　　　　　　　　　　250 000
　　现金　　　　　　　　　　　　　　8 000
　　银行存款　　　　　　　　　　　192 000
　　应收账款　　　　　　　　　　　100 000
　　存货　　　　　　　　　　　　1 000 000
　　长期股权投资　　　　　　　　　200 000
　　固定资产　　　　　　　　　　2 000 000

贷：银行存款　　　　　　　　　950 000
　　　　累计折旧　　　　　　　　1 500 000
　　　　短期借款　　　　　　　　　100 000
　　　　应付账款　　　　　　　　　200 000
　　　　实收资本　　　　　　　　　800 000
　　　　资本公积　　　　　　　　　150 000
　　　　未分配利润　　　　　　　　 50 000

　　企业合并中形成的商誉在企业持续经营期间不进行摊销。每年年末企业应对商誉进行减值测试，如果发生减值应计提减值准备。设置"商誉减值准备"科目，该科目属于资产类账户的调整账户，借方记减少，贷方记增加，余额在贷方反应商誉的累积减值额。

　　【例7-5-14】 A企业于2012年年末对与商誉有关的资产进行减值测试，发现固定资产组发生减值500 000元，按合理方法计算，分摊固定资产应负担80%，商誉应负担20%，作：

　　借：资产减值损失　　　　　　　500 000
　　　　贷：固定资产减值准备　　　　400 000
　　　　　　商誉减值准备　　　　　　100 000

五、长期待摊费用

　　长期待摊费用，是指企业本期发生的应在超过一年的期间内分期摊销计入产品成本或期间费用的支出。主要包括开办费、固定资产大修理费用和股票发行费等。

　　【例7-5-15】 A企业在筹建期间发生注册登记费、工资、差旅费、办公费等共计360 000元，在生产经营开始时分三年摊销。发生费用时，作：

　　借：长期待摊费用　　　　　　　360 000
　　　　贷：银行存款　　　　　　　　360 000

　　摊销时，作：

　　每年应摊销 = 360 000 ÷ 3 = 120 000

　　借：管理费用　　　　　　　　　120 000
　　　　贷：长期待摊费用　　　　　　120 000

　　【例7-5-16】 A企业的一台设备发生故障，停机大修支付修理费96 000元，在今后两年内按月平均摊销。支付费用时，作：

　　借：长期待摊费用——大修　　　 96 000
　　　　贷：银行存款　　　　　　　　 96 000

　　分摊时，作：

　　每月应摊销 = 96 000 ÷ 2 ÷ 12 = 4 000

借：制造费用　　　　　　　　　　　4 000
　　贷：长期待摊费用　　　　　　　　　4 000

第六节　流动负债

企业生产经营所需资金，除了来源于所有者投资和企业盈利之外，负债也是企业获取资金的一个主要来源。负债可分为长期负债和流动负债。本节主要介绍流动负债。

负债是指企业过去的交易或者事项形成的、预期会导致经济利益流出企业的现时义务。流动负债是指将在一年或者超过一年的一个营业周期内偿还的债务。主要包括短期借款、应付票据、应付账款、预收账款、应付职工薪酬、应交税费、应付利息、其他应付款等。

一、流动负债的分类与计价

（一）流动负债的分类

流动负债按不同的标准可以分为不同的类别。

1. 按照偿付手段可分为货币性流动负债和非货币性流动负债。

货币性流动负债是指需要以货币资金偿还的流动负债，如短期借款、应付票据、应付账款、应付职工薪酬等；

非货币性流动负债是指不需要用货币偿还的流动负债，如预收账款、其他应付款中的某些项目等。

2. 按偿付金额是否确定可分为金额确定的流动负债和金额需要估计的流动负债。

金额确定的流动负债是指负债已经形成，是企业必须履行的一项义务，如短期借款、应付票据、应交税费、应付职工薪酬等；

金额需要估计的流动负债是指没有确切的债权人和偿付日期，或虽有确切的债权人和偿付日期，但偿付金额需要估计的流动负债。包括没有取得结算凭证的应付账款和预计负债等。结算凭证尚未到达，材料已经入库的存货，应在月末按暂估价入账；预计负债、或有负债是指企业在与或有事项相关的义务符合一定条件时估计入账的债务。

3. 按照负债形成原因可分为融资活动形成的流动负债和经营活动形成的流动负债。

融资活动形成的流动负债主要是指从银行和其他金融机构借入的短期借款，如人民币短期借款、外币短期借款等；

经营活动形成的流动负债是指在正常的经营活动中形成的流动负债，如应付账款、应付票据、应交税费、应付职工薪酬等。

（二）流动负债的计价

负债是企业未来应偿付的一项义务，应按未来应付金额的现值计价。但因流动负债是不超过一年的负债，未来应付的金额与贴现值相差不多，按照重要性原则其差额可忽略不计，故流动负债一般按照业务发生时的金额计价。

二、短期借款

短期借款，是指企业从银行或其他金融机构借入的偿还期在一年以内的本币借款和外币借款。

设置"短期借款"账户，该账户属于负债类账户，贷方记增加，登记从金融机构借入资金的数额，借方记减少，登记归还借款的数额，余额在贷方，反映企业尚未归还的借款金额。

（一）本币借款的核算

企业从银行或其他金融机构借入款项时，首先应签订借款合同，明确借款金额、借款利率、利息支付方式、还款方式和还款时间等。

【例7-6-1】A企业4月1日从银行借入1年期借款800 000元，年利率8%，每季度结息一次，不计复利。借入时，作：

借：银行存款　　　　　　　　　800 000
　　贷：短期借款　　　　　　　　　　800 000

4月、5月，根据权责发生制原则计算利息费用，每月作：

800 000×8%÷12×1=5 333

借：财务费用　　　　　　　　　5 333
　　贷：应付利息　　　　　　　　　　5 333

6月份支付利息时，作：

800 000×8%÷12×3=16 000

16 000-5 333-5 333=5 334

借：应付利息　　　　　　　　　10 666
　　财务费用　　　　　　　　　　5 334
　　贷：银行存款　　　　　　　　　16 000

每季度支付利息时，重复上述分录。下一年归还贷款时，作：

借：短期借款　　　　　　　　　800 000
　　贷：银行存款　　　　　　　　　　800 000

（二）外币借款的核算

企业可以向外国银行申请借外币借款。外币借款一般是借什么货币还什么货币，以什么货币计息。借款时可选择需要使用的外币，也可以选择其他外币。在借入外币借款时，要注意利率的变化和汇率的变化有可能使企业增加或减少还款和付息的本币金额。

【7-6-2】A企业为购买机器在国际市场借入50 000美元。借款合同中注明还款期限是一年，利率是12%，每季度付息一次，到期还本。从国外银行借款一般是先签订借款协议，协议签好后，什么时间用款什么时间借款。假定A企业从美国购入一台机器，价款50 000美元，使用借款时美元兑人民币的汇买价为1∶6.2；汇卖价为1∶6.4；中间价是1∶6.3。假定该企业使用汇率中间价入账，则借入时，作：

短期外汇借款折合成人民币 = 6.3 × 50 000 = 315 000

借：在建工程——机器 50 000 美元　　　315 000
　　贷：短期借款——花旗银行——美元 50 000　　315 000

每季度前两个月计息时，作：

50 000 × 12% ÷ 12 × 1 = 500（美元）
315 000 × 12% ÷ 12 × 1 = 3 150（元）

每月计息时可按人民币计息，但支付时要按美元支付，汇率变化造成的差额，计入财务费用。

借：在建工程　　　　　　　　　3 150
　　贷：应付利息　　　　　　　　　　3 150

第二、第三个月计提利息时，作：

借：在建工程　　　　　　　　　3 150
　　贷：应付利息　　　　　　　　　　3 150

第三个月支付利息时，假定当日汇率汇买价1∶6.3；汇卖价1∶6.5，则作：

应支出的美元利息 = 500 × 3 = 1 500（美元）
应支出的人民币利息 = 6.5 × 1 500 = 9 750（元）
应付利息科目人民币合计 = 3 150 × 3 = 9 450（元）

借：应付利息——美元 1 500　　　　　9 450
　　财务费用——汇兑损益　　　　　　300
　　贷：银行存款　　　　　　　　　　　9 750

一年后还本时，假定当日汇率为汇买价1∶6.2；汇卖价1∶6.4，作：

归还借款应支出的人民币 = 6.4 × 50 000 = 320 000（元）

借：短期借款——花旗银行——美元 50 000　　315 000

财务费用——汇兑损益　　　　　　　　　5 000
　　　贷：银行存款　　　　　　　　　　　　320 000

三、应付票据与应付账款

应付票据与应付账款，是企业在正常的生产经营过程中因购买货物或接受劳务形成的流动负债。

（一）应付票据

应付票据是企业采用商业汇票结算方式延期付款购入货物或接受劳务形成的应付款项。目前我国规定商业汇票的付款期最长为 6 个月。应付票据分为带息票据与不带息票据。

设置"应付票据"账户，该账户属于负债类账户，贷方记增加，登记开出的商业汇票增加额，借方记减少，登记已经归还的商业汇票款，余额在贷方，反映尚未归还的商业汇票款。

1. 带息票据

带息票据是指债务人到期还款时，除了偿还面值金额以外，还要偿还按面值和票面利率计算的利息。利息的处理有两种方法：第一种是按期计提利息，即在每个会计期末，按面值和票面利率计算利息；第二种是在付款时将利息一并计算。

【例 7-6-3】A 企业 9 月 1 日购买原材料一批，买价为 200 000 元，增值税为 34 000 元，材料已验收入库，经双方协商 A 企业出具一张商业承兑商业汇票，金额为 234 000 元，票面利率为 6%，期限 6 个月，票据交给供应商时，作：

　　借：原材料　　　　　　　　　　　　　　200 000
　　　　应交税费——应交增值税——进项税额　34 000
　　　贷：应付票据　　　　　　　　　　　　234 000

12 月 31 日年度报表结账日，无论采用哪一种利息处理方法，根据权责发生制原则，都必须计提利息，作：

234 000×6%÷12×4 = 4 680（元）

　　借：财务费用　　　　　　　　　　　　　4 680
　　　贷：应付票据——商业汇票利息　　　　4 680

下一年 3 月 1 日应付票据到期时，A 企业有支付能力，作：

1 月 1 日至 3 月 1 日的利息 = 234 000×6%÷12×2 = 2 340（元）

　　借：应付票据　　　　　　　　　　　　　234 000
　　　　应付票据——商业汇票利息　　　　　4 680
　　　　财务费用　　　　　　　　　　　　　2 340
　　　贷：银行存款　　　　　　　　　　　　241 020

下一年3月1日应付票据到期时，A企业无力支付票款，则该商业承兑汇票作废，可再开一张商业汇票，也可以用其他方式支付货款，或征得供应商的同意再延期一段时间支付货款。如果不再开新的商业汇票，应将应付票据转为应付账款，作：

借：应付票据　　　　　　　　　241 020
　　贷：应付账款　　　　　　　　　241 020

2. 不带息票据

不带息票据是指债务人到期还款时，只偿还票据面值，即票据的到期价值等于票据面值。

【7-6-4】A企业3月10日购买钢材一批，买价为500 000元，增值税为85 000元，材料已验收入库，经协商，A企业出具一张银行承兑商业汇票，金额为585 000元，期限4个月，A企业将签发的汇票交银行，申请银行承兑，与银行签订协议后，银行在汇票上签字盖章，由银行承担第一付款责任。A企业将汇票交与供应商时，作：

借：原材料　　　　　　　　　　　500 000
　　应交税费——增值税——进项税额　85 000
　　贷：应付票据　　　　　　　　　585 000

7月10日应付汇票到期时，A企业有能力支付票款，作：

借：应付票据　　　　　　　　　585 000
　　贷：银行存款　　　　　　　　　585 000

7月10日应付票据到期时，A企业无力支付票款，则银行无条件将票款支付给供应商，并根据协议将这笔票款算作A企业的逾期贷款，作：

借：应付票据　　　　　　　　　585 000
　　贷：短期借款——逾期借款　　　585 000

（二）应付账款

应付账款一般不单独计算利息，业务发生时的金额即为未来应付的金额，因为付款期限短，不考虑现值问题。

设置"应付账款"账户，该账户属于负债类，贷方记增加，登记企业欠供应商的货款，借方记减少，反映企业归还供应商的款项，余额在贷方，反映企业尚未归还的欠款。

如果应付款中含有现金折扣，入账价值有总价法和净价法两种。

1. 总价法

其特点是购进货物和应付账款都按结算凭证中的价格入账。

【例7-6-5】A企业5月6日购入原材料一批，买价10 000元，增值税1 700元，材料已经入库，付款条件为2/10，1/20，$n/30$。购入材料时，作：

借：原材料	10 000	
应交税费——增值税——进项税额	1 700	
贷：应付账款		11 700

假定 A 企业 5 月 16 日或以前支付货款，作：

借：应付账款	11 700	
贷：银行存款		11 500
财务费用		200

假定 A 企业 5 月 26 日或以前付款，作：

借：应付账款	11 700	
贷：银行存款		11 600
财务费用		100

假定 A 企业 5 月 27 或以后付款，作：

借：应付账款	11 700	
贷：银行存款		11 700

2. 净价法

仍依前例，购入材料时，作：

借：原材料	9 800	
应交税费——增值税——进项税额	1 700	
贷：应付账款		11 500

假定 A 企业 5 月 16 日或以前支付货款，作：

借：应付账款	11 500	
贷：银行存款		11 500

假定 A 企业 5 月 26 日或以前付款，作：

借：应付账款	11 500	
财务费用	100	
贷：银行存款		11 600

假定 A 企业 5 月 27 或以后付款，作：

借：应付账款	11 500	
财务费用	200	
贷：银行存款		11 700

四、应付职工薪酬

（一）职工薪酬的范围

职工薪酬，是指企业为获得职工的服务而给予职工的各种形式的报酬以及其他相关支出。主要包括：

1. 职工工资、奖金、津贴和补贴；
2. 职工福利费；
3. 医疗保险、养老保险、失业保险、工伤保险和生育保险等社会保险费；
4. 住房公积金；
5. 工会经费和职工教育经费；
6. 非货币性福利；
7. 因解除与职工的劳动关系给予的补偿；
8. 其他与获得职工提供的服务相关的支出。

（二）职工薪酬的核算

设置"应付职工薪酬"账户，该账户属于负债类，贷方记增加，反映企业接受职工的服务应该支付给职工的工资等报酬；借方登记减少，反映企业归还了欠职工的工资，该账户一般没有余额。

1. 货币性工资

货币性应付职工薪酬，是指企业在一定时期内以货币形式支付给职工的劳动报酬总额。包括计时工资、计件工资、奖金、津贴和补贴、加班加点工资和特殊情况下支付的工资等。

【例7-6-6】A企业6月份应付职工薪酬122 000元，其中生产部门直接生产人员工资73 000元；生产车间管理人员工资6 000元；企业管理人员工资19 800元，企业销售部门人员工资8 700元；建造厂房人员工资14 500元。

表7-6-1 工资结算汇总表　　　　　　　　　　单位：元

项目	计时工资	奖金	岗位津贴	加班工资	应发合计
生产工人	50 000	8 000	10 000	5 000	73 000
车间管理人员	3 000	1 000	1 500	500	6 000
企业管理人员	11 000	2 600	6 000	200	19 800
销售人员	5 000	2 400	1 000	300	8 700
在建工程人员	6 000	2 000	2 500	4 000	14 500
合计	75 000	16 000	21 000	10 000	122 000

续表

项目	代扣医疗保险	代扣养老保险	代扣住房公积金	代扣个人所得税	实发合计
生产工人	1 500	1 000	2 000	500	68 000
车间管理人员	900	60	120	30	4 890
企业管理人员	1 100	220	440	110	17 930
销售人员	150	100	200	50	8 200
在建工程人员	180	120	240	60	13 900
合计	3 830	1 500	3 000	750	112 920

将实发现金部分发给职工，作：
　　借：应付职工薪酬　　　　　　　112 920
　　　　贷：银行存款　　　　　　　　　112 920
结转代扣社保基金，作：
　　借：应付职工薪酬　　　　　　　8 330
　　　　贷：其他应付款　　　　　　　　8 330
结转代扣个人所得税，作：
　　借：应付职工薪酬　　　　　　　750
　　　　贷：应交税费——个人所得税　　750
上述分录可以合并为：
　　借：应付职工薪酬　　　　　　　122 000
　　　　贷：银行存款　　　　　　　　　112 920
　　　　　　其他应付款　　　　　　　　8 330
　　　　　　应缴税费——个人所得税　　750

工资分配，是指将企业发放的工资，按照权责发生制的原则依据职工出勤、产量记录计算的工资额，按照工资的用途分别计入有关科目。

依上例，作：

表 7-6-2　工资分配表　　　　　　单位：元

应借科目	生产工人	车间管理人员	企业管理人员	销售人员	在建工程人员	合计
生产成本	73 000	—	—	—	—	73 000
制造费用	—	6 000	—	—	—	6 000
管理费用	—	—	19 800	—	—	19 800
销售费用	—	—	—	8 700	—	8 700
在建工程	—	—	—	—	14 500	14 500
合计	73 000	6 000	19 800	8 700	14 500	122 000

借：生产成本　　　　　　　　　　　 73 000
　　制造费用　　　　　　　　　　　 6 000
　　管理费用　　　　　　　　　　　 19 800
　　销售费用　　　　　　　　　　　 8 700
　　在建工程　　　　　　　　　　　 14 500
　　贷：应付职工薪酬　　　　　　　122 000

2. 非货币性职工福利

企业提供的非货币性应付职工薪酬，如企业出资为职工缴纳的社会保险费；企业以自产产品或外购商品发放给职工作为福利。

企业以自产的产品作为非货币性福利提供给职工时，应将该产品的公允价值和相关税费计入各项成本费用的应付职工薪酬，并确认为主营业务收入，其销售成本的结转和相关税费的处理与正常商品相同。以外购商品作为非货币性福利提供给职工时，也应按照商品的公允价值和相关税费，计入各成本费用的职工薪酬。

需要特别注意的是，以自产的产品作为福利发放给职工时，相关税费视同销售，记入增值税的销项税额；以外购商品作为非货币性福利发放给职工时，支付的相关税费不能计入进项税额，而应该记入应付职工薪酬。

【例7-6-7】A企业共有职工200名，假定其中从事生产的工人和车间管理人员共有150人，其余为厂部管理人员。春节时，A企业将自己生产的节能电冰箱和外购的节能电暖气作为福利发给每个职工。电冰箱的成本每台为5 000元，售价为8 000元，适用的增值税税率为17%。电暖气的购入价是每台500元，增值税税率为17%。作：

电冰箱总售价 = 8 000 × 150 + 8 000 × 50 = 1 600 000
增值税销项税额 = 1 600 000 × 17% = 272 000
生产成本 = 8 000 × 150 + 8 000 × 150 × 0.17 = 1 404 000
管理费用 = 8 000 × 50 + 8 000 × 50 × 0.17 = 468 000

借：生产成本　　　　　　　　　　1 404 000
　　管理费用　　　　　　　　　　　 468 000
　　贷：应付职工薪酬——非货币性薪酬　1 872 000
借：应付职工薪酬——非货币性薪酬　1 872 000
　　贷：主营业务收入　　　　　　　1 600 000
　　　　应缴税费——增值税——销项税额　272 000
借：主营业务成本　　　　　　　　1 000 000
　　贷：库存商品　　　　　　　　　1 000 000

生产成本 = 500 × 150 + 500 × 150 × 17% = 87 750
管理费用 = 500 × 50 + 500 × 50 × 17% = 29 250

借：生产成本　　　　　　　　　　　 87 750

```
    管理费用                        29 250
        贷：应付职工薪酬                   117 000
    借：应付职工薪酬                  117 000
        贷：库存商品                        100 000
            应交税费——增值税——进项税额转出    17 000
```

3. 解除劳动关系的补偿（辞退福利）

辞退福利，是指企业与其职工提前解除劳动合同时应当给予职工的经济补偿。辞退补偿属于企业的法定义务。辞退福利多为一次性补偿。

五、应交税费

应交税费，是指企业在经营过程中依税法的规定应向国家缴纳的各种税费。企业应缴纳的税金按征税对象的不同，分为流转税、所得税和其他税收，企业缴纳的费，目前主要是教育费附加。本节主要讲流转税，即增值税、消费税、营业税、关税等的核算。所得税和其他税种如房产税、土地增值税、车船使用税、资源税、印花税等，在收入与费用一章讲。

设置"应交税费"账户，该账户属于负债类，贷方记增加，反映企业应向国家缴纳的税款增加，借方记减少，反映企业已经缴纳的税款，余额在贷方，反映企业有尚未交纳的税款，余额如果在借方，反映企业多交或应退的税款。

（一）增值税

增值税，是以商品生产、流通以及工业性加工、修理修配各个环节的增值额为征税对象的一种流转税。在我国境内销售货物或者提供加工、修理修配劳务以及进口货物的单位和个人为增值税的纳税义务人。

根据我国现行制度的规定，增值税的纳税义务人分为一般纳税人和小规模纳税人。

1. 一般纳税人

应纳税额的计算公式为：

应纳增值税税额 = 本期销项税额 - 本期进项税额

本期销项税额的计算公式为：

本期销项税额 = 本期销售商品、提供劳务不含税收入 × 增值税税率

公式中本期销售商品、提供劳务的收入为不含税销售额，在增值税专用发票上销售额和增值税是以价和税的形式分别反映的。如果销售额为含税销售额，在计算本期销售额时，要将含税销售额换算成不含税销售额，计算公式为：

不含税销售额 = 含税销售额 ÷（1 + 增值税税率）

增值税税率分为基本税率17%和低税率13%两档。

本期进项税额的确定依据主要有：

（1）增值税专用发票。购入货物或接受应税劳务时，须取得销货单位或提供应税劳务单位出具的增值税专用发票，按发票上注明的增值税额为进项税额。

（2）完税凭证。企业进口货物时，须取得海关的完税凭证，按完税凭证上注明的增值税额作为进项税额。

（3）收购凭证。购入免税农副产品或收购废旧物资时，按收购凭证上注明的收购金额和10%的扣除率计算进项税额。

（4）运费单据。外购货物所支付的运费，按运费单据所列示的运费金额和7%的扣除率计算进项税额。

增值税的核算，应在"应交税费"账户下设置"应交增值税"二级科目。在"应交增值税"下设"进项税额"、"销项税额"、"进项税额转出"等项目。

【例7-6-8】A企业购入一批钢材，增值税专用发票上注明的价款为300 000元，增值税51 000元，另支付运费1 000元。货款已由银行支付，材料已经验收入库。作：

原材料成本 = 300 000 + 1 000 × （1 - 7%） = 300 930

进项税额 = 51 000 + 1 000 × 7% = 51 070

借：原材料　　　　　　　　　　　　　　300 930
　　应缴税费——增值税——进项税额　　 51 070
　　贷：银行存款　　　　　　　　　　　　　352 000

【例7-6-9】A企业将购进的原材料5 000 000元，增值税850 000元，共计5 850 000元，作为投资投入S公司，经双方协商同意，投资额为6 000 000元。办妥各项手续后，作：

借：长期股权投资　　　　　　　　　　　6 000 000
　　贷：原材料　　　　　　　　　　　　　　5 000 000
　　　　应交税费——增值税——进项税额转出　 850 000
　　　　营业外收入　　　　　　　　　　　　 150 000

【例7-6-10】A企业购入一台不需安装的设备，增值税专用发票上注明的价款是400 000元，增值税68 000元。款项已由银行支付，该设备属生产用设备；另购入一套音响设备，用于职工娱乐，增值税专用发票上注明的价款是50 000元，增值税8 500元。款项已由银行支付，作：

购入生产设备的增值税可作为进项税额。

借：固定资产　　　　　　　　　　　　　400 000
　　应交税费——增值税——进项税额　　 68 000
　　贷：银行存款　　　　　　　　　　　　　468 000

购入非生产设备的增值税应计入设备的成本中。

借：固定资产　　　　　　　　　　　　　58 500

贷：银行存款　　　　　　　　　　58 500

【例7-6-11】A企业销售产品一批，出具的增值税专用发票上注明的价款为500 000元，增值税85 000元，货款已收到存入银行。作：

借：银行存款　　　　　　　　　　585 000
　　贷：主营业务收入　　　　　　　500 000
　　　　应交税费——增值税——销项税额　85 000

【例7-6-12】A企业是有进出口权的生产企业，增值税税率为17%，出口货物实行"免、抵、退"办法。本月出口产品一批，价款折合人民币60 000元，款已收到存入银行。该产品的退税率为10%。本月A企业有内销产品的销项税额65 400元。进项税额48 900元，进项税额转出850元。作：

收到出口产品货款，作：

借：银行存款　　　　　　　　　　60 000
　　贷：主营业务收入　　　　　　　60 000

未退的增值税计入成本，作：

计入成本的金额=60 000×（17%-10%）=4 200

借：主营业务成本　　　　　　　　4 200
　　贷：应交税费——增值税——进项税额转出　4 200

应退税额=60 000×10%=6 000

应交增值税=销项税额-（进项税额-进项税额转出-免抵退税不得免征的税）-上期留抵税额

A企业应交增值税=65 400-（48 900-850-4 200）-0=21 550

借：应交税费——应交增值税　　　21 550
　　贷：银行存款　　　　　　　　　21 550

视同销售业务。在企业经营过程中，有些业务不是销售业务，双方没有进行交易，但是货物的所有权已经转移，按照税法的规定需要缴纳增值税并开具增值税专用发票，这种情况称为视同销售。

视同销售业务包括：

（1）将自产或委托加工的货物用于非应税项目；
（2）将自产或委托加工的货物用于集体福利或个人消费；
（3）将自产、委托加工或购买的货物作为投资投入其他单位；
（4）将自产、委托加工或购买的货物分配给股东或投资者；
（5）将自产、委托加工或购买的货物无偿赠送他人。

【例7-6-13】A企业将自产的产品捐给本地民政局用于灾区建设，该批产品售价为800 000元，增值税136 000元，成本价600 000元，交付产品办妥手续后，作：

借：营业外支出　　　　　　　　　736 000

  贷：库存商品   600 000
    应交税费——增值税——销项税额 136 000

2. 小规模纳税人

符合下列条件之一的纳税人可确认为小规模纳税人：

第一，从事货物生产或提供应税劳务的纳税人，及以从事货物生产或提供应税劳务为主，并兼营货物批发或零售的纳税人，年应纳增值税销售额在 100 万元以下；

第二，从事货物批发或零售的纳税人，年应税销售额在 180 万元以下。

税法还规定，如果小规模纳税人的会计核算健全，能按会计制度和税务部门的要求准确核算进项税额、销项税额和应纳税额，可以认定为一般纳税人；应税销售额超过规定标准，但会计核算不健全或者不能提供准确的税务资料的纳税人，应确认为小规模纳税人；虽然符合一般纳税人条件但不申请办理一般纳税人认定手续的，确认为小规模纳税人。

小规模纳税人应纳增值税额的计算公式：

应纳增值税 = 不含税销售额 × 征收率（3%）

不含税销售额 = 含税销售额 ÷（1 + 征收率）

小规模纳税人的进项税额不得抵扣。

小规模纳税人在"应交税费"科目下应设置"应交增值税"明细科目。

【例 7 - 6 - 14】假定 A 企业是增值税小规模纳税人，购入一批原材料，增值税专用发票上注明价款为20 000元，增值税为3 400元。材料已验收入库，货款已由银行支付，作：

  借：原材料   23 400
    贷：银行存款   23 400

【例 7 - 6 - 15】假定 A 企业是增值税小规模纳税人，销售一批产品，取得收入15 000元，款项已收到，存入银行。作：

不含税销售额 = 15 000 ÷（1 + 3%）= 14 563

应交增值税额 = 14 563 × 3% = 437

  借：银行存款   15 000
    贷：主营业务收入   14 563
      应交税费——增值税   437

A 企业销售产品一批，价款35 000元，货款已收存入银行，作：

不含税销售额 = 35 000 ÷（1 + 3%）= 33 981

应交增值税额 = 33 980 × 3% = 1 019

  借：银行存款   35 000
    贷：主营业务收入   33 981
      应交税费——增值税   1 019

计算并交纳增值税，作：
本月应交增值税 = 437 + 1 019 = 1 456
借：应交税费——增值税　　　　　1 456
　　贷：银行存款　　　　　　　　　　　　1 456

（二）消费税

消费税，是指对消费品和特定消费行为按消费流转额征收的一种商品税。消费税可分为一般消费税和特别消费税，一般消费税是对所有消费品即生活必需品和日用品普遍课税；特别消费税是指对特定消费品或特定消费行为等课税。我国现行消费税是对在我国境内生产、销售、委托加工和进口应税消费税的单位和个人征收的一种流转税，属于特别消费税。

对某些消费品征收消费税的目的是多方面的，如调节产品结构、引导消费方向、保证财政收入等。我国征收消费税的消费品包括烟、酒及酒精、化妆品、贵重首饰及珠宝玉石、鞭炮和焰火、成品油、汽车轮胎、摩托车、小汽车、高档手表、游艇、木制一次性筷子、实木地板等。

1. 消费税的计算采用从价定率、从量定额、从价定率和从量定额复合征收三种。

（1）从价定率征收的应税消费品应纳税额的计算公式：
应纳税额 = 应税消费品的销售额 × 比例税率
销售额为不含增值税的销售额。
销售额的确定方法为：
①对外销售的应税消费品，销售额为不含增值税的销售额；
②自产自用的应税消费品，以纳税人生产的同类消费品的销售价格计算销售额；如果没有同类消费品的销售价格，以组成计税价格作为销售价格。
实行从价定率办法计算纳税的组成计税价格计算公式：
组成计税价格 =（成本 + 利润）÷（1 − 消费税比例税率）
应纳税额 = 组成计税价格 × 比例税率

【例7-6-16】A企业为生产化妆品的增值税一般纳税人，本月销售化妆品一批。增值税专用发票上注明的价款是300 000元，增值税51 000元。本月向小规模纳税人销售化妆品一批，含税销售额为46 800元。化妆品适用的消费税税率为30%，作：

应税销售额 = 300 000 + 46 800 ÷（1 − 17%）= 340 000
应纳消费税税额 = 340 000 × 30% = 102 000
取得收入时，作：
借：银行存款　　　　　　　　　　351 000
　　贷：主营业务收入　　　　　　　　　　300 000

　　　　应交税费——增值税——销项税额　　51 000
　借：银行存款　　　　　　　　　　　46 800
　　　贷：主营业务收入　　　　　　　　　　40 000
　　　　应交税费——增值税——销项税额　　6 800
　计算消费税时，作：
　借：主营业务税金及附加　　　102 000
　　　贷：应交税费——消费税　　　102 000

（2）从量定额征收的应税消费品应纳税额的计算公式：

应纳税额＝应税消费品的销售数量×定额税率

应税消费品销售量的确定方法为：

①对外销售的应税消费品为销售的数量；

②自产自用的应税消费品为移送使用数量；

③委托加工的应税消费品为纳税人收回的应税消费品数量；

④进口的应税消费品为海关核定的应税消费品进口征税数量。

不同的应税消费品税法规定的单位税额不同。

【例7－6－17】A企业是生产啤酒的企业，本月销售啤酒5 600吨，每吨出厂价2 950元，啤酒适用的定额税率为220元/吨，作：

　应纳税额＝5 600×220＝1 232 000

　取得销售收入时，作：

　销售额＝2 950×5 600＝16 520 000（元）

　应交增值税＝16 520 000×17%＝2 808 400（元）

　借：银行存款　　　　　　　　　　　19 328 400
　　　贷：主营业务收入　　　　　　　　　　16 520 000
　　　　应交税费——增值税——销项税额　　2 808 400

　计算消费税时，作：

　借：主营业务税金及附加　　　1 232 000
　　　贷：应交税费——消费税　　　1 232 000

（3）从价定率和从量定额复合计算征收的应税消费品应纳税额的计算公式：

应纳税额＝应税消费品的销售数量×定额税率＋应税消费品的销售额×比例税率

没有同类消费品的销售价格，以组成计税价格作为销售价格，按照复合计税办法计算纳税的组成计税价格计算公式：

组成计税价格＝（成本＋利润＋自产自用数量×定额税率）÷（1－比例税率）

应纳税额＝组成计税价格×比例税率＋自产自用数量×定额税率

【例7－6－18】A企业生产白酒，本月销售50吨白酒，增值税专用发票上注明

的价款为1 500 000元,增值税255 000元,白酒适用的比例税率为20%,定额税率为每500克0.5元。作:

1 吨 = 1 000 千克,1 千克 = 1 000 克,1 吨 = 1 000 000 克

应纳税额 = 50 × 1 000 000 ÷ 500 × 0.5 + 1 500 000 × 20% = 350 000

取得销售收入时,作:

借:银行存款　　　　　　　　　　1 755 000
　　贷:主营业务收入　　　　　　　　　　1 500 000
　　　　应交税费——增值税——销项税额　　255 000

计算消费税时,作:

借:主营业务税金及附加　　　　　350 000
　　贷:应交税费——消费税　　　　　　　350 000

(4) 委托加工的应税消费品,以受托方的同类消费品的销售价格作为销售额,没有同类消费品销售价格的,以组成计税价格作为销售额,即:

组成计税价格 = (成本 + 利润) ÷ (1 - 消费税比例税率)

企业委托外单位加工应税消费品,按税法规定,由受托方向委托方交货时代扣代缴消费税。委托方所缴纳的税款,可根据委托加工收回后的应税消费品用途不同分为两种:其一,委托方收回后继续加工应税消费品的,所纳税款可以在继续加工后的应税消费品的应纳税额中抵扣;其二,委托方收回后直接用于销售,所纳税款计入委托加工应税消费品的成本,对外销售时不再交纳消费税。

【例7-6-19】A企业委托外单位加工应税消费品,材料成本为80 000元,加工费为20 000元,增值税3 400元。规定由加工方代收消费税,税率为20%。

应交消费税税额 = (80 000 + 20 000) ÷ (1 - 20%) × 20% = 25 000

发出材料,加工应税产品时,作:

借:委托加工材料　　　　　　　　80 000
　　贷:原材料　　　　　　　　　　　　80 000

如果加工完成的应税消费品作为原材料入库,继续加工使用,则:

借:委托加工材料　　　　　　　　20 000
　　应交税费——增值税——进项税额　3 400
　　应交税费——消费税　　　　　25 000
　　贷:银行存款　　　　　　　　　　　48 400

材料重新入库时,作:

借:原材料　　　　　　　　　　　100 000
　　贷:委托加工材料　　　　　　　　　100 000

如果加工完成的应税消费品准备直接出售,则:

借:委托加工材料　　　　　　　　45 000
　　应交税费——增值税——进项税额　3 400

贷：银行存款　　　　　　　　　　　　　48 400
　　材料重新入库时，作：
　　借：库存商品　　　　　　　　145 000
　　　　贷：委托加工材料　　　　　　　　　145 000

【例7-6-20】A企业接受某地国际旅游节组委会的委托加工一批礼花，委托单位提供的原材料金额为30万元，A企业不含增值税的加工费为4万元。礼花无同类产品市场价格，礼花的消费税税率为15%，由加工企业代收代缴。
　　组成计税价格 = (30 +4) ÷ (1 -15%) =40 (万元)
　　应代收代缴消费税 =40 ×15% =6 (万元)
　　接受委托单位送来的原材料，记在备查账户。
　　收取加工费时，作：
　　借：银行存款　　　　　　　　106 800
　　　　贷：主营业务收入　　　　　　　　　40 000
　　　　　　应交税费——增值税——销项税额　6 800
　　　　　　　　　　——消费税——代收　　　60 000

2. 进口消费税
　　应由进口人或代理人向报关地海关申报纳税，由海关代扣代缴。进口的应税消费品，以组成计税价格作为销售额，不同的消费品使用不同的税率（3% ~45%）。
　　(1) 实行从价定率征收办法的计算公式：
　　组成计税价格 = (关税完税价格 + 关税) ÷ (1 - 消费税税率)
　　应纳税额 = 组成计税价格 × 消费税比例税率

【例7-6-21】A企业从国外进口一批化妆品，关税的完税价格是人民币700 000元，关税税率为20%，增值税税率为17%，消费税税率为30%。作：
　　关税 =700 000 ×20% =140 000
　　消费税的组成计税价格 = (700 000 +140 000) ÷ (1 -30%) =1 200 000
　　应纳消费税税额 =1 200 000 ×30% =360 000
　　应纳增值税税额 = (700 000 +140 000 +360 000) ×17% =204 000
　　进口时，作：
　　借：物资采购　　　　　　　　700 000
　　　　贷：银行存款　　　　　　　　　　　700 000
　　入关时，作：
　　借：物资采购　　　　　　　　500 000
　　　　贷：应交税费——关税　　　　　　　140 000
　　　　　　　　　　——消费税　　　　　　360 000
　　借：应交税费——关税　　　　140 000
　　　　　　　　——消费税　　　360 000

    ——增值税——进项税额 204 000
  贷：银行存款   704 000
入库时，作：
 借：库存商品   1 200 000
  贷：物资采购   1 200 000

（2）实行从量定额计征办法的公式：

应纳税额 = 应税消费品数量 × 消费税定额税率

【例7-6-22】A企业从国外进口500吨无铅汽油，单价为9 800元，总价为4 900 000元，关税10%，消费税1.00/升，增值税17%。

支付进口货款时，作：
 借：物资采购   4 900 000
  贷：银行存款   4 900 000
交税时，作：
关税 = 4 900 000 × 10% = 490 000
汽油每吨 = 1 388升
消费税 = 500 × 1 388 × 1.00 = 694 000
增值税 = （4 900 000 + 490 000 + 694 000）× 17% = 1 034 280
 借：物资采购   1 184 000
  贷：应交税费——关税   490 000
     ——消费税   694 000
 借：应交税费——关税   490 000
     —— 消费税   694 000
     ——增值税——进项税额 1 034 280
  贷：银行存款   2 218 280
入库时，作：
 借：库存商品   6 084 000
  贷：物资采购   6 084 000

（3）实行从价定率和从量定额复合计税办法应纳税额的计算公式：

组成计税价格 = （关税完税价格 + 关税 + 进口数量 × 消费税定额税率）÷ (1 - 消费税比例税率)

应纳税额 = 组成计税价格 × 消费税税率 + 应税消费品进口数量 × 消费税定额税率

【例7-6-23】A企业从国外进口白酒50吨，每吨1 200 000元人民币。关税税率30%，消费税从价定率税率为20%，从量定额税率为0.50元/500克，增值税税率为17%。

进口付款时，作：

借：物资采购　　　　　　　　　60 000 000
　　贷：银行存款　　　　　　　　　60 000 000

交税时，作：

关税 = 60 000 000 × 30% = 18 000 000

1 吨 = 1 000 千克，1 千克 = 1 000 克，1 吨 = 1 000 000 克

消费税组成计税价格 = 〔60 000 000 + 18 000 000 + (0.50 × 1 000 000 × 50 ÷ 500)〕÷ (1 − 20%)

　　　　　　　　　= (78 000 000 + 0.50 × 100 000) ÷ (1 − 20%)
　　　　　　　　　= 97 562 500

消费税 = 97 562 500 × 20% + 100 000 × 0.50 = 19 563 500

增值税 = (60 000 000 + 18 000 000 + 19 563 500) × 17% = 16 585 795

借：物资采购　　　　　　　　　37 563 500
　　贷：应交税费——关税　　　　　　18 000 000
　　　　　　——消费税　　　　　　19 563 500

借：应交税费——关税　　　　　　18 000 000
　　　　——消费税　　　　　　19 563 500
　　　　——增值税——销项税额　　16 585 795
　　贷：银行存款　　　　　　　　　54 149 295

入库时，作：

借：库存商品　　　　　　　　　97 563 500
　　贷：物资采购　　　　　　　　　97 563 500

3. 视同销售应税消费品

企业将自产的应税消费品用于本企业的生产经营、在建工程、集体福利、个人消费、对外投资、分配给股东或投资者、无偿捐赠给他人等，均应按照税法的规定缴纳消费税，并相应的计入有关成本。计算缴纳消费税的销售额，应按生产同类消费品的销售额计算，没有同类消费品销售价格的，应按组成计税价格计算，公式为：

组成计税价格 = (成本 + 利润) ÷ (1 − 消费税税率)

【例 7-6-24】A 企业在建工程领用自产的应税消费品甲产品一批，成本价 50 000 元，同类产品的销售价为 100 000 元，消费税税率为 10%，增值税税率为 17%。作：

应交消费税 = 100 000 × 10% = 10 000

应交增值税 = (100 000 + 10 000) × 17% = 18 700

借：在建工程　　　　　　　　　78 700
　　贷：库存商品　　　　　　　　　50 000
　　　　应交税费——增值税——销项税额　18 700

　　　　应交税费——消费税　　　　　　　　　10 000

【例 7-6-25】A 企业将自产的应税消费品对外投资，实际成本 200 000 元，没有同类产品的销售价格，正常的利润率为 30%，增值税税率为 17%，消费税税率为 20%。双方协商按成本定价。

　　组成计税价格 = (200 000 + 200 000 × 30%) ÷ (1 - 20%) = 325 000
　　应交消费税 = 325 000 × 20% = 65 000
　　应交增值税 = (325 000 + 65 000) × 17% = 66 300
　　借：长期股权投资　　　　　　　　　331 300
　　　　贷：库存商品　　　　　　　　　　　　200 000
　　　　　　应交税费——增值税——销项税额　66 300
　　　　　　应缴税费——消费税　　　　　　　65 000

（三）关税

关税，是指海关代表国家根据有关的税法税则对进出关境的货物和物品征收的一种流转税。关境是一国海关法得以全面实施的区域，包括该国的领土、领海和领空的全面国家领土。通常情况下，关境与国境范围一致，但因政治或经济的原因，关境也可以大于或小于国境。

关税对于调节经济结构、保护民族经济、促进对外贸易、增加财政收入具有重要作用。

1. 关税的特点和种类

关税除了具有一般税收的特点外，还具有如下特点：

(1) 纳税的统一性和一次性。统一性是指关税执行全国统一的进出口关税条例和税则，一次性是指在征收一次关税后，货物可以在整个关境内流通，不再另行征收关税。

(2) 征收上的过"关"性，是指征收的标准以是否通过关境为原则。

(3) 税率上的复式性，是指税率有多种类别，适用不同情况，如我国进口税设有最惠国税率、协定税率、特惠税率、普通税率、关税配额税率等。

(4) 征管上的权威性，是指关税是由海关代表国家向纳税人征收的税，具有权威性。海关是设在关境上的国家行政管理机关，不仅负责征收关税，还负责查禁走私货物、统计进出口商品等。

(5) 对进出口贸易的调节性，是指国家可以通过调整关税税率来调节进出口贸易。如很多国家在经济遇到困难时，会通过降低出口税率鼓励出口，增加进口税率限制进口。

2. 关税的分类

(1) 按货物物品的流向分类

进口关税，是海关对外国货物进口时课征的关税。目的是保护本国市场和增加财政收入。

出口关税,是海关在本国货物出口时课征的关税。目的是限制本国某些产品或自然资源的输出,或为保证本国市场供应、增加财政收入等需要。

过境税,是对外国货物通过本国国境或关境时征收的一种关税。

(2) 按征收目的分类

财政关税也称收入关税,是以增加国家的财政收入为主要目的征收的关税。

保护关税,是以保护本国的经济发展为主要目的征收的关税。

(3) 按征税标准分类

从量税,是以进口货物的重量、长度、容积、面积等计量单位为计税依据征收的关税。

从价税,是以进口货物的完税价格为依据,以应征税额占货物完税价格的百分比作为税率征收的关税。

复合税,是对某种进口货物同时使用从价和从量计征的一种征收关税的方法。

选择性关税,是对同一种货物在税则中规定从价、从量两种税率,在征税时海关可以进行选择的关税征收方法。

滑准税,是一种随进口商品价格由高到低或由低到高设置计征关税的方法。

(4) 按税率制定分类

自主关税也称国定关税,是指一个国家基于主权独立自主制定的有修订权的关税税率、法规、条例等。国定税率一般高于协定税率,适用于未签订关税贸易协定的国家。

协定关税,是指两个或两个以上的国家,通过缔结关税协定制定的关税税率。

(5) 按差别待遇分类

关税按差别待遇可分为普通税率、最惠国税率、特惠税、差价税、暂定税率、配额税率、附加税率等。

【例7-6-26】A企业出口5 000吨磷矿石到日本,每吨FOB天津美元600,假定磷的出口关税税率为12%;假定当日汇率买入价1:5.6;卖出价1:5.8。

出口货物关税完税价格 = 货物FOB价格 ÷ (1 + 出口关税税率)

出口货物关税的完税价格 = 5.6 × 600 × 5 000 ÷ (1 + 12%) = 14 000 000

出口关税税额 = 14 000 000 × 12% = 1 680 000

应收账款 = 5.6 × 600 × 5 000 = 16 800 000

借:应收账款　　　　　　　　　16 800 000
　　贷:主营业务收入　　　　　　　　　16 800 000
借:营业税金及附加　　　　　　　1 680 000
　　贷:应交税费——出口关税　　　　　1 680 000
借:应交税费——关税　　　　　　1 680 000
　　贷:银行存款　　　　　　　　　　　1 680 000

【例7-6-27】A企业进口一批法国香水,CIF价980 000欧元,假定关税税率为50%,消费税税率为30%,增值税税率17%。假定当日汇率为买入价1：9.2,卖出价1：9.4,中间价1：9.3。

应交关税 = 9.4 × 980 000 × 50% = 4 606 000
应交消费税 = (9 212 000 + 4 606 000) ÷ (1 - 30%) × 30% = 5 922 000
应交增值税 = (9 212 000 + 4 606 000 + 5 922 000) × 17% = 3 355 800

购入香水时,作:
借:物资采购　　　　　　　　　9 212 000
　　贷:银行存款　　　　　　　　　9 212 000
应交税款,作:
借:物资采购　　　　　　　　　10 528 000
　　贷:应交税费——关税　　　　　4 606 000
　　　　——消费税　　　　　　　　5 922 000
交税时,作:
借:应交税费——关税　　　　　4 606 000
　　　　——消费税　　　　　　　　5 922 000
　　　　——增值税——进项税额　　3 355 800
　　贷:银行存款　　　　　　　　　13 883 800
验收入库时,作:
借:库存商品　　　　　　　　　19 740 000
　　贷:物资采购　　　　　　　　　19 740 000

(四) 营业税

营业税,是对在我国境内提供应税劳务、转让无形资产和销售不动产的单位或个人,就其取得的营业额征收的一种流转税。应税劳务是指交通运输、建筑、金融保险、邮电通信、文化体育、娱乐、服务业、转让无形资产、销售不动产等。

营业税按营业额和规定的税率计算应纳税额,公式为:

应纳营业税额 = 营业额 × 适用的营业税税率

【例7-6-28】A企业除生产产品外,辅助生产运输部门还对外提供运输服务,本月对外运输服务收入为20 000元,款已收到存入银行,适用的营业税税率为3%。

取得收入时,作:
借:银行存款　　　　　　　　　20 000
　　贷:其他业务收入　　　　　　　20 000
计算应纳营业税额,作:
借:其他业务支出　　　　　　　600

贷：应交税费——营业税　　　　　　600
　交税时，作：
　　借：应交税费——营业税　　　　　　600
　　　贷：银行存款　　　　　　　　　　600

【例7-6-29】A企业将不需用的一台机器设备售出，收到15 000元。该设备原值60 000元，已提折旧30 000元，销售不动产的营业税税率为5%。
　将该设备转入清理时，作：
　　借：固定资产清理　　　　　　　　30 000
　　　　累计折旧　　　　　　　　　　30 000
　　　贷：固定资产　　　　　　　　　　　　60 000
　收到价款时，作：
　　借：银行存款　　　　　　　　　　15 000
　　　贷：固定资产清理　　　　　　　　　　15 000
　结转应交营业税时，作：
　　借：固定资产清理　　　　　　　　　750
　　　贷：应交税费——营业税　　　　　　　750
　结转处置损益时，作：
　　借：营业外支出　　　　　　　　　15 750
　　　贷：固定资产清理　　　　　　　　　　15 750

（五）其他税种

其他税种包括城市维护建设税、教育费附加等。

城市维护建设税是一种附加税。按照现行税法规定，凡是缴纳增值税、消费税、营业税等流转税的单位和个人，都是城市维护建设税的纳税义务人。

计算公式如下：

应纳城市维护建设税＝纳税人实际缴纳的增值税、消费税、营业税之和×适用税率

【例7-6-30】A企业本会计期间应纳的增值税为10 000元；应纳消费税为4 000元；运输收入应纳营业税600元；销售不动产应纳营业税为750元，城市维护建设税税率为7%。则：

　（10 000＋4 000＋600＋750）×7%＝1 074.50
　　借：营业税金及附加　　　　　　　　1 074.50
　　　贷：应交税费——应交城市维护建设税　　1 074.50

教育费附加是一种附加费。目的是加快地方教育事业发展，扩大教育经费来源。按照现行规定，凡是缴纳增值税、消费税、营业税的单位和个人，都是教育费附加的纳税义务人。

计算公式如下：

应交教育费附加 = 实际交纳增值税、消费税、营业税之和 × 征收比率

【例7-6-31】依上例，教育费附加的征收比率为3%，A企业应交纳的教育费附加为：

教育费附加 = （10 000 + 4 000 + 600 + 750） × 3% = 460.50

借：营业税金及附加　　　　　　　460.50
　　贷：应交税费——应交教育费附加　460.50

六、其他应付和预收款项

（一）其他应付款

其他应付款，是指除短期借款、应付票据、应付账款、应付职工薪酬、应交税费、应付利息、应付股利等以外的各种偿付期在1年以内的款项，如出租出借包装物收取的押金，应付经营性租入固定资产的租金等。

【7-6-32】A企业收到C公司使用包装物的押金1 000元，存入银行，作：

借：银行存款　　　　　　　　　1 000
　　贷：其他应付款　　　　　　　1 000

C公司退还包装物，经验收无损坏，如果包装物是无偿出借使用的，退还押金，作：

借：其他应付款　　　　　　　　1 000
　　贷：银行存款　　　　　　　　1 000

如果包装物是出租使用的，应扣除租金，将剩余部分退还给客户。假定租金按天计算，每天一元，客户共使用48天，则应退952元，作：

借：其他应付款　　　　　　　　1 000
　　贷：其他业务收入　　　　　　　48
　　　　银行存款　　　　　　　　952

（二）预收账款

预收账款，是指企业在销货之前根据合同向购买方预先收取的款项，应在1年之内用产品或劳务偿付的债务。

【例7-6-33】A企业根据合同向购货方收取50 000元押金存入银行，作：

借：银行存款　　　　　　　　50 000
　　贷：预收账款　　　　　　　50 000

A企业将货物交付购货方，增值税专用发票上注明的价款为100 000元，增值税为17 000元。作：

借：预收账款　　　　　　　　　　　　　117 000
　　贷：主营业务收入　　　　　　　　　　100 000
　　　　应交税费——增值税——销项税额　　17 000

A企业收到余款时，作：

借：银行存款　　　　　　　　　　　　　67 000
　　贷：预收账款　　　　　　　　　　　　67 000

该业务也可以作成：

借：预收账款　　　　　　　　　　　　　50 000
　　银行存款　　　　　　　　　　　　　67 000
　　贷：主营业务收入　　　　　　　　　　100 000
　　　　应交税费——增值税——销项税额　　17 000

七、或有事项

或有事项，是指由过去的交易或事项形成的一种状况，其结果需通过未来不确定事项的发生或不发生予以证实。或有事项既可能是一项潜在的权利，也可能是一项潜在的义务。

或有事项作为一项潜在的权利，在未来可能转化为一项资产，也可能无法转化为一项资产。或有资产一般不在会计报表附注中进行披露，只有当或有资产很可能给企业带来经济利益时，才应在会计报表附注中披露其形成原因，如果能够预计其产生的财务影响，还应作相应披露。

或有事项作为一项义务，可能是现实的义务，也可能是潜在的义务。或有事项作为一项现实的义务，是指由过去的交易或事项形成的现已承担的义务，如企业为其他单位提供了债务担保，如果该项义务的履行很可能导致企业的经济利益流出企业，且其金额能够可靠地计量，企业应将其确认为预计负债。不能满足上述条件的或有义务只能确认为或有负债。

（一）担保债务

企业以自己的信用或财产为其他单位提供担保，如果在债务到期日被担保单位偿还了借款，企业不承担任何责任；如果被担保单位不能偿还债务，则担保企业应承担为被担保单位偿还债务的责任，这时该项债务形成一项或有负债。

【例7-6-34】A企业今年1月10日为B企业从银行借入的1年期美元贷款100万美元，作了50%的担保；5月20日为P公司从投资公司融资租入的50万美元的大型设备作了100%的担保。截至12月31日，B企业的财务状况受金融危机影响陷入困境，还款能力几乎为零，目前美元兑人民币的汇率为卖出价1∶6.8；P公司目前财务状况良好，不存在支付困难。根据分析，A企业在12月31日时，作：
  借：营业外支出   3 400 000
    贷：预计负债   3 400 000
  A 企业为 P 公司担保，P 公司财务状况良好，不应确认为预计负债。

（二）未决诉讼和未决仲裁

【例7-6-35】A 企业销售一批产品给 M 公司，因产品存在一定质量问题，导致 M 公司发生经济损失，因双方对问题的认识不一致，M 公司将 A 企业告上法庭，请求赔偿200 000元。A 企业在应诉的过程中发现所售产品确实存在质量问题。虽然法院还未宣判，但 A 企业败诉的可能性极大。在 12 月 31 日，A 企业预计诉讼费用为12 000元，作：
  借：管理费用   12 000
    营业外支出   200 000
    贷：预计负债   212 000

（三）产品质量担保债务

企业出售附有保修期的产品后，在保修期内产品不发生质量问题，企业将不发生售后费用支出；如果发生质量问题，企业应负责修理和退换，从而发生费用。一般企业会根据经验确认一笔费用。

【例7-6-36】A 企业销售产品共5 000件，保修期为一年，根据以往经验，约有3%的产品可能返修，每件产品的返修费约为 50 元，作：
  预计保修费用 = 5 000 × 3% × 50 = 7 500
  借：销售费用   7 500
    贷：预计负债   7 500

（四）亏损合同

亏损合同，是指在履行合同义务过程中，发生的成本预计将超过与合同相关的未来流入的经济利益。如果与亏损合同相关的义务不需要支付任何补偿即可撤销，则不应确认预计负债；如果与亏损合同相关的义务不可撤销，一般应确认为预计负债。待执行合同变为亏损合同时，如果合同存在标的资产的，应对资产进行减值测试，并按规定计提减值损失，如果预计亏损超过减值损失，超过部分应确认为预计负债。

【例7-6-37】A 企业于年初与外商签订一项销售合同，约定在圣诞节前以每件产品 100 元的价格出售10 000件产品，若不能按期交货，将支付总价30%的违约金。当企业开始生产该批产品时，原材料价格突然上升，预计每件产品的成本为 125 元，即每件产品亏损 25 元，总计亏损250 000元，如果撤销合同需要交纳

300 000元的违约金，这项合同变成一项亏损合同。A企业决定履行合同并确认一项预计负债，作：

借：营业外支出　　　　　　　　250 000
　　贷：预计负债　　　　　　　　　　　250 000

企业应在会计报表附注中披露或有事项的有关信息，包括预计负债的种类、形成原因以及经济利益流出企业不确定性的说明；或有负债的种类、形成原因以及经济利益流出的可能性等。

第七节　非流动负债

非流动负债是指偿还期超过一年的债务。具有偿还期长、金额较大等特点。主要包括长期借款、应付债券、长期应付款等。

非流动负债是企业为解决长期资金不足筹集的长期负债资金，主要用于增加固定资产、扩建厂房等投资需求。非流动负债的优点一是归还期限长，还债压力或风险相对较小；二是负债的借款费用是在所得税前扣除的，发行股票筹资的费用由所得税后的净利润中支付，非流动负债的费用会低于发行股票筹资的费用。缺点：一是与短期负债相比利率较高；二是债权人通常会向债务人提出一些限制性的条件，对债务人形成种种约束。

一、非流动负债利息的计算

非流动负债利息的计算方法有单利和复利两种。

（一）单利

单利，是指在涉及两个或两个以上的计息期时，各期的利息只按最初的本金计算，利息不加入本金合并计算以后期间的利息。计算公式：

单利利息 = 本金 × 利率 × 计息期数
本利和 = 本金 × (1 + 利率 × 计息期数)

【例7-7-1】A企业向银行借入3年期长期借款200 000元，年利率8%，按单利计算，到期一次还本付息。

借款时，作：

借：银行存款　　　　　　　　　200 000
　　贷：长期借款　　　　　　　　　　　200 000

还款时，作：

本利和 = 200 000 × (1 + 8% × 3) = 248 000
借：长期借款　　　　　　　　200 000
　　财务费用　　　　　　　　　48 000
　　贷：银行存款　　　　　　　　　248 000

(二) 复利

复利，是指在涉及两个或两个以上的计息期时，将前期利息加入后期本金计算利息的方法。俗称利滚利。计算公式：

本利和 = 本金 × (1 + 利率)^n

【例7-9-2】依上例，A 企业向银行借入 3 年期长期借款200 000元，年利率8%，按复利计算，到期一次还本付息。

本利和 = 200 000 × (1 + 8%)^3 = 200 000 × 1.259 71 = 251 942

各年的利息可分别计算如下：

第一年：200 000 × 8% = 16 000

第二年：(200 000 + 16 000) × 8% = 17 280

第三年：(200 000 + 16 000 + 17 280) × 8% = 18 662.40

三年利息和：16 000 + 17 280 + 18 662.40 = 51 942.40

使用复利终值系数表有一点小误差。

借款时，作：
借：银行存款　　　　　　　　200 000
　　贷：长期借款　　　　　　　　　200 000

还款时，作：
借：长期借款　　　　　　　　200 000
　　财务费用　　　　　　　　　51 942
　　贷：银行存款　　　　　　　　　251 942

现值与终值是两个重要的概念，现值是现在付款或收款的金额，终值是未来某个时点付款或收款的金额，也称本利和。现值与终值是建立在货币时间价值的基础上的两个概念。货币时间价值的概念，最本质的思想是不同时间的货币是不等值的，因为今天的 1 元钱存入银行，明年除了收回本金外，还可获得一定的利息，说明今天的 1 元大于明年的 1 元钱。如果利率为 10%，则今年的 1 元钱，与明年的 1.10 元相等。

货币时间价值，是指一定数额的货币在不同时间点的价值差额。在日常生活中，常用利率或折现率等相对数表示货币的时间价值。复利的终值，是指现在的 1 元钱，在未来某个时点，在某种利率水平下等于多少钱。复利的现值，是指未来的 1 元钱，在某种利率水平下等于多少现在的钱。计算公式为：

终值 = 现值 × (1 + i)^n

现值 = 终值 × $(1+i)^{-n}$

式中，i 为利率；n 为期数；$(1+i)$ 称为复利终值系数，也可记为 CF，式中 $(1+i)$ 称为复利现值系数或贴现系数，可记为 DF。为简化计算工作复利终值系数和复利现值系数可通过查表得到（见附录一、二）。

年金，是指在若干期内每一期的等额付款或等额收款。每期等额付款或收款的终值称为年金终值；每期等额付款或收款的现值称为年金现值。在每期期末付款或收款的年金称为普通年金。公式：

普通年金终值 $S = \dfrac{A[(1+i)^n - 1]}{i}$

普通年金现值 $P = \dfrac{A[1-(1+i)^{-n}]}{i}$

式中，$[(1+i)^n - 1]/i$ 称为年金终值系数，可记作 $(S/A, I, n)$，表示为每期末支付的普通年金 1 元，当利率为 i，经过 n 期后的最终价值；$/i$ 称为普通年金现值系数或年金贴现系数，可记作 $(P/A, i, n)$，其含义为当利率为 i 时，n 期普通年金 1 元的现值数额。为简化计算，可查表求得年金终值与年金现值（见附录三、四）。

年金现值 = 年金 × 年金现值系数

即：$P = A \times (1+i) \times \dfrac{1-(1+i)^{-n}}{i}$

$\qquad = A \times \left[\dfrac{1-(1+i)^{-(n-1)}}{i} + 1\right]$

$\qquad = A \times (P/A, i, n) \times (1+i)$

$\qquad = A[(P/A, i, n-1) + 1]$

（三）非流动负债借款费用的处理

借款费用的处理有费用化和资本化两种基本方法。费用化是将借款费用作为流量处理，在发生的当期确认为费用，计入当期损益，纳入当年的利润表。资本化是将借款费用作为存量处理，计入相关资产成本，纳入当年的资产负债表，并随该资产的流转而流转。

企业发生的借款费用，符合资本化条件的可予以资本化，计入相关资产成本；其他借款费用，在发生的当时根据其发生额确认为费用，计入当期损益。

《国际会计准则第 23 号——借款费用》认为，基本处理方法是借款费用于发生的当期确认为一项费用而不管借款如何使用。作为允许选用的处理方法，对于那些可直接计入相关资产的购置、建造或生产成本的借款费用允许资本化。这里的相关资产是指需要经过相当长时间，才能达到可以使用或可以销售状态的资产。

我国《企业会计准则第 17 号——借款费用》规定，企业发生的借款费用可直接归属于符合资本化条件的资产的构建或者生产的,应当予以资本化,计入相关资产成本;其他借款费用应在发生的当时根据其发生额确认为费用,计入当期损益。

二、长期借款

长期借款是指企业从银行或其他金融机构借入的还款期在1年以上的款项。

(一) 长期借款分类

1. 长期借款按借款单位分为银行与其他金融机构借款和其他单位借款。
2. 长期借款按用途分为固定资产购建借款、扩建改造借款、产品开发借款、营运资金借款等。
3. 长期借款按偿还方式分为到期一次还本和分期还本的长期借款。
4. 长期借款按付息方式分为分期付息和还本时一次付息的长期借款。
5. 长期借款按借款币种分为人民币借款和外币借款。

(二) 长期借款合同中的保护条款

由于长期借款的还款时间长,贷出资金的一方收回本息的风险较大,他们为了维护自己的利益,往往在借款合同中规定一些保护性条款,以确保长期借款本息的安全返还。

保护性条款大体有三类:一般性保护条款、例行性保护条款和特殊性保护条款。

1. 一般性保护条款

一般性保护条款多用于借款合同,因具体情况不同会有不同内容,主要包括:

(1) 对借款企业的流动资金总量、资本支出量的限制性规定,目的在于保持借款企业资金的流动性和偿还能力。

(2) 对支付现金股利和再购入股票的限制,目的在于控制现金外流。

(3) 限制其他长期债务,目的在于防止其他贷款人取得对企业资产的优先求偿权。

2. 例行性保护条款

例行性保护条款属于例行常规,在多数合同中都会出现,主要包括:

(1) 借款企业定期向银行提交财务报表,目的是使银行及时掌握企业的财务状况。

(2) 不准在正常情况下出售较多资产,以保持企业正常的生产经营能力。

(3) 按时交纳税费和其他到期债务,以免被罚款造成现金流失。

(4) 不准贴现应收票据或出售应收账款,以避免或有负债。

(5) 不准以任何资产作为担保或抵押,以免资产的流失。

(6) 限制租赁资产的规模，以防止企业负担巨额租金，影响偿债能力。

3. 特殊性保护条款

特殊性保护条款是针对某些特殊情况出现在部分借款合同中的，包括：

(1) 借款必须专款专用。

(2) 不准企业投资于短期内不能收回资金的项目。

(3) 限制企业高级职员的薪金和奖金总额。

(4) 要求企业主要领导人在合同有效期内担任领导职务。

(5) 要求企业主要领导人购买人身保险等。

除此以外，不同的借款合同还会有不同的要求，如国外有些银行要求有最低存款余额，即借款额的一部分作为最低存款余额不能使用，如借100万美元，要求有20%即20万元的最低存款余额，即借100万美元只有80万元可用。

（三）长期借款的核算

设置"长期借款"科目，该科目属于负债类科目，贷方记增加，借方记减少，余额在贷方，反映企业已经借入尚未归还的长期借款总额。

【例7－9－3】A企业从银行取得长期借款500 000元，用于企业的经营周转，期限3年，利率10%，按复利计息，每年计息一次，到期一次还本付息。

取得借款时，作：

借：银行存款　　　　　　　　　500 000
　　贷：长期借款——本金　　　　500 000

第一年计息时，作：

第一年利息 = 500 000 × 10% = 50 000

借：财务费用　　　　　　　　　50 000
　　贷：长期借款——利息　　　　50 000

第二年计息时，作：

第二年利息 = (500 000 + 50 000) × 10% = 55 000

借：财务费用　　　　　　　　　55 000
　　贷：长期借款——利息　　　　55 000

第三年计息时，作：

第三年利息 = (500 000 + 50 000 + 55 000) × 10% = 60 500

借：财务费用　　　　　　　　　60 500
　　贷：长期借款——利息　　　　60 500

到期还本付息时，作：

3年累计利息 = 50 000 + 55 000 + 60 500 = 165 500

本利和 = 500 000 + 165 500 = 665 500

借：长期借款——本金　　　　　500 000

——利息　　　　　　　　165 500
　贷：银行存款　　　　　　　665 500

三、应付债券

（一）应付债券概述

债券，是指依据法定程序发行的、约定在一定期限内还本付息的一种有价证券。企业可以依据法定程序经批准以对外发行债券的形式筹集资金。一般债券的还款期长于一年，属非流动负债。

1. 债券的票面应载明的内容
（1）企业名称；（2）债券面值；（3）票面利率；（4）还本期限和还本方式；（5）利息的支付方式；（6）债券的发行日期等。

企业债券一般是委托银行、信托公司、证券公司等代为发行和兑付。

2. 债券的分类
（1）债券按偿还本金的方式分为：
①一次还本债券，是指在一个固定的到期日偿还本金的债券。
②分期还本债券，是指按不同的到期日分次偿还本金的债券。
（2）债券按支付利息的方式分为：
①到期一次付息债券，是指在到期日支付全部利息的债券。
②分期付息债券，是指每隔一段时间支付一次利息的债券。如每季度付息一次、每半年付息一次等。
（3）债券按是否可以转换为发行企业的股票分为：
①可转换债券，是指可以在一定时期、按照一定条件转换成发行企业的普通股股票的债券。
②不可转换债券，是指不能转换成发行企业普通股股票的债券。
（4）债券按有无担保品分为：
①信用债券，是指没有特定资产作为抵押担保，仅凭发行企业的信用发行的债券。
②抵押债券，是指发行企业以特定的资产作为抵押品担保债券能按期还本付息的债券。
（5）债券按是否记名分为：
①记名债券，是指将持有人的姓名登记在发行企业的债券。
②不记名债券，是指不将持有人的姓名登记于发行企业的债券。

（二）分期付息债券的核算

1. 债券的发行价格及利率

债券的发行价格，是指债券发行时向投资者收取的全部现金或现金等价物。债券的发行价格会受很多因素的影响，除了债券的面值、期限、票面利率、利息支付方式外，还会受到发行企业自身信用状况、资本结构等内部因素的影响；企业外部资本市场的利率水平、供求关系等也会影响企业债券的发行价格。

债券按面值偿还本金、按票面利率支付利息是发行企业未来的付款义务。债券发行企业一方面按发行价格向债券的投资者收取一定数额的现金或现金等价物，另一方面承担了未来支付本金和利息的义务。

债券的发行价格与市场利率是紧密相连的，市场利率决定了折现率，折现率影响了债券的发行价格。其关系表示如下：

债券的发行价格＝到期偿还面值按市场利率折算的现值＋票面利息按市场利率折算的现值

企业发行债券经过法定程序的批准并印刷完成后，如果市场利率发生变化，企业也很难修改利率重新完成整个程序，一般只能想其他办法进行调整。如果市场利率高于债券的票面利率，企业一般采用折价发行的办法，在发行时用降低发行价格的方式对未来少付的利息予以补偿；如果市场利率低于债券的票面利率，企业采用溢价发行的方式，对未来多付的利息，在发行时用多收取的价格作为补偿。

2. 分期付息债券的核算

（1）平价发行。如果债券利率正好等于市场利率，债券应按面值发行。

【例7-7-4】A企业于今年2月1日发行总面值为800 000元，票面利率8%，5年期分期付息债券，每年付息一次，按面值发行（查表8%，5年期复利现值系数为0.680 58；8%，5年期年金现值系数为3.992 71）。

到期偿还面值的现值＝800 000×0.680 58＝544 464

各期利息的现值＝800 000×8%×3.992 71＝255 533.44≈255 536

注：此处有尾数差2.56

债券的现值＝544 464＋255 536＝800 000

发行时，作：

借：银行存款　　　　　　　　　800 000
　　贷：应付债券——面值　　　　　　　800 000

每年付息时，作：

借：财务费用　　　　　　　　　64 000
　　贷：银行存款　　　　　　　　　　64 000

还本时，作：

借：应付债券——面值　　　　　800 000

贷：银行存款　　　　　　　　　800 000

（2）折价发行。折价发行是指由于市场利率高于债券的票面利率，债券的发行价格按低于面值的价格发行。

【例7-7-5】仍按上例，如果市场利率为10%，债券的票面利率为8%，其他条件不变（10%，5年期复利现值系数0.620 92；10%，5年期年金现值系数3.790 79），则债券的发行价格应为：

到期偿还面值的现值 = 800 000 × 0.620 92 = 496 736

各期利息的现值 = 800 000 × 8% × 3.790 79 = 242 610.56 ≈ 242 611

债券的现值 = 496 736 + 242 611 = 739 347

本期债券折价 = 800 000 - 739 347 = 60 653

发行时，作：

借：银行存款　　　　　　　　　739 347
　　应付债券——折价　　　　　　60 653
　　贷：应付债券——面值　　　　800 000

①债券的折价可以采用直线摊销法，即将差额按期数摊销，这种方法的优点是简单，但忽略了各期利息数额的不等。

仍依上例，每期的折价 = 60 653 ÷ 5 = 12 130.60

表7-9-1　债券折价摊销法（直线法）　　　　　　　单位：元

期次	实付利息	折价摊销	利息费用	账面价值
0	—	—	—	739 347
1	64 000	12 130.60	76 130.60	751 477.60
2	64 000	12 130.60	76 130.60	763 608.20
3	64 000	12 130.60	76 130.60	775 738.80
4	64 000	12 130.60	76 130.60	787 869.40
5	64 000	12 130.60	76 130.60	800 000
合计	320 000	60 653	380 653	—

支付利息时，5年做同样的分录。

借：财务费用　　　　　　　　　76 130.60
　　贷：银行存款　　　　　　　　64 000
　　　　应付债券——折价　　　　12 130.60

归还本金时，作：

借：应付债券——本金　　　　　800 000
　　贷：银行存款　　　　　　　　800 000

②债券的折价也可以采用实际利率法摊销

仍依上例，假定实际利率为10%。

表7-7-2 债券折价摊销表（实际利率法） 单位：元

期次	实付利息	利息费用	折价摊销	未摊销折价	账面价值
0				60 653	739 347
1	64 000	73 934.70	9 934.70	50 718.30	749 281.70
2	64 000	74 928.17	10 928.17	39 790.13	760 209.87
3	64 000	76 020.99	12 020.99	27 769.14	772 230.86
4	64 000	77 223.09	13 223.09	14 546.05	785 453.95
5	64 000	78546.05*	14 546.05	0	800 000
合计	320 000	380 653	60 653	—	—

*有尾数差0.66。

支付利息时，作：

第一年：
借：财务费用　　　　　　　　73 934.70
　　贷：银行存款　　　　　　　　　64 000
　　　　应付债券——折价　　　　　9 934.70

第二年：
借：财务费用　　　　　　　　74 928.17
　　贷：银行存款　　　　　　　　　64 000
　　　　应付债券——折价　　　　　10 928.17

第三年：
借：财务费用　　　　　　　　76 020.99
　　贷：银行存款　　　　　　　　　64 000
　　　　应付债券——折价　　　　　12 020.99

第四年：
借：财务费用　　　　　　　　77 223.09
　　贷：银行存款　　　　　　　　　64 000
　　　　应付债券——折价　　　　　13 223.09

第五年：
借：财务费用　　　　　　　　78 546.05
　　贷：银行存款　　　　　　　　　64 000
　　　　应付债券——折价　　　　　14 546.05

到期偿还本金时，作：
借：应付债券——本金　　　　800 000
　　贷：银行存款　　　　　　　　　800 000

（3）溢价发行。溢价发行是指由于债券发行时市场利率低于债券的票面利率，债券按高于面值的价格发行。

依上例,如果市场利率为6%,债券的发行价格应为:查表6%,5年期复利现值系数为0.747 26;6%,5年期年金现值系数4.212 36。

到期偿还面值的现值 = 800 000 × 0.747 26 = 597 808

各期利息的现值 = 800 000 × 6% × 4.212 36 = 269 591.04 ≈ 269 591

债券的发行价格 = 597 808 + 269 591 = 867 399

溢价金额 = 867 399 - 800 000 = 67 399

发行时,作:

借:银行存款　　　　　　　　　　867 399
　　贷:应付债券——面值　　　　　　　800 000
　　　　　　——溢价　　　　　　　　　67 399

直线摊销法不再重复,实际利率摊销法见7-7-3表。

表7-7-3 债券溢价摊销表（实际利率法）　　　　单位:元

期次	实付利息	利息费用	溢价摊销	未摊销议价	账面价值
0	—	—	—	67 399	867 399
1	64 000	52 043.94	11 956.06	55 442.94	855 442.94
2	64 000	51 326.58	12 673.42	42 769.52	842 769.52
3	64 000	50 566.17	13 433.83	29 335.69	829 335.69
4	64 000	49 760.14	14 239.86	15 095.83	815 095.83
5	64 000	48904.17*	15 095.83	0	800 000
合计	320 000	252 601	67 399	—	—

注:*有尾数差1.57

第一年:

借:财务费用　　　　　　　　　　52 043.94
　　应付债券——溢价　　　　　　 11 956.06
　　贷:银行存款　　　　　　　　　　64 000

第二年:

借:财务费用　　　　　　　　　　51 326.58
　　应付债券——溢价　　　　　　 12 673.42
　　贷:银行存款　　　　　　　　　　64 000

第三年:

借:财务费用　　　　　　　　　　50 566.17
　　应付债券——溢价　　　　　　 13 433.83
　　贷:银行存款　　　　　　　　　　64 000

第四年：
借：财务费用　　　　　　　49 760.14
　　应付债券——溢价　　　　14 239.86
　　贷：银行存款　　　　　　　　64 000
第五年：
借：财务费用　　　　　　　48 904.17
　　应付债券——溢价　　　　15 095.83
　　贷：银行存款　　　　　　　　64 000
偿还本金与上例相同，不重复。

（三）分期还本债券的核算

分期还本债券与到期一次还本债券的区别体现在债券发行价格的确定、债券溢价与折价的摊销、债券的提前偿还等方面。

1. 分期还本债券发行价格的确定

分期还本付息债券的发行价格是债券本金和票面利息按发行时的市场利率折算的现值。与到期一次还本债券不同的是，分期还本债券的本金要按不同的到期日分别计算现值。

【例7-9-6】A企业于2010年1月1日发行面值500 000元，3年期，年利率10%的债券，用于企业经营资金周转。合同规定每年年末支付利息，从第2年起每年年末偿还本金250 000元。假定市场利率也是10%，则：

第一年应支付的利息的现值 = 500 000 × 10% × 0.909 09 = 45 454.50

第二年应支付的利息和本金的现值 =（500 000 × 10% + 250 000）× 0.82645
　　　　　　　　　　　　　　　　= 300 000 × 0.82645 = 247 935

第三年应支付的利息和本金的现值 =（250 000 × 10% + 250 000）× 0.75132
　　　　　　　　　　　　　　　　= 275 000 × 0.75132 = 206 613

债券的发行价 = 45 454.50 + 247 935 + 206 613 = 500 002.50 ≈ 500 000

2. 分期还本债券的折价与溢价

分期还本债券折价与溢价的摊销也分为直线法和实际利率法两种。

（1）直线法。到期一次还本的债券按直线法摊销折价或溢价，只要以债券的期数为权数在存续期间平均分摊就可以了。而分期还本债券的折价与溢价的摊销，由于各期应付债券的面值余额不同，采用直线法摊销溢价和折价时，必须考虑各期应付债券余额的大小，一般可以用债券面值余额合计数除以发行时债券面值乘以偿还本金的次数作为摊销折价或溢价的期数。

【例7-9-7】依上例，假定发行债券时市场利率为12%，利率12%一年期复利现值系数为0.89286；两年期复利现值系数为0.79719；三年期复利现值系数为0.71178，则：

第一年应支付的利息的现值 = 500 000 × 10% × 0.89286 = 44 643

第二年应支付的利息和本金的现值 = (500 000 × 10% + 250 000) × 0.79719
= 300 000 × 0.79719 = 239 157

第三年应支付的利息和本金的现值 = (250 000 × 10% + 250 000) × 0.71178
= 275 000 × 0.71178 = 195 739.50

债券的发行价 = 44 643 + 239 157 + 195 739.50 = 479 539.50

债券折价 = 500 000 - 479 539.50 = 20 460.50

表7-7-4 分期还本债券折价摊销表（直线法） 单位：元

期次	实付利息	摊销比例	折价摊销	利息费用	未摊销折价	偿还本金	债券面值
发行时	—	—	—	—	—	—	479539.5
1	50000	2/5	8184.20	41815.80	20460.50	—	487723.7
2	50000	2/5	8184.20	41815.80	12276.30	250000	245907.9
3	25000	1/5	4092.10	20907.90	4092.10	250000	0
合计	125000	5/5	20460.50	104539.50	0	500000	0

注：实付利息 = 期初债券面值 × 债券票面利率 = 500 000 × 10% = 50 000

摊销比例的分母 = 债券面值余额合计 ÷ 债券面值 × 偿还本金次数 = 1 250 000 ÷ 500 000 × 2
= 2.5 × 2 = 5

摊销比例的分子 = 实付利息 ÷ (实付利息合计数 ÷ 摊销比例的分母) = 50 000 ÷ (125 000 ÷ 5)
= 50 000 ÷ 25 000 = 2

折价摊销 = 未摊销折价 × 摊销比例 = 20 460.50 × 2/5 = 8 184.20

利息费用 = 实付利息 - 折价摊销 = 20 460.50 - 8 184.20 = 41 815.80

未摊销折价 = 期初未摊销折价 - 已摊销折价 = 20 460.50 - 8 184.20 = 12 276.30

(2) 实际利率法。按实际利率法摊销分期还本债券的折旧或溢价，要以期初应付债券的账面价值（面值加上未摊销溢价或减去未摊销折价）乘以债券发行时的实际利率确定当期的利息费用，再将它与票面利息进行比较，差额为本期应摊销的溢价或折价。

依上例，采用实际利率法摊销折价，见表7-7-5。

表7-7-5 分期还本债券折价摊销表（实际利率法） 单位：元

项目	实付利息	利息费用	折价摊销	偿还本金	面值余额	账面余额
发行时	—	—	—	—	500000	479539.5
1	50000	57544.74	7544.74	—	500000	487084.24
2	50000	58450.12	8450.12	250000	250000	245534.36

续表

项目	实付利息	利息费用	折价摊销	偿还本金	面值余额	账面余额
3	25000	29465.64	4465.64	250000	0	0
合计	125000	145460.50	20460.50	500000	—	—

注：实付利息 = 债券面值 × 票面利率

利息费用 = 账面余额 × 实际利率（最后一笔利息费用含尾数差1.52元）

折价摊销 = 利息费用 − 实付利息

【例7-7-8】A企业发行面值500 000元，3年期，年利率10%的债券，用于企业经营资金周转。合同规定每年年末支付利息，从第2年起每年年末偿还本金250 000元。假定市场利率为8%。利率8%一年期复利现值系数为0.92593；两年期复利现值系数为0.85734；三年期复利现值系数为0.79383，则：

第一年应支付的利息的现值 = 500 000 × 10% × 0.92593 = 46 296.50

第二年应支付的利息和本金的现值 = （500 000 × 10% + 250 000）× 0.85734
= 300 000 × 0.85734 = 257 202

第三年应支付的利息和本金的现值 = （250 000 × 10% + 250 000）× 0.79383
= 275 000 × 0.79383 = 218 303.25

债券的发行价 = 46 296.50 + 257 202 + 218 303.25 = 521 801.75

债券溢价 = 521 801.75 − 500 000 = 21 801.75

债券溢价的直线法摊销与债券折价直线摊销法类似，不再重复。债券溢价实际利率法摊销见表7-7-6。

表7-7-6　　分期还本债券溢价摊销表（实际利率法）　　单位：元

项目	实付利息	利息费用	溢价摊销	偿还本金	面值余额	账面余额
发行时	—	—	—	—	500000	521801.75
1	50000	41744.14	8255.86	—	500000	513545.89
2	50000	41083.67	8916.33	250000	250000	254629.56
3	25000	20370.44	4629.56	250000	0	0
合计	125000	103198.25	21801.75	500000	—	—

注：实付利息 = 债券面值 × 票面利率

利息费用 = 账面余额 × 实际利率（最后一笔利息费用含尾数差0.08元）

溢价摊销 = 实付利息 − 利息费用

四、可转换债券

可转换债券，是指在一定期间按规定的转换比率或转换价格转换为发行企业股票的债券。可转换债券具有债权性证券与权益性证券的双重性质，可称为混合性证券。对于发行者来讲,一方面要定期支付债券的利息,到期偿还本金;另一方面,由于赋予债券持有者按规定的条件转换为本企业股票的权利,这种转换权与认股权相似。所以从理论上讲,可转换债券的发行价格由两部分组成,一是债券面值及票面利息按市场利率折算的现值;二是转换权的价值。

(一) 可转换债券发行

可转换债券发行时有两种会计处理方法,一是确认转换权价值,二是不确认转换权价值。我国会计准则要求采用第一种方法——确认转换权价值。

1. 确认转换权价值

这种方法的特点是要将转换权的价值单独确认入账,具体列为资本公积。

【例7-9-9】A 企业于2012年1月1日发行面值为500 000元,年利率8%,5年期的可转换债券,用于企业经营周转。每年付息一次。发行3年后可按每1 000元面值转换600股每股1元的普通股。实际发行价为462 092,按利率为10%计算。如果不附转换权,该债券的发行价格为427 906元,市场利率为12%。A 企业采用实际利率法摊销债券的溢价或折价(利率10%,5年期复利现值系数0.62092;年金现值系数3.79079;利率12%,5年期复利现值系数为0.56743,年金现值系数为3.60478)。

按利率10%计算:

可转换债券面值的现值 = 500 000 × 0.62092 = 310 460

可转换债券利息的现值 = 500 000 × 8% × 3.79079 = 151 631.60 ≈ 151 632

债券价格 = 310 460 + 151 632 = 462 092

按市场利率12%计算:

可转换债券面值的现值 = 500 000 × 0.56743 = 283 715

可转换债券利息的现值 = 500 000 × 8% × 3.60478 = 144 191.20 ≈ 144 191

债券价格 = 283 715 + 144 191 = 427 906

转换权价值 = 462 092 - 427 906 = 34 186

应付债券折价 = 500 000 - 427 906 = 72 094

发行债券时,作:

借:银行存款　　　　　　　　　　　462 092
　　应付债券——折价　　　　　　　 72 094
　　贷:应付债券——面值　　　　　　　　500 000
　　　　资本公积——转换权价值　　　　　34 186

表 7-7-7　债券折价摊销表（实际利率法）　　　　　单位：元

期次	实付利息	利息费用	折价摊销	未摊销折价	账面价值
0				72 094	427 906
1	40 000	51 348.72	11 348.72	60 745.28	439 254.72
2	40 000	52 710.57	12 710.57	48 034.71	451 965.29
3	40 000	54 235.83	14 235.83	33 798.88	466 201.12
4	40 000	55 944.13	15 944.13	17 854.75	482 145.25
5	40 000	57854.75*	17 854.75	0	500 000
合计	200 000	272 094	72 094	—	—

注：*有尾数差（57 857.43 – 57 854.75）2.68。

第一年：

实付利息 = 500 000 × 8% = 40 000

利息费用 = 427 906 × 12% = 51 348.72

借：财务费用　　　　　　　　51 348.72

　　贷：应付债券——折价　　　　11 348.72

　　　　银行存款　　　　　　　　40 000

第二年：

实付利息 = 500 000 × 8% = 40 000

利息费用 = 439 254.72 × 12% = 52 710.57

借：财务费用　　　　　　　　52 710.57

　　贷：应付债券——折价　　　　12 710.57

　　　　银行存款　　　　　　　　40 000

第三年：

实付利息 = 500 000 × 8% = 40 000

利息费用 = 451 965.72 × 12% = 54 235.83

借：财务费用　　　　　　　　54 235.83

　　贷：应付债券——折价　　　　14 235.83

　　　　银行存款　　　　　　　　40 000

三年后假定有 80% 的可转换债券转换为普通股股票。第四年初债券的账面价值为466 201.61元；未摊销债券折价为33 798.88。

已转换债券的账面价值 = 466 201.12 × 80% = 372 960.90

已转换债券的未摊销折价 = 33 798.88 × 80% = 27 039.10

应借记的资本公积（转换权价值） = 34 186 × 80% = 27 348.80

股本金额 = 500 000 ÷ 1 000 × 80% × 600 = 240 000

资本公积（股本溢价）＝372 960.90＋27 348.80－240 000＝160 309.70

借：应付债券——面值　　　　　400 000
　　　资本公积——转换权价值　　27 348.80
　　　贷：应付债券——折价　　　　　27 039.10
　　　　　股本　　　　　　　　　　　240 000
　　　　　资本公积——股本溢价　　　160 309.70

第四年：

未转换债券账面价值＝466 201.12－372 960.90＝93 240.22

未转换债券的未摊销折价＝33 798.88－27 039.10＝6 759.78

利息费用＝93 240.22×12%＝11 188.83

实付利息＝100 000×8%＝8 000

摊销折价＝11 188.83－8 000＝3 188.83

未摊销折价＝6 759.78－3 188.83＝3 570.95

账面价值＝93 240.22＋3 188.83＝96 429.05

借：财务费用　　　　　　　　11 188.83
　　贷：应付债券——折价　　　　　3 188.83
　　　　银行存款　　　　　　　　　8 000

第五年：

利息费用＝96 429.05×12%＝11 571.49

摊销折价＝11 571.49－8 000＝3 571.49－0.54＝3 570.95

尾数差＝3 571.49－3 570.95＝0.54

账面价值＝96 429.05＋3 570.95＝100 000

借：财务费用　　　　　　　　11 570.95
　　贷：应付债券——折价　　　　　3 570.95
　　　　银行存款　　　　　　　　　8 000

第五年年末归还本金：

借：应付债券——本金　　　　100 000
　　贷：银行存款　　　　　　　　　100 000

五、长期应付款

长期应付款是指除长期借款、应付债券以外的各种还款期超过1年的应付款项，包括融资租入固定资产的租赁费、采用补偿贸易方式引进的国外设备的价款等。

设置"长期应付款"账户，该账户属于负债类账户，贷方记增加，登记债务的增加额，借方记减少，反映还款的情况，余额在贷方，反映尚未归还的债务。

(一) 应付融资租赁款

应付融资租赁款是指企业采用融资租赁方式租入固定资产形成的长期负债。根据《企业会计准则第21号——租赁》的规定，融资租入的固定资产按租赁开始日租赁资产的公允价值与最低租赁付款额的现值两者中较低者作为入账价值，按最低租赁付款额确认长期应付款，将两者的差额作为未确认融资费用处理。将融资租赁谈判和签订合同过程中发生的费用，如印花税、佣金、律师费、差旅费等计入租入固定资产价值。

最低租赁付款额是指在租赁期内承租人应支付或可能被要求支付的各种款项（不包括或有租金和履约成本），加上由承租人或与其有关的第三方担保的资产余值。资产余值是指租赁资产开始日估计的租赁期届满时租赁资产的公允价值。

承租人在计算最低付款额的现值时，如果能取得出租人的租赁内含利率，可用该利率作为折现率；如果无法取得，应采用租赁合同规定的利率作为折现率。

【例7-7-10】A企业以融资方式租入一台设备，租赁开始日该设备的公允价值为200 000元，租赁合同规定的利率为10%，分5年付款，每年支付54 000元。该设备需要安装，A企业支付安装费20 000元，租赁期满后该设备的所有权转归A企业。

设备的公允价值 = 200 000

最低租赁付款额 = 54 000 × 5 = 270 000

利率10%，5年期，年金现值系数为3.790 79。

最低付款余额的现值 = 54 000 × 3.790 79 = 204 702.66 ≈ 204 703

未确认融资费用 = 270 000 - 204 703 = 65 297

借：固定资产——融资租入固定资产　　　　224 703
　　未确认融资费用　　　　　　　　　　　 65 297
　　贷：长期应付款——应付融资租赁费　　　　270 000
　　　　银行存款　　　　　　　　　　　　　 20 000

假定A企业采用实际利率法分摊未确认融资费用，利率为10%。见表7-7-8。

表7-7-8　未确认融资费用分配表（实际利率法）　　　　单位：元

期次	租金	确认融资费用	应付本金减少	本金期末余额
0				204 703
1	54 000	20 470.30	33 529.70	171 173.30
2	54 000	17 117.33	36 882.67	134 290.63
3	54 000	13 429.06	40 570.94	93 719.69

续表

期次	租金	确认融资费用	应付本金减少	本金期末余额
4	54 000	9 371.97	44 628.03	49 091.66
5	54 000	4 908.34*	49 091.66	0
合计	270 000	65 297	204 703	—

注：含尾数差 -0.83

第一年：

借：长期应付款——应付融资租赁费　　54 000
　　贷：银行存款　　　　　　　　　　　　54 000
借：财务费用　　　　　　　　20 470.30
　　贷：未确认融资费用　　　　20 470.30

第二年：

借：长期应付款——应付融资租赁费　　54 000
　　贷：银行存款　　　　　　　　　　　　54 000
借：财务费用　　　　　　　　17 117.33
　　贷：未确认融资费用　　　　17 117.33

第三年：

借：长期应付款——应付融资租赁费　　54 000
　　贷：银行存款　　　　　　　　　　　　54 000
借：财务费用　　　　　　　　13 429.06
　　贷：未确认融资费用　　　　13 429.06

第四年：

借：长期应付款——应付融资租赁费　　54 000
　　贷：银行存款　　　　　　　　　　　　54 000
借：财务费用　　　　　　　　9 371.97
　　贷：未确认融资费用　　　　9 371.97

第五年：

借：长期应付款——应付融资租赁费　54 000
　　贷：银行存款　　　　　　　　　　　　54 000
借：财务费用　　　　　　　　4 908.34
　　贷：未确认融资费用　　　　4 908.34

租赁期满将设备转为自有设备时，作：

借：固定资产——机器设备　　　　　224 703
　　贷：固定资产——融资租入固定资产　　224 703

如果未确认融资费用采用直线法摊销，则：

各年确认的融资费用=（270 000-204 703）÷5=13 059.40
各年编制的会计分录相同，作：
借：长期应付款——应付融资租赁费 54 000
　　贷：银行存款　　　　　　　　　　54 000
借：财务费用　　　　　　　　13 059.40
　　贷：未确认融资费用　　　　　　13 059.40
租赁期满将设备转为自有设备时，作：
借：固定资产——机器设备　　　　224 703
　　贷：固定资产——融资租入固定资产　224 703

（二）应付补偿贸易引进设备款

补偿贸易是指国内企业从国外引进设备，使用该设备生产的产品归还设备的价款。引进设备的价款一般要几年才能还清，形成一项长期应负债。引进设备的价款包括设备款、进口的工具、零配件、国外运保费等，外币金额折合成人民币记账，另外相应的利息和外币折算差额也计算在内。

【例7-7-11】A企业以补偿贸易方式从国外引进一台生产设备及专用工具等。合同规定设备价款为500 000美元；专用工具30 000美元，零部件20 000美元。合同规定还款期限最长5年，利率10%，计算复利，利息每年支付一次。如果无钱支付，依惯例再借一笔钱支付利息。合同同时规定，该设备生产的产品的价格依国际期货市场的月平均价计算。假定合同签订日美元兑人民币的汇率中间价为1:6。设备运到交付安装，工具和零部件已验收入库。作：

设备价款=6×500 000=3 000 000
工具、零部件价款=6×30 000+6×20 000=180 000+120 000
　　　　　　　　=300 000
借：在建工程　　　　　　　　　3 000 000
　　原材料　　　　　　　　　　　120 000
　　低值易耗品　　　　　　　　　180 000
　　贷：长期应付款——应付引进设备款　3 300 000
支付关税税率10%，补偿贸易一般可免增值税。
借：在建工程　　　　　　　　　　300 000
　　原材料　　　　　　　　　　　　12 000
　　低值易耗品　　　　　　　　　　18 000
　　贷：应交税费——关税　　　　　330 000
借：应交税费——关税　　　　　　330 000
　　贷：银行存款　　　　　　　　　330 000
用银行存款支付设备安装费30 000元。

借：在建工程　　　　　　　　　　　30 000
　　贷：银行存款　　　　　　　　　　　　30 000

设备安装完毕交付使用，成本3 330 000元。

借：固定资产　　　　　　　　　3 330 000
　　贷：在建工程　　　　　　　　　　　3 330 000

第一年应付补偿贸易利息330 000元。

借：财务费用　　　　　　　　　　330 000
　　贷：长期应付款——应付补偿贸易引进设备款　330 000

第一年出口产品50 000件。每件10美元，汇率1∶6，70%用来还款。

应还款总额（美元）=550 000（本金）+55 000（利息）=605 000

还款数额（美元）=10×50 000×70%=350 000

还款数额（人民币）=6×10×50 000×70%=2 100 000

借：应收账款　　　　　　　　　3 000 000
　　贷：主营业务收入　　　　　　　　　3 000 000

借：长期应付款——应付补偿贸易引进设备款　2 100 000
　　银行存款　　　　　　　　　　　900 000
　　贷：应收账款　　　　　　　　　　　3 000 000

第二年应付利息153 000（6×25 500）元。

借：财务费用　　　　　　　　　　153 000
　　贷：长期应付款——应付补偿贸易引进设备款　153 000

第二年出口产品50 000件，每件10美元，汇率1∶6，将剩余账款还清。

应收账款（人民币）=6×10×50 000=3 000 000

应还账款（美元）=255 000+25 500=280 500

应还账款（人民币）=6×280 500=1 683 000

借：应收账款　　　　　　　　　3 000 000
　　贷：主营业务收入　　　　　　　　　3 000 000

借：长期应付款——应付补偿贸易引进设备款　1 683 000
　　银行存款　　　　　　　　　　1 317 000
　　贷：应收账款　　　　　　　　　　　3 000 000

本例第二年已还清设备款。

【讨论案例】

成也存货败也存货钢企或掀巨额存货减值潮

发布时间：2011—12—26 来源：财经网

宝钢 400 亿元存货噬利润，钢企或掀巨额存货减值潮。截止到 2011 年第三季度，宝钢股份（600019.SH）的存货价值超过 444 亿元，而钢铁全行业的库存更是超过了 2500 亿元。一位钢铁上市公司高管对本刊记者表示，由于 10 月份铁矿石和钢材价格大幅下滑，2011 年钢铁上市公司的存货减值损失将非常巨大，甚至有企业仅四季度计提的存货减值损失就会吃掉一年的利润。而不少钢企在三季度末计提或者计提的跌价准备非常少，这将导致巨额的存货减值计提在四季度释放，从而对钢企全年的业绩造成极大的影响。

行业库存 2542 亿元。10 月份以来，铁矿石现货市场从 180 美元/吨跌落到约 130 美元/吨左右，一个月内价格跌去了 30%。此外，成品钢材价格也下跌了 20%。中钢协 11 月末公布的 CSPI 钢材综合价格指数为 122.33 点，环比下降 0.39 点，同比下降 2.95 点，创年内最低点。由于钢铁行业生产周期长，是工业领域拥有库存最高的行业之一，库存中以铁矿石和钢材为主。以宝钢股份为例，2010 年年末其库存 380 亿元，占净资产比例高达 34%，仅次于固定资产。"如果一家上市公司年末有 300 万吨的铁矿石库存，每吨价格下跌 40 美元，这样算下来，光铁矿石库存就将损失 8 亿元左右。这对于只有 2% 左右利润率的钢厂来说很可能是一年的全部利润。"上述钢厂高管对记者表示。

万得统计显示，截止到 2011 年三季度末，上市钢企库存合计金额达到 2542 亿元。如果按减值 8% 计算，总计提金额将达 200 亿元；而 2011 年前三季度钢铁上市公司总利润也就 259 亿元。

钢企的业绩可谓"成也存货，败也存货"。在原材料价格上升阶段，钢铁行业能够较大程度地享受前期高库存带来的利润提升，存货可成为业绩的"蓄水池"；反之原材料进入下跌通道，存货就会变成"业绩杀手"。某位资深财务人士向记者表示：2002～2005 年和 2007～2008 年中期，原材料价格同比上涨，期间伴随钢铁行业原材料存货的增加，钢厂总体净利润处于稳步提升阶段；2005～2006 年和 2008 年中期至 2009 年中期，原材料价格同比下跌，期间由于钢铁行业原材料存货保持高位，钢企净利润集体下滑；尤其是 2008 年下半年，危机时期，由于铁矿石价格一个月内巨幅下挫 40%，不少钢企当年的净利润绝大部分被存货减值计提所吞噬。

第四季度计提井喷。海通证券钢铁分析师刘彦奇认为，跟 2008 年相比，如今钢企的存货周转率并没有多大变化。也就是说，钢企没有从 2008 年原料暴跌减值巨大的危机中吸取教训或改进营运效率。目前钢企的存货总额比 2008 年金融危机前存货最高点还明显要高。2008 年受全球金融危机影响，进口铁矿石的现货价格一个月内跌幅达到了 40%，创下了 7 年来铁矿石现货价格首次低于长期合同价格水平的记录，致使拥有协议矿的不少钢企纷纷延期或者拒绝接货，转而从现货市场购买。而国内钢材价格也下降 30% 左右。受此影响，钢企掀起一场巨额存货减值潮。三大钢铁巨头 2008 年的计提数据如下：2008 年截至 9 月末，宝钢股份存货 521 亿元，存货减值计提 11.4 亿元，四季度突然大幅计提了存货减值准备大约 47 亿元，导致全年的计提金额高达 59 亿元，占当年净利润的 72%。这也导致 2008 年前三季度还盈利 125 亿元的宝钢股份在四季度巨亏 60 多亿元。最终 2008 年全年宝钢股份实现净利润约 65 亿元，同比大降 49%。

鞍钢股份 (000898.SZ/00347.HK) 2008 年年底存货是 103 亿元，计提存货跌价准备约为 18 亿元，达当年净利润近 50%。最终鞍钢股份 2008 年实现净利润约 34 亿元，同比下降 55%。

武钢股份 (600005.SH) 2008 年年底存货 76 亿元，计提 16 亿元，几乎相当于一个季度的收入，最终四季度单季净亏损大约达 20 亿元。

"今年很可能复制 2008 年的情形，四季度存货减值计提的释放，将给钢厂今年的业绩雪上加霜。"上述上市公司高管认为。

据万得统计，2011 年前三季度，国内钢铁上市公司实现收入 11706.64 亿元，同比增长 21.29%，营业利润 258.52 亿元，同比降 13.77%。营业利润率仅为 2.21%，在工业领域中倒数第一。

规模越大越受伤。截止到 2011 年 9 月末，在所有钢铁上市公司中，宝钢股份的存货价值最高，超过 444 亿元。即使效仿 2008 年四季度的做法，拼命去库存，年底存货量会有一定幅度减少，但即便最终折价 5%，这笔存货减值计提金额也不会小。毕竟宝钢股份 2011 年前三季度总的净利润也才不到 13 亿元。

宝钢股份证券部一位不具名人士告诉记者，宝钢股份的库存主要包括铁矿石和钢材，目前的铁矿石库存大约能维持 1 到 1 个半月的生产。"可以简单算笔账，宝钢 70 天的钢材产量大约 600 万吨，需要消耗的铁矿石近 900 万吨，900 万吨的铁矿石库存如果每吨价格下降 100 元，光铁矿石存货减值就会达到 9 亿元。"一位长期跟踪钢铁行业的分析人士对记者表示："由于与海外矿商签订的是长期协议，宝钢的铁矿石采购每个季度进行一次，即使现货市场价格下跌，公司也不会减少采购。"宝钢股份证券部人士强调，这意味着目前宝钢股份库存中的铁矿石几乎 100% 为三季度采购的高价矿。

大钢企铁矿石采购很严格，到点矿商就会发货；而小钢企不同，协议矿的量本身很小，现货价便宜就都直接转向现货采购。所以小钢企的库存周转率更高，有业内人士告诉记者。根据刘彦奇的测算，宝钢股份的去库存时间是 72 天，武钢是 51 天，鞍钢是 58 天，宝钢股份在行业中明显靠后。"时间越久，说明存货相对收入越高，存货中的矿石跌价损失也越多。"刘彦奇表示。

记者采访的上述分析人士认为，宝钢股份 100% 利用长协矿是一把"双刃剑"。在铁矿石价格节节上涨的年份，宝钢股份的巨额存货坐享未来升值，所以从宝钢股份历年的年报中可以发现,除去 2008 年,宝钢股份历来的存货减值准备计提都非常少,有的年份还出现了存货跌价准备大幅回转的情况。同时宝钢股份还可以享受协议价格与现货价格之间的巨大价差。但一旦铁矿石价格开始下行,100%协议矿却会转变成宝钢的短板。铁矿石在钢材生产成本中约占 45%,且价格波动较大,按理宝钢这么大规模企业应该参与铁矿石套期保值业务,以对冲价格波动风险。但由于种种原因,宝钢还没有涉及铁矿石掉期交易。

截至记者发稿时止,国内港口铁矿石库存超过 9000 万吨,达历史高位。而不少钢企的铁矿石库存水平已高于正常水平。同时,钢企钢材出厂价方面,招商证券张士宝发布的最新研报显示,钢价仍在继续走弱。上述钢企高管认为,目前宝钢的当务之急是在四季度去库存,否则存货减值损失将非常巨大。

各出奇招自救。或许是预期到了今年报表的难看,近日宝钢股份进行了一项意味深长的资产剥离,将上市公司培育多年的特钢和不锈钢资产转让给了大股东宝钢集团。"为了短期盈利能力的改善,上市公司不惜将这些资产转让给集团,也可见上市公司的经营压力。"一位业内人士对记者表示,"宝钢股份忍受特钢和不锈钢的亏损已很多年了,其实目前正是这些资产接近出效益的时候。""剥离这两项资产的确可以促进宝钢股份短期业绩的提升。但从长期来看,对公司盈利的改善实际并无大影响。"上述分析人士认为。

与宝钢股份的剥离不良资产不同,鞍钢股份则玩起了会计手法。鞍钢股份近日发布公告,决定从 7 月 1 日起调整固定资产折旧年限。房屋由 20 年变更为 30 年,建筑物由 20 年变更为 30 年,机械设备由 10 年变更为 15 年,动力设备由 11 年变更为 10 年,工具及仪器由 7 年变更为 5 年,其他保持不变。公告称,此举预计将使公司 2011 年度固定资产折旧额减少约 10 亿元,所有者权益及净利润增加约 8 亿元,相当于去年净利润的 38%,2011 年上半年公司净利润的 3.5 倍。随后马钢股份(600808.SH)和济南钢铁(600022.SH)也相继加入调整固定资产折旧的行列。而 2010 年的"亏损王"华菱钢铁(000932.SZ)则独辟蹊径,称为盘活资产,拟将老办公楼溢价 269%,以约 4926 万元的价格转让给华菱集团。华菱钢铁 2011 年前三季度亏损 1.63 亿元,第四季度行业形势进一步恶化,要实现全年扭亏的目标难度在加大。

"上市公司基本面短期内要有起色太难了,为了不至使报表太难看,只能进行一些账面上的调整。"上述业内人士表示。来自中钢协的统计材料显示,2010 年 1~10 月,500 万吨以上钢企利润率下降至 2.99%。10 月份,重点大中型钢企的销售利润率已降至 0.47%;77 家钢铁企业亏损面由 9 月份的 9 家增至 25 家,亏损面扩大为 32.5%,亏损额为 21.25 亿元,比 9 月份增加 18.3 亿元。

分析要点:
1. 企业是如实反映真实情况好还是把符合上市规则放在首位?
2. 股民希望报表反映真实情况还是"漂亮情况"?

3. 存货在企业资产中占据什么位置？

【思考题与练习题】
一、思考题
1. 试述现金折扣核算的总价法与净价法的异同。
2. 简述应收票据贴现的各种不同情况。
3. 试述存货成本包括的内容。
4. 试述材料按计划成本核算的内容。
5. 持有至到期投资溢折价产生的原因是什么？
6. 采用实际利率法如何确认投资收益和溢折价的摊销额？
7. 如何区分长期股权投资成本法和权益法的适用条件？
8. 试述自行建造固定资产的成本内容。
9. 试述固定资产的有形损耗与无形损耗。
10. 试述固定资产折旧的直线法与加速折旧法各自的特点及核算方法。
11. 固定资产的后续支出有哪些，如何进行核算？
12. 试述无形资产的概念及确认条件。
13. 试述无形资产价值转移的方式。
14. 试述无形资产研究开发费用的确认和计量。
15. 试述应付职工薪酬包含的内容。
16. 试述增值税一般纳税人与小规模纳税人会计处理方法的区别。
17. 增值税一般纳税人的视同销售业务包括哪些？
18. 如何计算消费税的组成计税价格？
19. 试述流动负债与非流动负债的异同。
20. 什么是应付债券的折价和溢价？
21. 可转换债券对发行企业有何优点？

二、练习题
1. B 企业销售产品一批，增值税专用发票上注明的价款为 9 000 000 元，增值税 153 000 元，货已由客户提走，贷款未付。做相关分录。

2. B 企业出售产品一批，货款 30 000 元，增值税 5 100 元，货已运出，于 4 月 1 日收到一张带息的商业承兑商业汇票，金额为 35 100 元，票面利率为 6%，期限 6 个月。B 企业需用资金，将该汇票于 6 月 1 日到开户银行贴现，贴现率为 7.2%。假定汇票到期时出票企业账户余额不足，银行行使追索权。B 企业将应收票据转为应收账款。要求做相关分录。

3. B 企业月初甲材料结存数量为 500 千克，金额为 10 000 元。本月 6 日购入甲材料 300 千克，金额为 7 500 元，14 日购入 600 千克，金额为 16 800 元。该企业采用先进先出法核算材料的发出成本，本月 15 日发出材料 800 千克，30 日发出材料

500千克。试计算期末甲材料的结存数量和结存金额。

4. 某企业本月发生下列经营业务：

（1）购进原材料一批，增值税专用发票上注明的价款为56 000元，增值税9 520元，货款已由银行支付，材料也已验收入库。

（2）购进材料一批，增值税专用发票上注明的货款为100 000元，增值税17 000元，货款已由银行支付，材料尚未运达企业。

（3）上述材料运到并已验收入库。

（4）购进材料5 000千克已验收入库，结算凭证尚未到达，月末按暂估价280元/千克入账，下月初用红字冲回。假定下月12日结算凭证到达，价款270元/千克，增值税税率17%，运杂费400元/千克，用银行存款支付。

（5）本月发出材料900 000元，其中生产领用650 000元；车间领用3 000元；企业管理部门领用5 000元；对外销售242 000元。

根据上述资料编制会计分录。

5. B企业进口一批化妆品，进价50 000美元，付款日汇率美元兑人民币买入价1∶5.1，卖出价1∶5.3。化妆品运到天津港入关，支付关税30%，消费税20%，增值税17%，当日汇率中间价位为1∶5.1。要求根据所给业务数据编制会计分录。

6. B企业委托M企业加工用于连续生产的应税消费品，B、M企业均为增值税一般纳税人，税率17%，适用的消费税税率20%。B企业送去加工的原材料成本为300 000元，支付不含税加工费60 000元。M企业代收消费税，加工完成后B企业验收入库。要求根据所给业务数据编制相关分录，如果加工收回的物资直接用于销售，应如何作相关分录。

7. B企业年末有下列调整事项：原材料账面价值365 000元，可变现净值326 450元；低值易耗品账面价值98 300元，可变现净值87 000元；库存商品账面价值129 000元，可变现净值131 000元。要求根据所给资料编制期末存货跌价准备会计分录。

8. B企业2月15日购入L公司的股票30 000股，每股6.2元，其中包含每股0.20元已经宣告但尚未发放的现金股利，另支付手续费3 000元，作为交易性金融资产入账。3月25日收到现金股利6 000元。12月31日该只股票的价格为5元。第二年5月，B企业以每股4.60元的价格，将30 000股全部卖掉，款已收到存入银行。要求根据所给业务数据编制会计分录。

9. B企业2010年购入M企业发行的债券作为持有至到期投资，债券面值20 000元，票面利率6%，每年付息一次，期限5年。实际支付价款18 403元，市场利率为8%。B企业采用实际利率法摊销溢折价。要求编制企业收到利息的各分录。

10. B企业用银行存款300 000元，购入P公司30%的股份作为长期股权投资（属于非企业合并投资），采用权益法核算。P公司可辨认净资产账面价值1 000 000元，公允价值为1 200 000元。购入后发生下列业务：年末P公司实现利润200 000

元,次年 3 月 P 公司宣告分配现金股利100 000元。下一年 P 公司发生亏损500 000元,再下一年 B 企业将 P 公司股票全部卖出,收到160 000元存入银行。要求编制会计分录。

11. B 企业购入一台需要安装的设备,买价为300 000元,增值税税率17%,另支付运费2 000元,可扣除7%的增值税。设备运到后,支付安装人员工资6 000元,领用专用物资2 000元,租用大型工具1 500元。安装完毕经过试生产,产品合格,投入使用。该设备预计使用期限为 5 年,采用双倍余额递减法计提折旧,净残值率为 3%。要求:(1) 根据所给资料编制会计分录;(2) 计算每年应计提的折旧额。

12. B 企业将一台不需用设备出售,收取价款30 000元存入银行,该设备原值500 000元,已提折旧350 000元,已提减值准备50 000元。发生清理费用4 000元。要求根据所给业务数据编制会计分录。

13. B 企业年末对固定资产进行减值测试,发现主要生产线出现减值迹象,该设备原值900 000元,已提折旧360 000元,已提减值准备50 000元,该设备使用期为 5 年,已用两年,尚可使用 3 年。该设备的可变现净值为420 000元。要求做年末会计分录。

14. B 企业购入一项无形资产,实际支付价款为840 000元,预计可使用 6 年,第二年年末发现该无形资产发生减值,其公允价值为490 000元。第三年企业将该无形资产售出,收到价款280 000元,存入银行。要求做相关分录。

15. B 企业自行研制一项实用新型产品,成功后申请专利。研制过程中应付职工薪酬50 000元,用银行存款支付各项费用30 000元。开发过程中,应付职工薪酬60 000元,用银行存款支付各项费用30 000元,申请专利时支付律师等费用50 000元,并领取了专利证书。假定开发过程发生的费用均可资本化,要求根据所给资料编制会计分录。

16. B 企业为增值税的一般纳税人,适用税率为17%。本月发生下列经营业务:

(1) 购入原材料一批,增值税专用发票上注明的价款是30 000元,增值税5 100元,货款已付。另支付运费1 000元(可按7%的扣除率扣除进项税额),货款已付。材料已运到并验收入库。

(2) 收购农副产品支付20 000元,收购的农副产品已经验收入库,增值税抵扣税率为13%。

(3) 将一批原材料用于本企业的生产用机器设备的安装工程项目,成本为6 000元。

(4) 销售产品一批,售价为585 000元(含税),实际成本320 000元,货款尚未收到,符合收入确认条件。

(5) 在建工程领用一批库存商品,实际成本为50 000元,计税价格为80 000元。

(6) 用原材料对外投资,成本价为400 000元,双方协商价为500 000元。

(7) 进口一批原材料,买价为50 000美元,付款日美元兑人民币汇率买入价

1∶5.6，卖出价1∶5.8。关税税率10%，增值税税率17%。

（8）用银行存款支付本月工资700 000元。

（9）分配本月工资700 000元，其中生产工人工资530 000元；车间管理人员工资70 000元，厂部管理人员工资80 000元，销售部门人员工资20 000元。

（10）12月20日，本企业司机驾驶大货车在高速路上追尾，造成被追尾车辆及货物受到重大损失，受害单位索赔200 000元。交警已明确责任，本企业司机负全责，企业认为情况属实，因企业急需材料，司机日夜兼程，过度疲劳以致事故发生。公司已同意赔付200 000元，除可获保险公司赔偿50 000元外，其余部分由公司承担。至12月31日赔款尚未支付。

要求根据所给资料编制会计分录。

17. P企业是增值税一般纳税人，税率为17%。上月末"应交税费——应交增值税"账户有借方余额35 000元，该余额可用本月销项税额抵扣。本月发生下列经营业务：

（1）购入材料一批，价款为60 000元，增值税10 200元，货已收到并入库，开出一张商业承兑商业汇票，金额70 200元。

（2）销售商品一批，价100 000元，增值税17 000元。货款尚未收到。

（3）出口产品一批，离岸价60 000美元，收到货款时美元兑人民币的买入价是1∶5，卖出价1∶5.2，该产品的退税率是10%，该批产品成本210 000元。

（4）销售商品一批，增值税专用发票上注明的价款为300 000元，增值税51 000元，货款已存入银行。

（5）本月工资汇总资料如下表：

单位及人员类别	应付工资	代扣款	实发工资
车间生产工人	980 000	80 000	900 000
车间管理人员	125 000	25 000	100 000
企业管理人员	487 000	87 000	400 000
销售部门人员	320 000	36 000	284 000
合计	1912 000	228 000	1684 000

（6）计算并缴纳增值税。

（7）应付票据到期，用银行存款支付70 200元。

（8）接银行通知，收到出口退税款30 000元。

要求作各项业务的分录。

18. B企业于2011年1月1日发行债券，总面值为800 000元，票面利率为10%，5年期，每年付息一次，到期还本。债券筹集的款项用于建造新厂房，第三年年末厂房建造完工，经验收投入使用，债券发行时市场利率为8%。B企业采用实际利率法摊销债权的溢折价。试计算B企业每年应摊销的溢折价并做分录。

19. B企业采用融资租赁方式租入一台生产用设备，租赁日该设备的公允价值为230 000元，租赁合同的利率为8%，分5年付款，每年年末支付47 000元。该设备需要安装，费用由B企业负责支付。租赁期满时该设备所有权转归B企业。要求做承租及付款的有关分录。

【互联网学习】

访问以下相关网站，了解相关知识：

证券交易委员会网站 http：//www.sec.gov

中国证券监督管理委员会网站 http：//www.csrc.gov.cn/pub/zjhpublic/

中国钢铁企业网 http：//www.chinasie.org.cn/news_info.aspx?lei01=2&id=112917

第八章 所有者权益

【本章学习要求】
1. 掌握所有者权益的概念。
2. 掌握有限责任公司所有者权益的核算。
3. 掌握与股份有限公司有关的所有者权益的概念与核算。

【关键术语】
所有者权益（Owners Equity）
股本（Equity Capital）

第一节 所有者权益概述

一、所有者权益概述

（一）所有者权益的性质

所有者权益，是指企业的所有者对企业净资产的要求权。所有者将资金投入企业后具有参与企业经营管理的权利、收益分配权，同时要承担企业的经营风险，所有者在企业存续期间不能抽回投入企业的资金，但可以转让投入的资金。所有者权益不能单独计量，所以，净资产是指企业全部资产减去负债后的余额，即资产－负债＝所有者权益。

（二）所有者权益的分类

所有者权益按其构成分为投入资本、资本公积和留存收益。

1. 投入资本，是指所有者在企业注册资本的范围内实际投入的资本。注册资本是指企业设立时向工商行政管理部门登记的资本总额，也是全体出资者设定的出资总额。

2. 资本公积，是指所有者共有的、非收益转化而形成的资本。主要包括资本溢价和其他资本公积等。

3. 留存收益，是指归所有者共有的由收益转化来的所有者权益，主要包括法定盈余公积、任意盈余公积和未分配利润等。

二、企业组织形式与核算特点

企业的组织形式多种多样，不同组织形式的企业，其所有者对企业应承担的风险和享有的利益也有所不同。一般按企业资产经营的法律责任可分为：独资企业、合伙企业和公司型企业。

（一）独资企业

独资企业，是指企业的全部资产归出资者一人所有，企业的经营由出资者个人承担，企业的所有权与经营权统一。独资企业不是独立的法律主体。按照一些国家的法律规定，独资企业在法律上不具备独立的人格，不能单独拥有行为能力，所以独资企业的财产和对外所负的债务，在法律上被视为出资人（即业主）个人的财产和债务，企业行为实质上就是业主个人行为，企业的所有者对企业的债务承担无限的清偿责任。

在会计核算上，所有者权益不必划分为投入资本、资本公积和留存收益三部分，一般统称为业主权益。业主对企业进行投资或是从企业提取款项，完全是业主的自主行为，可以直接增加或减少业主权益。企业赚取的利润，视为业主所得转入业主权益，不需要分配，无须设置"未分配利润"项目反映。企业所得也是业主个人所得。独资企业的收入并入业主个人收入，缴纳个人所得税。

（二）合伙企业

合伙企业，是两个或两个以上的合伙人按照协议共同出资，共同经营，共负盈亏，共同承担企业的经营风险的企业。合伙企业与独资企业基本相同，不是法律主体，不具备独立人格，没有独立行为能力，由出资人共同承担企业的债务，并且负有无限连带责任，取得的收益根据协议分配给出资人，由出资人按个人所得缴纳个人所得税。合伙企业与独资企业的区别在于，为了明确各合伙人的责、权、利关系，应订立书面的合伙契约，规定企业收益的分配方法、合伙人出资额的转让方法以及企业的解散与清算程序等。

鉴于合伙企业的特点，在会计核算上其所有者权益与独资企业一样，不必划分为投入资本、资本公积和留存收益三部分，但应按合伙人分别予以反映。就某个合伙人来说，不论是向企业投入资本，还是从企业提取款项或是将出资额转让他人，都要受到其他合伙人意图的制约。

(三) 公司型企业

公司是依据一定的法律程序申请登记设立的，以营利为目的，具有法人资格的经济组织。公司型企业分为两种类型：

1. 有限责任公司

有限责任公司是指由 50 个以下股东共同出资建立的，股东仅就自己的出资额对公司的债务承担有限责任的企业。有限责任公司的资本不必分为等额股份，不对外公开募集资金，不能发行股票。股东以出资额承担有限责任，享有相应的权益。公司股份的转让有严格的限制，如需转让，应在其他股东同意的情况下方可进行。其特点为：

（1）有限责任公司是法律主体。公司经有关部门核准成立后，在法律上就具有独立人格，具有与自然人同样的享受权利和承担义务的能力。公司以自己的名义而不是股东的名义对外执行业务。公司的财产和对外所负的债务，在法律上不再视为股东个人的财产和债务，股东只具有对公司净资产的要求权。

（2）有限责任公司以其全部资产对公司的债务承担有限责任。

（3）有限责任公司是纳税主体。

（4）股东持有的公司股份不得抽回但可以转让。

会计上所有者权益应划分为投入资本、资本公积和留存收益三部分。投入资本是指股东在企业注册资本中的实缴数额，一般情况下不变更。资本公积和留存收益可以根据企业的具体情况变动，如转增资本、弥补亏损等。

国有独资企业与有限责任公司的性质基本相同。

2. 股份有限公司

股份有限公司，是由一定人数出资设立，全部资本由等额资本构成，并通过发行股票筹集资本的企业。它与有限公司的相同点是股东不能退股，不同点是公司的资本总额分为相等的份额，通过公开发行股票向社会筹集资金。股票可以在社会上进行公开交易、转让。股份有限公司实现了所有权与经营权的分离。

会计上所有者权益应划分为投入资本、资本公积和留存收益三部分进行核算。

第二节　有限责任公司所有者权益的核算

一、投入资本

股东投入的资本应通过"实收资本"科目进行核算，按股东设置明细科目，反映各股东实缴注册资金的数额。从形态上看，股东投入的资本可分为货币投资、实物投资和无形资产投资。

国有独资企业，是指由国家独立出资设立的企业。国有独资企业的性质与个人独资企业不同，而与有限责任公司基本相同。最大不同点是出资人为国家。其所有者权益的核算基本相同。

（一）货币投资

企业接受货币投资，因不存在计价问题，账务处理很简单。

【例8-2-1】A企业收到投资者甲从银行汇来的投资额5 000 000元。作：

借：银行存款　　　　　　　　　5 000 000
　　贷：实收资本　　　　　　　　　　5 000 000

（二）实物投资

企业接受股东以原材料、固定资产等实物投资时，应对实物进行评估，以评估确认的价值作为实收资本入账。

【例8-2-2】A企业接受股东投入的原材料一批，不含税的评估价为2 000 000元，增值税340 000元。作：

借：原材料　　　　　　　　　　　2 000 000
　　应缴税费——增值税——进项税额　340 000
　　贷：实收资本　　　　　　　　　　2 340 000

【例8-2-3】A企业接受股东投入的一台需要安装的旧设备，评估价为600 000元，投资协议规定运费、安装费等由受资企业负担。A企业用银行存款支付设备的运杂费1 500元，作：

借：在建工程　　　　　　　　　　601 500
　　贷：实收资本　　　　　　　　　　600 000
　　　　银行存款　　　　　　　　　　　1 500

A企业将安装工程出包，用银行存款支付安装费9 000元。作：

借：在建工程　　　　　　　　　　　9 000
　　贷：银行存款　　　　　　　　　　　9 000

安装完毕，机器设备投入使用。作：

借：固定资产　　　　　　　　　　610 500
　　贷：在建工程　　　　　　　　　　610 500

（三）无形资产投资

企业接受无形资产投资时，应对无形资产的价值进行评估，以评估价或协商价作为无形资产的入账价值。

【例8-2-4】A企业接受投资者投入的一项专利技术，评估机构给出的评估价为50 000元。作：

借：无形资产　　　　　　　　　50 000
　　贷：实收资本　　　　　　　　　　50 000

二、资本公积

有限责任公司的资本公积包括资本溢价和其他资本公积等。国有独资企业除了一般不存在资本溢价外，其他与有限责任公司相同。

（一）资本溢价

资本溢价，是指股东的出资额大于其在企业注册资本中所占份额的差额。一般公司初创时期不会出现资本溢价，但有新投资者加入时，新股东的出资额往往会大于其在企业注册资本中所占的份额。原因：一是原股东出资时与新股东出资时的资本利润率不同。企业初创时资本利润率一般较低，经营一段时间后资本利润率会提高，表明企业原有资本已经增值。所以新股东加入时，应以高于原股东的出资额占有与原股东等量的股份。二是原股东的出资额与其实际占有的资本不同，企业经营一段时间以后，形成的资本公积和留存收益虽未转入实收资本，但这部分应归原股东所有。新股东加入时，如与原股东共享这部分资本公积和留存收益，也应付出高于原股东的出资额占有与原股东等量的股份。

【例8-2-5】甲有限责任公司原由A、B两位股东各出资500 000元设立。3年后，该公司有留存收益200 000元，现有C投资者要求加入，经协商C出资600 000元，占1/3的股份。C加入后，A、B、C各占1/3股份。作：

借：银行存款　　　　　　　　　600 000
　　贷：实收资本　　　　　　　　　　500 000
　　　　资本公积　　　　　　　　　　100 000

（二）其他资本公积

其他资本公积包括：

1. 自用房地产或存货转换为投资性房地产公允价值与账面价值的差额。企业的自用房地产或存货转换为以公允价值计量的投资性房地产时，转换当日的公允价值与账面价值的差额，计入资本公积；处置该项投资性房地产时，要转销相关的资本公积。

2. 以权益法核算的长期股权投资，在持股比例不变的情况下，被投资单位资本公积发生变动，投资单位应按持股比例计算应享有的份额，调增或调减其他资本公积。

3. 金融资产重分类。将持有至到期投资转换为可供出售金融资产时，转换日公允价值与账面价值的差额，计入其他资本公积；将可供出售的金融资产转换为持有至到期投资时，与其相关的原计入其他资本公积的余额，应在该项金融资产的剩余期限内进行摊销。

4. 可供出售金融资产的公允价值变动。可供出售金融资产的公允价值高于其账面价值的差额，应计入其他资本公积；反之，应冲减其他资本公积。

5. 以权益结算的股份支付。企业以权益结算的股份支付换取职工和其他方提供服务的，应按权益工具授予日的公允价值计入其他资本公积；在行权日应按实际行权的权益工具数量计算确定的金额转为实收资本或资本公积。

（三）资本公积转增资本

根据《公司法》的规定，法定公积金（资本公积和盈余公积）转为资本时，所留存的该项公积金不得少于转增前公司注册资本的25%，应按照转增前实收资本的结构和比例进行转增。

【例8-2-6】假定 A 有限责任公司为扩大经营规模，经批准将资本公积 1 800 000元，按原出资比例即甲乙丙3：3：4转增。作：

借：资本公积　　　　　　　　1 800 000
　　贷：实收资本——甲　　　　　540 000
　　　　　　　　——乙　　　　　540 000
　　　　　　　　——丙　　　　　720 000

三、留存收益

有限公司和国有独资企业的留存收益相同，包括法定盈余公积、任意盈余公积和未分配利润。

1. 法定盈余公积

法定盈余公积，是指按照企业净利润和法定比例计提的盈余公积。法定盈余公积主要用于企业扩大再生产，也可用于弥补企业亏损或转增资本。按规定，企业计提的法定盈余公积达到注册资本的50%时，可以不再提取；超过注册资本25%以上的部分可用于转增资本。

【例8-2-7】A 公司本年净利润为190 000元，法定盈余公积金的提取比例为10%。作：

借：利润分配　　　　　　　　19 000
　　贷：盈余公积　　　　　　　19 000

2. 任意盈余公积

任意盈余公积是指企业提取了法定盈余公积后，根据企业的需要可自行确定提取比例，任意盈余公积的用途与法定盈余公积基本相同。

3. 未分配利润

未分配利润是指企业实现的净利润减去已经分配的利润，剩余部分用于以后年度向投资者分配的利润。未分配利润有两层含义：一是留待以后年度使用的利润；二是没有特定用途的利润。

第三节　股份有限公司的所有者权益

一、股份有限公司的特点

股份有限公司，是指将全部注册资本分为若干等额股份，以发行股票的方式筹集资本的企业。股份有限公司的设立有两种方式，即发起设立和募集设立。

发起设立。一般发起人应认购公司发行的全部股份，发起人不应少于5人，且首次出资额不应低于注册资本的20%。

募集设立。发起人应认购公司发行股份的一部分（《公司法》规定不应少于股份总额的35%），其余部分向社会公众筹集。发起人不应少于5人，国有企业改建的股份公司发起人可以少于5人。

无论以哪种方式设立股份有限公司，都是由全体股东组成股东大会，每一股份有一表决权，股东大会是股份有限公司的权力机构，但股东不参与企业管理，而是由股东选举董事会，由董事会维护股东的合法权益；再由董事会任命总经理，由总经理负责公司的日常经营管理。

一般股东持有的股票可在交易所自由转让，发起人持有的股份自公司成立之日起的一定期限内不得转让。如需转让应按规定的程序办理相关的手续。

二、股票类别

股份有限公司股东持有的股票，按其享有的权利，可以分为普通股和优先股。

（一）普通股

普通股是股份有限公司的基本股份。普通股具有以下权利：

1. 投票表决权。公司的重大事项应由股东大会投票表决决定，普通股股东有权参加股东大会，投票时每股一票，同股同权。

2. 优先认股权。股份有限公司增发股票时，普通股股东有按其持股比例优先认购新股的权利，以保持其在公司股份中的比例。

3. 收益分配权。普通股股东有获得公司分配的股利的权利。但能获得多少股利，要以公司董事会的宣告为准；在董事会宣告之前，股东对公司的净利润没有直接的要求权。

4. 剩余财产权。当股份有限公司清算时，全部资产变卖后的收入，先偿还债务，分配优先股股东投资后，如果有剩余应按普通股股东的持股比例进行分配。

（二）优先股

优先股股票，是一种处于公司债券和普通股股票之间的混合性证券。优先股有固定的股利率，这一点与公司债券相似；优先股没有固定的偿还日期，这一点与普通股股票相似。优先股一般不具有投票表决权、不具有优先认股权。其优先主要表现在收益和剩余财产分配方面具有优先权。优先股按分配股利的权利又分为：

1. 按公司当年未分配或分配不足的优先股股利，以后年度是否补付，优先股分为累积分派优先股和非累积分派优先股。

累积分派优先股是指公司当年未分派或分派不足的优先股股利，将累积到以后年度补付。

非累积分派优先股是指公司当年未分派或分派不足的优先股股利，以后年度不再补付。

2. 按在分配优先股股利后是否参与剩余股利的分配，分为参与优先股和非参与优先股。

参与优先股是指按规定的股利率优先分得当期股利以后，还将按一定的方法和普通股一起再次参与剩余股利的分配。

非参与优先股是指在按规定的股利率优先分得当期股利以后，不再参与剩余股利的分配。

将上述两种类型结合起来，可演变成多种优先股。另外，公司还可以发行可转换优先股，即可按一定的条件转换为本公司普通股的优先股。

三、股票发行

公司发行股票可按面值发行，也可溢价发行，目前我国规定不得折价发行。公司的股票在发行过程中会发生各种发行费用，如手续费、佣金和印制成本等。发行费可根据不同情况分别处理。

（一）按面值发行股票

【例8-3-1】M股份有限公司委托S证券公司代发行普通股股票20 000 000股，每股一元，按面值发行。S证券公司按发行收入的1%收取手续费，从发行收入中扣除。发行股票冻结期间产生的利息收入为5 000元。作：

借：银行存款　　　　　　　　　　19 805 000
　　财务费用——手续费　　　　　　 200 000
　　贷：股本——普通股　　　　　　　　　20 000 000
　　　　财务费用——冻结期间利息收入　　　 5 000

也可以做成：

借：银行存款　　　　　　　　　　19 805 000
　　财务费用——手续费等　　　　　 195 000
　　贷：股本——普通股　　　　　　　　　20 000 000

（二）溢价发行股票

【例8—3—2】M股份有限公司委托Z证券公司发行普通股股票10 000 000股，每股面值1元，按每股1.50元的价格发行。Z证券公司按发行价的1%收取手续费150 000元，从议价收入中扣除。发行冻结期间的利息收入为4 000元。作：

公司实收价款 = 1.50 × 10 000 000 −（150 000 − 4 000）= 14 854 000

借：银行存款　　　　　　　　　　14 854 000
　　财务费用——发行费　　　　　　 150 000
　　贷：股本——普通股　　　　　　　　　10 000 000
　　　　资本公积——股本溢价　　　　　　 5 000 000
　　　　财务费用——冻结期间利息收入　　　 4 000

四、认股权证

认股权证，是指股份有限公司发行除普通股以外的其他证券时附带发送的，能够按照规定的价格购买本公司普通股股票的证明。

认股权证是否有价值，取决于规定的普通股股票购买价格的高低，若规定的购买价格低于市场价，其差额为认股权证的价值；反之认股权证无价值。

（一）随优先股发送的认股权证

【例8-3-3】M股份有限公司发行附认股权证的优先股股票200 000股，股票面值1元，发行价1.4元，实收价款280 000元；认股权证规定可以购买面值1元的普通股1股，价格为1.20元，普通股当时的股价是1.30元。作：

认股权证的价值 =（1.30 − 1.20）× 200 000 = 20 000

优先股股本 = 1 × 200 000 = 200 000

优先股股本溢价 = 280 000 − 200 000 − 20 000 = 60 000

借：银行存款　　　　　　　　　　 280 000

贷：股本——优先股　　　　　　200 000
　　　　资本公积　　　　　　　　　 60 000
　　　　认股权证　　　　　　　　　 20 000
　如果在规定期限内，持证人全部行使了认股权，公司实收240 000元，发行普通股股票200 000股，每股面值1元。作：
　　借：银行存款　　　　　　　　　240 000
　　　　认股权证　　　　　　　　　 20 000
　　贷：股本——普通股　　　　　　200 000
　　　　资本公积　　　　　　　　　 60 000
　如果在规定的期限内，持证人全部未行使认股权。作：
　　借：认股权证　　　　　　　　　 20 000
　　贷：资本公积　　　　　　　　　 20 000

（二）随公司债券发送的认股权证

【例8-3-4】M公司发行两年期附认股权证的债券300 000元。认股权证规定在1年后的3个月中，每10元债券可以认购1股普通股股票。股票面值1元，价格为12元，普通股股票当时的市场价格是13元。假定该债券全部售出，共收到360 000元存入银行。作：

　认股权证价值 = （13 - 12）× 300 000 ÷ 10 = 30 000
　债券面值 = 300 000
　债券溢价 = 360 000 - 300 000 - 30 000 = 30 000
　　借：银行存款　　　　　　　　　360 000
　　贷：应付债券　　　　　　　　　300 000
　　　　应付债券——溢价　　　　　 30 000
　　　　认股权证　　　　　　　　　 30 000
　如果在行权期内，有60%的人行权，其余人在行权期内未行权，作：
　行权价 = 300 000 ÷ 10 × 60% × 12 = 216 000
　　借：银行存款　　　　　　　　　216 000
　　　　认股权证　　　　　　　　　 18 000
　　贷：股本——普通股　　　　　　 18 000
　　　　资本公积——股本溢价　　　216 000
　未行权部分转入债券溢价。作：
　　借：认股权证　　　　　　　　　 12 000
　　贷：应付债券——溢价　　　　　 12 000

五、库存股

库存股，是指公司已发行但由于各种原因回到公司手中，为公司持有的股票。公司的库存股有经批准因减资而收回的股票、为奖励职工而收回的股票、为日后重新发行而收回的股票等。尚未发行的股票不属于库存股。

（一）减资收回股票

股份公司因缩小经营规模导致资本过剩，经有关部门批准，可以在《公司法》规定的最低注册资本以上的范围内，收回已发行的股票并核销股本。

【例8-3-5】M公司因缩小经营范围，经批准收回本公司股票500 000股，每股1元，市场价为每股1.30元，收购价每股1.50元。作：

借：库存股——减资　　　　　　750 000
　　贷：银行存款　　　　　　　　　　　750 000

注销股票，作：
库存股面值 = 1 × 500 000 = 500 000
冲销股本溢价 = （1.30 - 1）× 500 000 = 150 000
冲销盈余公积 = （1.50 - 1.30）× 500 000 = 100 000

借：股本——普通股　　　　　　500 000
　　资本公积——股本溢价　　　　150 000
　　盈余公积　　　　　　　　　　100 000
　　贷：库存股　　　　　　　　　　　　750 000

（二）奖励职工收回股票

公司为奖励本公司职工，需要股票时，可以从公开市场回购股票。

【例8—3—6】M公司根据协议在工人的操作水平达到新制定的标准时，奖励达标的工人每人1 000股本公司股票。今年50名工人中有26名达到要求的标准。公司从证券市场购回股票26 000股，市场价每股5.8元，共从银行支付150 800元，作：

借：库存股　　　　　　　　　　150 800
　　贷：银行存款　　　　　　　　　　150 800

分给职工时，如果不收取任何费用，作：
借：应付职工薪酬　　　　　　　150 800
　　贷：库存股　　　　　　　　　　　150 800

分给职工时，如果每股按面值收1元，则：
借：银行存款　　　　　　　　　　26 000

　　　　应付职工薪酬　　　　　　　　124 800
　　　　　贷：库存股　　　　　　　　　　150 800

（三）准备再发行回购股票

有些国家允许股份公司因某种原因暂时收回本公司的股票，这些股票以后还可以再发行。如当公司股价过低时公司可以回购以稳定股价等。

【例8-2-7】M公司收回本公司面值每股1元的股票300 000股，每股价格1.40元，共支付420 000元。作：

　　　　借：库存股　　　　　　　　　　420 000
　　　　　贷：银行存款　　　　　　　　　420 000

公司将库存股售出30%，每股1.60元，假定股票原售价为每股1.40元。作：

库存股股数 = 300 000 × 30% = 90 000
收款额 = 1.60 × 90 000 = 144 000
资本公积 = （1.60 - 1.40）× 90 000 = 18 000

　　　　借：银行存款　　　　　　　　　144 000
　　　　　贷：库存股　　　　　　　　　　126 000
　　　　　　　资本公积　　　　　　　　　 18 000

六、股份支付

股份支付，是指企业为获取职工提供的服务，授予职工股票期权等或者承担以股票期权为基础的负债的交易。

（一）以权益结算的股份支付

企业一般与职工签署一份协议，在职工提供了相应的服务后，企业授予职工以固定的价格购买公司股票的权利。职工购买了股票后一般要持有一定时间才能上市交易。

授予日，是指股份支付协议获得批准的日期。

可行权日，是指行权条件得到满足，职工或其他方具有从企业取得权益工具或现金的权利的日期。

行权日，是指职工或其他方行使权力、获取权益工具或现金的日期。

【例8-3-7】M公司2010年12月批准了一项股份支付协议。协议规定2011年1月1日，公司向其100名员工每人授予1 000份股票期权，员工要从2011年1月1日起在公司连续服务3年，服务期满时，可以每股5元的价格购买1 000股本公司股票。公司估计授予日（2011年1月1日）股票的公允价值为10元。

1. 2011年1月1日，作：

公司预计支付股份应负担的费用 = 10 × 1 000 × 100 = 1 000 000

2011 年有 5 名职工离开公司，公司预计三年中离开公司的职工可达 15%，作：

公司预计支付股份应负担的费用 = 10 × 1 000 × 100 × （1 − 15%）= 850 000

2011 年应负担的费用 = 850 000 ÷ 3 = 283 333

借：管理费用　　　　　　　　　　283 333
　　贷：资本公积——其他资本公积　　283 333

2. 2012 年公司又有 3 名职工离开，公司将离开职工的比例修正为 10%。

公司预计支付股份应负担的费用 = 10 × 1 000 × 100 × （1 − 10%）= 900 000

2012 年累计应负担的费用 = 900 000 × 2/3 = 600 000

2012 年应负担的费用 = 600 000 − 283 333 = 316 667

借：管理费用　　　　　　　　　　316 667
　　贷：资本公积——其他资本公积　　316 667

3. 2013 年公司又有 1 名职工离开，未离开的职工为 91 人，全部行权。

公司实际支付股份应负担的费用 = 10 × 1 000 × （100 − 5 − 3 − 1）= 910 000

2013 年应负担的费用 = 910 000 − 283 333 − 316 667 = 310 000

借：管理费用　　　　　　　　　　310 000
　　贷：资本公积——其他资本公积　　310 000

4. 2014 年 1 月 1 日向职工发放股票，并收取每股 5 元价款。

收取价款 = 5 × 1 000 × 91 = 455 000

借：银行存款　　　　　　　　　　455 000
　　资本公积——其他资本公积　　910 000
　　贷：股本　　　　　　　　　　　　91 000
　　　　资本公积——股本溢价　　　1 274 000

（二）以现金结算的股份支付

以现金结算的股利支付，一般是以股票期权为基础计算确定企业承担负债的公允价值，在员工完成约定期内的服务或达到规定业绩后直接支付现金给员工。

【例 8 − 3 − 9】S 公司 2011 年 12 月 31 日批准一项股份支付协议。协议规定，2012 年 1 月 1 日公司向 200 名员工每人授予 1 000 份现金股票增值权，要求员工从 2012 年起在公司连续工作 3 年，服务期满可以获得按股票增值幅度计算的相应现金。公司估计期权授予日（2011 年 12 月 31 日）股票的公允价值为 15 元。

1. 2012 年 1 月 1 日，期权授予日不做账。

2012 年 12 月 31 日，年内有 18 人离职，公司估计 3 年内将有 10% 的员工离职，年末期权的公允价值为 17 元。

公司预计应负担的费用 =（17 − 15）× 1 000 × 200 × （1 − 10%）= 360 000

2011 年应负担的费用 = 360 000 × 1/3 = 120 000

借：管理费用　　　　　　　　　　　　120 000
　　贷：应付职工薪酬——股份支付　　120 000

2. 2013年12月31日，年内公司又有15名员工离职，公司估计离职员工比例为18%，年末期权公允价值为19元。

公司预计应负担的费用 =（19 - 15）× 1 000 × 200 ×（1 - 18%）= 656 000
2013年累计应负担的费用 = 328 000 × 2/3 ≈ 437 333
2013年应负担的费用 = 437 333 - 120 000 = 317 333

借：管理费用　　　　　　　　　　　　317 333
　　贷：应付职工薪酬——股份支付　　317 333

3. 2014年12月31日，年内又有10名员工离职，年末该期权的公允价值为20元。

公司预计应负担的费用 =（20 - 15）× 1 000 ×（200 - 18 - 15 - 10）= 785 000
2014年应负担的费用 = 785 000 - 120 000 - 317 333 = 347 667

借：管理费用　　　　　　　　　　　　347 667
　　贷：应付职工薪酬——股份支付　　347 667

4. 2015年1月1日行权。

应付现金 =（20 - 15）× 1 000 × 157 = 785 000

借：应付职工薪酬——股份支付　　785 000
　　贷：银行存款　　　　　　　　　　785 000

七、股利分派

股利是股东从公司的净收益中分得的投资报酬。股利按其分派对象，分为优先股股利和普通股股利。优先股股利是按优先股面值和固定的股利率计算；普通股股利是根据公司本期的盈利水平和股利政策确定。股利按分派的形式，可以分为现金股利、财产股利和股票股利等。

（一）现金股利

现金股利是公司以货币资金形式支付给股东的股利。

【例8-3-10】M公司3月1日宣告分配现金股利690 000元，其中优先股股利90 000元，普通股股利600 000元。4月1日派发。宣告时，作：

借：利润分配　　　　　　　　　　　　690 000
　　贷：应付股利——优先股股利　　　90 000
　　　　　　　　——普通股股利　　　600 000

派发时，作：

借：应付股利——优先股股利　　　　　90 000

——普通股股利　　　　　　600 000
　　贷：银行存款　　　　　　　　690 000

（二）财产股利

财产股利是公司以非现金资产支付给股东的股利。

【例8-3-11】 M公司2月1日宣告，以本公司生产的手机作为股利分派给股东，成本价为60 000元，售价为100 000元，增值税税率为17%。

宣告时，作：

产品含税价格 = 60 000 + 100 000 × 17% = 77 000

　　借：利润分配　　　　　　　77 000
　　　　贷：应付股利　　　　　　　77 000

3月1日分派股利时，作：

　　借：应付股利　　　　　　　77 000
　　　　贷：库存商品　　　　　　　60 000
　　　　　　应交税费——增值税——销项税额　17 000

（三）股票股利

股票股利，是公司以增发股票的形式向股东发放的股利。公司派发股票股利没有改变公司的资产和负债，也没有改变所有者权益总额，但是所有者权益的结构发生了变化。

【例8-3-12】 S公司宣告按普通股股本的10%派发股票股利。公司决定将法定盈余公积金500 000元转增资本金，并已办妥相关增资手续，公司现有发行在外的普通股股票5 000 000股。宣告时，作：

股票股利面值 = 5 000 000 × 10% = 500 000

　　借：盈余公积　　　　　　　500 000
　　　　贷：应付股利　　　　　　　500 000

实际发放日，作：

　　借：应付股利　　　　　　　500 000
　　　　贷：股本　　　　　　　　　500 000

八、股票分割

股票分割，是将一张大面值股票换成若干张小面值股票。如将一张100元面值的股票换成10张面值10元的股票等。在股票交易市场上，一般规定100股为一个交易单位，大面值股票由于价格较高，不利于流通。为解决这个问题，一些公司采用了股票分割的办法，达到降低价格促进流通的目的。股票分割因为没有改变股本的金额，所以不用做账，但需要登记备查账。

股票分割会使公司发行在外的股票数量成倍增加，但不影响股本总额；由于股票面值减少，价格下降，流通性会更强。

【讨论案例】

广州塔祈巴那电器有限公司（下称"塔祈巴那公司"）是香港塔祈巴那电器有限公司（下称"香港电器公司"）投资设立的独资企业。2005年11月21日，宏德亚洲有限公司（下称"宏德公司"）和香港电器公司签订股权转让协议书，从香港电器公司受让了塔祈巴那公司1%的股权，塔祈巴那公司根据股权转让协议书对其公司章程进行了修改，于2006年1月24日获得广州市番禺区对外贸易经济合作局的批准，并办理了相关的变更登记。

宏德公司成为公司的股东后并未实际参与公司的日常经营，也从未获得公司分配的利润。宏德公司于2008年11月25日委托罗律师向塔祈巴那寄出了《查阅会计账簿申请书》，但塔祈巴那公司以宏德公司存在不正当的目的为由拒绝了宏德公司的请求。宏德公司起诉至广州市番禺区人民法院请求判令：

1. 宏德公司希望塔祈巴那公司提供2005年11月至2008年12月间的公司报表（包括资产负债表、损益表、财务状况变动表、财务情况说明书）以供查阅、复制；

2. 塔祈巴那提供2005年至2008年12月期间的全部公司财务凭证及账簿以供查阅。

分析要求：

1. 宏德公司的要求是否合法？
2. 股东有哪些权利和义务？

【思考题与练习题】

一、思考题

1. 有限责任公司与股份有限公司各有何特点？
2. 普通股与优先股有何异同？
3. 所有者与债权人有何异同？

二、练习题

1. B企业收到某捐赠者捐赠的设备一台，估计新旧程度为七成新，该设备在市场上的售价约为50 000元，另支付设备的运杂费用1 500元；将90 000元资本公积转增资本金，已办妥相关手续，企业原有注册资金1 200 000元，三家出资者各占1/3；董事会决定用盈余公积金80 000元弥补以前年度亏损；接受新投资者D出资500 000元，占企业股份的25%。要求根据所给资料编制会计分录。

2. B企业于2011年12月批准了一项股份支付协议，协议规定2012年1月1日企业向200名员工每人授予1 000份股票期权，要求员工从2012年起在企业连续工作3年,服务期满能够获得1 000股企业股票。公司估计在期权授予日2012年1月1日企业股票的公允价值为每股10元。2012年有3名员工离开企业,企业估计三年中离开企业的员工比例将达到10%,2012年12月31日股票的公允价值为12元;2013年又有3名员工离开企业,估计离开企业的员工比例修正为8%,2013年12月31日股票的公允价值为15元;2014年有1名员工离开企业,2014年12月31日股票的公允价值为13元。2015年1月1日未离开企业的员工全部行权获得股票。要求根据所给资料编制有关会计分录。

【互联网学习】

访问以下相关网站,了解相关知识:
财政部网站:http://www.mof.gov.cn/
中国会计学会网站:http://www.asc.net.cn/pages/common/index1.aspx
110法律知青网:http://www.110.com/ziliao/article-229039.html

第九章 收入、费用和利润

【本章学习要点】
1. 掌握收入的确认和计量。
2. 掌握费用的分类、确认和计量。
3. 掌握所得税的核算。
4. 了解利润的构成和利润分配。

【关键术语】
收入（Revenues）
费用（Expenses）
所得税费用（Income Tax Expense）
利润（Profit）

第一节 收入、费用和利润概述

一、收 入

收入可分为广义收入和狭义收入。广义收入，是指会计期间内经济利益的总流入，表现为因资产的增加或负债的减少而引起的所有者权益的增加，但不包括与所有者出资等有关的资产增加或负债减少。狭义收入，是指企业销售商品、提供劳务或让渡资产使用权等与所有者出资无关的经营活动引起的经济利益的流入。

狭义收入包括营业收入和投资收益；广义收入除了包括狭义收入以外，还包括公允价值变动收益和营业外收入。

二、费　用

（一）费用概述

费用分为狭义费用和广义费用。广义费用，是指会计期间内经济利益的总流出，表现为资产的减少或负债的增加所引起的所有者权益的减少，扣除与所有者分配等有关的资产减少及负债增加；狭义的费用，仅指企业在日常经营活动中为获取狭义收入而发生的耗费。

狭义费用包括营业费用和投资损失；广义费用除了狭义费用以外，还包括公允价值变动损失、资产减值损失和营业外支出。这些费用可以称为税前费用，广义费用还包括所得税费用。

（二）支出、费用、成本的关系

支出、费用、成本是三个既有关系又有区别的概念。支出，是指各项资产的减少，包括权益性支出、偿债性支出、费用性支出和成本性支出等。权益性支出，是指某一项现金资产或非现金资产的减少，引起除利润以外的其他所有者权益项目减少的支出。权益性支出一般引起资产与所有者权益同时减少，如用银行存款支付现金股利等。偿债性支出，是指用现金资产或非现金资产偿付各项债务的支出。偿债性支出一般引起资产和负债同时减少，如用银行存款归还短期借款等。费用性支出，是指用一项现金资产或非现金资产的减少引起费用增加的支出。费用性支出一般引起资产与利润同时减少，如用银行存款支付广告费等。成本性支出，是指一项现金资产或非现金资产的减少引起另一项资产增加的支出。这种支出一般保持资产总额不变，如生产部门领用原材料。需要注意的是，有些资产的减少不属于支出，如从银行提取现金等。

支出、费用和成本三者的关系，支出是资产的减少，包含了费用性支出、成本性支出，还包含了其他支出；费用是一种引起利润减少的耗费，费用除了包括费用性支出外，还包括未形成支出的耗费，如固定资产折旧、无形资产的摊销等；成本是一种对象化的支出与耗费，既包括成本性支出，也包括未形成支出的耗费。如生产车间预提的固定资产修理费等。

三、利　润

利润，又称净利润或净收益。利润可以是狭义收入与狭义费用的差额，以及其他直接计入损益的利得、损失；利润也可以是广义收入和广义费用的差额。

利润按其形成过程，分为税前利润和税后利润。税前利润也称利润总额，税后利润是税前利润减所得税,也称净利润。

第二节 利润总额的形成

一、营业收入与营业费用的确认

(一) 营业收入的确认

营业收入,是指企业在销售商品、提供劳务和让渡资产使用权等日常经营活动中形成的、会导致所有者权益增加的、与所有者投入资本无关的经济利益的总流入。

1. 销售商品收入的确认与计量

确认商品销售收入应具备下列条件:

(1) 企业已将商品所有权的主要风险和报酬转移给购货方;

(2) 企业既没有保留通常与所有权相联系的继续管理权,也没有对已售出的商品实施有效控制;

(3) 收入的金额能够可靠地计量;

(4) 相关的经济利益很可能流入企业;

(5) 相关的成本能够可靠地计量。

2. 提供劳务收入的确认与计量

(1) 在资产负债表日,能够对该交易的结果进行可靠的估计,应按完工百分比法确认提供劳务收入,并应满足下列条件:

①收入的金额能够可靠地计量;

②与提供劳务相关的经济利益很可能流入企业;

③劳务的完工程度能够可靠地确定;

④相关的成本能够可靠地计量。

(2) 在资产负债表日如果不能够对该交易的结果进行可靠的估计,则不能按完工百分比法确认提供劳务的收入。企业应按谨慎性原则,对已发生的成本和可能收回的金额尽可能合理地估计,只确认可能发生的损失,不确认可能发生的收益。

3. 让渡资产使用权收入的确认与计量

让渡资产使用权收入主要是出租固定资产和无形资产取得的收入。确认时应同时具备下列两个条件:

(1) 与提供劳务相关的经济利益很可能流入企业;

(2) 相关的收入能够可靠的计量。

(二) 营业费用的确认

营业费用，是指企业在经营过程中为了取得营业收入而发生的费用。包括主营业务成本、其他业务成本、营业税金及附加、销售费用、管理费用和财务费用等。

营业费用确认的标准，主要应考虑两个问题：一是营业费用与营业收入的关系；二是营业费用的归属期。确认营业费用的标准有下列几种：

1. 按其与营业收入的直接联系确认营业费用。如已销商品的成本是为取得营业收入直接发生的耗费，应在取得营业收入的期间确认为营业费用。

2. 按一定的分配方式确认营业费用。如果资产的减少和负债的增加与取得营业收入没有直接的联系，但能为若干个会计期间带来效益则应采用一定的分配方式，分别确认各期的营业费用。如固定资产折旧。

3. 在耗费发生时直接确认营业费用。如果资产的减少或负债的增加与某项具体营业收入的关系不明显，只是为一个会计期间带来效益或者受益期间难以准确估计，则应该确认为当期费用。如管理人员工资、广告费用等。

二、营业收入与营业成本的核算

营业收入可以分为主营业务收入和其他业务收入。主营业务收入，是指企业从主要经营项目中取得的收入；其他业务收入，是指企业从非经常性的或非主要经营业务中取得的收入。

【例9-2-1】A企业销售产品200件，增值税专用发票上注明的价款是20 000元，增值税3 400元。收到支票一张存入银行，作：

借：银行存款　　　　　　　　　　　　23 400
　　贷：主营业务收入　　　　　　　　　　　20 000
　　　　应缴税费——增值税——销项税额　　3 400

【例9-2-2】A企业销售产品1 000件，合同规定采用托收承付结算方式结算货款。增值税专用发票上注明的价款是100 000元，增值税17 000元，另外用银行存款代垫运费2 000元。已办妥托收手续。作：

借：应收账款　　　　　　　　　　　　119 000
　　贷：主营业务收入　　　　　　　　　　　100 000
　　　　应缴税费——增值税——销项税额　　17 000
　　　　银行存款　　　　　　　　　　　　　2 000

【例9-2-3】A企业采用赊销方式销售产品500件，增值税专用发票上注明货款为50 000元，增值税8 500元。付款条件为：2/10；1/20；n/30。假定该客户于第20日付款，取得1%的现金折扣500元（现金折扣一般只对销售商品的价格打折，增值税不能打折)。

销货时，作：

借：应收账款　　　　　　　　　　　58 500
　　贷：主营业务收入　　　　　　　　　50 000
　　　　应缴税费——增值税——销项税额　8 500

收款时，作：

借：银行存款　　　　　　　　　　　58 000
　　财务费用　　　　　　　　　　　　　500
　　贷：应收账款　　　　　　　　　　58 500

【例9－2－4】A企业收到客户退回的产品3件，每件售价100元，其中两件有质量问题，同意退货，1件是外观有点问题，同意按客户要求给予10%的销售折让。作：

退货应退款 =（2×100）×（1+17%）= 234
折让应退款 =（1×100×10%）= 10

借：主营业务收入　　　　　　　　　　210
　　应缴税费——增值税——销项税额转出　34
　　贷：银行存款　　　　　　　　　　　244

【例9－2－5】A企业运输队为外单位运货，收入2 000元，款已收到，存入银行。作：

借：银行存款　　　　　　　　　　　2 000
　　贷：其他业务收入　　　　　　　　2 000

【例9－2－6】月末A企业结转已售产品成本，销售数量1 698件（200+1 000+500－2），单位成本60元，总计101 880元。作：

借：主营业务成本　　　　　　　　　101 880
　　贷：库存商品　　　　　　　　　　101 880

A企业提供运输服务的实际成本为1 700元，其中工资500元、汽油700元、折旧费300元、过路费200元。作：

借：其他业务支出　　　　　　　　　1 700
　　贷：应付职工薪酬　　　　　　　　　500
　　　　累计折旧　　　　　　　　　　　300
　　　　银行存款　　　　　　　　　　　900

A企业本月营业收入171 790元（20 000+100 000+50 000－210+2 000），营业成本103 580元（101 880+1 700），营业毛利68 210元（171 790－103 580）。

三、营业税金及附加

营业税金及附加主要包括：营业税、消费税、城市维护建设税和教育费附加等。

城市维护建设税应纳税额＝纳税人实际缴纳的增值税、消费税、营业税税额×适用税率

教育费附加＝纳税人实际缴纳的增值税、消费税、营业税税额×适用税率

北京市的城建税税率为7%，教育费附加为3%。

【例9－2－7】A企业本月增值税销项税额为28 866元，假定进项税额为17 000元，应交增值税11 866元。应交营业税100元（2 000×5%）、城市维护建设税837.62元、教育费附加358.98元。作：

  借：应交税费——增值税   11 866
       ——营业税   100
    贷：银行存款   11 966
  借：营业税金及附加   1 296.60
    贷：应交税费——营业税   100
       ——城市维护建设税 837.62
       ——教育费附加   358.98

四、销售费用

销售费用，是指企业在销售过程中发生的各项费用及专设销售机构的各项费用。包括销售佣金；销售商品应由企业负担的运输、装卸、包装等费用；广告费；展览费；售后服务费以及销售部门人员的工资、差旅费、办公费及其他经费等。

【例9－2－8】A企业本月发生下列销售费用：

支付销售人员薪酬5 000元，作：

  借：销售费用   5 000
    贷：应付职工薪酬   5 000

用银行存款支付广告费20 000元，作：

  借：销售费用   20 000
    贷：银行存款   20 000

五、管理费用

管理费用，是指行政管理人员为组织和管理经营活动而发生的各项费用。包括

公司经费、工会经费、职工教育经费、劳动保护费、董事会费、咨询费、审计费、诉讼费、排污费、绿化费、房产税、车船使用税、土地使用税、印花税、技术转让费、技术开发费、无形资产摊销、业务招待费等。

【例9-2-9】A企业本月发生下列管理费用：

1. 应付管理部门职工薪酬32 000元，作：

借：管理费用　　　　　　　　32 000
　　贷：应付职工薪酬　　　　　　　32 000

2. 计提固定资产折旧900元，作：

借：管理费用　　　　　　　　900
　　贷：累计折旧　　　　　　　　　900

3. 摊销无形资产使用费200元，作：

借：管理费用　　　　　　　　200
　　贷：累计摊销　　　　　　　　　200

4. 车船使用税150元，作：

借：管理费用　　　　　　　　150
　　贷：应交税费——车船使用费　　150

5. 用银行存款支付业务招待费3 000元，作：

借：管理费用　　　　　　　　3 000
　　贷：银行存款　　　　　　　　　3 000

6. 工程师出差报销差旅费1 500元，出差前借现金1 600元，退回100元，作：

借：现金　　　　　　　　　　100
　　管理费用　　　　　　　　1 500
　　贷：其他应收款　　　　　　　　1 600

7. 用银行存款支付计算机修理费600元，作：

借：管理费用　　　　　　　　600
　　贷：银行存款　　　　　　　　　600

六、财务费用

财务费用，是指企业在筹集资金过程中发生的各种费用。包括利息净支出（利息支出－利息收入）、汇兑净损失（汇兑损失－汇兑收益）、金融机构手续费及其他筹资费用。

【例9-2-10】A企业本月发生下列财务费用：

1. 经计算本月应支付的利息费用为4 500元，作：

借：财务费用　　　　　　　　4 500
　　贷：应付利息　　　　　　　　　4 500

2. 支付购买支票工本费 90 元，银行账户管理费 50 元，国外托收手续费 120 元。作：

借：财务费用　　　　　　　　　　260
　　贷：银行存款　　　　　　　　　　260

3. 收到本季度银行存款利息 320 元。作：

借：银行存款　　　　　　　　　　320
　　贷：财务费用　　　　　　　　　　320

4. 年末，应收账款美元户余额为美元 100 000 元，账面人民币余额为 591 000 元。期末美元兑人民币汇率中间价为 1∶5.8，作：

汇兑损益 = 5.8 × 100 000 − 591 000 = − 11 000（元）

借：财务费用　　　　　　　　　　11 000
　　贷：应收账款　　　　　　　　　　11 000

七、资产减值损失

资产减值，是指资产的可收回金额低于其账面价值。资产减值损失是指资产因减值给企业带来的损失，如应收账款、存货、长期股权投资、固定资产、无形资产等发生减值确认的损失。为防止企业利用资产减值操纵利润，我国会计准则规定，资产减值损失一经计提，在资产存续期间不得转回。

【例 9 − 2 − 11】A 企业于 12 月底对资产进行了全面的减值测试，结果如下：

1. 应收账款余额为 569 000 元，按 1% 计提坏账准备，坏账准备账户有贷方余额 4 200 元。作：

本年应提 = 569 000 × 1% − 4 200 = 1 490

借：资产减值损失　　　　　　　　1 490
　　贷：坏账准备　　　　　　　　　　1 490

2. 存货账面余额为 697 000 元，可变现净值为 675 000 元，计提存货跌价准备前该账户有贷方余额 2 300 元。作：

本年应提 = 697 000 − 675 000 − 2 300 = 19 700

借：资产减值损失　　　　　　　　19 700
　　贷：存货跌价准备　　　　　　　　19 700

3. 固定资产的账面余额为 3 698 000 元，累计折旧余额为 1 236 000 元，经测试可变现净值为 2 200 000。作：

发生减值 = 3 698 000 − 1 236 000 − 2 200 000 = 262 000

借：资产减值损失　　　　　　　　262 000
　　贷：固定资产减值准备　　　　　　262 000

八、公允价值变动损益

公允价值变动损益,是指交易性金融资产及其他以公允价值计量的资产和负债由于公允价值发生变化而形成的损益。

【例9-2-12】A企业交易性金融资产账面价值为723 900元,根据12月31日公开市场的报价,A企业持有的交易性金融资产的公允价值为793 200元。作:

公允价值变动 = 793 200 - 723 900 = 69 300（元）

借:交易性金融资产——公允价值变动　　69 300
　　贷:公允价值变动损益　　　　　　　　　　69 300

九、投资损益

投资损益是投资收益和投资损失的差额。投资收益,是指企业从事各项对外投资活动取得的收益,投资收益大于投资损失的差额称为投资净收益;投资损失,是指企业从事投资活动发生的损失,投资损失大于投资收益的差额称为投资净损失。

【例9-2-13】A企业本期发生下列投资收益业务:

1. 将持有的交易性金融资产800 000元股票售出,收到620 000元。作:

借:银行存款　　　　　　　　　　620 000
　　投资收益　　　　　　　　　　180 000
　　贷:交易性金融资产　　　　　　800 000

2. 计算长期债权投资应收取的利息50 000元,作:

借:应收利息　　　　　　　　　　50 000
　　贷:投资收益　　　　　　　　　　50 000

十、营业外收支净额

营业外收支,是指与企业的日常营业活动无关的业务引起的收支。营业外收支净额,是指营业外收入减去营业外支出的差额。

【例9-2-14】A企业发生下列营业外收支业务:

1. 处置固定资产一台,原值60 000元,已提折旧40 000元,未提减值准备。售出时收到10 000元存入银行。作:

借:固定资产清理　　　　　　　　20 000
　　累计折旧　　　　　　　　　　40 000
　　贷:固定资产　　　　　　　　　　60 000
借:银行存款　　　　　　　　　　10 000

  贷：固定资产清理   10 000
借：营业外支出   10 000
  贷：固定资产清理   10 000

2. 因环保未达标，被罚款 30 000 元。作：
借：营业外支出   30 000
  贷：银行存款   30 000

3. 盘点时盘盈一台设备，市场上同类设备价值 6 000 元，盘盈的设备大约 6 成新。盘盈时作：
借：固定资产   6 000
  贷：累计折旧   2 400
    待处理财产损益   3 600
经批准处理时：
借：待处理财产损益   3 600
  贷：营业外收入   3 600

4. 发生地震造成部分财产受损，其中机器设备原值 380 万元，累计折旧 130 万元，已提减值准备 80 万元；房屋建筑物原值 690 万元，累计折旧 310 万元；原材料 60 万元。不考虑残值的回收，作：
借：待处理财产损益   610 0000
  累计折旧   440 0000
  固定资产减值准备   80 0000
  贷：固定资产——设备   380 0000
      ——房屋   690 0000
      ——原材料   60 0000

因为所有财产都上了保险，保险公司同意赔偿损失的 80%，作：
借：其他应收款   488 0000
  营业外支出   122 0000
  贷：待处理财产损益   610 0000

十一、利　润

  利润，是企业在某一会计期间的经营成果，亏损实际上是负利润。利润可以反映企业某一会计期间的经营业绩和获利能力，反映投入与产出的差额，有助于投资人、债权人对企业进行盈利预测，评价企业的经营效益。
  在会计中利润是不能单独计量的，利润的计量要依赖收入与费用的计量。在确认利润时要强调配比原则，根据配比原则在会计实务中常用以下三种方式：
  1. 直接配比，是将与某项收入有直接因果关系的费用直接对比的一种配比方式。如将商品的销售收入与商品的进货成本直接对比；将直接材料、直接人工直接计入该产品的成本等。

2. 间接配比，是将几个对象共同耗用的费用，按一定的标准（比例、系数、重量等）分配到各个具体对象中去，使其与相应的财务成果联系起来的配比方式。如购入材料的运杂费的分配；制造费用的分配等。

3. 期间配比，是指与具体的产品或劳务没有直接的因果关系，而与特定的会计期间实现的全部收入联系紧密的费用，采用与该期间收入的配比方式，如管理费用、财务费用等。

利润确认的方法在会计历史上有两种：一种是资产负债表法，即对照前后两期资产负债表的所有者权益净额来确定企业实现利润的方法。计算公式如下：

某一期间的利润 = 期末净资产 − 期初净资产 − 所有者本期投入额 + 本期股利分配额

资产负债表法的理论基础是资本维持观。虽然现在已经不用资产负债表法确定利润，但其具有核对利润表的功能。

另一种是利润表法，是通过设置收入、成本费用类账户，遵循配比原则计算当期利润的方法。利润表法遵循的是交易观。

利润计算的一般程序是先计算营业利润，进而计算利润总额，最后计算净利润。公式如下：

营业利润 = 营业收入 − 营业成本 − 营业税金及附加 − 销售费用 − 管理费用 − 财务费用 − 资产减值损失 + 公允价值变动净损益 + 投资净收益

其中：营业收入 = 主营业务收入 + 其他业务收入

营业成本 = 主营业务成本 + 其他业务成本

利润总额 = 营业利润 + 营业外收入 − 营业外支出

净利润 = 利润总额 − 所得税费用

第三节　所得税费用

企业所得税是对我国境内的企业和其他取得收入的组织的生产经营所得和其他所得征收的一种净收益税。

所得税费用，是指企业按照税法规定计算确定的针对当期发生的交易和事项应缴纳的所得税金额。所得税费用的确认有应付税款法和资产负债表债务法等。应付税款法只确认当期所得税费用，不确认递延所得税费用；资产负债表债务法，既要确认当期所得税费用，也要确认递延所得税费用。

我国现行会计准则规定，所得税费用的确认采用资产负债表债务法。

一、资产、负债的计税基础

采用资产负债表债务法确定所得税费用的关键在于确定资产和负债的计税基础。计税基础的确定要严格遵循税收法规中对资产负债的税务处理和可税前扣除的费用的相关规定。

(一) 资产的计税基础

资产的计税基础,是指企业在收回资产账面价值过程中,计算应纳税所得额时按照税法规定可以自应税经济利益中抵扣的金额。即一项资产在未来期间计税时按照税法规定可在税前扣除的金额。

资产在初始确认时计税基础是资产的取得成本,该取得成本在未来期间准予税前扣除。在资产的持续持有过程中随资产的价值变化,计税基础是资产的取得成本减去以前期间按照税法规定已经在税前扣除的金额后的余额,该余额是按照税法规定在未来期间仍可以税前扣除的金额。

1. 固定资产

企业以各种方式取得的固定资产,初始确认时按照会计准则确定的入账价值基本上是被税法认可的,即取得固定资产时的入账价值一般等于计税基础。固定资产持有期间依会计准则循"成本—累计折旧—固定资产减值准备"进行计量;税收按照"成本－按照税法规定已经在以前期间扣除的折旧额"进行计量。由于后续计量处理的规定不同,固定资产的账面价值与计税基础可能产生差异,其原因是折旧方法、折旧年限的不同,以及固定资产减值准备的提取等。

【例9-3-1】A企业购入一项环保用固定资产,原值为560万元,使用期限为10年,净残值为零。会计采用直线法提折旧,税法规定环保用固定资产折旧年限为5年,折旧方法也是直线法,净残值为零。两年后,会计估计该项资产的可收回金额为410万元。所得税税率为25%。

该固定资产账面价值 = 560 - 56 × 2 - 38 = 410(万元)

该固定资产计税基础 = 560 - 112 × 2 = 336(万元)

两者相差74万元,说明企业将在未来期间增加应纳税所得额和应交所得税,这一差异属于应纳税暂时性差异,其所得税影响额18.5万(74万×25%)确认为递延所得税负债。

【例9-3-2】A企业日前购入一台设备500万元,采用直线法提折旧,预计使用年限5年,净残值为零;税法规定采用直线法提折旧,折旧年限为10年,期末无残值。三年后,假定会计认为该固定资产未发生减值。

会计账面价值 = 500 - 100 × 3 = 200(万元)

计税基础 = 500 - 50 × 3 = 350(万元)

两者相差150万元，说明企业将在未来期间减少应纳税所得额和应交所得税，这一差异属于可抵扣暂时性差异，其所得税影响额37.5万（150万×25%）确认为递延所得税资产。

2. 无形资产

企业除自行研究开发形成的无形资产外，以其他方式取得的无形资产的初始价值依据会计准则和依税法规定确定的成本一般无差异。两者的差异主要产生于自行研究开发的无形资产和使用寿命不确定的无形资产。

（1）对于企业自行研究开发的无形资产，会计准则规定，研究开发分为两个阶段，研究阶段的支出应当费用化计入当期损益；开发阶段符合资本化条件以后发生的支出应当资本化为无形资产的成本。税法规定，企业的研究开发支出可在税前扣除，按现行规定企业可按实际发生的研究开发支出的150%扣除，所以计税基础为零。两者之间的差异属于应纳税暂时性差异，其所得税影响额确认为递延所得税负债。

（2）无形资产进行后续计量时，会计与税收的差异主要是无形资产是否需要摊销以及是否提取减值准备。

会计准则规定，无形资产根据其使用寿命可分为使用寿命有限的无形资产和使用寿命不确定的无形资产。对于使用寿命不确定的无形资产，不要求摊销，在会计期末应进行减值测试，根据测试结果可计提减值准备。税法规定企业取得的无形资产成本，应在一定期限内摊销，因税法没有界定使用寿命不确定的无形资产，所以税法要求所有的无形资产成本均应在一定期间内摊销。由于规则的差异造成账面价值与计税基础产生差异。

【例9-3-3】A企业于2011年1月1日购入一项专有技术，取得成本500万元，因无法合理确定其使用期限，作为使用寿命不确定的无形资产处理。2013年12月31日，经减值测试认为，该项无形资产未发生减值，账面价值仍为500万元；计税时该无形资产按照10年的期间摊销，有关金额允许税前扣除。

账面价值=500-0=500（万元）

计税金额=500-50×2=400（万元）

两者的差额100万元将计入未来期间应纳税所得额，产生未来期间企业以应交所得税方式流出经济利益的增加，属于应纳税暂时性差异，其所得税影响额25万（100万×25%）确认为递延所得税负债。

【例9-3-4】A企业本期的研究开发费用为650万元，其中研究费用为150万元，开发阶段符合资本化条件前发生的支出为100万元，符合资本化条件后发生的费用为400万元。企业将400万元计入无形资产，形成账面价值，同时将975万元（650×150%）支出全部在本期税前扣除后，该无形资产在未来期间可税前扣除的金额为零，即该无形资产的计税基础为零。

两者之间的差额400万元将于未来期间产生应纳税所得额，形成应交所得税的义务，属于应纳税暂时性差异，应确认 100 万元（400×25%）递延所得税负债。

3. 以公允价值计量且其变动计入当期损益的金融资产

《企业会计准则第 22 号——金融工具确认和计量》规定，以公允价值计量且其变动计入当期损益的金融资产，其会计期末的账面价值为公允价值。税法不考虑公允价值变动损益，期末计税基础为金融资产的取得成本。两者之间会产生差额。

【例 9-3-5】A 企业 2011 年 6 月 1 日购入一项权益性资产，支付 900 万元，作为交易性金融资产核算。假定该项金融资产 2011 年 12 月 31 日的市价为 960 万元，按照会计准则，该金融资产的账面价值应为 960 万元。税法规定，交易性金融资产在持有期间的公允价值变动不计入应纳税所得额，该项金融资产的计税基础仍为 900 万元。两者之间的差额为 60 万元，属于应纳税暂时性差异，应确认 15 万元（60×25%）递延所得税负债。

【例 9-3-6】A 企业 2011 年 7 月 15 日在金融市场购得一项基金，支付 300 万元，根据管理层的意见，将其作为可供出售的金融资产核算。2011 年 12 月 31 日该基金的市价为 260 万元。税法规定，资产在持有期间公允价值的变动不计入应纳税所得额。会计账面价 260 万元与计税基础 300 万元之间的差额为 40 万元，属于暂时性差异，应确认 10 万元（40×25%）递延所得税资产。

4. 其他资产

因企业会计准则与税法规定不同，企业持有的其他资产也可能发生账面价值与计税基础的差异。

（1）投资性房地产

投资性房地产按会计准则规定应以公允价值进行后续计量，税法以取得时的历史成本为计税基础，持有期间的公允价值变动不计入应纳税所得额，待处置时一并计算应纳税所得额。由此造成账面价值与计税基础的差异。

【例 9-3-7】A 企业签订一项租赁合同，将自用办公楼在 2011 年转为对外出租，该办公楼原始价值为 3 000 万元，预计使用年限 50 年，转为投资性房地产之前已使用 7 年，按直线法计提折旧，预计净残值为零。转为投资性房地产之后采用公允价值进行后续计量。假定 2010 年 12 月 31 日该办公楼的公允价值为 2 800 万元，计税基础为 2 580 万元（3 000 - 3 000÷50×7），两者的差额 220 万元属于应纳税暂时性差异，应确认 55 万元（220×25%）递延所得税负债。

（2）计提了资产减值准备的其他资产

企业的资产计提减值准备以后，账面价值会下降，按照税法的规定，资产的减值在转化为实质性损失之前，不允许税前扣除，计税基础为取得成本，会计基础与计税基础之间的差额属于暂时性差异。

【例 9-3-8】A 企业 2011 年 12 月 31 日原材料的账面价值为 340 万元，根据市场情况，判断原材料发生了减值，估计减值幅度为 50 万元。据此计提减值准备 50 万元，资产的账面价值为 290 万元。该资产的计税基础是 340 万元（假定 2011

年以前没有发生减值）。两者之间的差额 50 万元属于暂时性差异，应确认 12.5 万元（50×25%）递延所得税资产。

（二）负债的计税基础

负债的计税基础是指负债的账面价值减去未来期间计算应纳税所得额时按照税法规定可予抵扣的金额。计算公式：

负债的计税基础 = 账面价值 – 未来期间按照税法规定可予税前扣除的金额

负债的确认与偿还一般不影响企业的损益，也不影响应纳税所得额，未来期间计算应纳税所得额时按照税法规定可予抵扣的金额为零，计税基础即为账面价值，如应付账款、短期借款等。但在某些情况下，负债的确认会影响企业的损益，并影响不同期间的应纳税所得额，使计税基础与账面价值产生差额。

1. 因提供售后服务等产生的预计负债

根据《企业会计准则第 13 号——或有事项》，企业提供售后服务发生的支出应在销售当期确认为费用，同时确认为预计负债。但税法规定，有关的支出应在发生时税前扣除，因企业销售当期尚未提供售后服务，其计税基础为零。

【例 9 – 3 – 9】A 企业销售产品承诺提供 3 年的保修服务。2011 年销售收入为 9 600 万元，该企业按 1% 计提保修服务费，2011 年确认了 96 万元的销售费用，同时确认了 96 万元的预计负债。按照税法规定，产品的售后服务费在实际发生时允许税前扣除。故预计负债的计税基础为零。两者的差额 96 万元在未来转回时，会减少企业的应纳税所得额，使企业在未来以应交所得税的方式流出的经济利益减少，在符合确认条件的情况下，应确认 24 万元（96×25%）递延所得税资产。

2. 预收账款

企业收到客户预付的款项时，因不符合收入的确认条件，会计上将其确认为负债。税法对收入的确认原则一般与会计相同，即会计上未确认收入时，税务上也不计入应纳税所得额，计税基础等于账面价值。但有例外，有时不符合会计规定的收入确认条件，按照税法规定应计入当期应纳税所得额。

【例 9 – 3 – 10】A 企业收到一笔合同预付款，金额为 200 万元，因不符合收入确认条件，将其作为预收账款入账。假定按照适用税法的规定，该款项应计入当期应纳税所得额，并交纳所得税。该项负债的计税基础为零，两者之间的差额属于暂时性差异，会减少企业未来期间应纳税所得额，使企业未来以应交所得税的方式流出的经济利益减少，如果符合确认条件，应确认 50 万元（200×25%）的递延所得税资产。

3. 其他负债

企业的其他负债项目，如应交罚款和滞纳金等，企业在未缴纳之前按会计准则确认为费用，同时确认一项负债。按税法规定，罚款和滞纳金不允许税前扣除，这部分费用不管是发生在当期还是在以后期间，均不允许税前扣除，其计税基础为账面价值减去未来期间计税时可予税前扣除的金额零之间的差额,即账面价值与计税基础相等。

【例9-3-11】12月28日A企业因违反当地环保法规,收到环保部门的处罚通知,要求支付罚款20万元,交款期限为1个月。企业在利润表中确认一项费用,同时在资产负债表中确认一项负债。税法规定,企业违反国家有关法规规定支付的罚款和滞纳金不允许在税前扣除,所以这项负债在未来计税时准予扣除的金额为零,计税基础与账面价值相同,不形成暂时性差异。

二、暂时性差异

暂时性差异,是指资产、负债的账面价值与其计税基础不同产生的差额。由于资产、负债的账面价值与其计税基础不同,产生了未来收回资产或清偿负债的期间内,应纳税所得额增加或减少并导致未来期间应交所得税增加或减少的情况,形成企业的递延所得税资产或递延所得税负债。

暂时性差异对未来期间应纳税所得额的影响,分为应纳税暂时性差异和可抵扣暂时性差异。

(一) 应纳税暂时性差异

应纳税暂时性差异,是指在确定未来收回资产或清偿负债期间的应纳税所得额时,将导致产生应纳税金额的暂时性差异。应纳税暂时性差异产生于以下情况:

1. 资产的账面价值大于其计税基础。一项资产的账面价值代表企业在持续使用或最终出售该资产时获得的经济利益总额,计税基础代表一项资产在未来期间可予税前扣除的金额。资产的账面价值大于其计税基础,说明该项资产未来期间产生的经济利益不能全部税前抵扣,两者之间的差额需要交税。如一项无形资产账面价值为200万元,计税基础为150万元,两者之间的差额会造成未来期间应纳税所得额和应交所得税的增加,差额产生的当期如符合确认条件应确认为一项递延所得税负债。

2. 负债的账面价值小于其计税基础。一项负债的账面价值是企业在未来期间清偿该项债务时经济利益的流出,计税基础代表的是该项负债在未来期间可予税前扣除的金额,负债的账面价值小于其计税基础,说明该项负债在未来期间可以税前扣除的金额为负数,也就是在未来期间应纳税所得额的基础上调增应纳税所得额和应交所得税金额,产生应纳税暂时性差异,应确认相关的递延所得税负债。

(二) 可抵扣暂时性差异

可抵扣暂时性差异,是指在确定未来收回资产或清偿负债期间的应纳税所得额时,将导致产生可抵扣金额的暂时性差异。该差异在未来期间转回时会减少转回期间的应纳税所得额和应交所得税。这一差异应在产生时确认为递延所得税资产。

可抵扣暂时性差异有以下几种情况：

1. 资产的账面价值小于其计税基础。即资产在未来期间产生的经济利益减少，按照税法规定允许税前扣除的金额多，则企业在未来期间可以减少应纳税所得额和应缴所得税，形成可抵扣暂时性差异，如果符合确认条件，应确认为递延所得税资产。

2. 负债的账面价值大于其计税基础。负债产生的暂时性差异实质上是税法规定的该项负债在未来期间可以税前扣除的金额。公式为：

负债产生的暂时性差异＝账面价值－计税基础＝账面价值－（账面价值－未来期间计税时按照税法规定可予税前扣除的金额）＝未来期间计税时按照税法规定可予税前扣除的金额

一项负债的账面价值大于其计税基础，意味着未来这一负债的全部或部分可以从未来应税经济利益中扣除，减少未来期间的应纳税所得额和应交所得税。如企业对售后保修费用采用在销售当期确认为费用和预计负债的处理方法，税法规定，有关售后保修费用在实际发生时可税前扣除，所以这一负债的计税基础为零。账面价值与计税基础的差为暂时性差异，如符合有关确认条件，应确认为递延所得税资产。

（三）特殊项目产生的暂时性差异

1. 未作资产、负债确认的项目产生的暂时性差异。企业发生的某些交易未确认为资产负债表中的资产或负债，但按税法规定可以确定其计税基础的事项，其账面价值为零，与计税基础之间的差额也构成暂时性差异。如企业开始正常经营活动之前发生的筹建费用，企业于发生时计入当期损益，而税法规定可在开始正常经营活动后的5年内分期摊销，于税前扣除。这种差异也属于暂时性差异。

2. 可抵扣亏损及税款抵减产生的暂时性差异。税法规定，企业发生的亏损可在以后的5个年度内用税前利润弥补。按照会计准则，企业亏损反映为所有者权益的减少，而不确认资产的减少或负债的增加。但本质上，可抵扣亏损与可抵扣暂时性差异具有同样的作用，即能够减少未来期间的应纳税所得额和应纳所得税。在符合确认条件的情况下，应确认为递延所得税资产。

三、递延所得税资产和递延所得税负债

（一）递延所得税资产

1. 递延所得税资产的确认原则

企业在确认应纳税暂时性差异产生的递延所得税资产时，应以未来期间能够取

得足够的应纳税所得额为限,确认相关的递延所得税资产。确认的原则有:

(1) 递延所得税资产的确认以未来期间能够取得的应纳税所得额为限。如果无法取得足够的应纳税所得额,则该部分递延所得税资产不应确认,应在会计报表附注中进行披露。

(2) 按照税法的规定,可以结转以后年度的未弥补亏损和税款抵减,应视同可抵扣暂时性差异处理,前提是预计未来有足够的应纳税所得额。

(3) 企业合并中取得的各项可辨认资产、负债的入账价值与计税基础之间形成的可抵扣暂时性差异,应确认相应的递延所得税资产,并调整合并中应确认的商誉等。

(4) 直接计入所有者权益的交易或事项,如有相关的可抵扣暂时性差异,在确认递延所得税资产的同时应计入所有者权益的相应项目。

【例9-3-12】A企业本年因金融危机产品出口受阻,发生亏损100万元。企业已采取措施扭转不利局面,预计未来有足够的应纳税所得额可以抵扣暂时性差异,将其确认为递延所得税资产。适用的所得税税率为25%。作:

递延所得税资产 = 1 000 000 × 25% = 250 000

借:递延所得税资产　　　　　　250 000
　　贷:所得税费用　　　　　　　　250 000

如果A企业认为前景不乐观,可以不确认递延所得税资产。但应在资产负债表附注中加以说明。

2. 不确认递延所得税资产的特殊情况

企业发生的某项非合并交易或事项,既不影响会计利润也不影响应纳税所得额,交易中产生资产、负债的初始确认金额与计税基础不同,产生可抵扣暂时性差异,企业会计准则规定不确认相应的递延所得税资产。原因是确认递延所得税资产需要调整资产、负债的入账价值,违背了会计核算中的历史成本原则,影响会计信息的可靠性。

【例9-3-13】A企业以融资租赁方式租入一条生产线,公允价值1 000万元,最低租赁付款额的现值为980万元,合同约定,租期内总付款额为1 100万元。假定无其他相关费用,企业依会计准则,按公允价值与现值两者中较低者980万元为入账价值。根据税法,按合同约定的付款额和相关费用1 100万元为计税基础,两者的差额,在取得资产时既不影响会计利润,也不影响应纳税所得额,如果确认相应的所得税影响,可能的结果是减记资产的价值。因此,会计准则规定,这种情况下不确认相应的递延所得税资产。

3. 递延所得税资产的计量

(1) 适用税率的确定。应估计相关可抵扣暂时性差异的转回时间,采用转回期间适用的税率计算确定。无论转回期长短,递延所得税资产均不予折现。

(2) 递延所得税资产的减值。所得税准则规定在资产负债表日,企业应当对递延所得税资产的账面价值进行复核。如果未来期间企业可能无法取得足够的应纳税所得额，用以利用可抵扣暂时性差异带来的经济利益，应当减记递延所得税资产的账面价值。

企业在确认了递延所得税资产后，因情况变化，按新的情况估计在可抵扣暂时性差异转回的期间内，无法产生足够的应纳税所得额，使得与递延所得税资产相关的经济利益无法全部实现，对于逾期无法实现的部分，应当减记递延所得税资产的账面价值。除原确认时计入所有者权益的递延所得税资产，其减记金额仍计入所有者权益外，其他的情况应增加减计当期的所得税费用。

因无法取得足够的应纳税所得额利用可抵扣暂时性差异而减记递延所得税资产账面价值的，在以后期间根据新的环境和情况判断能够产生足够的应纳税所得额利用可抵扣暂时性差异，使递延所得税资产包含的经济利益能够实现的，应相应恢复递延所得税资产的账面价值。

（二）递延所得税负债

1. 递延所得税负债产生于应纳税暂时性差异，该差异在转回期间将增加企业的应纳税所得额和应交所得税，导致企业经济利益的流出，构成企业应纳税的义务。

递延所得税的确认原则：

（1）对所有应纳税暂时性差异均应确认相关的递延所得税负债，所得税准则明确规定可不确认递延所得税的情况除外。

【例9-3-14】A企业2011年12月购入一套污水处理设备，投入使用时的成本为100万元，会计使用直线折旧法计提折旧，预计使用年限为5年，净残值为零，计税时按双倍余额递减法计提折旧，预计使用年限与会计相同。企业使用的所得税税率为25%，假定该企业无其他会计与税收的差异，该企业各个会计期间均未对固定资产计提减值准备。具体计算见下表：

表9-3-1 固定资产账面价值与计税基础不同应确认的递延所得税情况表　　单位：元

项目	2012	2013	2014	2015	2016
实际成本	1 000 000	1 000 000	1 000 000	1 000 000	1 000 000
累计会计折旧	200 000	400 000	600 000	800 000	1 000 000
账面价值	800 000	600 000	400 000	200 000	0
累计计税折旧	400 000	640 000	784 000	892 000	1 000 000
计税基础	600 000	360 000	216 000	108 000	0
暂时性差异	200 000	240 000	184 000	92 000	0
适用税率	25%	25%	25%	25%	25%
递延所得税负债余额	50 000	60 000	46 000	23 000	0

①2012 年资产负债表日

固定资产账面价值 = 实际成本 − 会计折旧 = 1 000 000 − 200 000 = 800 000

计税基础 = 实际成本 − 计税折旧 = 1 000 000 − 400 000 = 600 000

递延所得税负债 =（800 000 − 600 000）×25% = 50 000

借：所得税费用　　　　　　　　50 000
　　贷：递延所得税负债　　　　　　　50 000

②2013 年资产负债表日

固定资产账面价值 = 实际成本 − 会计折旧 = 1 000 000 − 400 000 = 600 000

计税基础 = 实际成本 − 计税折旧 = 1 000 000 − 640 000 = 360 000

递延所得税负债 =（600 000 − 360 000）×25% − 50 000 = 10 000

借：所得税费用　　　　　　　　10 000
　　贷：递延所得税负债　　　　　　　10 000

③2014 年资产负债表日

固定资产账面价值 = 实际成本 − 会计折旧 = 1 000 000 − 600 000 = 400 000

计税基础 = 实际成本 − 计税折旧 = 1 000 000 − 784 000 = 216 000

递延所得税负债 =（400 000 − 216 000）×25% − 60 000 = − 14 000

借：递延所得税负债　　　　　　14 000
　　贷：所得税费用　　　　　　　　　14 000

④2015 年资产负债表日

固定资产账面价值 = 实际成本 − 会计折旧 = 1 000 000 − 800 000 = 200 000

计税基础 = 实际成本 − 计税折旧 = 1 000 000 − 892 000 = 108 000

递延所得税负债 =（200 000 − 108 000）×25% − 46 000 = − 23 000

借：递延所得税负债　　　　　　23 000
　　贷：所得税费用　　　　　　　　　23 000

⑤2016 年资产负债表日

固定资产账面价值 = 实际成本 − 会计折旧 = 1 000 000 − 1 000 000 = 0

计税基础 = 实际成本 − 计税折旧 = 1 000 000 − 1 000 000 = 0

递延所得税负债 =（0 − 0）×25% − 23 000 = − 23 000

借：递延所得税负债　　　　　　23 000
　　贷：所得税资产　　　　　　　　　23 000

（2）不确认递延所得税负债的特殊情况

有时资产和负债的账面价值与其计税基础不同，产生了应纳税暂时性差异，但出于各方面考虑，所得税会计准则中规定不确认相应的递延所得税负债，主要包括：

①商誉的初始确认

非同一控制下的企业合并中，合并成本大于合并中取得的被合并方可辨认净资产公允价值份额的差额,按照会计准则规定应确认为商誉。从税法的角度讲,如果是免税合并,商誉的计税基础是零,两者的差异形成应纳税暂时性差异。但如果确认递延所得税负债,则购买方在企业合并中获得的可辨认资产的价值量下降,商誉的价值相应增加,会影响到会计信息的可靠性。同时,商誉的价值增加以后,可能很快就要计提减值准备,商誉账面价值的变化又会影响应纳税暂时性差异,两者的变化不断循环。因此,会计准则中规定不确认由此造成的递延所得税负债。

【例9-3-15】A企业以现金2 000万元购入B企业100%的净资产,对B企业的收购属于非同一控制下的吸收合并,该合并符合税法规定的免税条件,购买日B企业各项资产、负债的公允价值及计税基础见表9-3-2:

表9-3-2 B企业资产负债表   单位:元

项目	公允价值	计税基础	暂时差异
固定资产	9 000 000	7 900 000	1 100 000
应收账款	7 000 000	7 000 000	0
存货	6 000 000	5 300 000	700 000
其他应付款	(900 000)	0	(900 000)
应付账款	(4 000 000)	(4 000 000)	0
合计	17 100 000	16 200 000	900 000

本例中A企业适用的所得税税率为25%,该交易中应确认的递延所得税及商誉计算如下:

可辨认资产的公允价值   17 100 000
递延所得税资产(900 000×25%)   225 000
递延所得税负债(1 800 000×25%) 450 000
考虑递延所得税后:
可辨认资产、负债的公允价值   16 875 000
商誉   3 125 000
A企业合并成本   20 000 000

该项合并中确认的商誉3 125 000元与计税基础0之间的暂时性差异,根据会计准则的规定,不再确认相关的所得税影响。

②与子公司、联营企业、合资企业投资相关的应纳税暂时性差异,一般应确认相关的递延所得税负债,但同时满足以下两个条件的除外:一是投资企业能够控制暂时性差异转回的时间;二是该投资性差异在可预见的未来很可能不会转回。满足这两个条件时,投资企业可运用自身的影响力决定暂时性差异的转回。如果不希望其转回,可运用影响力使其不转回,故无须确认递延所得税负债。

【例9-3-16】A企业3月支付100万元取得B企业40%的股权,因此能够参与B企业的生产经营决策,对该投资采用权益法核算。年末B企业实现净利润30万元,A企业按持股比例应享有12万元。假定A企业不存在其他递延所得税调整事项。A、B企业所得税税率为25%,目前未制定任何利润分配方案。税法规定,长期股权投资的计税基础在持有期间不变。

投资时作:

借:长期股权投资　　　　　　　1 000 000
　贷:银行存款　　　　　　　　　　　1 000 000

A企业依据B企业的报表作:

借:长期股权投资　　　　　　　120 000
　贷:投资收益　　　　　　　　　　　120 000

A企业长期投资的账面价值为112万元,计税基础为100万元,其差额12万元应确认相应的递延所得税负债30 000（120 000×25%）元。

借:所得税费用　　　　　　　　30 000
　贷:递延所得税负债　　　　　　　　30 000

如果A企业向B企业投资主要不是为了获取利润,而是为取得稳定的原料供应基地,并且A企业与其他投资者签订协议,在被投资单位制定利润分配方案时作相同的意思表示,控制被投资单位使其近期不分配利润。因不能确定递延所得税转回的时间,不符合确认条件,对12万元的暂时性差异不确认相关的递延所得税负债。

2. 递延所得税负债的计量

（1）会计准则规定,确认递延所得税负债时,应根据税法规定,按照预期清偿该负债期间的适用税率计量。在我国,除享受优惠政策的情况外,企业使用的所得税税率在不同年度之间一般不会变化,可用现行税率计算确定。

（2）无论递延所得税差异的转回期间如何,会计准则规定,递延所得税负债不需要折现。

（三）适用税率变化产生的影响

如果适用税率发生变化,企业对已经确认的递延所得税资产和负债应进行重新计量。除直接计入所有者权益的交易或事项产生的递延所得税资产和负债要将相关的调整金额计入所有者权益外,其他情况均应将递延所得税资产或负债的调整金额计入当期的所得税费用。

【例9-3-17】A企业于2005年12月底将一台新设备投入使用,价值为100 000元,会计采用直线法计提折旧,预计使用年限5年,期末无净残值。税法规定可采用双倍余额递减法计提折旧,假定税法规定的使用年限、净残值均与会计相同。A企业在各个会计期间均未对固定资产计提减值准备。自2008年1月1日起所得税税率由33%调整为25%。具体情况见表9-3-3:

表9-3-3 固定资产账面价值与计税基础不同确认递延所得税情况表   单位：元

项目	2006年	2007年	2008年	2009年	2010年
实际成本	100 000	100 000	100 000	100 000	100 000
累计会计折旧	20 000	40 000	60 000	80 000	100 000
账面价值	80 000	60 000	40 000	20 000	0
累计计税折旧	40 000	64 000	78 400	89 200	100 000
计税基础	60 000	36 000	21 600	10 800	0
暂时性差异	20 000	24 000	18 400	9 200	0
适用税率	33%	33%	25%	25%	25%
递延所得税负债余额	6 600	7 920	6 520	2 300	0

注：6 520 = 18 400 × 25% + 24 000 × （33% - 25%）

1. 2006年资产负债表日

固定资产账面价值 = 实际成本 - 会计折旧 = 100 000 - 20 000 = 80 000

计税基础 = 实际成本 - 计税折旧 = 100 000 - 40 000 = 60 000

递延所得税负债 = （80 000 - 60 000）× 33% = 6 600

借：所得税费用　　　　　　　　6 600
　　贷：递延所得税负债　　　　　　　　6 600

2. 2007年资产负债表日

固定资产账面价值 = 实际成本 - 会计折旧 = 100 000 - 40 000 = 60 000

计税基础 = 实际成本 - 计税折旧 = 100 000 - 64 000 = 36 000

递延所得税负债 = （60 000 - 36 000）× 33% - 6 600 = 1 320

借：所得税费用　　　　　　　　1 320
　　贷：递延所得税负债　　　　　　　　1 320

3. 2008年资产负债表日

固定资产账面价值 = 实际成本 - 会计折旧 = 100 000 - 60 000 = 40 000

计税基础 = 实际成本 - 计税折旧 = 100 000 - 78 400 = 21 600

递延所得税负债 = （40 000 - 21 600）× 25% + 24 000 × （33% - 25%） - 7 920 = -1 400

借：递延所得税负债　　　　　　1 400
　　贷：所得税费用　　　　　　　　　　1 400

4. 2009年资产负债表日

固定资产账面价值 = 实际成本 - 会计折旧 = 100 000 - 80 000 = 20 000

计税基础 = 实际成本 - 计税折旧 = 100 000 - 89 200 = 10 800

递延所得税负债 = （20 000 - 10 800）× 25% - 6 520 = -4 220

借：递延所得税负债　　　　　　　　4 220
　　　贷：所得税费用　　　　　　　　　　4 220
5. 2010 年资产负债表日
固定资产账面价值 = 实际成本 – 会计折旧 = 100 000 – 100 000 = 0
计税基础 = 实际成本 – 计税折旧 = 100 000 – 100 000 = 0
递延所得税负债 = (0 – 0) × 25% – 2 300 = – 2 300
借：递延所得税负债　　　　　　　　2 300
　　　贷：所得税费用　　　　　　　　　　2 300

四、所得税费用的确认和计量

(一) 当期所得税

当期所得税，是企业按照税法规定针对当期的交易和事项计算确定应交纳的所得税金额。由于会计税前利润与应纳税所得额在计算口径、计算时间上可能不一致，所以企业在纳税时，应在会计利润的基础上，按照适用税收法规的规定进行调整，计算出当期应纳税所得额，按照应纳税所得额与适用税率确定当期应交所得税。计算公式为：

本期应交所得税 = 本期应税所得 × 税率
本期应税所得 = 本期税前会计利润 ± 永久性差异
　　　　　　 = 本期税前会计利润 – 会计收益非应税收益 + 应税收益非会计收益 + 会计费用非应税费用 – 应税费用非会计费用

【例 9 – 3 – 18】A 企业 12 月应纳税所得额计算如下：

会计税前利润　　　　　　　　　569 265
减：国债利息收入　　　　　　　　5 000
加：非公益性捐赠支出　　　　　　3 000
加：资产减值损失　　　　　　　　15 000
减：公允减值变动收益　　　　　　8 000
应纳税所得额　　　　　　　　　　574 265
应交所得税 = 574 265 × 25% = 143 566.25（元）
借：所得税费用——当期所得税费用　143 566.25
　　　贷：应交税费——所得税　　　　　　143 566.25

(二) 递延所得税

递延所得税，是指由于暂时性差异的发生或转回应确认的所得税金额。
公式为：

递延所得税 =（期末递延所得税负债 – 期初递延所得税负债）–（期末递延所得税资产 – 期初递延所得税资产）

需要注意的是，某项交易或事项按照会计准则规定应计入所有者权益，由该交易或事项产生的递延所得税资产或负债及其变化仍要计入所有者权益，不构成利润表中的递延所得税费用（或收益）。

【例9-3-19】A企业持有的一项可供出售的金融资产，成本为300万元，会计期末，其公允价值为370万元，所得税税率为25%，假定除该事项外，A企业不存在任何会计与税收之间的差异，递延所得税资产和负债无期初余额。会计期末确认70万元的公允价值变动时，作：

借：可供出售金融资产　　　　　　700 000
　　贷：资本公积——其他资本公积　　700 000

确认应纳税暂时性差异时，作：
700 000 × 25% = 175 000
借：资本公积——其他资本公积　　175 000
　　贷：递延所得税负债　　　　　　175 000

（三）所得税费用

利润表中所得税费用由两个部分组成：当期所得税和递延所得税。公式为：
所得税费用 = 当期所得税 + 递延所得税

【例9-3-20】A企业年末利润表中利润总额为800万元，所得税税率为25%，会计处理与税收处理的差异有：

1. 上年末投入使用，今年开始计提折旧的一项固定资产原值为100万元，使用年限为5年，净残值为零，会计按双倍余额递减法计提折旧，税法按直线法计提折旧，假定税法规定的使用年限、净残值与会计规定一致。

2. 向本企业的灾区供应商捐赠100万元。

3. 因违反税法规定被罚款5万元。

4. 计提存货跌价准备10万元。

5. 本年支出研究开发费600万元。其中300万元是符合资本化条件后发生的支出，假定开发的无形资产在期末达到预定可使用状态。税法规定，研究开发费用可按实际支出的150%加计扣除。

6. 董事会决定用100万元利润弥补上年度亏损。

7. 上期递延所得税资产有25万元余额。

A企业应纳税所得额 = 800（利润总额）+ 20（折旧费多扣部分）+ 100（非公益性捐赠）+ 5（税法罚款）+ 10（存货跌价准备）– [600 × 150%（允许扣除）– 300（已计入费用）] – 25（递延所得税资产）= 300（万元）

应交所得税 = 300 × 25% = 75（万元）

第四节 净利润及其分配

一、净利润

净利润，是指企业的税前利润扣除所得税后的余额。净利润的核算方法有账结法和表结法。账结法是指每月月末将所有损益类科目的余额转入本年利润账户，以便结算出利润或亏损的方法。表结法是指将本月损益类科目的余额登录在利润表上以便计算利润的方法。表结法在年末也要使用账结法。

【例9-4-1】A企业采用账结法计算利润。本月各损益账户的余额为：主营业务收入900 000元、其他业务收入65 000元、投资收益43 000元、营业外收入5 000元。主营业务成本560 000元、其他业务支出42 000元、营业外支出3 000元、营业税金及附加4 900元、销售费用7 000元、管理费用169 000元、财务费用2 000元。作：

借：主营业务收入　　　　　　　900 000
　　其他业务收入　　　　　　　 65 000
　　投资收益　　　　　　　　　 43 000
　　营业外收入　　　　　　　　 5 000
　　贷：本年利润　　　　　　　1 013 000
借：本年利润　　　　　　　　　787 900
　　贷：主营业务成本　　　　　 560 000
　　　　其他业务支出　　　　　　42 000
　　　　营业税金及附加　　　　　 4 900
　　　　销售费用　　　　　　　　 7 000
　　　　管理费用　　　　　　　 169 000
　　　　财务费用　　　　　　　 2 000
　　　　营业外支出　　　　　　 3 000
所得税费用 =（1 013 000 - 787 900）×25% = 56 275
借：所得税费用　　　　　　　　 56 275
　　贷：应交税费——所得税　　　56 275
净利润 = 1 013 000 - 787 900 - 56 275 = 168 825

二、利润分配

企业利润分配的核算应设置"利润分配"科目,该科目贷方记增加,借方记减少,余额如果在贷方反映未分配的利润额,余额如果在借方反映未弥补的亏损额。

企业还应设置"盈余公积"科目核算提取的盈余公积金。该科目贷方记增加,借方记减少,余额在贷方。设置"应付利润"科目核算董事会批准的应支付给股东的款项。该科目贷方记增加,借方记减少,实际支付后一般无余额。

企业实现的利润可按以下顺序进行分配。

(一) 弥补以前年度亏损

按税法规定,企业某年度发生的亏损,可在其后的5年内用税前利润弥补,从第六年开始只能用税后利润弥补。此外可用盈余公积、资本公积、实收资本弥补。

【例9-4-2】A企业2006年发生亏损800 000元,2007、2008、2009、2010、2011年分别实现利润100 000元、90 000元、120 000元、150 000元、210 000元。5年的税前利润共弥补亏损670 000元,尚有130 000元利润未弥补。2012年要用税后利润弥补。假定2012年A企业实现利润100 000元,税率为25%,税后利润为75 000元,全部用于弥补亏损,尚缺55 000元,经董事会同意用盈余公积金弥补亏损。2012年公积金补亏作:

借:盈余公积　　　　　　　　　55 000
　　贷:利润分配——资本公积补亏　55 000

(二) 提取盈余公积

企业的净利润弥补了以前年度亏损以后,有剩余应按10%的比例提取盈余公积金。

【例9-4-3】A企业本年实现利润500 000元,以前年度未发生亏损,按10%的比例提取盈余公积金。作:

借:利润分配——提取盈余公积　50 000
　　贷:盈余公积　　　　　　　50 000

盈余公积金可以用来弥补亏损,可以转增资本金,也可以在企业亏损时用以发放股利等。

(三) 向投资者分配利润

企业实现的净利润在弥补以前年度亏损、提取盈余公积金以后的剩余,加上以前年度的未分配利润,即为当年可以向投资者分配利润的限额。但是否向投资者分配利润,分配多少应由董事会决定,不由投资者决定。

【例9-4-4】A企业董事会决定向投资者分配50 000元现金股利，另外每10股派发1股，发行在外的股票共有200 000股，需要派发20 000股，每股面值1元。作：

  借：利润分配——现金股利   50 000
      ——股票股利   20 000
    贷：应付利润——现金   50 000
        ——股票   20 000

发放股利时，作：

  借：应付利润——现金   50 000
      ——股票   20 000
    贷：银行存款   50 000
      股本   20 000

（四）利润结算

企业实现的利润及其分配情况最终都反映在"利润分配"账户。年末如果"利润分配"账户有贷方余额，说明企业有未分配完的利润；如果"利润分配"账户有借方余额，说明企业有未弥补的亏损。

【例9-4-5】M企业年末利润结算的情况如下：

  1. 实现净利润   563 000
  2. 弥补以前年度亏损   100 000
  3. 提取盈余公积   46 300
  4. 分配利润   300 000

期末未分配利润账户有贷方余额116 700元。

（五）以前年度损益调整

企业的年度会计报表报出后，如果由于以前年度记账差错等造成的结果已无法更正旧账的记录，只能将因错误导致多计或少计的利润进行调整。设置"以前年度损益调整"账户，用来核算本年度发生的调整以前年度损益的事项以及相关税费的调整。该账户属损益类，贷方记增加，登记增加以前年度利润或减少以前年度亏损；借方记减少，登记减少以前年度利润或增加以前年度亏损，调整后将本账户余额转入利润分配账户，结转后本账户无余额。

【例9-4-6】A企业上年度报表经审核有几处问题：

  1. 少提折旧60 000元。

  借：以前年度损益调整   60 000
    贷：累计折旧   60 000

  2. 自创无形资产多提摊销费4 000元。

借：累计摊销　　　　　　　　　　　　　4 000
　　贷：以前年度损益调整　　　　　　　　　　4 000

3. 调增以前年度利润4 000元，调减以前年度利润60 000元，应减少所得税14 000元［(60 000 - 4 000)×25%］。

借：应交税费——所得税　　　　　　　　14 000
　　贷：以前年度损益调整　　　　　　　　　　14 000

4. 将"以前年度损益调整"账户借方余额42 000元（60 000 - 4 000 - 14 000）转入"利润分配"账户。

借：利润分配——未分配利润　　　　　　42 000
　　贷：以前年度损益调整　　　　　　　　　　42 000

【讨论案例】

长虹"应收账款"问题如何解决？

2003年3月25日新华网新家电网

近年来，在我们的上市公司当中，大量的应收款的沉淀已经成为上市公司管理层头痛的问题。从家电行业整体出口情况看，2002年1－8月，监测的27家重点企业累计完成出口998.87万台，同比增长103.7%。其中四川长虹（600839）出口288万台。截至2002年9月，长虹共出口彩电6.14亿美元，背投产品出口超过300万台；厦华电子出口53万台。据了解，长虹的赊销方式是其应收款增加的重要因素，但目前在家电业信用赊销方式普遍存在，而长虹在对外出口中利用信用赊销方式是其快速占领市场和公司赢利发展的一种手段。目前投资者对应收账款的担忧在于能否真正收到钱，其实如果大家能够了解一下在国际贸易中的"国际保理业务"，就能对四川长虹的300万台彩电"应收账款"是否真的安全，心中起码有个底数。

在某报就长虹事件访问中国出口信用保险公司工作人员时，该人员提到：中国出口信用保险公司能为国内的出口商做普通限额的保险，但四川长虹没有在他们保险公司购买过出口信用保险。这段访问引起投资者对长虹更大的猜疑，但长虹很快回应了，四川长虹海外营销部部长施正平说："长虹在海外与零售商的交易大多经过两家全球性的保理公司保理以降低风险。保理公司在降低长虹的交易风险中起两个作用：一是帮助长虹收缴美国零售商的应收账款，保理商从零售商处收到货款后，按照签订的三方协议，将货款按商定好的比例分配给长虹和APEX。二是当货款无法收回时，保理商对长虹的损失进行赔付，但是长虹要事先交纳一定的保理费。"但施正平同时指出："也有个别的贸易不经过保理商，这都是小客户，经过保理商成本太高，这种比例很小。"

由于对于大多数的投资者而言，保理业务是根本不了解的领域，所以我们将包括长虹在内的有众多国际企业参与的"国际保理"业务情况向大家作个简单的介绍，看一下保理业务是怎样为像四川长虹这样的企业规避"应收账款"回收风险的。

"保理"业务，主要是针对企业应收账款问题的。企业应收账款保理业务是指，企业把由于赊销而形成的应收账款有条件地转让给保理商，保理商为企业提供资金，并负责管理、催收应收账款和坏账担保等业务，企业可借此收回账款，加快资金周转。

虽然保理业务在我国刚刚起步，但是在国外早已被广泛使用。据统计，2001年全球保理业务量已达到了7200亿欧元，比五年前增长了两倍以上。在西欧和亚太地区经济发达国家和地区，该项业务发展尤为迅猛。在国际贸易中，出口商不但可以通过国际保理业务提前收回账款，获得融资支持，还能免除相应的出口信用风险。正因为能为像四川长虹这样的出口商免除后顾之忧，从20世纪90年代中期开始，中国银行和交通银行率先将保理业务引进了中国，但当时尚未普及。目前，中国的国际保理业务量已从1996年的1200万欧元上升到2001年的12亿欧元。即使是这样，中国保理业务的发展远远不能满足市场的潜在需求。从目前全球国际贸易发展的趋势来看，传统的信用证结算方式由于手续繁琐、费用较高等弊端，其在国际贸易结算方式中的"盟主"地位正受到挑战，结算方式非信用证化已成为新的发展趋势，而国际保理业务由于迎合了赊销、承兑交单托收等贸易方式发展的需要，因此越来越受到各方面的重视，并得到广泛运用。

对出口商来说，运用国际保理业务最大的优势在于能向卖方提供无追索权、手续简便的贸易融资，进口商的信用风险转由保理商承担，出口商可以得到100%的收汇保障，出口商出售货物后就可以获得80%的预付款融资和100%贴现融资。同时，由于采用了赊销的方式，大大增强了产品出口的竞争力，并有利于出口商对新市场和新客户的培养。此外，采用保理业务，出口商可以借助保理商了解客户的资信及销售情况，并降低财务管理方面的成本。故此四川长虹积极地进行应收账款的管理，他们的选择是"保理"。

据了解，国内已有不少上市公司通过这种方式进行应收款的管理，由于目前金融机构提供的保理业务主要针对资产状况较好、经营活动正常的企业，上市公司无疑将成为保理业务的重要对象。由于保理在我国刚刚开始受到重视，所以介入的上市公司并不多，在上市公司中也并不是只有四川长虹开始利用"保理"来解决应收账款的问题。比如福州大通，他们已经与金融机构签订保理业务协议，通过保理业务管理应收账款，为上市公司的应收款管理提供了一条新的思路。因为应收账款保理业务是企业把由于赊销而形成的应收账款有条件地转让给银行，银行为企业提供资金，并负责管理、催收应收款和坏账担保等业务，企业可借此回收账款、加快资金周转。福州大通此次计划与福州市几家金融机构签订额度为6000万元的保理协议。根据统计，福州大通历年来的年末应收账款余额保持在8000万元左右，且欠款方多为固定客户，因而金融机构能够有效控制风险；而且由于此次应收账款以打折的形式卖给金融机构，也使买方能够获得一定的利润。对于福州大通而言，通过这种形式能降低在途资金成本，进一步提高资金流动性，有利于化解潜在的财务风险。因此，保理业务不失为解决企业应收账款问题的"双赢"方式。

再如，清华紫光去年便向光大银行北京海淀支行申请了人民币 1 亿元的国内保理业务额度，青岛海尔也与招商银行签订了国内应收款的保理业务协议。保理业务作为一种能有效加速资金周转、降低财务风险的应收款管理"新思路"，或许会对上市公司应收账款的回收起到积极作用。

另外，光大银行上海分行与上海贝尔开展的保理业务合作，光大银行不仅为上海贝尔提供预付款融资，而且作了坏账担保。换句话说，光大银行买断了上海贝尔的应收账款，解除了上海贝尔催收应收账款的烦恼及对坏账的担忧。另据上海贝尔财务部资金管理部经理透露，与光大银行上海分行同时为该公司提供保理业务的是花旗银行上海分行。上海贝尔下一步计划寻求能够提供集中式服务的银行，大部分业务将由这家银行独自承担。上海贝尔认为这家银行应该能够提供全方位服务和集中式资金管理，当然要求还是必须买断。目前保理业务在国际上属于一种新兴的金融服务品种，国内银行迄今为止只有中国银行、交通银行、光大银行等为数不多的银行加入了国际保理商联合会（FCI），能够开展该业务。交通银行虽然在国内开展了保理业务，但不是无追索权保理业务，它的保理业务保留了追索权，即在应收账款不能收回时对融资方仍保留追索权。我们国内的企业在利用"保理"开展国际贸易上的运作还处于起步阶段，很多方面可以加以规范和改进，我认为还有几方面值得着重关注：

1. 商业银行应完善针对保理业务的授信机制。近年来，随着国内各家银行信贷风险管理的加强，普遍实行了集中统一授信机制，保理业务作为一项风险较大的结算业务也被纳入统一授信的范围，或被要求资产、财产抵押，这一做法不仅和保理业务的国际惯例不符，也使得保理业务最大的优势——融资功能丧失殆尽，极大地阻碍了保理业务的拓展。对此，银行应采取额外授信、降低保证金比例等方式，充分发挥自身系统性的资信管理优势，进一步改进和完善授信管理机制。

2. 鼓励国内各商业银行加入 FCI，并加强与世界知名保理商的交流与合作，学习和借鉴它们先进的管理技术和经验，同时要加快电子化建设的步伐，并通过"请进来、走出去"的办法，加强专业人才的引进和培养，培养一支高素质的专业技术队伍，提高我国保理业务的整体水平。

3. 商业银行同时也要加强保理业务的风险管理和控制。一方面，商业银行要建立和完善科学的企业信用管理制度和方法，并通过银行之间的合作与信息共享，建立完整可靠的企业资信情况管理系统，加强对进出口企业的资信管理；另一方面，可以借鉴欧美地区保理商的做法，加强商业银行与保险公司的合作，尝试开展保理业务保险，在规范运作的基础上积极有效地防范风险。

4. 金融监管部门应依据《国际保理公约》和《国际保理业务惯例规则》，尽快制订出符合我国国情的国际保理业务管理法规和操作细则。同时，要加强对商业银行国际保理业务的风险监管，积极培育和发展一批资信良好、实力雄厚的保理公司，推动我国国际保理业务的快速健康发展。（民安证券，冯乐宁）

分析要求：
1. 如何理解应收账款是一种促销手段？
2. 国际保理业务能否维护企业的权利？

【思考题与练习题】

一、思考题
1. 试述支出、费用与成本的联系与区别。
2. 试述收入确认的条件。
3. 试述费用确认的条件。
4. 试述递延所得税资产、递延所得税负债的确认。

二、练习题
1. B企业销售500件产品，每件150元，并给予买方6%的商业折扣，增值税税率为17%。付款条件是2/10，1/20，n/30，只对产品价格给予折扣。假定买方于第19天付款，并提出20件产品有问题，未付货款。经协商有5件产品作退货处理，其余15件产品折让30元，即按120元售出。要求做相关分录。

2. B企业为增值税一般纳税人，适用税率为17%，本月与客户签订意向工业性劳务合同，合同总价款800万元（不含税），签订合同后10日内收取预收款30%，余款在完工后收取。B企业如期收到240万元。12月31日经专业测量师测量，已完成工作量的60%，实际发生劳务成本300万元。根据所给资料编制会计分录。

3. B企业为增值税一般纳税人，税率17%，所得税税率为25%。假定企业以前年度尚有100 000元亏损未弥补，本月发生下列业务，要求编制会计分录。

（1）销售商品一批，增值税专用发票上注明的价款为2 000 000元，增值税340 000元，款已收到，存入银行，实际成本为1 520 000元。

（2）销售部门支付一笔广告费50 000元。

（3）本月发生的管理费用180 000元，其中工资60 000元；折旧费15 000元；办公费20 000元；差旅费50 000元；培训费8 000元；保险费9 000元；绿化费3 000元；车船使用税2 000元；业务招待费5 000元；咨询费3 000元；劳动保险费5 000元。

（4）本月发生财务费用4 100元。

（5）本月经批准转销待处理财产损益转营业外收入500元；转营业外支出2 600元；获得投资收益80 000元。

（6）本月销售原材料一批，收入6 000元，款已收到，存入银行。成本为4 000元，增值税进项税额680元。

（7）本月购买材料支付增值税进项税额298 000元，计算并缴纳增值税。

（8）将各项收入及费用转入本年利润账户。计算并结转营业税率5%，城建税率7%，教育费附加3%。

(9) 将净利润转入利润分配账户。

(10) 按10%提取盈余公积金。董事会决定用100 000元弥补以前年度亏损。

【互联网学习】

国家税务总局网站：http://www.chinatax.gov.cn

第十章 财务报告

【本章学习要求】
1. 掌握资产负债表的编制方法。
2. 掌握利润表的编制方法。
3. 了解现金流量表结构及编制方法。
4. 了解外币报表的折算方法。

【关键术语】
财务报告（Financial Statement）
外币会计报表折算（Translation of Foreign Currency Statements）
会计报表附注（Notes of Financial Statement）

第一节 财务报告概述

一、财务报告的内容

财务报告，是指企业对外提供的反映企业某一特定日期的财务状况和某一会计期间的经营成果、现金流量等会计信息的书面文件。财务报告包括财务报表和其他应披露的相关信息和资料。

财务报告至少应包括四表一注，即资产负债表、利润表、现金流量表、所有者权益（或股东权益）变动表、财务报表附注。

二、财务报告的作用

由于所有权与经营权的分离，造成所有者和其他与企业有利益关系的人及关心企业的人要通过财务报告了解企业财务状况、经营成果、现金流量等相关信息，了解管理层受托责任的完成情况，以便所有者、相关单位和个人做出相应决策。

（一）财务报告有助于投资者和债权人进行合理的决策

投资者和债权人是企业外部最重要的财务报告的使用者，他们利用企业提供的有关经济资源和经济义务等方面的财务信息，判断企业在激烈的市场竞争环境中生存、适应、成长和扩张的能力。虽然财务报告提供的信息是对过去经营成果和财务状况的反应和总结，但因事物的发展存在着一定程度的连续性、系统性和规律性，所以财务报告有助于投资者和债权人预测企业未来的现金流入净额、流入时间和不确定因素。这些因素是外部使用者进行投资、贷款等决策时必须考虑的。同时，潜在的投资人和债权人也要据此做出是否投资、贷款或赊销等决策。

（二）财务报告有助于所有者了解经营者履行受托责任的情况

股东把资金投入企业，委托管理人员进行经营管理，为了保证投入资金的保值增值，他们需要经常了解管理当局对受托经营资源的经营管理情况。企业受会计准则和其他法规的制约，财务报告能够较全面、系统、连续和综合地反映企业投入资金的渠道、性质、分布状态及资金运用效果等，有助于投资者了解受托资金的经营管理情况。

（三）财务报告有助于企业管理当局改进工作

财务报告能够帮助企业管理者分析和考核成本计划及预算的完成情况，帮助管理者掌握企业的财务状况、经营成果和现金流动情况等信息，以便改进工作，提高经济效益。

（四）财务报告为国家有关部门提供必要的经济信息

国家有关部门为了加强宏观经济管理，需要各单位提供经济信息包括财务报表资料，以便通过汇总了解、分析、掌握各部门、各地区经济计划完成情况，以及各项财经法律制度的执行情况，针对存在的问题，调控经济活动，优化资源配置。

三、财务报告的分类

（一）按反映的内容分为动态报表和静态报表

动态报表，是指一定时期内资金耗费和资金收回情况的报表，如利润表。静态报表，是指综合反映企业一定时点资产、负债和所有者权益的报表，如资产负债表。

（二）按编报时间分为中期报告和年度报告

财务报表的编报时间分为月度、季度、半年报和年报。其中月度、季度、半年报均称为中期报告。月报要求简明扼要、及时反映；年报要求披露完整、全面反映；季报、半年报在财务信息的详细程度上，介于月报和年报之间。

（三）按编表基础分为个别报表、汇总报表和合并报表

个别报表是企业根据自身的账簿记录加工整理编制的财务报表，主要反映本企业的财务状况、经营成果和现金流量的情况。

汇总报表是由主管企业的机关或上级机关，根据所属单位报送的个别财务报表汇总编制上报的财务报表。

合并报表是指由母公司和子公司组成的企业集团作为一个会计主体，由母公司根据子公司财务报表和自己的财务报表，编制一张反映企业集团财务状况、经营成果、现金流量情况的财务报表。

四、财务报表的列报要求

财务报表的列报，是指交易或事项在财务报表中的列示和在附录中的披露。财务报表的列报和披露应遵循以下基本要求：

（一）列报基础

企业应以持续经营为列报基础。根据实际发生的交易和事项按照会计准则的要求进行确认和计量，并以此为基础编制财务报表。持续经营是指在可以预见的未来，企业将会按照当前的规模和状态继续经营下去，不会停业也不会大规模销减业务。如果企业在当期已经决定于下一个会计期间进行清算或停止营业，则表明其处于非持续经营状态，应采用其他基础编制财务报表，并在附注中声明财务报表未以持续经营为基础列报。

（二）一致性原则

财务报表各项目的列报应在各个会计期间保持一致，不得随意变更，以使同一企业不同期间和同一期间不同企业的财务报表具有可比性。可比性，是会计信息的重要质量要求之一，它有助于决策者做出有效决策。但遇下列情况可以变更：

1. 会计准则要求改变财务报表的列报。
2. 企业经营业务的性质发生重大变化后，变更财务报表项目的列报能够提供更可靠、更相关的会计信息。

（三）重要性原则

重要性，是指财务报表某项目的省略或错报会影响使用者做出经济决策。重要性原则是判断某一项目在财务报表中是单独列报还是合并列报的一个主要标准。具体应遵循以下原则：

1. 对性质或功能不同的项目，一般应在财务报表中单独列报，但不具重要性的项目可以合并列报。

2. 性质和功能类似的项目，一般可以合并列报，但具有重要性的类别应单独列报。

3. 重要性原则不仅适用于财务报表，也适用于附注。某些项目的重要程度不足以在资产负债表、利润表、现金流量表中单独列示，但是可能对附注而言具有重要性，那么应该在附注中予以单独披露。

4. 无论是财务报表准则规定的单独列报项目，还是其他具体会计准则规定单独列报的项目，企业都应该单独列报。

（四）关于相互抵消

财务报表项目应当以总额列报，资产与负债、收入与费用不能相互抵消，即不能以净额列报。因为总额所提供的信息更具完整性、更有利于信息使用者对信息的理解，但企业会计准则另有规定的除外。下面两种情况可用净额列示，不属于抵消：

1. 资产计提的减值准备，可按扣除减值准备后的净额列示，以反映资产的真实价值。

2. 非日常活动产生的损益，以收入扣减费用后的净额列示，不属于抵消。

（五）关于比较信息

企业在财务报表中除了报告本期信息外，至少应提供所有项目的上一个可比会计期间的比较数据，和理解本期财务报表相关的说明，其他会计准则另有规定的除外。如果财务报表项目发生变更，应对比较数据按照当期的列报要求进行调整，并在附注中披露调整的原因和性质，以及调整的各项目金额。但是在某些情况下，对上期比较数据进行调整是不切实可行的，则应在附注中披露其不能调整的原因。所谓不切实可行是指企业在做出所有合理努力后仍然无法采用某项规定。

（六）关于表首及报告期间

财务报表一般分为表首、正表两部分，企业应在表首的显著位置披露下列信息：

1. 编报企业的名称。
2. 资产负债表日或财务报表涵盖的会计期间。
3. 使用的货币金额单位。
4. 财务报表是合并财务报表的应予以标明。

企业应按年编制财务报表。根据《中华人民共和国会计法》的规定，会计年度为公历 1 月 1 日起至 12 月 31 日止。年度财务报表涵盖的期间短于 1 年的，应当披露年度财务报表的涵盖期间以及短于 1 年的原因。对外提供中期财务报告的，应遵循《企业会计准则第 32 号——中期财务报告》的规定。

（七）财务报表格式

《企业会计准则指南》分别就一般企业、商业银行、保险公司、证券公司规定了财务报表格式及附注，企业应根据自己的经营活动的性质选择确定本企业的财务报表格式及附注。

第二节 资产负债表

一、资产负债表的内容

资产负债表，是总括反映企业在一定日期的全部资产、负债及所有者权益的一张报表。这张表反映了企业全部资产、负债和所有者权益，又称为财务状况表。因其反映的是特定日期的财务状况，所以是一张时点数报表。

资产负债表是根据"资产 = 负债 + 所有者权益"的会计基本等式设计的，主要包括以下内容：

1. 企业所拥有或控制的各种经济资源（资产）。
2. 企业负担的债务（负债），及企业的偿债能力。
3. 企业所有者在企业里所持有的权益（所有者权益）。
4. 企业未来财务状况的变动趋势。

在资产负债表上各个项目是遵循一些共同的特征来排列的。如资产按其流动性程度的高低顺序排列，先流动资产，后非流动资产；负债按其债务到期日由近至远的顺序排列，先流动负债，后非流动负债；所有者权益按其永久性递减的顺序排列，先实收资本，后资本公积、盈余公积，最后是未分配利润。

二、资产负债表格式

资产负债表有两种格式：账户式和垂直式（报告式）。

账户式资产负债表分左右两方，左方列示资产项目，右方列示负债和所有者权益项目，左右两方的合计数保持平衡。我国现在使用的资产负债表就是这种格式。

垂直式资产负债表，是将资产负债所有者权益项目从上到下排列。其具体形式可分为：

第一，按"资产=负债+所有者权益"的格式，将资产放在上面，资产总计等于列在下面的负债和所有者权益总计；

第二，按"资产－负债=所有者权益"的排列方式，上面的资产总额减去负债总额等于下面的所有者权益总额；

第三，按"流动资产－流动负债=营运资金"，"营运资金+非流动资产－非流动负债=所有者权益"的等式进行排列并求得平衡。

三、资产负债表编制

资产负债表中每一个项目都以有关科目的余额来表示，但是为了满足报表使用者的需求，有些项目需要根据总账科目和明细科目的记录分析、计算后填列。

资产负债表各项目的填列方法可归纳为下面几种：

1. 直接根据总账科目余额填列。例如"应收票据"、"在建工程"、"短期借款"、"实收资本"、"盈余公积"等。

2. 根据若干总账科目余额计算填列。如"货币资金"根据"库存现金"、"银行存款"和"其他货币资金"科目借方余额之和填列；"存货"项目根据"物资采购"、"原材料"、"委托加工物资"、"包装物"、"低值易耗品"、"材料成本差异"、"生产成本"、"自制半成品"、"产成品"等科目的借贷方余额计算填列。

3. 根据若干明细科目余额计算填列。如"应收账款"项目根据"应收账款"、"预付账款"科目所属有关明细科目的期末借方余额计算填列。

4. 根据总账科目或明细科目余额分析填列。如"长期借款"项目需要根据"长期借款"总账科目期末余额，减去"长期借款"明细科目中反映的将于1年内到期的长期借款部分分析填列。

第三节 利润表

一、利润表概述

利润表，是反映企业一定期间的经营成果的一种财务报表。利润表要反映企业在一个会计期间内的所有收入（广义）和所有费用（广义），并计算出报告期的利润额。

利润表的作用主要是充分反映企业经营成果的来源和构成，以便于使用者判断净利润的质量及风险，预测净利润的持续性，如分析企业实现的营业收入有多少、投资收益有多少、营业外收入有多少等；利润表可以反映一定会计期间的费用耗费情况，如耗费的营业成本有多少、营业税金及附加有多少、销售费用、管理费用、财务费用各有多少、营业外支出有多少等；利润表可以反映企业生产经营的成果即净利润的情况，有助于报表使用者判断资本保值、增值等情况。

二、利润表的格式

利润表依据收入和费用在表中不同的排列方法分为单步式和多步式两种。

（一）单步式利润表

单步式利润表将所有的收入列在表的上方，加在一起有一个收入合计数；所有的费用列在收入的下方，加在一起形成一个费用合计数，收入合计数减去费用合计数得出净利润。

单步式利润表的优点是简单、易于理解，编制方便。缺点是不能向报表使用者提供一些有意义的信息，如营业毛利、营业利润、利润总额等，不利于进行分析比较。

（二）多步式利润表

多步式利润表，是指将当期的收入、费用、支出按性质加以归类，按利润形成的主要环节分步列示利润指标、分步计算当期净损益的一种利润表列示格式。

在多步式利润表上，净利润是分若干个步骤计算出来的，公式为：

第一步，计算营业利润

营业利润＝营业收入－营业成本－营业税金及附加－销售费用－管理费用－财

务费用－资产减值损失＋公允价值变动收益＋投资收益

第二步，计算利润总额

利润总额＝营业利润＋营业外收入－营业外支出

第三步，计算净利润

净利润＝利润总额－所得税费用

股票上市的公司还要在净利润下列示普通股每股收益的数据，以便报表使用者评价企业的获利能力。

多步式利润表弥补了单步式利润表的不足，提供了更为丰富的信息，而增加的信息成本很少；多步式利润表便于使用者对同一个企业前后各期的相应项目进行比较，预测企业今后的盈利能力；也便于对同类企业进行比较，预测不同企业盈利能力的差异。

我国会计准则要求使用多步式利润表。世界上多数国家采用多步式利润表格式。

三、利润表的编制

利润表是一张反映企业某一时期的经营成果的动态报表。在账簿系统中动态报表一般为账户的发生额，所以利润表的编制一般以账户的发生额为依据。因为不是所有账户的发生额都与净利润的计算有关，利润表主要以损益类账户中本期收入、费用、成本等账户的发生额作为依据来编制。

为提供比较信息，"上期金额"栏内各项数字应根据上年同期利润表的"本期金额"栏内所列数字填列。如果上年同期利润表规定的各项目的名称和内容与本期不一致，应对上年同期利润表各项目的名称和数字按本期的规定进行调整，然后填入利润表"上期金额"栏内。

如果编制的是月份利润表，则应将"本年实际"与"上年实际"栏目分别改为"本期实际"与"本年累计"栏目。

四、利润分配表的编制

利润分配表是利润表的附表，用来说明企业当年实现利润的分配去向、利润分配结构及年末未分配利润的数额。利润分配表各项目基本上是根据"利润分配"账户所属明细账户的发生额填列。

第四节 资产负债表与利润表编制举例

【例10-4-1】A为一个从事国际贸易的企业,属增值税一般纳税人,税率为17%,所得税税率为25%,2011年有关科目的余额如下表:

表10-4-1 科目余额表(2011年12月31日)　　　　单位:元

科目名称	借方余额	科目名称	贷方余额
库存现金	5 800	短期借款	500 000
银行存款	980 760	应付票据	60 000
其他货币资金	45 300	应付账款	170 000
交易性金融资产	26 000	其他应付款	20 200
应收票据	60 000	应付职工薪酬	
应收账款	230 000	应交税费	9 600
预付账款	5 000	长期借款	590 000
其他应收款	3 000	其中:一年内到期的非流动负债	300 000
物资采购	8 000		
原材料	520 000	递延所得税负债	7 000
包装物	12 000	实收资本	3 000 000
低值易耗品	8 000	资本公积	250 000
生产成本	32 000	盈余公积	25 000
库存商品	13 000	利润分配(未分配利润)	9 560
材料成本差异	(6500)		
存货跌价准备	(3000)		
长期股权投资	208 000		
固定资产	3 250 000		
累计折旧	(905000)		
固定资产减值准备	(84000)		
在建工程	110 000		
无形资产	182 000		
累计摊销	(79000)		
长期待摊费用	20 000		
合计	4 641 360	合计	4 641 360

A企业2012年发生下列经济业务:

1. 购入一台不需要安装的固定资产,价款300 000元,增值税51 000元,运杂费2 100元,共353 100元,已从银行支付。固定资产运到并投入使用。

借:固定资产　　　　　　　　　　302 100

         应交税费——增值税——进项税额   51 000
            贷：银行存款   353 100
   2. 购入原材料一批，买价80 000元，增值税13 600元，运杂费1 200元，货款未付，材料尚未运到。
      借：物资采购   81 200
         应交税费——增值税——进项税额   13 600
            贷：应付账款   94 800
   3. 接银行通知，用银行存款支付到期的商业汇票45 000元。
      借：应付票据   45 000
            贷：银行存款   45 000
   4. 购入的原材料全部到货，经验收合格已经入库，金额为89 200元（包括期初数8000元）。
      借：原材料   89 200
            贷：物资采购   89 200
   5. 用银行存款支付上述材料的货款，计94 800元。
      借：应付账款   94 800
            贷：银行存款   94 800
   6. 销售产品一批，价款为600 000元，增值税102 000元，货款及税金已收到存入银行。
      借：银行存款   702 000
            贷：主营业务收入   600 000
               应交税费——增值税——销项税额   102 000
   7. 用银行存款支付本月工资，计560 000元。
      借：应付职工薪酬   560 000
            贷：银行存款   560 000
   8. 分配本月工资，其中生产工人工资380 000元；车间管理人员工资80 000元；企业管理人员工资100 000元。
      借：生产成本   380 000
         制造费用   80 000
         管理费用   100 000
            贷：应付职工薪酬   560 000
   9. 本月仓库发出原材料410 000元。其中生产产品领用380 000元；车间领用25 000元；企业管理部门领用5 000元。
      借：生产成本   380 000
         制造费用   25 000
         管理费用   5 000

  贷：原材料   410 000
 10. 计提本月固定资产折旧130 000元，其中生产车间用固定资产折旧98 000元；管理部门用固定资产折旧32 000元。
  借：制造费用   98 000
    管理费用   32 000
   贷：累计折旧   130 000
 11. 用银行存款支付车间设备维修费7 000元。
  借：制造费用   7 000
   贷：银行存款   7 000
 12. 摊销无形资产5 000元。
  借：管理费用   5 000
   贷：累计摊销   5 000
 13. 将制造费用账户的本期发生额210 000元，转入生产成本账户。
  借：生产成本   210 000
   贷：制造费用   210 000
 14. 结转本月完工入库产品的成本560 000元。
  借：库存商品   560 000
   贷：生产成本   560 000
 15. 归还短期借款本金和利息共210 000元，其中本金200 000元。
  借：短期借款   200 000
    财务费用   10 000
   贷：银行存款   210 000
 16. 收回应收账款102 000元，存入银行。
  借：银行存款   102 000
   贷：应收账款   102 000
 17. 用银行存款支付应交税费9 600元。
  借：应交税费   9 600
   贷：银行存款   9 600
 18. 结转本月销售产品的成本270 000元。
  借：主营业务成本   270 000
   贷：库存商品   270 000
 19. 用银行存款支付展览费3 000元，广告费5 000元。
  借：销售费用   8 000
   贷：银行存款   8 000
 20. 用银行存款支付绿化费4 500元。
  借：管理费用   4 500

    贷：银行存款   4 500
21. 用银行存款归还长期借款300 000元，利息15 000元。
    借：长期借款   300 000
        财务费用   15 000
        贷：银行存款   315 000
22. 从银行借入1年期短期借款300 000元，利率8%，利息按季收取。
    借：银行存款   300 000
        贷：短期借款   300 000
23. 一项在建工程完工交付使用，实际成本为110 000元。
    借：固定资产   110 000
        贷：在建工程   110 000
24. 出售一台不需用固定资产，原值50 000元，已提折旧30 000元，已提减值准备10 000元。收到价款16 000元，支付清理费用5 000元。
    借：固定资产清理   10 000
        累计折旧   30 000
        固定资产减值准备   10 000
        贷：固定资产   50 000
    借：固定资产清理   5 000
        贷：银行存款   5 000
    借：银行存款   16 000
        贷：固定资产清理   16 000
    借：固定资产清理   1 000
        贷：营业外收入   1 000
25. 收到一项长期投资的现金股利36 000元，存入银行。
    借：银行存款   36 000
        贷：投资收益   36 000
26. 按应收账款余额的2%计提坏账准备。
    应提坏账准备 = 128 000 × 2% = 2 560（元）
    借：资产减值损失   2 560
        贷：坏账准备   2 560
27. 计提本年城市维护建设税2 618元（37 400×7%），教育费附加1 122元（37 400×3%），应纳增值税37 400元（102 000 − 51 000 − 13 600）。
    借：营业税金及附加   3 740
        贷：应交税费——城建税   2 618
              ——教育费附加   1 122
28. 将主营业务收入600 000元；营业外收入1 000元；投资收益36 000元；主营

业务成本270 000元；主营业务税金及附加3 740元；销售费用8 000元；财务费用25 000元；管理费用146 500元；资产减值损失2560元，分别转入本年利润。

  借：主营业务收入   600 000
    营业外收入   1 000
    投资收益   36 000
    贷：本年利润   637 000
  借：本年利润   455 800
    贷：主营业务成本   270 000
      主营业务税金及附加   3 740
      销售费用   8 000
      财务费用   25 000
      管理费用   146 500
      资产减值损失   2 560

29. 按25%计算所得税费用，并将税后利润转入利润分配账户。

所得税费用＝（637 000－455 800）×25%＝181 200×25%＝45 300（元）

  借：所得税费用   45 300
    贷：应交税费   45 300
  借：本年利润   45 300
    贷：所得税费用   45 300

本年利润＝637 000－455 800－45 300＝135 900（元）

  借：本年利润   135 900
    贷：利润分配   135 900

30. 按税后利润的10%提取盈余公积金。

盈余公积＝135 900×10%＝13 590（元）

  借：利润分配   13 590
    贷：盈余公积   13 590

31. 根据董事会决议向股东分配股利80 000元。

  借：利润分配   80 000
    贷：应付股利   80 000

表 10 – 4 – 2　科目余额表（2012 年 12 月 31 日）　　　　单位：元

科目名称	借方余额	科目名称	贷方余额
库存现金	5 800	短期借款	600 000
银行存款	524 760	应付票据	15 000
其他货币资金	45 300	应付账款	170 000
交易性金融资产	26 000	其他应付款	20 200
应收票据	60 000	应付职工薪酬	
应收账款	128 000	应交税费	86 440
坏账准备	(2560)	应付股利	80 000
预付账款	5 000	长期借款	290 000
其他应收款	3 000	其中：一年内到期的非流动负债	
物资采购	0		
原材料	199 200	递延所得税负债	7 000
包装物	12 000	实收资本	3 000 000
低值易耗品	8 000	资本公积	250 000
生产成本	442 000	盈余公积	38 590
库存商品	303 000	利润分配（未分配利润）	51 870
材料成本差异	(6500)		
存货跌价准备	(3000)		
长期股权投资	208 000		
固定资产	3 612 100		
累计折旧	(1 005 000)		
固定资产减值准备	(74 00)		
在建工程			
无形资产	182 000		
累计摊销	(84 00)		
长期待摊费用	20 000		
合计	4 609 100	合计	4 609 100

表 10-4-3　资产负债表

编报单位：A 企业　　　　　2012 年 12 月 31 日　　　　　单位：元

资产	年初数	期末数	负债及所有者权益	年初数	期末数
流动资产：			流动负债：		
货币资金	1 031 860	575 860	短期借款	500 000	600 000
交易性金融资产	26 000	26 000	交易性金融负债	0	0
应收票据	60 000	60 000	应付票据	60 000	15 000
应收账款	230 000	128 000	应付账款	170 000	170 000
坏账准备		2 560	预收款项	0	0
预付款项	5 000	5 000	应付职工薪酬	0	0
应收利息	0	0	应交税费	9 600	86 440
应收股利	0	0	应付利息	0	0
其他应收款	3 000	3 000	应付股利	0	80 000
存货	583 500	954 700	其他应付款	20 200	20 200
一年内到期的		0	一年内到期的		0
非流动资产	0	0	非流动负债	300 000	
其他流动资产	0	1 750 000	其他流动负债	0	971 640
流动资产合计	1 939 360		流动负债合计	1 059 800	
非流动资产：		0	非流动负债：		
可供出售金融资产		0	长期借款	290 000	290 000
			应付债券	0	0
持有至到期投资	0		长期应付款	0	0
长期应收款	0		专项应付款	0	0
长期股权投资	208 000	208 000	预计负债	0	0
投资性房地产	0	0	递延所得税负债	7 000	7 000
固定资产	2 261 000	2 533 100	其他非流动负债	0	0
在建工程	110 000		非流动负债合计	297 000	297 000
工程物资	0	0	所有者权益：		
固定资产清理	0	0	实收资本	3 000 000	3 000 000
生产性生物资产	0	0	资本公积	250 000	250 000
油气资产	0	0	减：库存股	0	0
无形资产	103 000	98 000	盈余公积	25 000	38 590
开发支出	0	0	未分配利润	9 560	51 870
商誉	0	0	所有者权益合计	3 284 560	3 340 460
长期待摊费用	20 000	20 000			
递延所得税费用	0	0			
其他非流动资产	0	0			
非流动资产合计	2 702 000	2 859 100			
资产总计	4 641 360	4 609 100	负债和所有者权益总计	4 641 360	4 609 100

假定企业发行在外的普通股股票为 10 万股。2011 年各项数据为主营业务收入 480 000 元、主营业务成本 201 000 元、营业税金及附加 2 670 元、销售费用 5 000 元、

管理费用132 000元、财务费用14 600元、投资收益50 000元、发行在外的股票数10万股。

表10-4-4 利润表

编制单位：A企业　　　2012年　　　　　　　　单位：元

项目	本期金额	上期金额
一、营业收入	600 000	480 000
减：营业成本	270 000	201 000
营业税金及附加	3 740	2 670
销售费用	8 000	5 000
管理费用	146 500	132 000
财务费用	25 000	14 600
资产减值损失	2 560	0
加：公允价值变动损益（损失以"-"号填列）	0	0
投资收益（损失以"-"号填列）	36 000	50 000
其中：对联营企业和合营企业的投资收益		
二、营业利润（亏损以"-"号填列）	180 200	174 730
加：营业外收入	1 000	0
减：营业外支出	0	23 530
其中：非流动资产处置损失		
三、利润总额（亏损总额以"-"号填列）	181 200	151 200
减：所得税费用	45 300	37 800
四、净利润（净亏损以"-"号填列）	135 900	113 400
五、每股收益：		
（一）基本每股收益	1.36	1.13
（二）稀释每股收益		

表 10-4-5 利润分配表

编制单位：A 企业　　　2012 年　　　　　　单位：元

项目	本年实际	上年实际
一、净利润	135 900	113 400
加：年初未分配利润	9 560	(-) 12 500
其他转入	0	0
二、可供分配利润	145 460	100 900
减：提取法定盈余公积	13 590	11 340
三、可供分配利润	131 870	89 560
减：应付优先股股利	0	0
提取任意盈余公积	0	0
应付普通股股利	80 000	80 000
转作股本的股利	0	0
四、未分配利润	51 870	9 560

第五节　现金流量表

一、现金流量表的概念与作用

现金流量表，是反映企业一定会计期间现金和现金等价物流入和流出的报表。

现金流量表的作用主要有：

1. 现金流量表可以提供企业的现金流量信息，帮助使用者对企业整体财务状况作出客观评价。

2. 现金流量表提供的信息，可以帮助投资者、潜在投资者、债权人评估企业的支付能力、偿债能力和未来创造净现金流量的能力。

3. 现金流量表为企业管理当局提供现金流入和流出信息，分析净利润与现金收支产生差异的原因，科学规划企业的投资、筹资活动，提高资金的利用率。

4. 现金流量表提供的信息是上市公司监管部门对企业进行监管的重要依据。

二、现金流量表的编制基础

现金流量表是以现金为基础编制的。根据《企业会计准则第31号——现金流量表》的规定,现金流量表所指的现金是广义的现金概念,包括:

1. 库存现金。指企业持有的人民币现钞或外币现钞。
2. 银行存款。指企业存在金融机构中可随时用于支付的存款。不能随时支取的存款,如定期存款,不能作为现金流量表中的现金。通知存款可算作现金。
3. 其他货币资金。是指企业存在金融机构的有特定用途的资金,可算作现金。
4. 现金等价物。是指企业持有的期限短、流动性强、易于转换为已知金额、价值变动风险小的投资。现金等价物不是严格意义上的现金,因其支付能力与现金差别不大,可视为现金。

三、现金流量的分类

为了在现金流量表中反映企业在一定时期内现金净流量变动的原因,将现金流量分为三类:

1. 经营活动产生的现金流量。经营活动包括销售商品或提供劳务、购买货物、接受劳务、制造产品、广告宣传、交纳税款等,除投资活动和筹资活动以外的其他活动。
2. 投资活动产生的现金流量。投资活动是指企业长期资产的构建和不包括在现金等价物范围内的投资及其处置活动。
3. 筹资活动产生的现金流量。筹资活动是指导致企业资本及债务规模和结构发生变化的活动,包括吸收投资、发行股票、发行债券、偿还借款、分配利润等。

四、现金流量表的编制基础与方法

(一) 编制基础

现金流量表的编制基础是收付实现制。而编制现金流量表的数据来源是资产负债表、利润表、所有者权益变动表和会计凭证、账簿等,这些来源都是依据权责发生制原则制作的。所以在编制现金流量表时,要将在权责发生制下编制的会计资料转换为收付实现制下的会计资料,再分别反映经营活动、投资活动和筹资活动现金流动情况。

（二）编制方法

1. 直接法和间接法

所谓直接法，是指现金收入和现金支出的主要类别直接反映企业经营活动产生的现金流量。如销售商品、提供劳务收到的现金；购买商品、接受劳务支出的现金等是按现金收入和支出的类别直接反映的。采用直接法，一般是以利润表中的营业收入为起算点，调节与经营活动有关的项目的增减变化，计算出经营活动的现金流量。

所谓间接法，是指以净利润为起算点，调整不涉及现金的收入、费用、营业外收支等有关项目，剔除投资活动、筹资活动对现金流量的影响，计算出经营活动产生的现金流量。由于净利润是按照权责发生制原则确定的，并且包含了与投资活动和筹资活动相关的收益和费用，将净利润调整为经营活动现金流量，实际上是将按权责发生制原则确定的净利润调整为收付实现制原则的现金净流入，并剔除投资活动和筹资活动对现金流量的影响。

直接法编制的现金流量表，便于分析企业经营活动产生现金流量的来源和用途、预测现金流量的未来前景；间接法便于将净利润与经营活动产生的现金流量净额进行比较，了解净利润与现金净流量产生差异的原因，从现金流量的角度分析净利润的质量。所以会计准则规定，企业应采用直接法编制现金流量表，同时要求在附注中提供以净利润为基础调整到经营活动现金流量的信息。

2. 工作底稿法和 T 型账户法

在具体编制现金流量表时，可以采用工作底稿法或 T 型账户法，也可以根据有关科目的记录分析填列。

（1）工作底稿法。是以资产负债表和利润表的数据为基础，对每一项目进行分析并编制调整分录，用调整后的数据编制现金流量表。具体程序：

①将资产负债表的期初数和期末数分别记入工作底稿的期初数栏和期末数栏；

②对当期业务进行分析并编制调整分录；

③将调整分录登记在工作底稿相应栏目；

④核对调整分录，借贷方合计数均已相等，资产负债表项目期初数加减调整分录中的借贷金额以后，等于期末数；

⑤根据工作底稿中的现金流量表项目编制正式的现金流量表。

（2）T 型账户法。是以 T 型账户为手段，以资产负债表和利润表数据为基础，对每一项目进行分析并编制调整分录，据此编制现金流量表。具体程序：

①为所有资产负债表和利润表的非现金项目开设 T 型账户，并将各自的期末期初变动数记入各相关账户。如果项目的期末数大于期初数，则将差额记入和项目余额相同的方向；反之，记入相反的方向；

②开设一个大的"现金及现金等价物"T 型账户，两边分为经营活动、投资活

动和筹资活动三个部分，左边记现金流入，右边记现金流出。同时记入期末期初变动数；

③以利润表项目为基础，结合资产负债表分析每一个非现金项目的增减变动，并据此编制调整分录；

④将调整分录过入各 T 型账户，并进行核对，该账户借贷相抵后的余额与原先记入的期末期初变动数应当一致；

⑤根据大的"现金及现金等价物"T 型账户编制正式的现金流量表。

五、现金流量表的编制（直接法）

（一）经营活动现金流量项目的编制

1. 销售商品提供劳务收到的现金

该项目具体的调整计算公式：

本期销售商品、提供劳务收到的现金＝本期销售商品、提供劳务收到的现金＋应收账款减少额（或－应收账款增加额）＋应收票据的减少额（或－应收票据的增加额）＋预收账款的增加额（或－预收账款的减少额）＋当期收回的前期核销的坏账损失－本期销售退回支付的现金

【例 10－5－1】依前例，A 企业本期销售商品、提供劳务取得的收入为 600 000 元，增值税销项税额 102 000 元已由银行收讫；应收账款期初余额为 230 000 元，期末余额为 128 000 元。计算如下：

本期销售商品、提供劳务收到的现金	702 000
加：本期收到的前期的应收账款（230 000 － 128 000）	102 000
销售商品、提供劳务收到的现金	804 000

2. 收到的税费返还

本项目应填列收到的增值税、营业税、所得税、消费税、关税和教育费附加返还款等。如出口退税、减免所得税等。

3. 收到其他与经营活动有关的现金

本项目应填列收到其他与经营活动有关的现金，包括罚款收入、出租固定资产收到的现金、财产损失中由个人赔偿的现金收入、除税费返还外的其他政府补助收入等。

4. 购买商品、接受劳务支付的现金

该项目的计算公式：

本期购买商品、接受劳务支付的现金＝购买商品、接受劳务支付的现金＋应付账款减少额（或－应付账款增加额）＋应付票据减少额（或－应付票据增加

额）+预付账款增加额（或－预付账款减少额）

仍依上例 A 企业数据。计算如下：

本期购买原材料支付的价款	81 200
车间维修设备费用	7 000
支付广告费、展览费	8 000
支付绿化费	4 500
加：本期支付的前期应付票据（6 000 - 15 000）	45 000
本期购买商品、接受劳务支付的现金	145 700

5. 支付给职工以及为职工支付的现金

企业支付给职工的现金包括为获取职工的服务本期支付给职工的各种形式的报酬及其他相关支出，如企业为职工支付的工资、奖金、加班津贴等，以及支付的医疗、养老、失业、工伤、生育等社会保险基金、养老补充保险、住房公积金、商业保险金、现金结算的股份支付及因解除与职工劳动关系给予的补偿等。

以 A 企业的数据为例。

本期支付的工资、及津贴	440 000
支付的社会保险费	120 000
本期支付给职工和为职工支付的现金	560 000

6. 支付的各项税费

支付的各项税费包括本期发生并支付的税费和本期支付的以前各期发生的税费和预交的税金。不包括本期退回的各项税费。

以 A 企业数据为例。

本期支付的增值税进项税额（购入固定资产）	51 000
支付的增值税进项税额（购入原材料）	13 600
本期支付的期初应纳税额	9 600
支付的各项税费	74 200

7. 支付的其他与经营活动有关的现金

本项目反映除上述各项目以外，支付的其他与经营活动有关的现金，如罚款支出、支付的差旅费、业务招待费、保险费、经营性租赁的租金等。

（二）投资活动现金流量项目的编制

1. 收回投资收到的现金

本项目包括企业出售、转让或到期收回除现金等价物以外的交易性金融资产、持有至到期投资、可供出售金融资产、长期股权投资、投资性房地产等收到的现金。不包括收到的债权性投资的利息、收回的非现金资产,以及处置子公司和其他营业单位收到的现金净额。

2. 取得投资收益收到的现金

本项目包括企业股权性投资分得的现金股利,从子公司或联营企业分回利润收到的现金,债权投资取得的现金利息收入。股票股利不在本项目中反映;包括在现金等价物范围内的债权性投资,其现金利息在本项目中反映。

依 A 企业数据计算如下:

收到 N 企业实际分回的现金股利	36 000
取得投资收益收到的现金	36 000

3. 处置固定资产、无形资产和其他长期资产收回的现金净额

本项目反映处置固定资产、无形资产和其他长期资产收回的现金,减去为处置这些资产而支付的相关费用后的净额。由于自然灾害等原因造成的长期资产报废、毁损收到的保险公司赔偿的现金收入,在本项目中反映。如果处置长期资产收回的现金净额为负数,应作为投资活动产生的现金流量,在"支付的其他与投资活动有关的现金"项目中反映。

依 A 企业数据计算如下:

出售固定资产收到的现金	16 000
减:支付的清理费及包装费	5 000
处置固定资产、无形资产和其他长期资产收回的现金净额	11 000

4. 处置子公司及其他营业单位收到的现金净额

本项目反映企业处置子公司及其他营业单位收到的现金减去子公司及其他营业单位持有的现金和现金等价物以及相关的处置费用后的现金净额。如果处置子公司及其他营业单位收到的现金净额为负数,应将该金额填列在"支付其他与投资活动有关的现金"项目内。

5. 收到的其他与投资活动有关的现金

本项目反映企业除上述各项外,收到的其他与投资活动有关的现金。如果项目价值较大,应单列项目反映,或在附注中加以说明。

6. 构建固定资产、无形资产和其他长期资产支付的现金

本项目反映企业为构建固定资产、无形资产和其他长期资产支付的现金,包括购买机器设备支付的现金,建造工程支付的现金、支付在建工程人员的工资等现金支出。不包括为构建固定资产、无形资产和其他长期资产而发生的借款利息本金化部分,该部分应在"分配股利、利润或偿付利息支付的现金"项目中反映;融资租入固定资产支付的租赁费,不在本项目中反映,应在"支付的其他与筹资活动有关的现金"项目中反映。

依 A 企业数据计算如下：
本期购买固定资产支付的现金　　　　　　　　　　302 100

购建固定资产、无形资产和其他长期资产支付的现金　302 100

7. 投资支付的现金

本项目反映企业进行权益性投资和债权性投资支付的现金，包括企业为取得的除现金等价物以外的交易性金融资产、持有至到期投资、可供出售金融资产支付的现金，以及支付的佣金、手续费等交易费用。企业购入债券价款中含有债券利息的以及溢价或折价购入的，均按实际支付的金额反映。

企业购入股票和债券时，实际支付的价款中含有已经宣告但尚未领取的现金股利和债券中包含已到付息期但尚未领取的债券利息，应在"支付的其他与投资活动有关的现金"项目中反映；收回购买股票和债券时收到的已宣告但尚未发放的现金股利和已到付息期但尚未领取的债券利息，应在"收到的其他与投资活动有关的现金"项目中反映。

8. 取得子公司及其他营业单位支付的现金净额

本项目反映企业取得子公司及其他营业单位购买价中以现金支付的部分，减去子公司或其他营业单位持有的现金和现金等价物后的净额，如果净额为负数，应在"收到其他与投资活动有关的现金"项目中反映。

9. 支付的其他与投资活动有关的现金

本项目反映除上述各项以外，支付的其他与投资活动有关的现金。

（三）筹资活动现金流量项目的编制

1. 吸收投资收到的现金

本项目反映企业以发行股票、债券等方式筹集资金实际收到的款项净额，即发行价减去发行费用后的净额。企业以发行股票的方式筹集资金，由企业直接支付的审计、咨询等费用，不在本项目中反映，应在"支付的其他与筹资活动有关的现金"项目中反映；由金融机构直接支付的手续费、宣传费、咨询费、印刷费等，从股票、债券取得的现金收入中扣除，以净额列示。

2. 借款收到的现金

本项目反映企业举借各种短期、长期借款收到的现金。

依 A 企业数据计算如下：
本期借入短期借款　　　　　　　300 000

借款收到的现金　　　　　　　　300 000

3. 收到的其他与筹资活动有关的现金

本项目反映企业除上述各项目以外，收到的其他与筹资活动有关的现金。如果项目价值较大应单列项目反映。

4. 偿还债务支付的现金

本项目反映以现金偿还债务的本金，如偿还金融机构的借款本金，偿还企业到期债券的本金等。企业偿还的借款利息、债券利息，应在"分配股利、利润或偿付利息所支付的现金"项目中反映。

依 A 企业数据计算如下：

本期归还长期借款	300 000
归还短期借款	200 000
偿还债务所支付的现金	500 000

5. 分配股利、利润或偿付利息所支付的现金

依 A 企业数据计算如下：

支付短期借款利息	10 000
支付长期借款利息	15 000
分配股利、利润或偿付利息所支付的现金	25 000

6. 支付的其他与筹资活动有关的现金

本项目反映企业除上述各项目以外，支付的其他与筹资活动有关的现金，及融资租赁所支付的现金等。

（四）汇率变动对现金的影响

企业有外币现金流量和境外子公司的现金流量，应采用现金流量发生日的即期汇率或按照系统合理的方法确定的与即期汇率近似的汇率折算。汇率变动对现金的影响额，作为调整项目在现金流量表中单独列报。

依据 A 企业数据编制现金流量表如下：

表 10–5–1　现金流量表（直接法）

编制单位：A 企业　　　2012 年　　　　　　　　单位：元

项目	本年金额
一、经营活动产生的现金流量	
销售商品、提供劳务收到的现金	804 000
收到的税费返还	
收到的其他与经营活动有关的现金	
现金流入小计	804 000
购买商品、接受劳务支付的现金	145 700

续表

项目	本年金额
支付给职工以及为职工支付的现金	560 000
支付的各项税费	74 200
支付的其他与经营活动有关的现金	
现金流出小计	779 900
经营活动产生的现金净流量	24 100
二、投资活动产生的现金流量	
收回投资所收到的现金	
取得投资收益所收到的现金	36 000
处置固定资产、无形资产和其他长期资产所收到的现金净额	11 000
收到的其他与投资活动有关的现金	
现金流入小计	47 000
购建固定资产、无形资产和其他长期资产所支付的现金	302 100
投资所支付的现金	
支付的其他与投资活动有关的现金	
现金流出小计	302 100
投资活动产生的现金流量净额	(255 100)
三、筹资活动产生的现金流量	
吸收投资所收到的现金	0
借款所收到的现金	300 000
收到的其他与筹资活动有关的现金	0
现金流入小计	300 000
偿还债务所支付的现金	500 000
分配股利、利润或偿付利息所支付的现金	25 000
支付的其他与筹资活动有关的现金	0
现金流出小计	525 000
筹资活动产生的现金流量净额	(225 000)
四、汇率变动对现金的影响	0
五、现金及现金等价物净增加额	(456 000)
加：期初现金及现金等价物余额	1 031 860
六、期末现金及现金等价物余额	575 860

六、现金流量表附注（间接法）

（一）现金流量表补充资料的编制

企业在使用直接法编制现金流量表的同时，应在现金流量表的附注中，采用间接法披露将净利润调整为经营活动现金流量的信息。现金流量表补充资料包括：将净利润调整为经营活动现金流量、不涉及现金收支的重大投资和筹资活动、现金及现金等价物净变动情况等项目。

1. 将净利润调整为经营活动净现金流量

调整的计算公式为：

经营活动现金流入量＝净利润＋资产减值准备＋固定资产折旧＋无形资产和长期待摊费用的摊销＋处置无形资产和其他长期资产的损失（减收益）＋固定资产报废损失＋公允价值变动损失＋财务费用＋投资损失（减收益）＋递延所得税资产减少（减增加）＋递延所得税负债增加（减减少）＋存货的减少（减增加）＋经营性应收项目的减少（减增加）＋经营性应付项目的增加（减减少）＋其他

净利润等于利润表的净利润栏目中的数额。下面的加项都是在计算净利润的时候，根据权责发生制的原则已经从收入中减掉的数额，但这些项目并未实际支付现金，所以将净利润调整为现金流入量的时候，要将这些项目加回来。

资产减值准备包括：坏账准备、存货跌价准备、投资性房地产减值准备、长期股权投资减值准备、持有至到期投资减值准备、固定资产减值准备、在建工程减值准备、工程物资减值准备、生物性资产减值准备、无形资产减值准备、商誉减值准备等。

固定资产折旧包括生产性生物资产折旧、油气资产折耗等。

无形资产的摊销和长期资产的摊销。

处置固定资产、无形资产和其他长期资产的损失属于投资活动产生的损益，不属于经营活动的损益，需要予以剔除。

固定资产报废损失属于投资活动产生的损益，不属于经营活动损益，需要予以剔除。

公允价值变动损益是指交易性金融资产或金融负债、衍生金融工具、套期等业务以公允价值计量，公允价值变动计入当期损益的项目发生的损益。这些业务通常与企业的投资活动和筹资活动有关，并且其价值变动不涉及当期的现金流量。故应予以剔除。

财务费用不属于经营活动的部分应当从净利润中剔除。在实务中"财务费用"明细账一般是按费用项目设置的，再按"经营活动"、"筹资活动"、"投资活动"分设明细账，不属于经营活动的部分应予以剔除。

投资损失（减收益）属于投资活动产生的损益，在计算经营活动现金流量时，需要予以剔除。

递延所得税资产减少（减增加）：如果企业递延所得税资产减少使计入所得税费用的金额大于当期应交所得税金额，其差额没有发生现金流出，但在计算净利润时已经扣除，在将净利润调整为经营活动现金流量时，应当加回。

递延所得税负债增加（减减少），会使计入所得税费用的金额大于当期应交所得税金额，其差额没有发生现金流出，但在计算净利润时已经扣除，在将净利润调节为经营活动现金流量时，应予以加回。

存货的减少（减增加）：如果期末存货比期初存货减少说明本期生产经营过程耗用了一部分期初存货，这部分存货并没有发生现金流出，但在计算净利润时已经扣除，在将净利润调整为经营活动现金流量时，应当加回。反之期末存货比期初存货增加，说明本期购入的存货还剩余一部分，并且这部分存货发生了现金流出，但是在计算净利润时没有包括在内，在将净利润调整为经营活动现金流量时，应予扣除。

经营性应收项目的减少（减增加）：经营性应收项目期末余额小于经营性应收项目期初余额，说明本期收回的现金大于利润表中所确认的销售收入，所以在将净利润调整为经营活动现金流量时，需要加回。反之需要扣除。

经营性应付项目的增加（减减少）：经营性应付项目期末余额大于期初余额，说明本期购入的存货中有一部分没有支付现金，在将净利润调整为经营活动现金流量时，需要加回；反之，期末余额小于期初余额说明支付的现金大于利润表中所确认的销售成本，计算现金流量时需要扣除。

依 A 企业的数据计算如下：

净利润	135 900
加：计提的资产减值准备	2 560
固定资产折旧	130 000
无形资产摊销	5 000
处置固定资产损失（减收益）	（1 000）
财务费用	25 000
投资损失（减收益）	（36 000）
存货减少（减增加）	（371 200）
经营性应收项目减少（减增加）	102 000
经营性应付项目增加（减减少）	31 840
经营活动产生的现金流量净额	24 100

注：31 840 = 76 840（应交税费贷方余额）−45 000（归还应付票据）

2. 不涉及现金收支的重大投资和筹资活动的披露

不涉及现金收支的重大投资和筹资活动，反映企业一定期间内影响资产或负债但不形成该期现金收支的所有投资和筹资活动的信息。虽然这些活动不涉及当期现金流量，但会影响以后各期的现金流量。这些信息对使用报表的人会有很大意义。主要包括：债务转为资本，反映企业本期转为资本的债务金额；反映企业一年内到期的可转换公司债券；融资租入固定资产等。

（二）企业当期取得或处置子公司及其他营业单位的披露

《现金流量表会计准则应用指南》列示了企业当期取得或处置子公司及其他营业单位的披露格式。主要包括取得子公司及其他营业单位的取得价格、支付现金或现金等价物金额、取得子公司的净资产等有关信息；处置子公司的价格、收到的现金和现金等价物金额、处置子公司的净资产等信息。

（三）编制现金流量表

依据 A 企业的资料，用间接法编制现金流量表，因为投资活动与筹资活动现金流量表的编制直接法与间接法没有区别，所以在使用间接法编制现金流量表时无须重复。但是在使用间接法编制现金流量表时，需要反映企业不涉及现金收支的投资和筹资活动的情况，因为这些情况会影响以后年度的现金流量。

表 10-5-2　　现金流量表（间接法）　　2012 年　　单位：元

补充资料	本年金额
1. 将净利润调节为经营活动现金流量	
净利润	135 900
加：计提的资产减值准备	2 560
固定资产折旧	130 000
无形资产摊销	5 000
长期待摊费用摊销	
待摊费用减少（减：增加）	
预提费用增加（减：减少）	
处置固定资产、无形资产和其他长期资产的损失（减：收益）	(1 000)
固定资产报废损失	
公允价值变动损失（减：收益）	
财务费用	25 000
投资损失（减：收益）	(36 000)
递延所得税资产减少	

续表

补充资料	本年金额
递延所得税负债增加	
存货的减少（减：增加）	(371 200)
经营性应收项目的减少（减：增加）	102 000
经营性应付项目的增加（减：减少）	31 840
其他	
经营活动产生的现金流量净额	24 100
2. 不涉及现金收支的投资和筹资	
债务转为资本	
1年内到期的可转换公司债券	
融资租入固定资产	
3. 现金及现金等价物净增加情况	
现金的期末余额	(456 000)
减：现金的期初余额	1 031 860
加：现金等价物的期末余额	0
减：现金等价物的期初余额	0
现金及现金等价物净增加额	575 860

（四）对两种方法的评价

直接法是将按权责发生制记录的会计资料按收付实现制原则加以调整后编制现金流量表的一种方法，优点是直观、简便，许多数据可以直接从账表中获得。间接法则从另一个角度反映了企业现金的来源，并增加了不涉及现金收支的投资和筹资活动的信息，为报表使用者预测未来现金流量提供了方便。

第六节 所有者权益变动表与附注

一、所有者权益表概述

所有者权益变动表，是反映企业一定期间内构成所有者权益的各组成部分的增减变动情况的报表。该表主要反映三个方面的内容：一是因资本业务导致的所有者权益总额发生变动的项目，如所有者投入资本或向所有者分配利润等；二是所有者权益内部的变动，如提取盈余公积金等；三是综合收益导致的所有者权益变动。综合收益是指企业在某一期间与所有者之外的其他方面进行交易或发生其他事项所引起的净资产变动。综合收益又分为两部分：第一部分是直接计入所有者权益的利得和损失，第二部分是净利润。

所有者权益变动表在一定程度上体现了企业综合收益的特点。

二、所有者权益变动表的格式与编制

所有者权益变动表的格式，一般是以矩阵的形式列报。一方面按所有者权益变动的来源对一定时期所有者权益变动的情况进行全面反映；另一方面按照所有者权益各组成部分如实收资本、资本公积、盈余公积、未分配利润、库存股等项目及其总额列示交易或事项对所有者权益产生的影响。

根据企业会计准则的要求，企业需要提供比较所有者权益变动表，因此所有者权益变动表划分为"本年金额"和"上年金额"两栏，提供两年的信息。需要注意的是，如果上年所有者权益变动表规定的各项目的名称和内容与本年度不一致，应对上年度所有者权益变动表各项目的名称和数字按本年度的规定进行调整，将调整后的数字填入所有者权益变动表"上年金额"栏内。

所有者权益变动表"本年金额"栏内各数字一般应根据"实收资本"、"资本公积"、"盈余公积"、"利润分配"、"库存股"、"以前年度损益调整"等账户的本期发生额分析填列。我国企业所有者权益变动表的格式如表10-6-1所示：

表10-6-1 所有者权益变动表

编制单位：××股份有限公司　　　　——年度　　　　单位：元

项目	本年金额					上年金额				
	实收资本（或股本）	资本公积	减：库存股	盈余公积	未分配利润	所有者权益合计	实收资本（或股本）	资本公积	减：库存股	盈余公积	未分配利润	所有者权益合计
一、上年年末余额											
加：会计政策变更											
前期差错更正											
二、本年年初余额											
三、本年增减变动金额（减少以"-"号填列）											

续表

项目	本年金额						上年金额					
	实收资本（或股本）	资本公积	减：库存股	盈余公积	未分配利润	所有者权益合计	实收资本（或股本）	资本公积	减：库存股	盈余公积	未分配利润	所有者权益合计
（一）本年净利润												
（二）直接计入所有者权益的利得和损失												
1. 可供出售金融资产公允价值变动净额												
2. 现金流量套期工具公允价值变动净额												
3. 权益法下被投资单位其他所有者权益变动的影响												
4. 与计入所有者权益项目相关的所得税影响												
5. 其他												
上述（一）和（二）小计												
（三）所有者投入和减少资本												
1. 所有者投入资本												
2. 股份支付计入所有者权益的金额												
3. 其他												
（四）利润分配												
1. 对所有者（或股东）的分配												
2. 提取盈余公积												
3. 其他												
（五）所有者权益内部结转												
1. 资本公积转增资本（或股本）												
2. 盈余公积转增资本（或股本）												
3. 盈余公积弥补亏损												
4. 其他												
四、本年年末余额												

第七节　外币报表折算

一、外币报表折算

外币报表折算，是指将以外币编制的财务报表折算为以记账本位币人民币表述的财务报表。会计报表折算的实质是两种货币表示的同一会计报表之间进行换算的方法。外币报表折算不涉及不同货币的实际交换，仅仅是将会计报表各个项目的表述从一种货币单位转换成另一种货币单位。外币报表折算的意义在于：

（一）便于编制合并财务报表

随着经济全球化，跨国公司的母公司与其所属的子公司虽然在经营上是相对独立的，甚至子公司也是独立的法律主体，但是，作为一个经济整体，跨国公司必须将母公司和所有子公司的财务报表合并，以揭示整个公司的经营成果和财务状况。一般是分处不同国家的子公司先将其财务报表折算成以母公司货币表示的财务报表，然后由母公司编制合并财务报表。

（二）便于评价子公司的业绩

母公司对于国外分支机构和子公司业绩的评价，主要依赖于会计报表，但是分散在不同国家的分支机构和子公司编制的会计报表使用的货币单位可能各不相同，母公司很难横向评价和比较分支机构和子公司业绩，如果将分支机构和子公司的财务报表都折算成以母公司编报币种表述的报表，比较和评价就很容易了。

（三）便于报表使用者了解企业信息

在市场经济条件下，要求企业及时、正确提供有关信息，以满足国内外与企业有利益关系的各方面的需要。这就要求企业不能只编制人民币报表，也需要提供外币报表，以利于不同使用者了解企业信息。

二、外币报表的折算方法

报表在折算时要选择适当的汇率，在浮动汇率制度下各种汇率经常变化，选择不同的汇率折算外币报表，其结果是有差异的。汇率依据时间划分为现行汇率和历史汇率。现行汇率一般是指报表编制日的汇率,历史汇率,一般是指经济业务发生时的汇率。现行汇率与历史汇率的简单平均数或加权平均数,可以称为平均汇率。

为了使折算后的报表能够基本上真实地反映原报表所反映的内容,依据各项目所选择的汇率的不同,外币报表的折算方法可分为下列四种:

(一) 现行汇率法

现行汇率法又称期末汇率法,是一种以编表日汇率为主要折算汇率的外币报表折算方法。主要特点是:

1. 资产负债表内各个资产和负债项目均按编表日现行汇率折算。

2. 资产负债表内实收资本项目按投入资本的历史汇率(收到投资额时的当日汇率)折算。

3. 资产负债表的留存收益或未分配利润项目属于平衡数,不选特定汇率折算,可以倒轧确定,公式为:

折算后资产负债表未分配利润 = 折算后资产总额 - 折算后负债总额 - 折算后实收资本总额

平衡数也可以不使用"未分配利润"项目而是选择在所有者权益项目下,单列一项"外币报表折算差额"反映。

4. 利润表的收入和费用项目,可以按确认这些项目时的汇率计算,也可以按编表期内的平均汇率计算。

这种方法的优点是简便易行。采用单一汇率对各资产和负债项目进行折算,实际上是用同一个系数乘这些项目,乘积基本上保持了原来外币报表中各项目的比例关系(只有所有者权益的内部结构发生变化)。使用单一汇率折算出来的报表,依其计算出来的各项财务指标基本上能够反映分支机构或子公司的实际情况。

这种方法的缺点是折算汇率的选择缺乏足够的理论依据。

(二) 流动性与非流动性项目法

流动性与非流动性项目法是指将资产与负债项目区分为流动性与非流动性两大类,将流动性项目按现行汇率折算,非流动性项目按历史汇率折算的一种外币报表折算方法。其特点为:

1. 流动资产与流动负债各项目按编表日现行汇率折算。

2. 资产负债表的其他资产负债项目,除"未分配利润"外,均按历史汇率折算。

3. 资产负债表的"未分配利润"项目属于平衡数,可倒轧确定,当然也可以单设"外币报表折算差额"项目反映。

4. 利润表中折旧费用、摊销费用项目按有关资产取得时的历史汇率折算。其他项目按业务发生时的现行汇率折算,也可以按编表时的平均汇率折算。

这种方法对不同的资产与负债项目采用不同的折算汇率，比现行汇率法前进了一步，但仍有改进的余地。

（三）货币性与非货币性项目法

货币性与非货币性项目法是指将资产与负债分为货币性与非货币性项目，货币性项目按现行汇率折算，非货币性项目按历史汇率折算的一种外币报表折算方法。特点为：

1. 资产负债表内货币性资产和货币性负债按现行汇率折算。

2. 资产负债表内非货币性资产、非货币性负债和实收资本项目按历史汇率折算。

3. 留存利润可以看做平衡数，也可以单设"外币报表折算"项目反映差额。

4. 利润表的折旧费用与摊销费用按有关资产取得时的历史汇率折算。因存货是非货币资产，使用历史汇率折算，随之而来的是销售成本也按历史汇率折算，在实际工作中一般按倒轧法计算确定。即销售成本＝期初存货（期初库存商品）＋本期购入购货（或本期入库）－期末存货（期末库存商品）

5. 利润表中其他项目均按业务发生时的汇率或报表期的平均汇率折算。

这种方法的优点是对资产与负债中的不同项目选用不同的折算率，特别是货币项目容易受汇率影响，使用期末汇率能反映现时价值。缺点是非货币项目使用历史汇率，折算得出的结果有不尽如人意的地方。

（四）时态法

时态法又称时间度量法，是指以资产负债项目的计量基础作为选择折算率依据的一种外币报表折算方法。这种方法认为，外币报表折算是将以外币反映的报表使用另一种货币重新表述的过程，改变的仅仅是计量单位，而不是报表上各项目的计量属性。其特点是：

1. 资产负债报的货币资金、应收和应付项目以及长期负债项目，按现行汇率折算。

2. 资产负债表内按历史成本计价的非货币性项目（如固定资产、无形资产等），按取得资产时的历史汇率折算。

3. 资产负债表内按现行市价计价的非货币性项目（如存货等）按编表日现行汇率折算。

4. 资产负债表所有者权益项目按历史汇率折算。

5. 利润表上折旧和摊销项目按历史汇率折算，其他项目按确认这些项目时的汇率折算，也可以按编表期的平均汇率折算。

时态法的优点是折算汇率的选择有较强的理论依据；缺点是对资产负债表选用不同的汇率折算，使折算后的资产负债表不能保持原有各项目的比例关系。

表10-7-1 不同折算方法资产负债表各项目所使用的折算汇率汇总表

项目	现行汇率法	流动与非流动法	货币与非货币法	时态法
货币资金	C	C	C	C
应收账款	C	C	C	C
存货：				
按成本计价	C	C	H	H
按市价计价	C	C	H	C
长期投资：				
按成本计价	C	H	H	H
按市价计价	C	H	H	C
固定资产	C	H	H	H
无形资产	C	H	H	H
应付账款	C	C	C	C
长期负债	C	C	C	C
实收资本	H	H	H	H
留存利润	B	B	B	B

C＝现行汇率；H＝历史汇率；B＝平衡数。

三、外币报表折算举例

【例10-7-1】A企业在新加坡有一分公司N，N公司采用美元记账并用美元编制会计报表。该公司2012年度的资产负债表、利润表及留存利润表如下：

表10-7-2 N公司资产负债表

2012年12月31日　　　　　　　　　　　　　　　单位：美元

资产	金额	负债及所有者权益	金额
现金	20 000	应付账款	50 000
应收账款	30 000	短期借款	80 000
存货（按市价）	160 000	应付债券	50 000
固定资产	1 800 000	实收资本（股本）	1 000 000
累计折旧	(790 000)	未分配利润	40 000
合计	1 220 000	合计	1 220 000

表 10-7-3 N 公司利润表

2012 年度　　　　　　　　　　　　　　单位：美元

项目	金额	项目	金额
销售收入	980 000	税后利润	159 750
销售成本	630 000	年初未分配利润	40 250
折旧费用	17 000	可分配利润合计	200 000
管理费用	120 000	股利分配	160 000
税前利润	213 000	年末未分配利润	40 000
所得税	53 250		

假设 2012 年美元兑人民币的汇率如下：

2012 年 12 月 31 日现行汇率　　　1 美元 = 5.2 元人民币
2012 年平均汇率　　　　　　　　　1 美元 = 5.4 元人民币
2012 年第四季度平均汇率　　　　　1 美元 = 5.3 元人民币
股票发行日汇率　　　　　　　　　1 美元 = 5.8 元人民币
股利支付日汇率　　　　　　　　　1 美元 = 5 元人民币
固定资产购置日　　　　　　　　　1 美元 = 5.6 元人民币
债券发行日汇率　　　　　　　　　1 美元 = 5 元人民币

（一）现行汇率法

现行汇率法，一般将折算损益单设"折算调整"项目列在资产负债表的股东权益内，作为累计递延损益处理，不计入当期费用，不影响当期损益，因而先折算利润表后折算资产负债表。

1. 利润表全部用现行汇率折算。

表 10-7-4 N 公司利润表　　　2012 年度　　　　　　单位：元

项目	美元	汇率	人民币
销售收入	980 000	5.2	5 096 000
销售成本	630 000	5.2	3 276 000
折旧费用	17 000	5.2	88 400
管理费用	120 000	5.2	624 000
税前利润	213 000		1 107 600
所得税	53 250	5.2	276 900
税后利润	159 750		830 700
年初未分配利润	40 250	5.2	209 300
可分配利润合计	200 000		1 040 000
股利分配	160 000	5.2	832 000
年末未分配利润	40 000		208 000

2. 资产负债表、资产和负债都按现行汇率折算，实收资本按历史汇率折算。

表 10-7-5　N 公司资产负债表　　2012 年 12 月 31 日　　单位：元

项目	美元	汇率	人民币
现金	20 000	5.2	104 000
应收账款	30 000	5.2	156 000
存货（按市价）	160 000	5.2	832 000
固定资产	1 800 000	5.2	9 360 000
累计折旧	(790 000)	5.2	(4 108 000)
资产总额	1 220 000		6 344 000
应付账款	50 000	5.2	260 000
短期借款	80 000	5.2	416 000
应付债券	50 000	5.2	260 000
实收资本（股本）	1 000 000	5.8	5 800 000
未分配利润	40 000	5.2	208 000
折算调整额			(600 000)
负债和所有者权益	1 220 000		6 344 000

注：6 344 000 - 260 000 - 416 000 - 260 000 - 5 800 000 - 208 000 = 600 000

（二）流动性与非流动性项目法

1. 资产负债表中的流动资产和流动负债项目按编表日的现行汇率折算，其他项目按历史汇率折算。

表 10-7-6　N 公司资产负债表　　2012 年 12 月 31 日　　单位：元

项目	美元	汇率	人民币
现金	20 000	5.2	104 000
应收账款	30 000	5.2	156 000
存货（按市价）	160 000	5.2	832 000
固定资产	1 800 000	5.6	10 080 000
累计折旧	(790 000)	5.6	(4 424 000)
资产总额	1 220 000		6 748 000
应付账款	50 000	5.2	260 000
短期借款	80 000	5.2	416 000
应付债券	50 000	5	250 000
实收资本（股本）	1 000 000	5.8	5 800 000
未分配利润	40 000		22 000
负债和所有者权益	1 220 000		6 748 000

表中未分配利润计算如下：
6 748 000 - 260 000 - 416 000 - 250 000 - 5 800 000 = 22 000

2. 利润表中销售收入、销售成本、管理费用、所得税项目按年平均汇率折算，折旧费用按历史汇率折算，股利分配按支付日汇率折算。

表 10 – 7 – 7　　N 公司利润表　　　2012 年度　　　单位：元

项目	美元	汇率	人民币
销售收入	980 000	5.4	5 292 000
销售成本	630 000	5.4	3 402 000
折旧费用	17 000	5.6	95 200
管理费用	120 000	5.4	648 000
折算损失（收益）			246 550
税前利润	213 000		900 250
所得税	53 250	5.4	287 550
税后利润	159 750		612 700
年初未分配利润	40 250	5.2	209 300
可分配利润合计	200 000		822 000
股利分配	160 000	5	800 000
年末未分配利润	40 000		22 000

注："年末未分配利润" 22 000 元取自折算后的资产负债表，"可分配利润合计"、"税后利润"、"折算损益" 项目的人民币金额是倒轧计算得来的。

可分配利润合计 = 年末未分配利润 + 股利分配 = 22 000 + 800 000
　　　　　　　　= 822 000（元）

税后利润 = 可分配利润合计 – 年初未分配利润 = 822 000 – 209 300
　　　　 = 612 700（元）

税前利润 = 税后利润 + 所得税 = 612 700 + 287 550 = 900 250

折算损失 = 销售收入 – 销售成本 – 折旧费用 – 管理费用 – 税前利润
　　　　 = 5 292 000 – 3 402 000 – 95 200 – 648 000 – 900 250
　　　　 = 246 550（元）

（三）货币性与非货币性项目法

货币性与非货币性项目法折算损益一般直接列入当期损益，所以要先折算资产负债表，后折算利润表。

1. 资产负债表中货币性资产和货币性负债使用编表日现行汇率折算，其他项目按历史汇率折算。存货按当年第四季度的平均汇率作为历史汇率。年末未分配利润可以根据"资产 = 负债 + 所有者权益"的平衡关系倒挤。

表 10-7-8　N 公司资产负债表　　2012 年 12 月 31 日　　单位：元

项目	美元	汇率	人民币
现金	20 000	5.2	104 000
应收账款	30 000	5.2	156 000
存货（按市价）	160 000	5.3	848 000
固定资产	1 800 000	5.6	10 080 000
累计折旧	(790 000)	5.6	(4 424 000)
资产总额	1 220 000		6 764 000
应付账款	50 000	5.2	260 000
短期借款	80 000	5.2	416 000
应付债券	50 000	5.2	260 000
实收资本（股本）	1 000 000	5.8	5 800 000
未分配利润	40 000		28 000
负债和所有者权益	1 220 000		6 764 000

2. 利润表内销售收入、销售成本、管理费用、所得税项目按年平均汇率折算，折旧费用按历史汇率折算，年初未分配利润使用年末现行汇率折算，股利分配按支付日汇率折算。

表 10-7-9　N 公司利润表　　2012 年度　　单位：元

项目	美元	汇率	人民币
销售收入	980 000	5.4	5 292 000
销售成本	630 000	5.4	3 402 000
折旧费用	17 000	5.6	95 200
管理费用	120 000	5.4	648 000
折算损失（收益）			240 550
税前利润	213 000		906 250
所得税	53 250	5.4	287 550
税后利润	159 750		618 700
年初未分配利润	40 250	5.2	209 300
可分配利润合计	200 000		828 000
股利分配	160 000	5	800 000
年末未分配利润	40 000		28 000

注：利润表"年末未分配利润"28 000 取自折算后的资产负债表。

　　可分配利润合计 = 年末未分配利润 + 股利分配 = 28 000 + 800 000 = 828 000（元）

　　税后利润 = 可分配利润合计 − 年初未分配利润 = 828 000 − 209 300 = 618 700（元）

　　税前利润 = 税后利润 + 所得税 = 618 700 + 287 550 = 906 250（元）

　　折算损失 = 销售收入 − 销售成本 − 折旧费用 − 管理费用 − 税前利润

　　　　　　= 5 292 000 − 3 402 000 − 95 200 − 648 000 − 906 250 = 240 550（元）

(四) 时态法

这种方法折算损益一般直接列入当期损益,故先折算资产负债表后折算利润表。

1. 资产负债表货币性资产和货币性负债按编表日现行汇率折算,按现行市价计价的存货按第四季度平均汇率折算,其他项目按历史汇率折算。

表 10-7-10　N 公司资产负债表　　2012 年 12 月 31 日　单位:元

项目	美元	汇率	人民币
现金	20 000	5.2	104 000
应收账款	30 000	5.2	156 000
存货（按市价）	160 000	5.3	848 000
固定资产	1 800 000	5.6	10 080 000
累计折旧	(790 000)	5.6	(4 424 000)
资产总额	1 220 000		6 764 000
应付账款	50 000	5.2	260 000
短期借款	80 000	5.2	416 000
应付债券	50 000	5.2	260 000
实收资本（股本）	1 000 000	5.8	5 800 000
未分配利润	40 000		28 000
负债和所有者权益	1 220 000		6 764 000

注:"未分配利润"人民币金额 38 000 元是依据会计恒等式"资产=负债+所有者权益"计算求得的一个数。

6 764 000 - 260 000 - 416 000 - 250 000 - 5 800 000 = 38 000 (元)

2. 利润表中销售收入、销售成本、管理费用、所得税项目按年平均汇率折算,折旧按历史汇率折算,年初未分配利润按现行汇率折算,利润分配按支付日汇率折算。

表 10-7-11　N 公司利润表　　2012 年度　　单位:元

项目	美元	汇率	人民币
销售收入	980 000	5.4	5 292 000
销售成本	630 000	5.4	3 402 000
折旧费用	17 000	5.6	95 200
管理费用	120 000	5.4	648 000
折算损失（收益）			230 550
税前利润	213 000		916 250
所得税	53 250	5.4	287 550
税后利润	159 750		628 700
年初未分配利润	40 250	5.2	209 300
可分配利润合计	200 000		838 000
股利分配	160 000	5	800 000
年末未分配利润	40 000		38 000

注:"年末未分配利润"38 000元取自折算后的资产负债表,其余数据计算如下:
可分配利润合计 = 年末未分配利润 + 股利分配 = 38 000 + 800 000 = 838 000(元)
税后利润 = 可分配利润合计 – 年初未分配利润 = 838 000 – 209 300 = 628 700(元)
税前利润 = 税后利润 + 所得税 = 628 700 + 287 550 = 916 250(元)
折算损失 = 销售收入 – 销售成本 – 折旧费用 – 管理费用 – 税前利润
= 5 292 000 – 3 402 000 – 95 200 – 648 000 – 916 250 = 230 550(元)

以上使用同一组数据演示了四种折算方法,每一种折算方法计算出的年末未分配利润的人民币数额都不相同。其中现行汇率法折算的人民币数额为208 000元,美元数为40 000元,相当于汇率为1∶5.2,与期末汇率相同;流动性与非流动性项目法折算后年末未分配利润数为22 000元人民币,年末未分配利润美元数是40 000元,相当于汇率为1∶0.55;货币性与非货币性项目法折算后年末未分配利润数为人民币28 000元,年末未分配利润美元为40 000元,相当于汇率为1∶0.7;时态法折算后的年末未分配利润数为人民币38 000元,年末未分配利润美元为40 000元,相当于汇率为1∶0.95。后三种折算方法年末未分配利润折算后金额异常的原因是将折算损益计入了当期损益。

四、我国会计准则关于外币报表折算的规定

《企业会计准则第19号——外币折算》(以下简称外币折算准则)第十二条规定,企业对境外经营的财务报表进行折算时应遵循以下原则:1. 资产负债表中的资产和负债项目,采用资产负债表日即期汇率折算,所有者权益项目除"未分配利润"项目外,其他项目采用发生时的即期汇率折算;2. 利润表中的收入和费用项目,采用交易发生日即期汇率或按照系统合理的方法确定的与交易发生日即期汇率近似的汇率折算;3. 折算产生的外币报表折算差额,在资产负债表中所有者权益项目下单独列示。第十五条规定,企业选定的记账本位币不是人民币的,应当按照本准则第十二条规定将其财务报表折算为人民币财务报表。

我国外币报表的折算主要采用的是现行汇率法。使用这种方法,除实收资本、资本公积等所有者权益项目使用历史汇率折算外,资产、负债、收入、费用各项目均以现行汇率进行折算。如果汇率波动很大可以采用交易发生日的即期汇率折算。折算产生的外币报表折算差额计入资产负债表,在所有者权益项目下单独列示,其中属于少数股东权益的部分,应当并入少数股东权益项目。

第八节　附　注

一、附注概述

附注，是财务报表不可或缺的组成部分，是对在资产负债表、利润表、现金流量表、所有者权益变动表等报表中列示的项目的文字描述或明细资料，或者是对未能在报表中列示的项目的说明。

财务报表中的数字是经过分类与汇总后的结果，是一种反映企业经济业务的高度简化和浓缩的数字，必须加上形成这些数字所使用的会计政策、理解这些数字所必须的披露，才能充分发挥财务报表的效用。所以附注是财务报表的重要组成部分，与报表具有同等重要的作用。报表的使用者要了解企业的财务状况、经营业绩、现金流量等信息，必须阅读附注。

附注披露的基本要求：

第一，附注披露的信息应是定量和定性信息的结合，能从量和质两个角度对企业经济事项进行完整的反映，满足信息使用者的决策需求。

第二，附注应按照一定的结构进行系统合理的排列和分类，有顺序地披露信息。一般应按逻辑顺序排列，分类披露，条理清晰，以方便使用者理解和掌握。

第三，附注相关信息应与资产负债表、利润表、现金流量表、所有者权益变动表等报表列示的项目相互参照，以便使用者了解相互关联的信息，从整体上理解财务报表。

二、附注披露的主要内容

（一）企业基本情况

1. 企业注册地、组织形式和总部地址。
2. 企业的业务性质和主要经营活动。
3. 母公司及集团最终母公司的名称。
4. 财务报告的批准报出者和财务报告批准报出日。

（二）财务报表的编制基础

1. 会计年度。
2. 记账本位币。
3. 会计计量所运用的计量基础。
4. 现金及现金等价物的构成。

（三）遵循企业会计准则的声明

企业应声明编制的财务报表符合企业会计准则的要求，真实、完整地反映了企业的财务状况、经营成果、现金流量等有关信息。

（四）重要会计政策和会计估计

根据会计准则的规定，企业应当披露采用的重要会计政策和会计估计，不重要的会计政策和会计估计可以不披露。

1. 重要会计政策的说明

由于企业经济业务的复杂性和多样性，处理经济业务的会计方法有多种，如存货的计价有先进先出法、加权平均法、个别计价法等；固定资产的折旧方法有平均年限法、工作量法、双倍余额递减法、年数总和法等，企业可以根据自己的情况选择适合自己的方法。因不同的会计处理方法可能会影响企业的财务状况和经营成果，为了帮助报表使用者理解报表的内容，企业应对使用的会计政策加以说明。

另外还有下列两项内容需要披露：

（1）财务报表项目的计量基础和属性。计量基础指企业使用的是权责发生制还是收付实现制。会计的计量属性包括历史成本、重置成本、可变现净值、现值、公允价值等。计量基础和计量属性的披露便于使用者正确理解报表内容。

（2）会计政策的确定依据，如对持股比例不足50%的关联企业，企业依据什么判断对其拥有控制权而将其纳入合并范围；如何判断持有的金融资产是持有至到期投资而不是交易性金融资产；如何判断与租赁资产相关的所有风险和报酬已转移给企业，已符合融资租赁的标准等，这些判断对在报表中确认的项目金额具有重要影响。这项披露有助于使用者理解企业选择和运用会计政策的背景，增加财务报表的可理解性。

2. 重要会计估计的说明

会计准则强调了对会计估计不确定因素的披露要求，企业应当披露会计估计中所采用的关键假设和不确定因素的确定依据，如固定资产可收回金额的计算要根据其公允价值减去处置费用后的净额与预计未来现金流量的现值两者中的较高者确定，计算固定资产未来现金流量的现值时，第一需要对未来现金流量进行预测，第二要选择适当的折现率。在附注中企业应披露未来现金流量预测所采用的假设及其依据，所选择的折现率的依据等。这些假设的变动对这些资产和负债项目金额的确定影响很大，有可能会在下一个会计年度内做出重大调整。所以披露重要会计估计的说明有助于提高会计报表的可理解性。

（五）会计政策和会计估计变更以及差错更正的说明

1. 会计政策变更的性质、内容和原因。当期和前期财务报表中受影响的项目名称和调整金额。会计政策变更无法追溯调整的事实和原因，以及开始应用变更后的会计政策的时点等。

2. 会计估计变更的内容和原因，以及对当前和未来的影响金额，或影响数额不能确定的事实和原因。

3. 前期差错的性质，前期财务报表中受影响的项目名称和更正金额，或者前期差错无法进行追溯重述的事实和原因等。

（六）报表重要项目的说明

企业应当尽可能以列表的方式披露重要报表项目的构成或当期增减变动情况。对重要报表项目的明细说明，应依照资产负债表、利润表、现金流量表、所有者权益变动表、会计报表折算的顺序依次进行披露，并且应当以文字和数字描述相结合的方式进行披露，以便与报表项目相互呼应。

（七）其他需要说明的重要事项

主要包括或有和承诺事项的说明、资产负债表日后事项的说明、关联方及其交易的说明等。

第九节　财务报表分析

一、财务报表分析概述

财务报表分析，是利用财务报表的内容及相关的信息资料，对企业、事业单位的财务状况、经营成果及现金流量等进行剖析、评价的一种方法。会计报表分析是企业财务管理的重要组成部分，也是企业会计核算的延续和扩展，是会计监督的必要内容。

财务报表分析的基本要求包括：明确报表使用者的要求，有重点有针对性地进行分析；搜集必要的分析资料；选择正确的分析方法；确定适当的评价标准，如企业自身的先进水平、国内同行业先进水平、国际同行业先进水平等。

二、财务报表分析的方法

（一）比率分析法

比率分析法，是通过会计报表每年的金额变化及金额变动百分比，来揭示经济指标间的数量关系和数量差异以实现分析目标的一种方法。金额的变动是一种绝对数的变动，绝对数的变动为分析者提供了进一步研究的方向。变动百分比是一个相对数，相对数扩大了比较的范围。但是相对指标也有局限性：第一，如果基期的金额为负数或零，变动百分比就无法计算。第二，在前后各期增长绝对额相同的情况下，由于比较的基数不同，计算出的各期变化率会不一样。如第一年营业收入50 000元，第二年营业收入增加了50 000元变成100 000元，变动百分比为100%，第三年营业收入在第二年的基础上增加50 000元变成150 000元，变动百分比为50%。第三，如果用作基数的金额太小，计算出的变动百分比可能会引起误解。如某企业第一年的利润为100 000元，第二年降到10 000元，变动百分比为降低了90%，第三年利润又恢复到100 000元，变动百分比为增加了900%，而实际上第三年增加的900%正好抵消了第二年下降的90%，刚好恢复到原来的起点。利用比率分析法要注意克服其局限性。

（二）趋势分析法

趋势分析法，是将前后两期或连续数期财务报告中的相同指标或比率进行对比，求出它们增减变动的方向、数额和幅度的一种分析方法。这种方法主要用于揭示企业财务状况和生产经营状况的变化，分析引起变化的原因、变化的性质、预测企业未来发展的前景。

趋势分析法由于基数固定使各期数据可比，克服了前述变动百分比法受基数制约的局限性。

（三）结构比例法

结构比例或结构百分比法，是指对总额内每一项目的相对大小进行分析的一种方法。结构比例法可以用来分析资产负债表也可以用来分析利润表。如下表：

表 10-9-1　简明利润表　　　　　　　　　　　　单位：元

项目	2011 年金额	2010 年金额	2011 年结构%	2010 年结构%
营业收入	800 000	500 000	100%	100%
营业成本	496 000	260 000	62%	52%
营业税金及附加	64 000	40 000	8%	8%
营业费用	160 000	125 000	20%	25%
营业利润	80 000	75 000	10%	15%

从表中可以看出，2011 年由于营业收入增长较大，虽然成本上升，营业利润仍然增加了 5 000 元。结构百分比的变动，可以是组成百分比变动、总数变动或者两者同时变动引起的。上例属于同时变动引起的，其结果是一个较大数额的 10% 大于一个较小数额的 15%。

（四）比率分析法

比率分析法，主要是指通过某一项财务指标与另一项财务指标之间关系的比率，来确定财务活动变动程度的一种分析方法。在计算两个项目之间的比率指标时，首先要求两个指标之间必须具有一定的关系，其次要充分了解所用的资料，比率只是帮助分析与说明的工具，它不能取代使用者的思考。

三、偿债能力分析

（一）短期偿债能力分析

企业的债权人对企业的偿债能力最为关心，短期债权人关心短期偿债能力。

1. 流动比率

流动比率是一个广泛用于表示流动资产与流动负债之间关系的比率。公式为：

流动比率 = 流动资产 ÷ 流动负债

【例 10-9-1】下面主要根据 A 企业的报表资料计算各项指标。流动比率如下：

表 10-9-2　流动比率表　　　　　　　　　　　　单位：元

项目	2012 年	2011 年
流动资产总额	1 750 000	1 939 360
流动负债总额	971 640	1 059 800
流动比率	1.80	1.83

A 企业 2012 年流动比率稍有下降，应引起有关部门的重视。

一般认为，企业的流动比率等于或大于 2 比较合适。一个企业究竟保持多大的流动比率，应视企业的具体情况而定。在运用流动比率进行分析评价时，应注意以下几点：

第一，债权人多数认为流动比率越高越好，因为它说明企业的还款能力强。但对企业管理者来讲，这个指标高说明企业运用资金的效率不高；指标太低会使企业的财务风险加大。管理者应掌握一个合理的上下限。

第二，企业在编制会计报表时，可能会有意识地美化流动比率，具体方法如在会计期末偿还流动负债、推迟购货等。

第三，会计期末的流动比率不一定能代表全年的流动状况。资产负债表是一张时点数报表，反映的是年末这一时点的情况。

2. 速动比率

速动比率是用具有高度变现能力的流动资产，包括货币资金、交易性金融资产及应收款项等除以流动负债得到的比率。

公式：

速动比率 = 速动资产 ÷ 流动负债

其中：速动资产 = 流动资产 − 存货 − 预付账款 − 待摊费用

根据 A 企业的报表资料，计算速动比率如下：

表 10 − 9 − 3　速动比率表　　　　　　　　单位：元

项目	2012 年	2011 年
速动资产总额	790 300	1 350 860
流动负债总额	971 640	1 059 800
速动比率	0.81	1.27

A 企业 2012 年速动比率有所下降，应召开由多部门参加的分析会，分析找出原因，制定整改措施，限期改正。

一般认为，速动比率等于或稍大于 1 比较合适。在评价时要结合企业的具体情况来考虑。

3. 营运资金

营运资金是流动资产超过流动负债的数额。在评价企业的短期偿债能力时，要考虑营运资金的总金额，更要考虑营运资金的质量。

以 A 企业报表资料为例：

表10-9-4　A企业比较营运资金计算表　　　　　　单位：元

项目	2012年金额	2011年金额	增减变动金额	增减变动率%	2012年占%	2011年占%
流动资产：						
货币资金	575 860	1 031 860	-456 000	-44	33	53
交易性金融资产	26 000	26 000	0	0	1	1
应收票据	60 000	60 000	0	0	3	3
应收账款	125 440	230 000	-104 560	-45	7	12
预付账款	5 000	5 000	0	0	0.6	0.6
其他应收款	3 000	3 000	0	0	0.4	0.4
存货	954 700	583 500	371 200	64	55	30
流动资产合计	1 750 000	1 939 360	-189 360	-10	100	100
流动负债：						
短期借款	600 000	500 000	100 000	20	34	26
应付票据	15 000	60 000	-45 000	75	1	3
应付账款	170 000	170 000	0	0	10	9
应交税费	86 440	9 600	76 840	800	5	1
应付股利	80 000	0	80 000		5	
其他应付款	20 200	20 200	0	0	1	1
1年内到期的非流动负债	0	300 000	-300 000	100		15
流动负债合计	971 640	1 059 800			56	55
营运资金	778 360	879 560	-101 200	-11.5	44	45

注：增减变动金额=2012年数字-2011年数字

增减变动率=增减变动额÷2011年相应数字

2012年占比=2012年资产负债各项目分别÷2012年资产总额

2011年占比=2011年资产负债各项目分别÷2011年资产总额

　　影响营运资金质量的因素主要有两个：一是组成营运资金的流动资产的性质；二是流动资产转换为现金所需要的时间长短。

　　A企业2012年货币资金占流动资产的比例由2011年的53%降到33%；存货占流动资产的比例由2011年的30%上升到55%。这一升一降反映出A企业2012年的营运资金比2011年降低了11个百分点，需要引起管理者的重视。

　　4. 存货周转率

存货周转率是指在一定期间（一般为1年）内存货周转的次数。公式：

存货周转率（周转次数）＝销售成本÷平均存货额

存货周转天数＝365÷存货周转次数

在计算存货周转率时，平均存货这个指标最好用各月平均存货（月初、月末存货之和除以2）之和除以12，为了简化也可以用年初和年末存货的平均数代替。

计算A企业存货周转率：

表10－9－5　存货周转率　　　　　　　　　单位：元

项目	2012年	2011年
销售成本	270 000	201 000
期初存货	583 500	758 900
期末存货	954 700	583 500
平均存货额	769 100	671 200
年存货周转次数（次）	0.35	0.30
平均存货周转天数（天）	1 043	1 217

分析结果显示，A企业存货积压，周转速度太慢，应加以改进。

5. 应收账款周转率

应收账款周转率是指在一定期间（一般为1年）应收账款周转的次数。这个指标主要是用来分析应收账款余额的合理性与收账效率。公式：

应收账款周转率（次数）＝赊销净额÷平均应收账款

应收账款平均周转期间＝365÷应收账款周转率

计算A企业应收账款周转率（假定A企业销售额的70%为赊销）：

表10－9－6　应收账款周转率　　　　　　　单位：元

项目	2012年	2011年
赊销净额	420 000	336 000
期初应收账款	290 000	203 000
期末应收账款	188 000	290 000
平均应收账款	239 000	246 500
年应收账款周转次数（次）	1.76	1.36
应收账款平均周转时间（天）	207	268

分析结果显示，A企业发展趋势是好的，2012年比2011年平均周转时间缩短了61天。

综合看，A企业存货周转率和应收账款周转率都在向好的方向发展，这两个指标可以用来估计 A 企业的营业周期。营业周期是指从企业用货币资金购进存货开始到商品销售转换为应收账款，再转换为现金所需要的时间。A 企业 2011 年营业周期为 1 485 天（1 217 + 268）；2012 年营业周期为 1 250 天（1 043 + 207）。

从短期债权人的观点看，营业周期越短，营运资金的质量越高，A 企业营业周期偏长，如果不是建筑、造船等行业，可能是新建企业或管理水平欠佳的企业。

（二）长期偿债能力分析

企业的长期债权人主要关心债务人能否按期支付利息（很多长期负债是分期支付利息的）并归还本金。分期支付利息本质上是企业短期偿债能力的问题，因其支付的是长期负债利息，所以列为长期偿债能力分析的内容。

1. 负债比率

负债比率又称资产负债率，是企业负债总额与资产总额的比率。公式：

负债比率 = 负债总额 ÷ 资产总额

仍以 A 企业财务报表为例，计算资产负债率：

表 10 - 9 - 7　资产负债率　　　　　　　　　　　　　　　单位：元

项目	2012 年	2011 年
负债总额	1 268 640	1 356 800
资产总额	4 609 100	4 641 360
负债比率	27.52%	29.23%

站在债权人的角度，企业的负债越低，企业还本付息越有保障。A 企业负债比率降低对长期债权人来说是好事。

2. 利息保障倍数

利息保障倍数是指企业获得的利润与企业应支付的借款利息的比。这个指标主要用来衡量企业支付利息的保障程度。

计算公式：利息保障倍数 = 息税前利润 ÷ 利息费用

计算 A 企业的利息保障倍数：

表10-9-8　利息保障倍数　　　　　　单位：元

项目	2012年	2011年
息税前利润	206 200	165 800
全年利息费用	25 000	14 600
利息保障倍数	8.25	11.36

A企业由于借款数额增加，利息费用增加，利息保障倍数减少，对债权人来说不利。但这个指标只是从一个侧面分析了企业支付利息的保障程度，也具有一些局限性，如利润表上反映的本期利息费用，不一定都需要在本期或者近期内用现金支付。

四、获利能力分析

（一）资产报酬率

资产报酬率指标主要用于评价企业管理者运用各种来源的资金赚取报酬的能力。公式为：

全部资产报酬率 =（净利润 + 利息费用）÷ 平均资产总额

企业的资产总额按其来源分为两个部分：一部分由所有者提供，另一部分由债权人提供。净利润是企业所有者提供资产的报酬，利息费用是债权人提供资产的报酬。净利润和利息都是企业运用获得的资产取得的收益。

以A企业数据为例。

表10-9-9　资产报酬率　　　　　　单位：元

项目	2012年	2011年
净利润	135 900	113 400
利息费用	25 000	14 600
年初资产总额	4 641 360	4 509 800
年末资产总额	4 609 100	4 641 360
平均资产投资	4 625 230	4 575 580
全部资产报酬率	0.035	0.028

A企业全部资产报酬率有所提高，应予好评。

(二) 所有者权益报酬

所有者权益又称净资产,所有者权益报酬率又称净资产报酬率,该指标主要用于评价企业所有者权益的获利水平及其变动趋势。公式为:

所有者权益报酬率 = 净利润 ÷ 平均所有者权益总额

以 A 企业数据为例:

表 10 - 9 - 10　所有者权益报酬率　　　　　　　　　　单位:元

项目	2012 年	2011 年
净利润	135 900	113 400
年初所有者权益总额	3 284 560	3 198 680
年末所有者权益总额	3 340 460	3 284 560
平均所有者权益	3 312 510	3 241 620
所有者权益报酬率	0.041	0.035

所有者权益报酬率高于全部资产报酬率,因为所有者权益等于全部资产减去负债。股份制公司的所有者权益报酬率公式为:

普通股股东权益报酬率 = (净利润 - 优先股股利) ÷ 平均普通股股东权益额

(三) 普通股每股收益

普通股每股收益是指普通股每股可分摊的净利润额。公式为:

每股收益 = (净利润 - 应付优先股股利) ÷ 流通在外普通股平均股数

以 A 企业数据为例,A 企业普通股股数为 10 万股。

2012 年每股收益 = 135 900 元/100 000 股 = 1.36 元/每股

2011 年每股收益 = 113 400 元/100 000 股 = 1.13 元/每股

A 企业的股权结构比较简单,有些企业既有普通股还有优先股,另外还有一些发行在外的,可以转换为普通股的权证,如认股权证、可转换债券等。这些权证转换后对普通股每股收益会有影响,所以还要计算稀释每股收益。稀释每股收益是在分母上加可转换的普通股股数,再计算每股收益。显然,稀释后的每股收益会低于普通股每股收益。

(四) 市盈率

市盈率是普通股每股市价与普通股每股收益的比率。通俗地说,是投资者愿意按每股盈余的几倍购入或出售股票。公式为:

市盈率 = 股价 (每股市价) ÷ 每股收益

式中普通股每股市价通常采用年度平均价格，一般为全年各日的收盘价格的简单平均数。

依上例，假定 A 企业的股票年平均价为 15 元，2012 年每股收益为 1.36，则：
市盈率 = 15 ÷ 1.36 = 11.03（倍）

说明股东要得到 1 元的投资收益，需要投资 11.03 元。

市盈率这个指标不是会计报表的项目，但这个指标对投资者很重要。

市盈率习惯用倍数表示，反映出普通股股票的市场价格与当期每股收益之间的关系。市盈率越高说明股票的市价越高，投资者认为该企业发展前景较好，愿意购买该企业的股票。从理论上看，发展前景好的企业的股票市盈率越低越具有投资价值。

【讨论案例】
企业利用应收账款科目造假

2001 年，国务院总理朱镕基在视察北京国家会计学院时题词，"诚信为本，操守为重，坚持原则，不做假账"。然而，自有企业以来，无论中外，财务报告就成为造假的重灾区。企业财务报告造假之目的主要是操纵利润，根据自己的需要提高利润，增强投资者对企业的投资信心；或者是减少利润，少缴税。而这些操纵的最后根源又是通过每个会计科目来实现的，而每个科目都有自己的特点，只要企业进行了非正常的操作，都会留下蛛丝马迹。现简单举例，企业利用应收账款人为操纵利润。

应收账款科目属于企业资产类账户，是企业为了提高销售提供的商业信用。应收账款是企业不可缺少的科目，但是，过多的应收账款，无疑会降低资金的流动性，增加企业的成本。我国企业遵守的四大会计假设之一是权责发生制，而不是收付实现制。按照权责发生制，如果企业发生了商品的销售，而实际款项尚未收到，也可以确认收入，计入应收账款科目。从应收款项的性质进行分析，企业一般都会加快资金的流动，减少应收款项，而应收账款又是主要的应收款项。利用应收账款虚增营业收入进行报表造假，提高利润。

假设 A 股份有限公司为上市公司，2010 年年报出来以后，通过报表的同比分析，我们发现 A 公司 2010 年应收账款金额大于以往年度较多，而结合其现金流量进行分析发现，企业没有配套的现金流；另外，从应收账款的周转率进行分析，我们发现 A 公司应收账款周转率较低，一年周转不到 1 次。综合这些数据，我们认为，A 公司存在利用应收账款提高利润的可能。而对 A 公司宏观层面进行分析，A 公司已经连续两年亏损，按照我国《公司法》的规定，如果上市公司连续亏损三年，将被迫暂停上市，如果第四年依然亏损，将被终止上市。因此，A 公司为了保住上市公司的地位，沽名钓誉，进行违规操作。

分析要求：

1. 如何分析应收账款造假问题？
2. 如何利用报表之间的关系分析报表问题？

【思考题与练习题】

一、思考题

1. 财务报表的使用者有哪些？财务报表对他们的决策起何种作用？
2. 资产负债表能否反映企业的市场价值，为什么？
3. 资产负债表、利润表、现金流量表和所有者权益变动表有何联系？
4. 会计报表分析有何作用？
5. 我国会计准则选用现行汇率法折算外币报表的依据是什么？

二、练习题

1. B 企业上年 2 月 1 日开始营业，年末有关账户借方余额为：现金1 256元；银行存款56 874元；原材料69 263元；库存商品23 456元；固定资产261 000元。

有关账户的贷方余额为：短期借款20 000元；应付账款8 900元；累计折旧102 000元；应交税费1 949元；实收资本260 000元；资本公积8 000元；未分配利润11 000元。

今年 B 企业发生下列经济业务：

（1）购入材料一批，价款30 000元，增值税5 100元，材料已运到并验收入库。货款已由银行支付。

（2）从银行借入 1 年期借款300 000元，存入企业银行账户，利率6%。

（3）购入不需要安装的固定资产一台，买价150 000元，增值税25 500元，支付运杂费等2 000元，款已支付，固定资产已运到并投入使用。

（4）销售产品一批，价款250 000元，增值税42 500元，款项已收到存入银行。

（5）用银行存款支付工资200 000元。

（6）分配工资200 000元，其中生产工人工资90 000元；车间管理人员工资30 000元；企业管理人员工资80 000元。

（7）根据仓库报送的材料收发报表，共发出材料85 000元。其中生产领用79 000元；车间领用4 000元；厂部领用2 000元。

（8）用银行存款支付应付账款8 900元。

（9）用银行存款缴纳税款1 949元。

（10）计提折旧8 000元。其中车间固定资产折旧6 000元，厂部固定资产折旧2 000元。

（11）用银行存款支付车间机器维修费2 300元。

（12）用银行存款支付展览费3 600元。

（13）用银行存款支付差旅费4 100元。

（14）用银行存款50 000元，购买一项商标使用权，使用期限为 5 年。

（15）结转入库产品成本150 000元。

（16）结转已售产品成本130 000元。

（17）用银行存款支付借款利息4 900元。

（18）用银行存款归还短期借款20 000元。

（19）计提本年城市维护建设税和教育费附加。城市维护建设税税率为已经交纳的流转税的7%，教育费附加为3%。

（20）将主营业务收入、主营业务成本、主营业务税金及附加、销售费用、财务费用、管理费用分别转入本年利润。

（21）按25%计算所得税费用，并将税后利润转入利润分配账户。

（22）按税后利润的10%提取盈余公积金。

（23）根据董事会决议向股东分配现金股利20 000元。

要求根据所给资料编制会计分录；编制资产负债表、利润表、现金流量表（直接法）。

2. B企业在泰国有一分公司，该公司采用泰国货币泰铢记账并用泰铢编制会计报表。该公司2012年度的资产负债表、利润表及留存利润简表如下：

分公司资产负债表　　2012年12月31日　　　　单位：泰铢

资产	金额	负债及所有者权益	金额
现金	100 000	应付账款	250 000
应收账款	150 000	短期借款	200 000
存货（按市价）	480 000	应付债券	250 000
固定资产	5 000 000	实收资本（股本）	880 000
累计折旧	3 950 000	未分配利润	200 000
合计	1 780 000	合计	1 780 000

分公司利润表　　2012年度　　　　单位：泰铢

项目	金额	项目	金额
销售收入	980 000	税后利润	159 750
销售成本	630 000	年初未分配利润	40 250
折旧费用	17 000	可分配利润合计	200 000
管理费用	120 000	股利分配	160 000
税前利润	213 000	年末未分配利润	40 000
所得税	53 250		

假设2012年泰铢兑人民币的汇率如下：

2012年12月31日现行汇率　1泰铢＝0.2元人民币

股票发行日汇率　　　　　　1泰铢＝0.6元人民币

要求用现行汇率法折算分公司的报表。

【互联网学习】
访问以下相关网站，了解相关知识：
中国证券监督管理委员会网站 http：//www.csrc.gov.cn/pub/zjhpublic/
和讯网 http：//www.hexun.com/
各上市公司网站。

主要参考书目

1. 财政部．企业会计准则2006［S］．北京：经济科学出版社．2006.
2. 财政部．企业会计准则——2006应用指南［M］．北京：中国财政经济出版社．2006.
3. 财政部会计司编写组．企业会计准则讲解2008［M］．北京：人民出版社．2008.
4. 中国注册会计师．2011年度注册会计师全国统一考试辅导教材：会计［M］．北京：中国财政经济出版社．2011.
5. 中国注册会计师．2011年度注册会计师全国统一考试辅导教材：税务［M］．北京：中国财政经济出版社．2011.
6. 戴德明，林刚，赵西卜．财务会计学（第五版）［M］．北京：中国人民大学出版社．2009.
7. 刘永泽．中级财务会计（第三版）［M］．辽宁：东北财经大学出版社．2011.
8. 钟山，李凤亭，余恕莲．对外经贸会计事务（第四版）［M］．北京：中国商务出版社．2010.
9. 纪洪天，陈婉芳，冯福妹，纪一．新编外贸会计（第五版）［M］．上海：立信会计出版社．2011.
10. 张东祥，高小红．国际结算（第四版）［M］．湖北：武汉大学出版社．2011.
11. 张丽君，王玉芬．民族地区和谐社会建设与边境贸易发展研究［M］．北京：中国经济出版社，2008.
12. 司正家．沿边开放和新疆边境民族地区开放型经济发展研究［M］．北京：中国经济出版社，2011.
13. 保罗·R．克鲁格曼，茅瑞斯．奥伯斯法尔德．国际经济学：理论与政策（第8版）（国际贸易部分）［M］．北京：中国人民大学出版社．2011.
14. 海闻·P．林德特．国际贸易．上海：上海人民出版社．2003.
15. 薛荣久．国家贸易［M］．北京：对外经济贸易大学出版社．2008.

附录一

复利终值系数表（FVIF 表）

期数	3%	4%	5%	6%	7%	8%	10%	12%	14%	16%	18%	20%	25%	30%
1	1.030	1.040	1.050	1.060	1.070	1.080	1.100	1.120	1.140	1.160	1.180	1.200	1.250	1.300
2	1.061	1.082	1.103	1.124	1.145	1.166	1.210	1.254	1.300	1.346	1.392	1.440	1.563	1.690
3	1.093	1.125	1.158	1.191	1.225	1.260	1.331	1.405	1.482	1.561	1.643	1.728	1.953	2.197
4	1.126	1.170	1.216	1.263	1.311	1.361	1.464	1.574	1.689	1.811	1.939	2.074	2.441	2.856
5	1.159	1.217	1.276	1.338	1.403	1.469	1.611	1.762	1.925	2.100	2.288	2.488	3.052	3.713
6	1.194	1.265	1.340	1.419	1.501	1.587	1.772	1.974	2.195	2.436	2.700	2.986	3.815	4.827
7	1.230	1.316	1.407	1.504	1.606	1.714	1.949	2.211	2.502	2.826	3.186	3.583	4.768	6.275
8	1.267	1.369	1.478	1.594	1.718	1.851	2.144	2.476	2.853	3.278	3.759	4.300	5.961	8.157
9	1.305	1.423	1.551	1.690	1.839	1.999	2.358	2.773	3.252	3.803	4.436	5.160	7.451	10.605
10	1.344	1.480	1.629	1.791	1.967	2.159	2.594	3.106	3.707	4.411	5.234	6.192	9.313	13.786
11	1.384	1.540	1.710	1.898	2.105	2.332	2.853	3.479	4.226	5.117	6.176	7.430	11.642	17.922
12	1.426	1.601	1.796	2.012	2.252	2.518	3.138	3.896	4.818	5.936	7.288	8.916	14.552	23.298
13	1.469	1.665	1.886	2.133	2.410	2.720	3.452	4.364	5.492	6.886	8.599	10.699	18.190	30.288
14	1.513	1.732	1.980	2.261	2.579	2.937	3.798	4.887	6.261	7.988	10.147	12.839	22.737	39.374
15	1.558	1.801	2.079	2.397	2.759	3.172	4.177	5.474	7.138	9.266	11.974	15.407	28.422	51.186
16	1.605	1.873	2.183	2.540	2.952	3.426	4.595	6.130	8.137	10.748	14.129	18.488	35.527	66.542
17	1.653	1.948	2.292	2.693	3.159	3.700	5.055	6.866	9.277	12.468	16.672	22.186	44.409	86.504
18	1.702	2.026	2.407	2.854	3.380	3.996	5.560	7.690	10.575	14.463	19.673	26.623	55.511	112.455
19	1.754	2.107	2.527	3.026	3.617	4.316	6.116	8.613	12.056	16.777	23.214	31.948	69.389	146.192
20	1.806	2.191	2.653	3.207	3.870	4.661	6.728	9.646	13.744	19.461	27.393	38.338	86.736	190.050
25	2.094	2.666	3.386	4.292	5.427	6.849	10.835	17.000	26.462	40.874	62.669	95.396	264.698	705.641
30	2.427	3.243	4.322	5.744	7.612	10.063	17.449	29.960	50.951	85.850	143.371	237.376	807.794	2619.996

附录二

复利现值系数表（PVIF 表）

期数	1%	4%	5%	6%	7%	8%	10%	12%	14%	16%	18%	20%	25%	30%
1	0.990	0.962	0.952	0.943	0.935	0.926	0.909	0.893	0.877	0.862	0.848	0.833	0.800	0.769
2	0.980	0.925	0.907	0.890	0.873	0.857	0.826	0.797	0.770	0.743	0.718	0.694	0.640	0.592
3	0.971	0.889	0.864	0.840	0.816	0.794	0.751	0.712	0.675	0.641	0.609	0.579	0.512	0.455
4	0.961	0.855	0.823	0.792	0.763	0.735	0.683	0.636	0.592	0.552	0.516	0.482	0.410	0.350
5	0.952	0.822	0.784	0.747	0.713	0.681	0.621	0.567	0.519	0.476	0.437	0.402	0.328	0.269
6	0.942	0.790	0.746	0.705	0.666	0.630	0.565	0.507	0.456	0.410	0.370	0.335	0.262	0.207
7	0.933	0.760	0.711	0.665	0.623	0.584	0.513	0.452	0.400	0.354	0.314	0.279	0.210	0.159
8	0.924	0.731	0.677	0.627	0.582	0.540	0.467	0.404	0.351	0.305	0.266	0.233	0.168	0.123
9	0.914	0.703	0.645	0.592	0.544	0.500	0.424	0.361	0.308	0.263	0.226	0.194	0.134	0.094
10	0.905	0.676	0.614	0.558	0.508	0.463	0.386	0.322	0.270	0.227	0.191	0.162	0.107	0.073
11	0.896	0.650	0.585	0.527	0.475	0.429	0.351	0.288	0.237	0.195	0.162	0.135	0.086	0.056
12	0.887	0.625	0.557	0.497	0.444	0.397	0.319	0.257	0.208	0.169	0.137	0.112	0.069	0.043
13	0.879	0.601	0.530	0.469	0.415	0.368	0.290	0.229	0.182	0.145	0.116	0.094	0.055	0.033
14	0.870	0.578	0.505	0.442	0.388	0.341	0.263	0.205	0.160	0.125	0.099	0.078	0.044	0.025
15	0.861	0.555	0.481	0.417	0.362	0.315	0.239	0.183	0.140	0.108	0.084	0.065	0.035	0.020
16	0.853	0.534	0.458	0.394	0.339	0.292	0.218	0.163	0.123	0.093	0.071	0.054	0.028	0.015
17	0.844	0.513	0.436	0.371	0.317	0.270	0.198	0.146	0.108	0.080	0.060	0.045	0.023	0.012
18	0.836	0.494	0.416	0.350	0.296	0.250	0.180	0.130	0.095	0.069	0.051	0.038	0.018	0.009
19	0.828	0.475	0.396	0.331	0.277	0.232	0.164	0.116	0.083	0.060	0.043	0.031	0.014	0.007
20	0.820	0.456	0.377	0.312	0.258	0.215	0.149	0.104	0.073	0.051	0.037	0.026	0.012	0.005
25	0.780	0.375	0.295	0.233	0.184	0.146	0.092	0.059	0.038	0.025	0.016	0.011	0.004	0.001
30	0.742	0.308	0.231	0.174	0.131	0.099	0.057	0.033	0.020	0.012	0.007	0.004	0.001	0.000

附录三

年金终值系数表（FVIFA 表）

期数	3%	4%	5%	6%	7%	8%	10%	12%	14%	16%	18%	20%	25%	30%
1	1.000	1.000	1.000	1.000	1.000	1.000	1.000	1.000	1.000	1.000	1.000	1.000	1.000	1.000
2	2.030	2.040	2.050	2.060	2.070	2.080	2.100	2.120	2.140	2.160	2.180	2.200	2.250	2.300
3	3.091	3.122	3.153	3.184	3.215	3.246	3.310	3.374	3.440	3.506	3.572	3.640	3.813	3.990
4	4.184	4.247	4.310	4.375	4.440	4.506	4.641	4.779	4.921	5.067	5.215	5.368	5.766	6.187
5	5.309	5.416	5.526	5.637	5.751	5.867	6.105	6.353	6.610	6.877	7.154	7.442	8.207	9.043
6	6.468	6.633	6.802	6.975	7.153	7.336	7.716	8.115	8.536	8.978	9.442	9.930	11.259	12.756
7	7.663	7.898	8.142	8.394	8.654	8.923	9.487	10.089	10.731	11.414	12.142	12.916	15.074	17.583
8	8.892	9.214	9.549	9.898	10.260	10.637	11.436	12.300	13.233	14.240	15.327	16.499	19.842	23.858
9	10.159	10.583	11.027	11.491	11.978	12.488	13.580	14.776	16.085	17.519	19.086	20.799	25.802	32.015
10	11.464	12.006	12.578	13.181	13.816	14.487	15.937	17.549	19.337	21.322	23.521	25.959	33.253	42.620
11	12.808	13.486	14.207	14.972	15.784	16.646	18.531	20.655	23.045	25.733	28.755	32.150	42.566	56.405
12	14.192	15.026	15.917	16.870	17.889	18.977	21.384	24.133	27.271	30.850	34.931	39.581	54.208	74.327
13	15.618	16.627	17.713	18.882	20.141	21.495	24.523	28.029	32.089	36.786	42.219	48.497	68.760	97.625
14	17.086	18.292	19.599	21.015	22.551	24.215	27.975	32.393	37.581	43.672	50.818	59.196	86.950	127.913
15	18.599	20.024	21.579	23.276	25.129	27.152	31.773	37.280	43.842	51.660	60.965	72.035	109.687	167.286
16	20.157	21.825	23.658	25.673	27.888	30.324	35.950	42.753	50.980	60.925	72.939	87.442	138.109	218.472
17	21.762	23.698	25.840	28.213	30.840	33.750	40.545	48.884	59.118	71.673	87.068	105.931	173.636	285.014
18	23.414	25.645	28.132	30.906	33.999	37.450	45.599	55.750	68.394	84.141	103.740	128.117	218.045	371.518
19	25.117	27.671	30.539	33.760	37.379	41.446	51.159	63.440	78.969	98.603	123.414	154.740	273.556	483.973
20	26.870	29.778	33.066	36.786	40.996	45.762	57.275	72.052	91.025	115.380	146.628	186.688	342.945	630.166
25	36.459	41.646	47.727	54.865	63.249	73.106	98.347	133.334	181.871	249.214	342.604	471.981	1054.791	2348.803
30	47.575	56.085	66.439	79.058	94.461	113.283	164.494	241.333	356.787	530.312	790.948	1181.882	3227.174	8729.986

附录四

年金现值系数表(PVIFA 表)

期数	4%	5%	6%	7%	8%	10%	12%	14%	16%	18%	20%	25%	30%
1	0.961	0.952	0.943	0.935	0.926	0.909	0.893	0.877	0.862	0.848	0.833	0.800	0.769
2	1.886	1.859	1.833	1.808	1.783	1.736	1.690	1.647	1.605	1.566	1.528	1.440	1.361
3	2.775	2.723	2.673	2.624	2.577	2.487	2.402	2.322	2.246	2.174	2.107	1.952	1.816
4	3.630	3.546	3.465	3.387	3.312	3.170	3.037	2.914	2.798	2.690	2.589	2.362	2.166
5	4.452	4.330	4.212	4.100	3.993	3.791	3.605	3.433	3.274	3.127	2.991	2.689	2.436
6	5.242	5.076	4.917	4.767	4.623	4.355	4.111	3.889	3.685	3.498	3.326	2.951	2.643
7	6.002	5.786	5.582	5.389	5.206	4.868	4.564	4.288	4.039	3.812	3.605	3.161	2.802
8	6.733	6.463	6.210	5.971	5.747	5.335	4.968	4.639	4.344	4.078	3.837	3.329	2.925
9	7.435	7.108	6.802	6.515	6.247	5.759	5.328	4.946	4.607	4.303	4.031	3.463	3.019
10	8.111	7.722	7.360	7.024	6.710	6.145	5.650	5.216	4.833	4.494	4.193	3.571	3.092
11	8.761	8.306	7.887	7.499	7.139	6.495	5.938	5.453	5.029	4.656	4.327	3.656	3.147
12	9.385	8.863	8.384	7.943	7.536	6.814	6.194	5.660	5.197	4.793	4.439	3.725	3.190
13	9.986	9.394	8.853	8.358	7.904	7.103	6.424	5.842	5.342	4.910	4.533	3.780	3.223
14	10.563	9.899	9.295	8.746	8.244	7.367	6.628	6.002	5.468	5.008	4.611	3.824	3.249
15	11.118	10.380	9.712	9.108	8.560	7.606	6.811	6.142	5.576	5.092	4.676	3.859	3.268
16	11.652	10.838	10.106	9.447	8.851	7.824	6.974	6.265	5.669	5.162	4.730	3.887	3.283
17	12.166	11.274	10.477	9.763	9.122	8.022	7.120	6.373	5.749	5.222	4.775	3.910	3.295
18	12.659	11.690	10.828	10.059	9.372	8.201	7.250	6.467	5.818	5.273	4.812	3.928	3.304
19	13.134	12.085	11.158	10.336	9.604	8.365	7.366	6.550	5.878	5.316	4.844	3.942	3.311
20	13.590	12.462	11.470	10.594	9.818	8.514	7.469	6.623	5.929	5.353	4.870	3.954	3.316
25	15.622	14.094	12.783	11.654	10.675	9.077	7.843	6.873	6.097	5.467	4.948	3.985	3.329
30	17.292	15.373	13.765	12.409	11.258	9.427	8.055	7.003	6.177	5.517	4.979	3.995	3.332

附录五

练习题参考答案

第一章　边境贸易会计概论
1. 张某应付人民币32 500元，换美元5 000元；张某用200美元换回人民币1 240元。
2. 该企业收回63 000元人民币。
3. 该企业应支付315 000元人民币。
4. 使用现汇汇率卖出价6.4。应付人民币245 632元。
5. 中国银行以1.2145向你买进美元，你以1.2142从银行买入欧元。

第二章　货币资金及国内结算
1. （1）借：其他应收款——备用金　　　　　　　100
　　　　　贷：现金　　　　　　　　　　　　　　　　　100
　（2）借：管理费用　　　　　　　　　　　　　5 689
　　　　　贷：银行存款　　　　　　　　　　　　　　5 689
　（3）借：银行存款　　　　　　　　　　　　36 600
　　　　　贷：应收账款　　　　　　　　　　　　　36 600
　（4）借：现金　　　　　　　　　　　　　　 2 000
　　　　　贷：银行存款　　　　　　　　　　　　　 2 000
　（5）借：其他货币资金——银行汇票存款　　25 000
　　　　　贷：银行存款　　　　　　　　　　　　　25 000
　（6）借：应付票据　　　　　　　　　　　　15 000
　　　　　贷：银行存款　　　　　　　　　　　　　15 000
　（7）借：原材料　　　　　　　　　　　　　　50.00
　　　　　应交税费——增值税——进项税额　　 8.50
　　　　　贷：现金　　　　　　　　　　　　　　　 58.50
　（8）借：其他应收款——李新　　　　　　　 1 500
　　　　　贷：现金　　　　　　　　　　　　　　　 1 500
　　　　借：其他货币资金——外埠存款　　　　20 000

    贷：银行存款   20 000
 （9）借：应收票据   42 120
    贷：主营业务收入   36 000
      应交税费——增值税——销项税额 6 120
 （10）借：应付票据   56 000
     贷：银行存款   56 000
 （11）借：原材料   16 000
      应交税费——增值税——进项税额 2 720
     贷：其他货币资金——外埠存款   18 720
 （12）借：银行存款   1 600
     原材料   20 000
     应交税费——增值税——进项税额 3 400
     贷：其他货币资金——银行汇票存款 25 000
 （13）借：现金   242
     管理费用   1 258
      贷：其他应收款   1 500
   借：银行存款   1 280
     贷：其他货币资金——外埠存款   1 280
2.（1）银行存款 = 6.1 × 12 000 = 73 200（元）
   借：银行存款   73 200
     贷：主营业务收入   73 200
 （2）应付账款 = 6.4 × 10 000 = 64 000（元）
   借：原材料   64 000
     贷：应付账款   64 000
 （3）应付账款 = 6.5 × 3 000 = 19 500（元）
   借：应付账款   18 600
     财务费用——汇兑损益   900
     贷：银行存款   19 500
 （4）折合人民币 = 0.84 × 65 000 = 54 600（元）
   借：银行存款   54 600
     贷：短期借款——港币 65 000   54 600
 （5）应付人民币 = 6.3 × 12 000 = 75 600（元）
   借：固定资产   75 600
     贷：银行存款   75 600
 （6）港币 = 0.81 × 45 000 = 36 450（元）
    美元 = 36 450 ÷ 6.2 = 5 879（元）

借：银行存款 36 450
　　贷：银行存款——港币 45 000 36 450
借：银行存款——美元 5 879 36 450
　　贷：银行存款 36 450

(7) 美元 = 期初 12 000 +（1）收款 12 000 −（3）购料 3 000 −（5）购固定资产 12 000 +（6）港币换入 5 879 = 14 879（元）

期末美元折合人民币 = 6.3 × 14 879 = 93 737.70（元）

期末美元账户人民币 = 期初 75 600 +（1）73 200 −（3）19 500 −（5）75 600 +（6）36 450 = 90 150（元）

汇兑损益 = 93 737.70 − 90 150 = 3 587.70

借：银行存款——美元户 3 587.70
　　贷：汇兑损益 3 587.70

港币 = 期初 8 000 +（4）短期贷款 65 000 −（6）兑换美元 45 000
　　 = 28 000（元）

期末港币折合人民币 = 0.82 × 28 000 = 22 960（元）

期末港币账户人民币 = 期初 6 560 +（4）短期贷款 54 600 − 兑换美元 36 450 = 24 710（元）

汇兑损益 = 22 960 − 24 710 = −1 750（元）

借：汇兑损益 1 750
　　贷：银行存款——港币户 1 750

应收账款期末余额 = 6.3 × 5 000 = 31 500（元）

汇兑损益 = 31 500 − 32 000 = −500（元）

借：汇兑损益 500
　　贷：应收账款——D 公司 500

短期借款期末余额 = 0.82 × 65 000 = 53 300（元）

汇兑损益 = 53 300 − 54 600 = −1 300（元）

借：汇兑损益 1 300
　　贷：短期借款 1 300

期末余额：

项目	外币	汇率	人民币
银行存款美元户	14 879	6.3	93 737.70
银行存款港币户	28 000	0.82	22 960
应收账款美元（D 公司）	5 000	6.3	31 500
短期借款（港币）	65 000	0.82	53 300

第三章 国际结算方式

1. 借：发出商品　　　　　　　　　　　　136 000
　　　贷：库存商品　　　　　　　　　　　　　136 000
　　借：主营业务收入　　　　　　　　　　2 600
　　　贷：银行存款　　　　　　　　　　　　　2 600
　　借：主营业务收入　　　　　　　　　　29 000
　　　贷：银行存款　　　　　　　　　　　　　29 000
　　借：财务费用　　　　　　　　　　　　1 200
　　　贷：银行存款　　　　　　　　　　　　　1 200
　　借：银行存款　　　　　　　　　　　　270 000
　　　贷：主营业务收入　　　　　　　　　　　270 000
　　借：主营业务成本　　　　　　　　　　136 000
　　　贷：发出商品　　　　　　　　　　　　　136 000

2. 借：预付账款　　　　　　　　　　　　44 000
　　　贷：银行存款　　　　　　　　　　　　　44 000
　　借：库存商品　　　　　　　　　　　　44 000
　　　贷：预付账款　　　　　　　　　　　　　44 000

3. 借：其他货币资金——信用证押金　　　12 960
　　　　财务费用　　　　　　　　　　　　432
　　　贷：银行存款　　　　　　　　　　　　　13 392
　　借：物资采购　　　　　　　　　　　　11 600
　　　贷：银行存款　　　　　　　　　　　　　11 600
　　借：物资采购　　　　　　　　　　　　3 600
　　　贷：银行存款　　　　　　　　　　　　　3 600
　　借：物资采购　　　　　　　　　　　　42 294
　　　　汇兑损益　　　　　　　　　　　　240
　　　贷：其他货币资金　　　　　　　　　　　12 960
　　　　　银行存款　　　　　　　　　　　　　29 574
　　借：库存商品　　　　　　　　　　　　57 494
　　　贷：物资采购　　　　　　　　　　　　　57 494

第四章 特殊贸易结算方式

1. B 企业分录：

出口的核算

借：其他货币资金——易货特别账户　　　500 000
　　贷：银行存款　　　　　　　　　　　　　　500 000

借：物资采购	400 000	
应交税费——增值税——进项税额	68 000	
贷：银行存款		468 000
借：库存商品	400 000	
贷：物资采购		400 000
借：发出商品	400 000	
贷：库存商品		400 000
借：应收账款	500 000	
贷：主营业务收入		500 000
借：主营业务成本	400 000	
贷：发出商品		400 000
借：应收出口退税	40 000	
贷：应交税费——增值税——出口退税		40 000
借：主营业务成本	28 000	
贷：应交税费——增值税——进项税额转出		28 000

进口的核算

借：物资采购	500 000	
贷：应付账款		500 000
借：物资采购	50 000	
贷：应交税费——关税		50 000
借：应交税费——关税	50 000	
——增值税——进项税额	93 500	
贷：银行存款		143 500
借：库存商品	550 000	
贷：物资采购		550 000
借：银行存款	702 000	
贷：主营业务收入		600 000
应交税费——增值税——销项税额		102 000
借：主营业务成本	550 000	
贷：库存商品		550 000
借：应付账款	500 000	
贷：应收账款		500 000
借：银行存款	500 000	
贷：其他货币资金——易货特别账户		500 000
2. 借：应付职工薪酬——生产工人	800 000	
贷：银行存款		600 000

    其他应付款——社保基金   200 000
 借：其他业务支出   800 000
   贷：应付职工薪酬   800 000
 借：制造费用   150 000
   贷：应付职工薪酬——车间管理人员 50 000
     累计折旧   80 000
     银行存款   20 000
 借：管理费用   250 000
   贷：应付职工薪酬   150 000
     累计折旧   30 000
     银行存款   70 000
 借：其他业务支出   400 000
   贷：制造费用   150 000
     管理费用   250 000
 借：银行存款   1 750 000
   贷：其他业务收入   1 750 000

3.

每年归还本金及利息计算表   单位：美元

期数	还本数额	付息数额	合计
0	10 000 000		
1	2 000 000	800 000	2 800 000
2	2 000 000	640 000	2 640 000
3	2 000 000	480 000	2 480 000
4	2 000 000	320 000	2 320 000
5	2 000 000	160 000	2 160 000
合计	10 000 000	2 400 000	12 400 000

合同规定使用固定汇率1∶5
 借：固定资产   50 000 000
   贷：长期应付款   50 000 000
第一年应还款（2 000 000 + 800 000）÷1 000 = 2 800（件）
 借：应收账款   14 000 000
   贷：主营业务收入   14 000 000
 借：长期应付款   14 000 000
   贷：应收账款   14 000 000
第二年应还款（2 000 000 + 640 000）÷1 000 = 2 640（件）

借：应收账款　　　　　　　　　　　　　　13 200 000
　　　贷：主营业务收入　　　　　　　　　　　　13 200 000
借：长期应付款　　　　　　　　　　　　　13 200 000
　　　贷：应收账款　　　　　　　　　　　　　　13 200 000
第三年应还款（2 000 000 + 480 000）÷ 1 000 = 2 480（件）
借：应收账款　　　　　　　　　　　　　　12 400 000
　　　贷：主营业务收入　　　　　　　　　　　　12 400 000
借：长期应付款　　　　　　　　　　　　　12 400 000
　　　贷：应收账款　　　　　　　　　　　　　　12 400 000
第四年应还款（2 000 000 + 320 000）÷ 1 000 = 2 320（件）
借：应收账款　　　　　　　　　　　　　　11 600 000
　　　贷：主营业务收入　　　　　　　　　　　　11 600 000
借：长期应付款　　　　　　　　　　　　　11 600 000
　　　贷：应收账款　　　　　　　　　　　　　　11 600 000
第五年应还款（2 000 000 + 160 000）÷ 1 000 = 2 160（件）
借：应收账款　　　　　　　　　　　　　　10 800 000
　　　贷：主营业务收入　　　　　　　　　　　　10 800 000
借：长期应付款　　　　　　　　　　　　　10 800 000
　　　贷：应收账款　　　　　　　　　　　　　　10 800 000
4. 借：主营业务收入　　　　　　　　　　　　9 000
　　　贷：银行存款　　　　　　　　　　　　　　9 000
借：银行存款　　　　　　　　　　　　　　180 000
　　　贷：主营业务收入　　　　　　　　　　　　180 000
借：主营业务成本　　　　　　　　　　　　120 000
　　　贷：发出商品　　　　　　　　　　　　　　120 000

第五章　国际贸易结算融资

1. 借款金额 = 5.2 × 900 000 × 80% = 3 744 000（元）
手续费 = 5.2 × 900 000 × 80% × 0.2% = 7 488（元）
借：银行存款　　　　　　　　　　　　　　3 736 512
　　　财务费用——手续费　　　　　　　　　　7 488
　　　贷：短期借款　　　　　　　　　　　　　　3 744 000
销售收入 = 5 × 900 000 = 4 500 000（元）
利息费用 = 5 × 900 000 × 80% × 9.6% ÷ 360 × 97 = 93 120（元）
汇兑损益 = (5 - 5.2) × 720 000 = -144 000（元）
　　借：银行存款　　　　　　　　　　　　　　806 880

短期借款		3 744 000
财务费用——利息		93 120
贷：主营业务收入		4 500 000
汇兑损益		144 000
借：主营业务成本	3 900 000	
贷：库存商品		3 900 000

2. 开证押金 = 9.6 × 50 000 × 30% = 144 000（元）

手续费 = 9.6 × 50 000 × 2% = 9 600（元）

借：其他货币资金——信用证押金	144 000	
财务费用——手续费	9 600	
贷：银行存款		153 600

物资采购 = 9.5 × 50 000 = 475 000（元）

短期借款 = 9.5 × 50 000 × 70% = 332 500（元）

汇兑损益 =（9.5 − 9.6）× 15 000 = −1 500（元）

借：物资采购	475 000	
财务费用——汇兑损益	1 500	
贷：短期借款——欧元 35 000		332 500
其他货币资金——信用证押金		144 000

　　还款金额 = 9.4 × 500 000 × 70% = 329 000（元）

　　利息 = 9.4 × 35 000 × 9.6% ÷ 360 × 60 = 5 264（元）

　　汇兑损益 =（9.4 − 9.5）× 35 000 = −3 500（元）

借：短期借款——欧元 35 000	332 500	
财务费用——利息	5 264	
贷：财务费用——汇兑损益		3 500
银行存款		334 264

3.

借：管理费用	2 000	
贷：银行存款		2 000

　　应收账款 = 5.3 × 50 000 = 265 000（元）

借：应收账款	265 000	
贷：主营业务收入		265 000
借：主营业务成本	150 000	
贷：库存商品		150 000

　　借款额 = 5.3 × 50 000 × 80% = 212 000（元）

借：银行存款	212 000	
贷：短期借款——美元 40 000		212 000

　　进口保理商费用 = 4.8 × 50 000 ×（1% + 2%）= 7 200（元）

出口保理商费用 = 4.8 × 50 000 × 3% = 7 200（元）

利息 = 4.8 × 50 000 × 80% × 6.6% ÷ 360 × 68 = 2 393.60（元）

汇兑损益 = (4.8 − 5.3) × (40 000 − 50 000) = 5 000（元）

借：银行存款　　　　　　　　　　　　　　31 206.40
　　短期借款　　　　　　　　　　　　　　212 000
　　财务费用——保理费　　　　　　　　　14 400
　　　　　　——利息　　　　　　　　　　2 393.60
　　　　　　——汇兑损益　　　　　　　　5 000
　　贷：应收账款　　　　　　　　　　　　265 000

4. 应收货款 = 5 × 21 200 = 106 000

借：应收账款　　　　　　　　　　　　　　106 000
　　贷：主营业务收入　　　　　　　　　　106 000

手续费 = 5 × 21 200 × 1% = 1 060（元）

承诺费 = 5 × 21 200 × 2% ÷ 360 × 175 ≈ 1 031（元）

议付费 = 5 × 300 = 1 500（元）

利息 = 5 × 21 200 × 6% ÷ 360 × (150 + 10) ≈ 2 826（元）

实际融资 = 106 000 − 1 060 − 1 031 − 1 500 − 2 826 = 99 583（元）

借：银行存款　　　　　　　　　　　　　　99 583
　　财务费用——手续费　　　　　　　　　1 060
　　　　　　——承诺费　　　　　　　　　1 031
　　　　　　——议付费　　　　　　　　　1 500
　　　　　　——利息　　　　　　　　　　2 826
　　贷：应收账款　　　　　　　　　　　　106 000

5. 借：银行存款　　　　　　　　　　　　　180 000
　　　应收账款　　　　　　　　　　　　　720 000
　　　贷：主营业务收入　　　　　　　　　900 000
　　借：主营业务成本　　　　　　　　　　690 000
　　　贷：库存商品　　　　　　　　　　　690 000

手续费 = 900 000 × 2% = 18 000（元）

借款额 = 900 000 × 80% = 720 000（元）

借：银行存款　　　　　　　　　　　　　　702 000
　　财务费用——手续费　　　　　　　　　18 000
　　贷：短期借款　　　　　　　　　　　　720 000

第一次收款、还款。

借：银行存款　　　　　　　　　　　　　　180 000
　　贷：应收账款　　　　　　　　　　　　180 000

利息 =720 000 ×8% =57 600（元）
借：短期借款　　　　　　　　　　　　　　180 000
　　财务费用——利息　　　　　　　　　　　57 600
　　　贷：银行存款　　　　　　　　　　　　　　　237 600
第二、第三、第四年同上。

第六章　国际贸易结算风险及防范

1. 出口商收到信用证时没有考虑开证行的信用，信用不佳的银行开出的信用证对出口商收汇有很大的风险。通知行应协助出口商把关，一是协助出口商辨别信用证的真伪，二是协助出口商辨别开证银行的信誉，信誉不好的银行开来的信用证不应接受。

2. 外商利用了中国人好情面、看表面及轻信等弱点，在国际贸易中不讲制度、不按正常规矩办事。实际上，我们每做一单生意对再有实力的客户都要进行重新评估，正所谓"害人之心不可有，防人之心不可无。"如果派人查看装船日志，一切就会水落石出了。

3. 该案例说明伪造单据要承担法律责任，如果备货发生了问题应及时与买家取得联系，修改合同或取消合同做一个言而守信的公司，这样可以维护自己的信誉。信誉是一个公司立足的根本，虽然这次生意可能会受一些损失，但有了信誉以后，生意一定会做好。

4. 检查倒签提单的方法主要是查看航海日志。最好的方法是据理与贸易对手协商解决；其次是通过仲裁、法律等途径解决。

5. 船方与卖方合伙谋求保险赔偿，对我方的损失是不能按时收到货物，会影响我方与下一个买家的合同，影响我方的收益、信用等一系列问题。保险公司的赔偿不会是全额的我方还会承担一定的经济损失。进口采用 FOB 出口采用 CIF 的意思是境外运输尽量由我方自己办理，其好处，一是可以掌握装货情况，二是可以投保中国的保险公司，三是这些费用可以使用本币结算。

6. 依据国际惯例，如果开证行拒不付款提出单据的不符点，那么就应该将单据退回，而案例中，开证行将单据私自放给买方又拒不付款，实际上是收货不给钱，这是显失公平的，所以不可能打赢官司。

7. 在对外贸易中一定要严格按程序办事，绝对不能讲面子拉关系，讲哥们义气。其次收到货款的含义是钱已经记在自己的账户上，只要是钱未记在自己的账户里都有可能出现变数。

第七章　资产和负债业务的核算

1. 借：应收账款　　　　　　　　　　　　　1053 000
　　　贷：主营业务收入　　　　　　　　　　　　900 000

    应交税费——增值税——销项税额   153 000

2. 收到票据时，作：

  借：应收票据   35 100
    贷：主营业务收入   30 000
      应交税费——增值税——销项税额   5 100

贴现时，作：

票据到期值 = 35 100 × 6% ÷ 12 × 6 + 35 100 = 1 053 + 35 100 = 36 153（元）

贴现息 = 36 153 × 7.2% ÷ 12 × 4 = 867.67（元）

贴现额 = 36 153 − 867.67 = 35 285.33（元）

  借：银行存款   35 285.33
    财务费用——贴现利息   867.67
    贷：应收票据   35 100
      财务费用——汇票利息   1 053

出票人无款，银行行使追索权，作：

  借：应收票据   36 153
    贷：银行存款   36 153

将应收票据转为应收账款，作：

  借：应收账款   36 153
    贷：应收票据   36 153

3. 期末结存数量 = 500 + 300 + 600 − 800 − 500 = 100（元）

结存金额 = 10 000 + 7 500 + 16 800 −（20 × 500 + 25 × 300）− 28 × 500
    = 34 300 − 17 500 − 14 000 = 2 800（元）

期末甲材料结存数量为100kg，结存金额为2 800元。

4.（1）借：原材料   56 000
    应交税费——增值税——进项税额   9 520
    贷：银行存款   65 520

（2）借：物资采购   100 000
    应交税费——增值税——进项税额   17 000
    贷：银行存款   117 000

（3）借：原材料   100 000
    贷：物资采购   100 000

（4）月末作：

  借：原材料   1 400 000
    贷：应付账款   1 400 000

月初作：

  借：原材料   （1 400 000）

　　　　贷：应付账款　　　　　　　　　　　　（1 400 000）
　凭证到达时作：
　　借：原材料　　　　　　　　　　　　　　　1 350 400
　　　　应交税费——增值税——进项税额　　　229 500
　　　　贷：银行存款　　　　　　　　　　　　1 579 900
　（5）借：生产成本　　　　　　　　　　　　　650 000
　　　　　　制造费用　　　　　　　　　　　　　3 000
　　　　　　管理费用　　　　　　　　　　　　　5 000
　　　　　　其他业务支出　　　　　　　　　　 242 000
　　　　　　贷：原材料　　　　　　　　　　　　900 000

5. 支付货款时作：
应支付货款 = 5.3 × 50 000 = 265 000（元）
　　借：物资采购　　　　　　　　　　　　　　265 000
　　　　贷：银行存款　　　　　　　　　　　　265 000
应支付关税 = 5.1 × 50 000 × 30% = 76 500（元）
组成计税价格 = (5.1 × 50 000 + 76 500) ÷ (1 - 20%) = 414 375（元）
消费税 = 414 375 × 20% = 82 875（元）
增值税 = (5.1 × 50 000 + 76 500 + 82 875) × 17% = 70 443.75（元）
　　借：物资采购　　　　　　　　　　　　　　159 375
　　　　贷：应交税费——关税　　　　　　　　76 500
　　　　　　　　　　——消费税　　　　　　　82 875
　　借：应交税费——关税　　　　　　　　　　76 500
　　　　　　　　　——消费税　　　　　　　　82 875
　　　　　　　　　——增值税——进项税额　　70 443.75
　　　　贷：银行存款　　　　　　　　　　　　229 818.75
化妆品进关后入库，作：
　　借：库存商品　　　　　　　　　　　　　　424 375
　　　　贷：物资采购　　　　　　　　　　　　424 375

6. 将材料出库送去加工时，作：
　　借：委托加工物资　　　　　　　　　　　　300 000
　　　　贷：原材料　　　　　　　　　　　　　300 000
支付加工费是作：
消费税的组成计税价格 = (300 000 + 60 000) ÷ (1 - 20%) = 450 000（元）
应纳消费税 = 450 000 × 20% = 90 000（元）
应纳增值税 = 60 000 × 17% = 10 200（元）
　　借：委托加工物资　　　　　　　　　　　　60 000

应交税费——增值税——进项税额		10 200
——消费税		90 000
贷：银行存款		160 200

委托加工物资入库作：

借：原材料	360 000	
贷：委托加工物资		360 000

如果加工收回的物资直接用于销售，则：

借：委托加工物资	90 000	
贷：应交税费——消费税		90 000
借：委托加工物资	60 000	
应交税费——消费税	90 000	
——增值税——进项税额	10 200	
贷：银行存款		160 200

入库时作：

借：库存商品	450 000	
贷：委托加工物资		450 000

7. 原材料跌价准备 = 365 000 − 326 450 = 38 550（元）

低值易耗品跌价准备 = 98 300 − 87 000 = 11 300（元）

库存商品账面价值 129 000 < 131 000 没有发生减值。

计提跌价准备 = 38 550 + 11 300 = 49 850（元）

借：资产减值损失	49 850	
贷：存货跌价准备		49 850
8. 借：交易性金融资产——成本	180 000	
投资收益	3 000	
应收股利	6 000	
贷：银行存款		189 000
借：银行存款	6 000	
贷：应收股利		6 000
借：公允价值变动损益	30 000	
贷：交易性金融资产——公允价值变动		30 000
借：银行存款	138 000	
交易性金融资产——公允价值变动	30 000	
投资收益	12 000	
贷：交易性金融资产——成本		180 000
借：投资收益	30 000	
贷：公允价值变动损益		30 000

9.

计息期	应收利息	利息收入	折价摊销	未摊销折价	摊余价值
0				1 597	18 403
1	1 200	1 472.24	272.24	1 324.76	18 675.24
2	1 200	1 494.02	294.02	1 030.74	18 969.26
3	1 200	1 517.54	317.54	713.20	19 286.80
4	1 200	1 542.94	342.94	370.26	19 629.74
5	1 200	1 570.26 *	370.26	0	20 000
合计	6 000	7 597	1 597		

注：有尾数差 0.12 元。

借：持有至到期投资——投资成本　　　　20 000
　　贷：持有至到期投资——利息调整　　　　1 597
　　　　银行存款　　　　　　　　　　　　18 403

第一年：
借：应收利息　　　　　　　　　　　　　1 200
　　持有至到期投资——利息调整　　　　　272.24
　　贷：投资收益　　　　　　　　　　　　1 472.24
借：银行存款　　　　　　　　　　　　　1 200
　　贷：应收利息　　　　　　　　　　　　1 200

第二年：
借：应收利息　　　　　　　　　　　　　1 200
　　持有至到期投资——利息调整　　　　　294.02
　　贷：投资收益　　　　　　　　　　　　1 494.02
借：银行存款　　　　　　　　　　　　　1 200
　　贷：应收利息　　　　　　　　　　　　1 200

第三年：
借：应收利息　　　　　　　　　　　　　1 200
　　持有至到期投资——利息调整　　　　　317.54
　　贷：投资收益　　　　　　　　　　　　1 517.54
借：银行存款　　　　　　　　　　　　　1 200
　　贷：应收利息　　　　　　　　　　　　1 200

第四年：
借：应收利息　　　　　　　　　　　　　1 200
　　持有至到期投资——利息调整　　　　　342.94
　　贷：投资收益　　　　　　　　　　　　1 542.94

借：银行存款 1 200
　　贷：应收利息 1 200
第五年：
借：应收利息 1 200
　　持有至到期投资——利息调整 370.26
　　贷：投资收益 1 570.26
借：银行存款 1 200
　　贷：应收利息 1 200
借：银行存款 20 000
　　贷：持有至到期投资 20 000

10. 投资成本 = 1 200 000 × 30% = 360 000（元）
借：长期股权投资 360 000
　　贷：银行存款 300 000
　　　　营业外收入 60 000
被投资公司盈利时，作：
借：长期股权投资 60 000
　　贷：投资收益 60 000
收到现金股利时，作：
借：银行存款 30 000
　　贷：长期股权投资 30 000
被投资公司亏损时，作：
借：投资收益 150 000
　　贷：长期股权投资 150 000
借：银行存款 160 000
　　投资收益 20 000
　　贷：长期股权投资 180 000

11. （1）借：工程物资 301 860
　　　　　应交税费——增值税——进项税额 51 140
　　　　　贷：银行存款 353 000
　　　　借：在建工程 301 860
　　　　　贷：工程物资 301 860
　　　　借：在建工程 9 500
　　　　　贷：应付职工薪酬 6 000
　　　　　　　工程物资 2 000
　　　　　　　银行存款 1 500
　　　　借：固定资产 311 360

  贷：在建工程   311 360

(2) 直线折旧率 = 1 ÷ 5 = 20%

  双倍余额递减法折旧率 = 2 × 20% = 40%

  第一年折旧 = 311 360 × 40% = 124 544（元）

  第二年折旧 =（311 360 - 124 544）× 40% = 186 816 × 40% = 74 726.40（元）

  第三年折旧 =（311 360 - 124 544 - 74 726.40）× 40% = 112 089.60 × 40% = 44 835.84（元）

  第四年折旧 =（67 253.76 - 311 360 × 3%）÷ 2 = 28 956.48（元）

  第五年折旧 =（67 253.76 - 311 360 × 3%）÷ 2 = 28 956.48（元）

12. 借：固定资产清理   100 000

   累计折旧   350 000

   固定资产减值准备   50 000

   贷：固定资产   500 000

  借：固定资产清理   4 000

   贷：银行存款   4 000

  借：银行存款   30 000

   贷：固定资产清理   30 000

  借：营业外支出   74 000

   贷：固定资产清理   74 000

13. 减值 = 900 000 - 360 000 - 50 000 - 420 000 = 70 000

  借：资产减值损失   70 000

   贷：固定资产减值准备   70 000

14. 借：无形资产   840 000

   贷：银行存款   840 000

  借：管理费用   140 000

   贷：累计摊销   140 000

  借：管理费用   140 000

   贷：累计摊销   140 000

  借：资产减值损失   70 000

   贷：无形资产减值准备   70 000

  借：银行存款   280 000

   累计摊销   280 000

   无形资产减值准备   70 000

   营业外支出   210 000

   贷：无形资产   840 000

15. 借：研发支出——费用化支出　　　　80 000
　　　　贷：应付职工薪酬　　　　　　　　50 000
　　　　　　银行存款　　　　　　　　　　30 000
　　　借：管理费用　　　　　　　　　　80 000
　　　　贷：研发支出——费用化支出　　　80 000
　　　借：研发支出——资本化支出　　　140 000
　　　　贷：应付职工薪酬　　　　　　　　60 000
　　　　　　银行存款　　　　　　　　　　80 000
　　　借：无形资产——专利权　　　　　140 000
　　　　贷：研发支出——资本化支出　　　140 000
16. （1）借：原材料　　　　　　　　　　30 930
　　　　　　应交税费——增值税——进项税额　5 170
　　　　　贷：银行存款　　　　　　　　　36 100
（2）增值税 = 20 000 × 13% = 2 600（元）
　　借：原材料　　　　　　　　　　　　17 400
　　　　应交税费——增值税——进项税额　2 600
　　　贷：银行存款　　　　　　　　　　20 000
（3）借：在建工程　　　　　　　　　　　6 000
　　　贷：原材料　　　　　　　　　　　　6 000
（4）借：应收账款　　　　　　　　　　585 000
　　　贷：主营业务收入　　　　　　　　500 000
　　　　　应交税费——增值税——销项税额　85 000
　　借：主营业务成本　　　　　　　　　320 000
　　　贷：库存商品　　　　　　　　　　320 000
（5）应交税费 = 80 000 × 17% = 13 600（元）
　　借：在建工程　　　　　　　　　　　63 600
　　　贷：库存商品　　　　　　　　　　50 000
　　　　　应交税费——增值税——销项税额　13 600
（6）借：长期股权投资　　　　　　　　500 000
　　　贷：原材料　　　　　　　　　　　400 000
　　　　　应交税费——增值税——进项税额转出　68 000
　　　　　营业外收入　　　　　　　　　32 000
（7）支付货款 = 5.8 × 50 000 = 290 000（元）
　　关税 = 290 000 × 10% = 29 000（元）
　　增值税 =（290 000 + 29 000）× 17% = 54 230（元）
　　借：物资采购　　　　　　　　　　290 000

489

	贷：银行存款	290 000
借：物资采购		29 000
	贷：应交税费——关税	29 000
借：应交税费——关税		29 000
	——增值税	54 230
	贷：银行存款	83 230
借：原材料		319 000
	贷：物资采购	319 000

（8）借：应付职工薪酬　　　　　　　　　　700 000
　　　　贷：银行存款　　　　　　　　　　　　　　700 000
（9）借：生产成本　　　　　　　　　　　　530 000
　　　　制造费用　　　　　　　　　　　　 70 000
　　　　管理费用　　　　　　　　　　　　 80 000
　　　　销售费用　　　　　　　　　　　　 20 000
　　　　贷：应付职工薪酬　　　　　　　　　　　　700 000
（10）借：其他应收款——保险公司　　　　 50 000
　　　　管理费用　　　　　　　　　　　　150 000
　　　　贷：预计负债　　　　　　　　　　　　　　200 000
17.（1）借：原材料　　　　　　　　　　　 60 000
　　　　　应交税费——增值税进——项税额 10 200
　　　　　贷：应付票据　　　　　　　　　　　　　 70 200
（2）借：应收账款　　　　　　　　　　　　117 000
　　　　贷：主营业务收入　　　　　　　　　　　　100 000
　　　　　　应交税费——增值税——销项税额　　　17 000
（3）收到货款 = 5 × 60 000 = 300 000（元）
　　　借：银行存款　　　　　　　　　　　　300 000
　　　　贷：主营业务收入　　　　　　　　　　　　300 000
　　　借：主营业务成本　　　　　　　　　　210 000
　　　　贷：库存商品　　　　　　　　　　　　　　210 000
　　　借：应收账款——出口退税　　　　　　 30 000
　　　　贷：应交税费——增值税——出口退税　　　30 000
（4）借：银行存款　　　　　　　　　　　　351 000
　　　　贷：主营业务收入　　　　　　　　　　　　300 000
　　　　　　应交税费——增值税——销项税额　　　51 000
（5）借：应付职工薪酬　　　　　　　　　1 684 000
　　　　贷：银行存款　　　　　　　　　　　　　1 684 000

```
借：应付职工薪酬                    228 000
    贷：其他应付款                   228 000
借：生产成本                        980 000
    制造费用                        125 000
    管理费用                        487 000
    销售费用                        320 000
    贷：应付职工薪酬               1 912 000
```

（6）增值税应纳税额 = 销项税额（17 000 + 51 000）− 进项税额 10 200 − 上月未抵税款 35 000 = 22 800（元）

```
借：应交税费——增值税              22 800
    贷：银行存款                    22 800
（7）借：应付票据                   70 200
    贷：银行存款                    70 200
（8）借：银行存款                   30 000
    贷：应收账款——出口退税         30 000
```

18. 债券票面利息 = 800 000 × 10% = 80 000（元）

查表 5 年期，利率 8%，年金现值系数 3.992 71，复利现值系数 0.680 58。

债券价格 = 800 000 × 0.68058 + 80 000 × 3.99271 = 544 464 + 319 416.80 ≈ 863 880（元）

债券溢价 = 863 880 − 800 000 = 63 880（元）

```
借：银行存款                       863 880
    贷：应付债券——面值              800 000
              ——溢价                63 880
```

债券溢价摊销表

期次	实付利息	利息费用	溢价摊销	未摊销溢价	账面价值
0				63 880	863 880
1	80 000	69 110	10 890	52 990	852 990
2	80 000	68 239	11 761	41 229	841 229
3	80 000	67 298	12 702	28 527	828 527
4	80 000	66 282	13 718	14 809	814 809
5	80 000	65 191*	14809	0	800 000
合计	400 000	336 120	63 880		

注：有尾数差

第一年：

借：在建工程　　　　　　　　　　　　　69 110
　　应付债券——溢价　　　　　　　　　10 890
　　　贷：银行存款　　　　　　　　　　　　　80 000

第二年：

借：在建工程　　　　　　　　　　　　　68 239
　　应付债券——溢价　　　　　　　　　11 761
　　　贷：银行存款　　　　　　　　　　　　　80 000

第三年：

借：在建工程　　　　　　　　　　　　　67 298
　　应付债券——溢价　　　　　　　　　12 702
　　　贷：银行存款　　　　　　　　　　　　　80 000

第四年：

借：财务费用　　　　　　　　　　　　　66 282
　　应付债券——溢价　　　　　　　　　13 718
　　　贷：银行存款　　　　　　　　　　　　　80 000

第五年：

借：财务费用　　　　　　　　　　　　　65 191
　　应付债券——溢价　　　　　　　　　14 809
　　　贷：银行存款　　　　　　　　　　　　　80 000

19. 设备的公允价值 = 230 000

最低租赁付款额 = 47 000 × 5 = 235 000

5 年期，8%，年金现值系数 3.992 71。

最低租赁付款额的现值 = 47 000 × 3.992 71 = 187 657.37（元）

未确认融资费用 = 235 000 – 187 657.37 = 47 342.63（元）

借：固定资产——融资租入固定资产　　187 657.37
　　未确认融资费用　　　　　　　　　 47 342.63
　　　贷：长期应付款——应付融资租赁款　　235 000

未确认融资租赁费分摊表

期次	租金	确认的融资费用	应付本金减少	应付本金期末余额
				187 657.37
1	47 000	15 012.59	31 987.41	155 669.96
2	47 000	12 453.60	34 546.40	121 123.56
3	47 000	9 689.88	37 310.12	83 813.44

492

续表

期次	租金	确认的融资费用	应付本金减少	应付本金期末余额
4	47 000	6 705.08	40 294.92	43 518.52
5	47 000	3 481.48	43 518.52	0
合计	235 000	47 342.63	187 657.37	

第一年：

借：长期应付款——应付融资租赁款　　　　　47 000
　　贷：银行存款　　　　　　　　　　　　　　　　47 000
借：财务费用　　　　　　　　　　　　　　　15 012.59
　　贷：未确认融资费用　　　　　　　　　　　　　15 012.59

第二年：

借：长期应付款——应付融资租赁款　　　　　47 000
　　贷：银行存款　　　　　　　　　　　　　　　　47 000
借：财务费用　　　　　　　　　　　　　　　12 453.60
　　贷：未确认融资费用　　　　　　　　　　　　　12 453.60

第三年：

借：长期应付款——应付融资租赁款　　　　　47 000
　　贷：银行存款　　　　　　　　　　　　　　　　47 000
借：财务费用　　　　　　　　　　　　　　　 9 689.88
　　贷：未确认融资费用　　　　　　　　　　　　　 9 689.88

第四年：

借：长期应付款——应付融资租赁款　　　　　47 000
　　贷：银行存款　　　　　　　　　　　　　　　　47 000
借：财务费用　　　　　　　　　　　　　　　 6 705.08
　　贷：未确认融资费用　　　　　　　　　　　　　 6 705.08

第五年：

借：长期应付款——应付融资租赁款　　　　　47 000
　　贷：银行存款　　　　　　　　　　　　　　　　47 000
借：财务费用　　　　　　　　　　　　　　　 3 481.48
　　贷：未确认融资费用　　　　　　　　　　　　　 3 481.48

租赁期满，将设备转为固定资产。

借：固定资产——机器设备　　　　　　　　 187 657.37
　　贷：固定资产——融资租入固定资产　　　　　 187 657.37

第八章 所有者权益

1. 收到固定资产，作：

借：固定资产　　　　　　　　　　　　　　51 500
　　贷：资本公积　　　　　　　　　　　　　35 000
　　　　累计折旧　　　　　　　　　　　　　15 000
　　　　银行存款　　　　　　　　　　　　　 1 500

办理增资，作：

借：资本公积　　　　　　　　　　　　　　90 000
　　贷：实收资本——A　　　　　　　　　　30 000
　　　　　　　　——B　　　　　　　　　　30 000
　　　　　　　　——C　　　　　　　　　　30 000

弥补亏损，作：

借：盈余公积　　　　　　　　　　　　　　80 000
　　贷：利润分配　　　　　　　　　　　　　80 000

加入新投资者，作：

实收资本 = 1 200 000 + 90 000 = 1 290 000（元）

三个投资者每人占三分之一 = 1 290 000 ÷ 3 = 430 000（元）

借：银行存款　　　　　　　　　　　　　 500 000
　　贷：实收资本　　　　　　　　　　　　 430 000
　　　　资本公积　　　　　　　　　　　　　70 000

2. 2011 年期权授予日不做账。

2012 年 12 月 31 日：

企业预计应负担的费用 = 12 × 1 000 × 200 × （1 - 10%） = 2 160 000

2012 年应负担的费用 = 2 160 000 ÷ 3 × 1 = 720 000（元）

借：管理费用　　　　　　　　　　　　　 720 000
　　贷：应付职工薪酬　　　　　　　　　　 720 000

2013 年 12 月 31 日：

企业预计应负担的费用 = 15 × 1 000 × 200 × （1 - 8%） = 2 760 000（元）

2013 年累计应负担的费用 = 2 760 000 ÷ 3 × 2 = 1 840 000（元）

2013 年应负担的费用 = 1 840 000 - 720 000 = 1 120 000（元）

借：管理费用　　　　　　　　　　　　　1 120 000
　　贷：应付职工薪酬　　　　　　　　　　1 120 000

2014 年 12 月 31 日：

企业应负担的费用 = 13 × 1 000 × （200 - 3 - 3 - 1） = 2 509 000（元）

2014 年应负担的费用 = 2 509 000 - 720 000 - 1 120 000 = 669 000（元）

借：管理费用　　　　　　　　　　　　　 669 000

贷：应付职工薪酬　　　　　　　　　　　　669 000
借：应付职工薪酬　　　　　　　　　　　　2 509 000
 贷：实收资本　　　　　　　　　　　　　　193 000
   资本公积　　　　　　　　　　　　　　2 316 000

第九章　收入、费用和利润

1. 销售货款 = 150 × (1 - 6%) × 500 = 70 500（元）
   增值税销项税额 = 70 500 × 17% = 11 985（元）
   借：应收账款　　　　　　　　　　　　　　82 485
    贷：主营业务收入　　　　　　　　　　　　70 500
      应交税费——增值税——进项税额　　　11 985

客户第 19 天付款享受 1% 折扣，因有 20 件产品有问题故只收到 480 件产品的货款。

收到的货款 = 150 × (1 - 6%) × (500 - 20) = 67 680（元）
收回的销项税额 = 67 680 × 17% = 11 505.60（元）
未收的货款 = 141 × 20 = 2 820（元）
未收回的销项税额 = 2 820 × 17% = 479.40（元）
客户享受 1% 的折扣 = 67 680 × 1% = 676.80（元）
借：银行存款　　　　　　　　　　　　　　78 508.80
  财务费用　　　　　　　　　　　　　　　676.80
  待处理财产损益　　　　　　　　　　　　3 299.40
 贷：应收账款　　　　　　　　　　　　　　82 485

销售退回和销售折让的处理：
收到的货款 = 120 × 15 = 1 800（元）
收到的增值税 = 1 800 × 17% = 306（元）
退回 = 141 × 5 + 21 × 15 = 1 020（元）
退回的增值税额 = (705 + 315) × 17% = 173.40（元）
借：银行存款　　　　　　　　　　　　　　2 106
  销售退回与折让　　　　　　　　　　　　1 020
  应交税费——增值税——销项税额转出　　173.40
 贷：待处理财产损益　　　　　　　　　　　3 299.40

2. 借：银行存款　　　　　　　　　　　　　2 400 000
   贷：预收账款　　　　　　　　　　　　　2 400 000

12 月 31 日完成了工作量的 60%，实际发生劳务成本 300 万元，作：
借：主营业务成本　　　　　　　　　　　　3 000 000
 贷：主营业务收入　　　　　　　　　　　　3 000 000

3. （1）借：银行存款　　　　　　　　　　　2 340 000
　　　　　贷：主营业务收入　　　　　　　　　2 000 000
　　　　　　　应交税费——增值税——销项税额 340 000
　　　　借：主营业务成本　　　　　　　　　　1 520 000
　　　　　贷：库存商品　　　　　　　　　　　1 520 000
　（2）借：销售费用　　　　　　　　　　　　50 000
　　　　　贷：银行存款　　　　　　　　　　　50 000
　（3）借：管理费用　　　　　　　　　　　　180 000
　　　　　贷：应付职工薪酬　　　　　　　　　60 000
　　　　　　　累计折旧　　　　　　　　　　　15 000
　　　　　　　银行存款　　　　　　　　　　　105 000
　（4）借：财务费用　　　　　　　　　　　　4 100
　　　　　贷：银行存款　　　　　　　　　　　4 100
　（5）借：待处理财产损益　　　　　　　　　500
　　　　　贷：营业外收入　　　　　　　　　　500
　　　　借：营业外支出　　　　　　　　　　　2 600
　　　　　贷：待处理财产损益　　　　　　　　2 600
　　　　借：银行存款　　　　　　　　　　　　80 000
　　　　　贷：投资收益　　　　　　　　　　　80 000
　（6）借：银行存款　　　　　　　　　　　　6 000
　　　　　贷：其他业务收入　　　　　　　　　6 000
　　　　借：其他业务成本　　　　　　　　　　4 680
　　　　　贷：原材料　　　　　　　　　　　　4 000
　　　　　　　应交税费——增值税——进项税额转出　680
　（7）本月应交增值税＝340 000－298 000＝42 000（元）
　　　借：应交税费——增值税　　　　　　　　42 000
　　　　　贷：银行存款　　　　　　　　　　　42 000
　（8）应缴营业税＝6 000×5%＝300（元）
　　　应缴城市维护建设税＝（42 000＋300）×7%＝2 961（元）
　　　应缴教育费附加＝（42 000＋300）×3%＝1 269（元）
　　　借：主营业务收入　　　　　　　　　　　2 000 000
　　　　　其他业务收入　　　　　　　　　　　6 000
　　　　　投资收益　　　　　　　　　　　　　80 000
　　　　　营业外收入　　　　　　　　　　　　500
　　　　　贷：本年利润　　　　　　　　　　　2 086 500
　　　借：本年利润　　　　　　　　　　　　　1 765 910

贷：主营业务成本		1 520 000
其他业务支出		4 680
营业税金及附加		4 530
销售费用		50 000
管理费用		180 000
财务费用		4 100
营业外支出		2 600
借：所得税费用		80 147.50
贷：应交税费——所得税		80 147.50
借：本年利润		80 147.50
贷：所得税费用		80 147.50
(9) 借：本年利润		240 442.50
贷：利润分配		240 442.50
(10) 借：利润分配		240 442.50
贷：盈余公积		240 442.50
借：利润分配——弥补亏损		100 000
贷：利润分配——未分配利润		100 000
借：利润分配		80 000
贷：应付利润		80 000

第十章　财务报告

1. 借：原材料		30 000
应交税费——增值税——进项税额		5 100
贷：银行存款		35 100
2. 借：银行存款		300 000
贷：短期借款		300 000
3. 借：固定资产		152 000
应交税费——增值税——进项税额		25 500
贷：银行存款		177 500
4. 借：银行存款		292 500
贷：主营业务收入		250 000
应交税费——增值税——销项税额		42 500
5. 借：应付职工薪酬		200 000
贷：银行存款		200 000
6. 借：生产成本		90 000
制造费用		30 000

		管理费用	80 000	
		贷：应付职工薪酬		200 000
7.	借：	生产成本	79 000	
		制造费用	4 000	
		管理费用	2 000	
		贷：原材料		85 000
8.	借：	应付账款	8 900	
		贷：银行存款		8 900
9.	借：	应交税费	1 949	
		贷：银行存款		1 949
10.	借：	制造费用	6 000	
		管理费用	2 000	
		贷：累计折旧		8 000
11.	借：	制造费用	2 300	
		贷：银行存款		2 300
12.	借：	销售费用	3 600	
		贷：银行存款		3 600
13.	借：	管理费用	4 100	
		贷：银行存款		4 100
14.	借：	无形资产	50 000	
		贷：银行存款		50 000
15.	借：	库存商品	150 000	
		贷：生产成本		150 000
16.	借：	主营业务成本	130 000	
		贷：库存商品		130 000
17.	借：	财务费用	4 900	
		贷：银行存款		4 900
18.	借：	短期借款	20 000	
		贷：银行存款		20 000
19.	借：	主营业务税金及附加	1 190	
		贷：应交税费——城市维护建设税		833
		——教育费附加		357
20.	借：	主营业务收入	250 000	
		贷：本年利润		250 000
	借：	本年利润	227 790	
		贷：主营业务成本		130 000

主营业务税金及附加	1 190
销售费用	3 600
财务费用	4 900
管理费用	88 100

21. (250 000 − 227 790)×25% = 22 210×25% = 5 552.50（元）

借：所得税费用　　　　　　　　5 552.50
　　　贷：应交税费——所得税　　　　5 552.50
借：本年利润　　　　　　　　　5 552.50
　　　贷：所得税费用　　　　　　　　5 552.50

22. (250 000 − 227 790 − 5 552.50)×10% = 16 657.50×10% = 1 665.75（元）

借：本年利润　　　　　　　　　16 657.50
　　　贷：利润分配　　　　　　　　　16 657.50
借：利润分配　　　　　　　　　1 665.75
　　　贷：盈余公积　　　　　　　　　1 665.75

23. 借：利润分配　　　　　　　　　20 000
　　　贷：应付利润　　　　　　　　　20 000

499

资产负债表

编报单位：B 企业　　　2012 年 12 月 31 日　　　　　　单位：元

资产	年初数	期末数	负债及所有者权益	年初数	期末数
流动资产：			流动负债：		
货币资金	58 130	142 281	短期借款	20 000	300 000
交易性金融资产			交易性金融负债		
应收票据			应付票据		
应收账款			应付账款	8 900	
坏账准备			预收款项		
预付款项			应付职工薪酬		
应收利息			应交税费	1 949	18 642.50
应收股利			应付利息		
其他应收款			应付股利		20 000
存货	92 719	119 019	其他应付款		
一年内到期的非流动资产			一年内到期的非流动负债		
其他流动资产			其他流动负债		
流动资产合计	150 849	261 300	流动负债合计	30 849	338 642.50
非流动资产：			非流动负债：		
可供出售金融资产			长期借款		
持有至到期投资			应付债券		
长期应收款			长期应付款		
长期股权投资			专项应付款		
投资性房地产			预计负债		
固定资产	261 000	413 000	递延所得税负债		
累计折旧	102 000	110 000	其他非流动负债		
在建工程			非流动负债合计		
工程物资			所有者权益：		
固定资产清理			实收资本	260 000	260 000
生产性生物资产			资本公积	8 000	8 000
油气资产			减：库存股		
无形资产		50 000	盈余公积		1 665.75
开发支出			未分配利润	11 000	5 991.75
商誉			所有者权益合计	279 000	275 657.50
长期待摊费用					
递延所得税费用					
其他非流动资产					
非流动资产合计	159 000	353 000			
资产总计	309 849	614 300	负债和所有者权益总计	309 849	614 300

利润表

编制单位：B企业　　2012年　　　　　　　　　　　单位：元

项目	本期金额
一、营业收入	250 000
减：营业成本	130 000
营业税金及附加	1 190
销售费用	3 600
管理费用	88 100
财务费用	4 900
资产减值损失	
加：公允价值变动损益（损失以"-"号填列）	
投资收益（损失以"-"号填列）	
其中：对联营企业和合营企业的投资收益	
二、营业利润（亏损以"-"号填列）	22 210
加：营业外收入	
减：营业外支出	
其中：非流动资产处置损失	
三、利润总额（亏损总额以"-"号填列）	22 210
减：所得税费用	5 552.50
四、净利润（净亏损以"-"号填列）	16 657.50
五、每股收益：	
（一）基本每股收益	
（二）稀释每股收益	

现金流量表

编制单位：B企业　　2012年　　　　　　　　　　单位：元

项目	本年金额
一、经营活动产生的现金流量	
销售商品、提供劳务收到的现金	292500
收到的税费返还	
收到的其他与经营活动有关的现金	
现金流入小计	292500
购买商品、接受劳务支付的现金	40000
支付给职工以及为职工支付的现金	200000
支付的各项税费	32 549
支付的其他与经营活动有关的现金	8 900
现金流出小计	281 449
经营活动产生的现金净流量	11 051
二、投资活动产生的现金流量	
收回投资所收到的现金	
取得投资收益所收到的现金	
处置固定资产、无形资产和其他长期资产所收到的现金净额	
收到的其他与投资活动有关的现金	
现金流入小计	
购建固定资产、无形资产和其他长期资产所支付的现金	202 000
投资所支付的现金	
支付的其他与投资活动有关的现金	
现金流出小计	202 000
投资活动产生的现金流量净额	（202 000）
三、筹资活动产生的现金流量	
吸收投资所收到的现金	
借款所收到的现金	300 000
收到的其他与筹资活动有关的现金	
现金流入小计	300 000
偿还债务所支付的现金	

续表

项目	本年金额
分配股利、利润或偿付利息所支付的现金	24 900
支付的其他与筹资活动有关的现金	
现金流出小计	24 900
筹资活动产生的现金流量净额	275 100
四、汇率变动对现金的影响	
五、现金及现金等价物净增加额	84 151
加：期初现金及现金等价物余额	58 130
六、期末现金及现金等价物余额	142 281

分公司利润表
2012 年度　　单位：元

项目	泰铢	汇率	人民币
销售收入	980 000	0.2	196 000
销售成本	630 000	0.2	126 000
折旧费用	17 000	0.2	3 400
管理费用	120 000	0.2	24 000
税前利润	213 000		42 600
所得税	53 250	0.2	10 650
税后利润	159 750		31 950
年初未分配利润	40 250	0.2	8 050
可分配利润合计	200 000		40 000
股利分配	160 000	0.2	32 000
年末未分配利润	40 000		8 000

分公司利润表

2012 年度　　　单位：元

项目	泰铢	汇率	人民币
现金	100 000	0.2	20 000
应收账款	150 000	0.2	30 000
存货（按市价）	480 000	0.2	96 000
固定资产	5 000 000	0.2	1 000 000
累计折旧	(3 950 000)	0.2	(790 000)
资产总额	1 780 000		356 000
应付账款	250 000	0.2	50 000
短期借款	200 000	0.2	40 000
应付债券	250 000	0.2	50 000
实收资本（股本）	880 000	0.6	528 000
未分配利润	200 000		40 000
折算调整额			(352 000)
负债和所有者权益	1 780 000		356 000

注：356 000 - 50 000 - 40 000 - 50 000 - 528 000 - 40 000 =（-）352 000（元）